医疗机构
合规管理实务

问题·案例·指引

娄丹 龚楠 刘鑫◎主编

中国法治出版社
CHINA LEGAL PUBLISHING HOUSE

顾　问：梁　军（北京大学国际医院）
主　编：娄　丹　龚　楠　刘　鑫
副主编：李天庆　霍宏蕾

---------- 编　委（按姓氏拼音排序）----------

陈虹旭	北京大学国际医院	孟珂羽	中国医学科学院阜外医院
陈　珂	北京清华长庚医院	彭　华	中国医学科学院北京协和医院
陈　政	中国医学科学院北京协和医院	彭栩涵	中国医学科学院北京协和医院
邓　肯	中国医学科学院阜外医院	任美华	首都医科大学附属北京天坛医院
杜文娟	武汉大学人民医院	茹丽娜	河北医科大学第二医院
韩　奕	中国中医科学院广安门医院	孙艺玮	中国医学科学院整形外科医院
韩曌然	中国医学科学院阜外医院	田胜男	河北医科大学第二医院
胡金艳	北京中国医学科学院北京协和医院	王　婧	北京清华长庚医院
姜　晨	中国医学科学院阜外医院	王　林	中国医学科学院阜外医院
李维玮	北京大学国际医院	王沛陵	中国医学科学院整形外科医院
梁　军	中国中医科学院广安门医院	晏　妮	武汉大学人民医院
林　青	武汉大学人民医院	杨志平	西安交通大学第一附属医院
刘奇才	中国医学科学院阜外医院	尹　硕	北京大学口腔医院
刘诗卉	首都医科大学附属北京积水潭医院	苑　东	北京大学口腔医院
刘燕棉	厦门大学附属第一医院	赵　忖	中国中医科学院广安门医院
刘云翔	中国中医科学院广安门医院	朱　玲	中国医学科学院北京协和医院
刘兆艳	北京大学国际医院		

推荐序一

"合规"二字乍听起来似乎是公司或企业规范管理的常用词,但其实医疗领域的相关运行规范也持续完善。如今,医院运行的复杂性早已远远超出了医疗行为的规范本身。随着医学技术的发展,医疗行为本身也深刻地经历从"经验驱动"逐渐走向"询证与循规",对医疗机构的全面管理自然也越发规范、严格。

长期以来,医疗在工业革命、技术飞快发展的推动下,改变了最初的运行模式。漫长的渐变过程呈现在我们面前的,在机构建制上,是靠疾病类型和技术类型分工分类的各级医疗机构;是为了求精求专形成的分科越来越细的医院内众多科室;是医院功能极大的扩展,对医疗、教学、科研的超高要求。在医疗实践方面,是个体行医行为逐渐转变为诊与疗"一条龙"的团队行为;是越来越依赖于仪器设备的医疗模式;是医务人员对患者个体的心理问题更加难以实施安抚的现实。在患者和社会方面,患者对自身权利和隐私的维权意识越发强烈;全社会逐渐走向法治化、信息化,对医院有着极高的期望值……总之,医疗机构合规已经成为跨部门、跨学科、跨层级的系统工程。从最初的诊疗合规,医疗机构合规的外延已经扩展到科研合作、信息安全、数据跨境、保险支付、劳动人事、宣传推广等方方面面。合规体系的建设,不仅关系降低医疗机构的运营成本,提高服务质量,让百姓受益,而且关系促进医疗机构的效益。

相信有关医院规章制度的书并不缺乏,但这本《医疗机构合规管理实务：问题·案例·指引》让我清晰地看到，一群长期深耕医疗管理与法律交叉领域的实务专家，把"合规"的概念，拆解成医疗机构日常运行的"施工图"。这本高于一般规章制度的书，好在写作方式，好在内容布局。从对医疗机构合规的系统分析和体系建设切入，在医疗机构运营全景中提炼出十余个合规重点领域以及前沿性的问题，梳理相关领域的法律法规、政策文件，结合典型案例，对常见的重点难点问题逐一分析，并提供实操指引，可谓是一本在医疗机构合规管理方面对各级各类人员非常实用的工具书。同时我还想到，这本书不仅仅适用于医务工作者，也可以是医学生的一本好教材。

对医学院校而言，我们培养的不只是会做手术、会开医嘱的医生，更是要把"合规"内化为职业本能的"健康中国"守门人。今天的医学生，明天可能是科主任、院长、局长，甚至是企业创始人。他们在课堂上学会把 0.1 毫升的误差当作事故，在管理岗位上，也要学会把 0.1% 的流程瑕疵当作危机。期待有一天，我们的毕业生不再问"合规要做什么"，而是像手术前专业性洗手一样自然地说"这一步不合规，我就不能往下做"。那时，医学誓言不再只是毕业典礼上的齐声朗诵，而会成为每一所医疗机构运行的底层逻辑。

做好合规管理，是使个人和机构、医者和患者、医院和社会均受益的重要日常实践。让我们携手把合规理念种在每一位医学生和医务工作者的心田，让中国的医疗机构在法治轨道上稳健前行，为"健康中国"写下无愧于时代的注脚。

北京大学肿瘤医院教授
北京大学原常务副校长
医学部常务副主任
柯杨
2025 年 8 月 6 日

推荐序二

当前,中国医疗行业正经历由"技术驱动"向"规则驱动"的转型,法律和政策也正以令人目不暇接的速度重塑医疗机构的生存逻辑。作为长期研究医事法的学者,我十分乐见本书作者们以"合规体系"作为切口,将庞杂的法律文件体系归纳为可操作的治理架构,把法律条文转化成管理流程,通过案例的分析和讲解,把每一个合规的重点和难点问题,以直观易懂的方式给予阐释,也更便于读者理解合规指引的内涵。

传统上,医疗机构习惯将法律视为外部监管的"红线",合规工作被简化为"遵纪守法,不被处罚"。然而,随着现代医疗体系的不断发展,医疗机构的合规从简单的执业行为合规,扩展到医疗机构运营的各个方面,合规的意义也从简单的"风险控制"升级为医疗机构"组织能力"的体现,成为可以助力医疗机构降本增效的重大举措。这种"用制度消化风险"的思维,正是合规从"成本中心"转向"价值中心"的关键。

医疗机构的合规首先是"一把手工程"。只有医疗机构一把手重视,才能形成自上而下的合力,才能推动本机构根据现行法律法规,制定出切实可执行的、符合本医疗机构实际状况的规章制度;才能将制定好的规章制度落实执行,并通过有效的措施反馈并不断调整,真正实现机构内部合规的"PDCA 循环"。所谓"PDCA 循环"特指合规管理的四个阶段,即 Plan——作出计划、Do——执行实施、Check——检查实施和 Act——处理改进,并按照 P—D—C—A 顺序,完成 A 的环节后再回到 P 的循环推进过程。

医疗机构合规也是"细胞组织激活工程"。医疗机构的合规关键不是生硬地堆砌一套"完美制度",而是激活医疗机构每一个"细胞组织"的"合规基因"。合规体系的有效性,除了高层承诺之外,"中层赋能+一线参与"具有80%的影响因素。本书从医疗机构合规需求最为迫切的传统场景切入,内容涵盖:执业、医保、采购、合同管理、人力资源、财务管理、科研与成果转化、执业廉洁性、品牌运营和推广、信息安全与数据、环境保护、安全生产等,为医疗机构不同部门对制度规范的制定提供了极具实用价值的指导。同时,本书还以专门一章,对医疗机构合规的前沿挑战做了归纳和分析,具有前瞻性。

医疗机构合规还是"文化塑造"。本书作者们从法理学的分析和现行法律规范的梳理,为医疗合规提供了法律意义上的"基础设施"。同时,本书的作者们更是向读者传递了合规文化建设的意义,即完善合规指标转化能够帮助本部门或本机构提高工作效率、降低成本支出,真正实现机构整体的降本增效,获得更大的制度性收益。一个个案例分析和成果分享,可以让读者通过最直观的方式认识到合规的必要性和重要性,对推动医疗领域的合规具有很好的指导作用。

在医疗体系制度改革不断推进,法律规范不断完善的当下,合规成为医疗机构的必然选择。有效的合规体系建设就像电力网络或通信网络一样成为医疗机构治理的基础设施,看不见却无处不在,可以时时刻刻为医疗机构的良性发展提供保障。本书的价值,恰在于它为中国医疗行业提供了一份"基础设施蓝图"。愿每一位读者都能从中领悟到:合规不是悬在头顶的达摩克利斯之剑,而是托举医患信任的隐形之网。

北京大学法学院教授
孙东东
2025年8月6日

前　言

在新时代高质量发展背景下，医疗行业正经历着深刻变革与转型升级。随着"健康中国2030"战略的全面实施和医药卫生体制改革的持续深化，合规管理完成了从辅助性职能到战略性核心的跨越式发展，其角色定位发生了质的飞跃。当前医疗行业发展呈现出运营模式从粗放走向精细，风险防控从被动转为主动，管理要求从单一合规升级为全面治理的典型特征。在此背景下，合规管理已突破传统的风险管控边界，既成为医疗机构可持续发展的制度基石，更演化为推动行业创新发展的价值引擎。这一转变标志着医疗行业治理能力现代化迈入新阶段，为构建优质高效的医疗服务体系提供了重要支撑。

然而，当我们审视医疗机构的合规管理现状时，不难发现仍存在诸多亟待解决的问题。在理念层面，部分医疗机构尚未真正建立"合规创造价值"的认知，将合规视为成本中心而非价值中心；在实践层面，合规管理往往停留在碎片化、运动式的应对层面，缺乏系统性的顶层设计和长效机制。这些问题导致医疗机构在应对日趋严格的监管环境时乏力。

基于此背景，本书应运而生。本书紧扣当前医疗机构合规管理的痛点与难点，构建了"合规理论—合规风险—合规指引"的三维框架体系。从合规理论基础出发，梳理了国内外医疗合规管理的发展脉络，阐释了合规管理在现代医疗机构治理体系中的重要定位与价值，帮助读者搭建起全面的认知框架。围绕医疗机构运营中的重点领域，对医疗执业、医保基金安全使用、采购管理、数据安全等核心业务环节中的合规风险点进行深入挖掘，并结合实际典型案例展开解读。最后，针对不同风险场景，提出合规指引。

本书不仅是一本实用的工具书，更是传播先进管理理念的载体。我们希望通过本书，助力医疗机构将合规要求转化为发展动力，在保障医疗质量与安全的同时，实现社会效益与经济效益的双丰收。

当然，我们深知合规管理是一个持续演进的动态过程。随着医疗改革的深入推进和新技术的不断涌现，合规管理必然会面临新的挑战与课题。尽管本书凝聚了众多行业一线从业者的实战经验与智慧结晶，但受行业发展速度和认知局限的影响，难免存在需要改进和完善的地方。衷心希望广大读者在阅读和实践过程中，能够不吝分享宝贵经验和建议，与我们携手推动医疗合规管理生态不断完善，助力医疗行业在合规的道路上稳健前行。

全体编委

2025 年 6 月

目 录

第一章 医疗合规管理概述

第一节 医疗合规管理的发展历程 …………………………………（1）
 一、国际视角下医疗合规管理发展 …………………………（1）
 二、中国合规管理的本土化进程 ……………………………（12）
第二节 医疗合规管理内涵与系统关联 ……………………………（15）
 一、医疗合规管理内涵 ………………………………………（16）
 二、医疗合规管理的系统关联 ………………………………（17）
第三节 合规管理的内外部环境 ……………………………………（23）
 一、外部环境 …………………………………………………（24）
 二、内部环境 …………………………………………………（28）

第二章 医疗机构合规管理体系

第一节 合规管理组织架构 …………………………………………（33）
 一、合规领导责任机制 ………………………………………（34）
 二、合规责任传导体系 ………………………………………（35）
 三、合规协同管控路径 ………………………………………（36）
第二节 合规管理的运行机制 ………………………………………（37）
 一、合规制度建设 ……………………………………………（37）
 二、合规风险应对机制建设 …………………………………（39）
 三、合规信息化建设 …………………………………………（42）
第三节 合规管理的自我革新 ………………………………………（45）
 一、合规文化与行风建设价值共生机制 ……………………（45）
 二、"以评促建"与"以检促改"双轨赋能 ………………（46）

第三章　医疗机构执业合规管理

第一节　医疗执业合规概述 …………………………………… (53)
　一、医疗执业合规的重要性 ………………………………… (53)
　二、医疗执业合规的范围 …………………………………… (54)
　三、医疗执业合规总体要求 ………………………………… (54)
第二节　医疗执业合规核心依据 ……………………………… (55)
　一、医疗执业合规核心依据概览 …………………………… (55)
　二、医疗执业主体合规核心依据解读 ……………………… (56)
　三、医疗行为合规核心依据解读 …………………………… (60)
　四、医疗物品合规核心依据解读 …………………………… (65)
第三节　医疗执业主体合规常见问题及分析 ………………… (69)
　一、医疗执业主体合规的基本要求 ………………………… (69)
　二、医疗执业主体合规常见问题及分析 …………………… (69)
　　【典型案例03-01】不具备医师执业资质的见习医生接诊
　　　　　　　　　　被判赔偿案 ……………………………… (70)
　　【典型案例03-02】医疗机构超诊疗科目执业被行政处罚案 … (70)
　　【典型案例03-03】医师未变更执业注册地点而开展执业
　　　　　　　　　　活动被行政处罚案 …………………… (71)
　三、医疗执业主体重点合规指引 …………………………… (72)
第四节　医疗行为合规常见问题及分析 ……………………… (73)
　一、医疗行为合规的基本要求 ……………………………… (73)
　二、医疗行为合规常见问题及分析 ………………………… (73)
　　【典型案例03-04】医疗机构会诊单递送不规范被判赔偿案 … (74)
　　【典型案例03-05】医疗机构违规邀请医师手术被判赔偿案 … (74)
　　【典型案例03-06】医疗机构更换术者未告知患者被判承
　　　　　　　　　　担赔偿责任案 ………………………… (75)
　　【典型案例03-07】医务人员未履行强制报告义务被行政
　　　　　　　　　　处罚案 …………………………………… (76)
　三、医疗行为重点合规指引 ………………………………… (77)

第五节　医疗物品合规常见问题及分析 …………………………… (77)
　一、医疗物品合规的基本要求 ………………………………… (77)
　二、医疗物品合规常见问题及分析 …………………………… (78)
　　【典型案例03-08】医务人员向滥用药物成瘾人员非法提
　　　　　　　　　　供麻醉药品被惩处案 ………………… (78)
　　【典型案例03-09】医疗机构工作人员出售健康医疗数据
　　　　　　　　　　被刑事追责案 …………………………… (79)
　　【典型案例03-10】某医疗机构及其医务人员违反抗菌药
　　　　　　　　　　物管理规定被行政处罚案 ……………… (79)
　三、医疗物品重点合规指引 …………………………………… (80)

第四章　医疗机构基本医疗保障基金使用合规

第一节　基本医疗保障基金使用合规概述 ………………………… (82)
第二节　基本医疗保障基金使用合规核心依据 …………………… (83)
　一、基本医疗保障基金使用合规核心依据概览 ……………… (83)
　二、基本医疗保障基金使用合规核心依据解读 ……………… (86)
第三节　基本医疗保障基金使用合规风险分析 …………………… (89)
　一、定点医疗机构诊疗行为违规 ……………………………… (89)
　　【典型案例04-01】某医院存在分解住院行为被罚款和责
　　　　　　　　　　令退还款项 …………………………… (89)
　　【典型案例04-02】某医院擅自降低住院标准被行政处罚 … (90)
　　【典型案例04-03】安徽某医院为无指征患者开具检查项
　　　　　　　　　　目被认定过度医疗 …………………… (91)
　　【典型案例04-04】国家医保局飞行检查发现某医院过度
　　　　　　　　　　检查 ……………………………………… (91)
　　【典型案例04-05】北京市某社区卫生服务站接诊患者未
　　　　　　　　　　履行实名制被处罚 ……………………… (93)
　二、定点医疗机构收费违规 …………………………………… (93)
　　【典型案例04-06】广西某医院重复收费被处罚 …………… (94)
　　【典型案例04-07】武汉某医院存在串换、虚记骨科高值
　　　　　　　　　　医用耗材问题被查处 …………………… (95)

三、定点医疗机构管理违规 …………………………………………… (96)
　　【典型案例04-08】重庆某医院超出核准登记诊疗科目开
　　　　　　　　　　　展诊疗活动被处罚 ………………………… (97)
四、将不属于医保支付范围的医疗费用纳入医保结算 ……………… (98)
　　【典型案例04-09】某交通事故受害人隐瞒事实获医保保
　　　　　　　　　　　险被追究刑事责任 ………………………… (98)
　　【典型案例04-10】医保大数据筛查发现某医院存在串换
　　　　　　　　　　　项目收费的违规行为 ……………………… (99)
　　【典型案例04-11】云南某医院超核定床位收治住院患者
　　　　　　　　　　　被处罚 ……………………………………… (100)
五、违反医保患者知情同意原则 ………………………………………… (101)
六、恶意骗取医疗保障基金的行为 ……………………………………… (101)
　　【典型案例04-12】云南某老年病医院骗取医保基金被处罚 … (102)
第四节　基本医疗保障基金使用合规指引 ……………………………… (102)
一、医疗资质合规 ……………………………………………………… (102)
二、物价管理规范 ……………………………………………………… (103)
三、医保管理规范 ……………………………………………………… (104)
四、过度医疗防控 ……………………………………………………… (106)

第五章　医疗机构采购合规管理

第一节　医疗机构采购合规概述 ………………………………………… (107)
一、医疗机构采购合规的重要性 ……………………………………… (107)
二、医疗机构采购合规管理的范围 …………………………………… (108)
三、医疗机构采购合规管理的核心内涵 ……………………………… (108)
第二节　医疗机构采购合规核心依据 …………………………………… (109)
一、招标投标法律体系核心依据概览 ………………………………… (109)
二、政府采购法律体系核心依据解读 ………………………………… (111)
第三节　医疗机构采购合规风险分析 …………………………………… (115)
一、采购文件合规常见问题及分析 …………………………………… (115)
　　【典型案例05-01】上海某医疗器械科技发展有限公司不
　　　　　　　　　　　正当竞争案 ……………………………… (116)

二、采购流程合规常见问题及分析 …………………………… (116)
　　【典型案例05-02】化整为零规避公开招投标案例 ………… (117)
　　【典型案例05-03】未按规定采购医疗设备项目案 ………… (117)
　　【典型案例05-04】提前泄露关键信息，纵容默许围标串
　　　　　　　　　　标案例 ……………………………………… (118)
　　【典型案例05-05】评标专家违规案例 ………………………… (118)
　　【典型案例05-06】未按规定履行采购合同、未及时支付
　　　　　　　　　　款项案例 …………………………………… (120)
三、专项领域采购合规常见问题及分析 ………………………… (120)
　　【典型案例05-07】医疗机构从无资质单位购买药品案例 … (120)
四、采购廉洁合规常见问题及分析 ……………………………… (121)
　　【典型案例05-08】赠送医疗设备搭售耗材被认定为商业
　　　　　　　　　　贿赂案 ……………………………………… (122)
　　【典型案例05-09】某医疗集团原党委书记、总院长张某
　　　　　　　　　　严重违纪违法案 …………………………… (122)
五、其他采购合规常见问题与分析 ……………………………… (123)
第四节　医疗机构采购合规指引 ………………………………… (125)
一、单位层面合规指引 …………………………………………… (125)
二、业务层面合规指引 …………………………………………… (130)

第六章　医疗机构合同管理合规

第一节　医疗机构合同管理合规概述 …………………………… (136)
一、医疗机构开展合同合规管理的重要性 ……………………… (136)
二、医疗机构合同合规管理的范畴 ……………………………… (137)
三、医疗机构合同合规管理的总体要求 ………………………… (137)
第二节　医疗机构合同管理的核心依据 ………………………… (137)
一、医疗机构合同合规的核心依据概览 ………………………… (137)
二、核心依据解读 ………………………………………………… (140)
第三节　医疗机构合同合规风险分析 …………………………… (148)
一、医疗机构合同立项中的合规风险 …………………………… (148)

【典型案例06-01】 某省多家医疗机构采购存在合同内容不一致等问题 …………………………………………（149）

二、合同相对方确认及背调中的合规风险 ………………………（149）

【典型案例06-02】 涉及千家医疗机构"远程医疗"融资租赁案 ……………………………………（150）

三、合同类型选择与条款拟定中的合规风险 ……………………（151）

【典型案例06-03】 科室与医院签订的承包协议被认定无效案 ………………………………………（151）

【典型案例06-04】 丧偶女性要求医院继续女性人类辅助生殖合同获支持案 ……………………（152）

四、合同审核与签订中的合规风险 ………………………………（153）

【典型案例06-05】 医患双方和解协议"格式条款"被认定无效案 …………………………………（154）

【典型案例06-06】 合同中加重患者负担的退款约定因未明示被认定无效案 ……………………（154）

五、合同执行与异常处理中的合规风险 …………………………（155）

【典型案例06-07】 合同违约以财政资金审批限制抗辩未获支持案 ………………………………（155）

【典型案例06-08】 合作协议终止导致职工安置后遗症 ……（156）

【典型案例06-09】 违反政府举办的非营利性医疗机构不得分配收益的合同被认定无效案 ……（156）

六、合同归档管理中的合规风险 …………………………………（157）

第四节 医疗机构合同合规指引 ……………………………………（158）

一、明确合同管理组织架构及职责，构建合同管理合规体系 ……（158）

二、形成合同合规管理制度体系，实现合同全生命周期管理 ……（158）

三、强化合同合规培训机制，提高合同合规管理能力 ……………（159）

四、建立合规审查流程，推动实现合同权益 ………………………（159）

五、建立年度合同台账，构建合同履行跟踪及监管机制 …………（160）

六、建立合同管理信息系统，实现合同智能化管理 ………………（160）

七、制定制式合同文本库，提升合同管理质量和效率 ……………（160）

第七章　医疗机构人力资源合规管理

第一节　医疗机构人力资源管理概述 …………………………………… (165)
　一、医疗机构人力资源管理的多元特征 …………………………… (165)
　二、医疗机构人力资源合规管理的重要性 ………………………… (166)
　三、医疗机构人力资源合规管理的核心准则 ……………………… (167)
第二节　医疗机构人力资源合规核心依据 ……………………………… (168)
　一、医疗机构人力资源合规核心依据概览 ………………………… (168)
　二、核心依据解读 …………………………………………………… (169)
第三节　医疗机构聘用关系合规管理 …………………………………… (171)
　一、医疗机构聘用关系合规的基本要求 …………………………… (171)
　二、医疗机构聘用关系合规常见问题 ……………………………… (172)
　　【典型案例07-01】肖某与某妇产科医院聘用合同纠纷案 … (173)
　　【典型案例07-02】胡某与某医院服务期违约金纠纷案 …… (174)
　　【典型案例07-03】陈某与某医院聘用合同解除纠纷案 …… (175)
　　【典型案例07-04】包某与某医院无固定期限合同纠纷案 … (176)
　三、医疗机构聘用关系合规的难点问题 …………………………… (177)
　四、医疗机构聘用关系合规建议及指引 …………………………… (177)
第四节　医疗机构劳动关系合规管理 …………………………………… (181)
　一、医疗机构劳动关系合规的基本要求 …………………………… (181)
　二、医疗机构劳动关系合规常见问题 ……………………………… (181)
　　【典型案例07-05】肖某与某医院试用期解除劳动合同纠
　　　　　　　　　　　纷案 ………………………………………… (182)
　　【典型案例07-06】桂某与某医院服务期违约金劳动争议案 … (183)
　　【典型案例07-07】王某与某医院服务期违约金劳动争议案 … (183)
　　【典型案例07-08】谢某与某医院劳动合同解除纠纷案 …… (184)
　　【典型案例07-09】汪某与某医院未签订书面劳动合同争
　　　　　　　　　　　议案 ………………………………………… (185)
　　【典型案例07-10】廖某与某医院未签订无固定期限劳动
　　　　　　　　　　　合同争议案 ………………………………… (186)
　三、医疗机构劳动关系合规难点问题 ……………………………… (186)

四、医疗机构劳动关系合规建议及指引 ………………………………… (187)
第五节　医疗机构劳务用工合规管理 ……………………………………… (189)
　　一、医疗机构劳务用工合规的基本要求 ………………………………… (189)
　　二、医疗机构劳务用工合规常见问题 …………………………………… (189)
　　三、医疗机构劳务用工合规难点问题 …………………………………… (191)
　　四、医疗机构劳务用工合规建议及指引 ………………………………… (191)
第六节　医疗机构非直接用工关系人员合规管理 ………………………… (193)
　　一、医疗机构非直接用工关系人员合规的基本要求 …………………… (193)
　　二、医疗机构非直接用工关系人员合规常见问题 ……………………… (193)
　　三、医疗机构非直接用工关系人员合规难点问题 ……………………… (194)
　　四、医疗机构非直接用工关系人员的合规指引 ………………………… (195)

第八章　医疗机构财务管理合规

第一节　医疗机构财务管理合规概述 ……………………………………… (201)
　　一、医疗机构财务管理合规的重要性 …………………………………… (201)
　　二、财务管理合规的范围 ………………………………………………… (202)
　　三、财务管理合规的总体要求 …………………………………………… (203)
第二节　医疗机构财务管理合规核心依据 ………………………………… (204)
　　一、医疗机构财务管理合规核心依据概览 ……………………………… (204)
　　二、医疗机构财务管理合规核心依据解读 ……………………………… (208)
第三节　医疗机构财务管理合规风险分析 ………………………………… (216)
　　一、预决算管理中的合规风险 …………………………………………… (216)
　　　【典型案例08-01】某单位预算收入与实际收入存在显著
　　　　　　　　　　　偏差的案例 ……………………………………… (217)
　　　【典型案例08-02】某医院基建项目自有资金执行率低的
　　　　　　　　　　　案例 ……………………………………………… (217)
　　　【典型案例08-03】某医院未按规定编报政府采购预算的
　　　　　　　　　　　案例 ……………………………………………… (218)
　　　【典型案例08-04】某医院预算绩效自评结果不真实、不
　　　　　　　　　　　准确的案例 ……………………………………… (219)
　　二、收支管理中的合规风险 ……………………………………………… (219)

【典型案例08-05】 某医院未及时确认收入的案例 ………… (220)
【典型案例08-06】 某医院管理人员超标准列支差旅费报销的案例 ………………………………… (220)
【典型案例08-07】 某医院未执行政府采购，存在公务用车信息登记不完整、不准确的案例 …… (221)
【典型案例08-08】 某医院未按规定支付中小企业款项的案例 ……………………………………… (222)

三、资产管理中的合规风险 …………………………………… (222)
　　【典型案例08-09】 某医院未按规定履行对外投资审批手续的案例 ……………………………………… (223)
　　【典型案例08-10】 未按规定将处置收入上缴国库 ………… (223)
　　【典型案例08-11】 某医院未按规定程序和手续报批处置资产的案例 ……………………………………… (224)
　　【典型案例08-12】 某医院"转固"不及时的案例 ………… (224)
　　【典型案例08-13】 某医院违规出租出借资产的案例 ……… (225)

四、财务管理与会计核算中的合规风险 ……………………… (225)
　　【典型案例08-14】 某医院往来款项清理不及时的案例 …… (226)
　　【典型案例08-15】 某医院会计核算不正确的案例 ………… (226)
　　【典型案例08-16】 某医院未按规定期限办理定期存款的案例 ……………………………………… (227)

五、税务管理中的合规风险 …………………………………… (227)
　　【典型案例08-17】 某医院未按规定缴纳税款的案例 ……… (228)
　　【典型案例08-18】 两家医疗机构未按规定缴纳税款的案例 … (228)

六、落实中央八项规定精神中的合规风险 …………………… (229)
　　【典型案例08-19】 某医院违规购置公务用车的案例 ……… (229)
　　【典型案例08-20】 某医院负责人违规公务出国的案例 …… (230)
　　【典型案例08-21】 某医院违规公务接待的案例 …………… (231)

第四节 医疗机构财务管理合规指引 ……………………………… (231)
一、医疗机构财务管理合规的制度建设 ……………………… (231)
二、医疗机构财务管理合规的运行机制 ……………………… (232)
三、医疗机构财务管理合规的文化建设 ……………………… (234)

四、医疗机构财务管理合规的信息化建设 …………………… (235)
五、医疗机构财务管理合规的监督管理 …………………… (235)

第九章　医疗机构信息安全与数据合规

第一节　信息安全与数据合规概述 …………………………… (237)
　　一、信息安全与数据合规的重要性 …………………… (238)
　　二、医疗信息安全与数据合规所涉范围 ……………… (238)
　　三、医疗信息安全与数据合规的总体要求 …………… (239)
第二节　医疗信息安全与数据合规核心依据 ………………… (240)
　　一、医疗信息安全与数据合规核心依据概览 ………… (240)
　　二、医疗信息安全与数据合规的核心依据解读 ……… (242)
第三节　医疗信息安全与数据合规风险分析 ………………… (248)
　　一、信息网络安全保障义务 …………………………… (248)
　　　　【典型案例09-01】重庆某医院因未履行网络安全保护义
　　　　　　　　　　　　　务被处罚 …………………… (249)
　　　　【典型案例09-02】美国某健康服务公司遭勒索软件攻击
　　　　　　　　　　　　　大规模瘫痪 ………………… (250)
　　　　【典型案例09-03】南昌市某医疗机构疑似被黑客攻击，
　　　　　　　　　　　　　被网信办行政处罚 …………… (251)
　　二、信息系统软件采购与应用的合规 ………………… (251)
　　　　【典型案例09-04】天津某医院因使用安装盗版软件的医
　　　　　　　　　　　　　疗器械被行政处罚 …………… (252)
　　　　【典型案例09-05】浙江省多家医院诊疗服务系统被诉侵
　　　　　　　　　　　　　权案 …………………………… (254)
　　　　【典型案例09-06】某公司为政府部门开发系统时造成数
　　　　　　　　　　　　　据泄露被罚100万元 ………… (255)
　　三、确认病历的公益属性，促进健康医疗数据的合理使用 ……… (255)
　　四、医疗数据采集的合规 ……………………………… (257)
　　　　【典型案例09-07】某医疗机构大模型数字人的宣传片中
　　　　　　　　　　　　　的不当情形 …………………… (257)

【典型案例09-08】广州医科大学附属肿瘤医院泛知情同
　　　　　　　　　　　意的应用 ………………………………………（258）
　五、医疗数据存储的合规 ……………………………………………（260）
　　　【典型案例09-09】某科室主任自设服务器存储本科室患
　　　　　　　　　　　者病历数据严重违规 …………………………（260）
　六、医疗数据传输与使用的合规 ……………………………………（262）
　　　【典型案例09-10】医生对患者病历数据的调阅权利 ………（264）
　　　【典型案例09-11】江苏省《推进可信数据空间发展工作
　　　　　　　　　　　方案》……………………………………………（265）
　　　【典型案例09-12】医联体科研数据沙箱（北京协和模式）…（265）
　　　【典型案例09-13】健康证办理系统采购合规案件 …………（266）
第四节　医疗信息安全与数据合规的操作建议 …………………………（267）
　一、贯彻运营理念，落实考核指标 …………………………………（267）
　二、加强网络防护，确保信息安全 …………………………………（269）
　三、数据应用合规，强化保障措施 …………………………………（270）
　四、规范他方合作，加强合同管理 …………………………………（271）

第十章　医疗机构科研与成果转化合规

第一节　科研与成果转化合规概述 ………………………………………（272）
　一、科研与成果转化合规的重要性 …………………………………（272）
　　　【典型案例10-01】科研项目申报伪造数据案 ………………（273）
　　　【典型案例10-02】塔斯基吉梅毒实验 …………………………（274）
　二、科研合规所涉核心范围 …………………………………………（274）
　三、科研与成果转化合规的总体要求 ………………………………（276）
第二节　科研与成果转化合规核心依据 …………………………………（277）
　一、科研与成果转化合规核心依据概览 ……………………………（277）
　二、关键条款解读与适用场景 ………………………………………（279）
　　　【典型案例10-03】某医院违规开展人类遗传资源国际合
　　　　　　　　　　　作研究案 ………………………………………（281）
第三节　科研与成果转化合规风险分析 …………………………………（282）
　一、合规基本要求落地障碍 …………………………………………（282）

　　　　【典型案例10-04】贺某奎基因编辑婴儿案 …………… (283)
　　二、高频法律风险问题 ………………………………………… (284)
　　　　【典型案例10-05】2015年多家医院临床试验数据造假案 … (284)
　　　　【典型案例10-06】东北某大学实验感染事件 …………… (285)
　　　　【典型案例10-07】某公司因科技成果权属不清而面临融
　　　　　　　　　　　　 资失败风险 ………………………… (286)
　　　　【典型案例10-08】两个因曾经的团队成员提出异议导致
　　　　　　　　　　　　 项目受影响的案例 ………………… (287)
　　　　【典型案例10-09】北京积水潭医院完成北京首例职务科
　　　　　　　　　　　　 技成果所有权赋权改革 …………… (288)
　　　　【典型案例10-10】某医务人员以个人名义参与公司科技
　　　　　　　　　　　　 成果转化失败 ……………………… (288)
　　　　【典型案例10-11】徐某与北京某研究所技术转化合同纠
　　　　　　　　　　　　 纷案 ………………………………… (289)
第四节　科研与成果转化合规建议及指引 ……………………… (290)
　　一、合规体系构建 ……………………………………………… (290)
　　二、重点场景操作建议 ………………………………………… (292)
　　三、长效监督机制 ……………………………………………… (293)
　　四、应急预案 …………………………………………………… (293)

第十一章　医疗机构防范商业贿赂风险合规管理

第一节　防范商业贿赂风险合规概述 …………………………… (294)
　　一、防范商业贿赂合规管理的重要性 ………………………… (294)
　　二、防范商业贿赂合规管理的范围 …………………………… (295)
　　三、防范商业贿赂合规管理的总体要求 ……………………… (296)
第二节　防范商业贿赂合规管理的核心依据 …………………… (297)
　　一、防范商业贿赂合规管理核心依据概览 …………………… (297)
　　二、核心依据解读 ……………………………………………… (298)
第三节　防范商业贿赂合规风险分析 …………………………… (300)
　　一、采购领域中防范商业贿赂合规风险 ……………………… (300)
　　　　【典型案例11-01】格尔木市某医院医疗设备采购腐败案 … (301)

二、挂名领薪、违规兼职 …………………………………………（301）
　　【典型案例 11-02】罗某通过亲属兼职医药代表套取利益案 …（302）
三、捐赠资助防范商业贿赂合规风险 ……………………………（302）
　　【典型案例 11-03】上海某医疗器械有限公司"无偿投
　　　　　　　　　　　放"案 …………………………………（303）
四、咨询服务防范商业贿赂风险 …………………………………（304）
　　【典型案例 11-04】上海某医院"疾病共同管理"协议案 …（305）
五、学术交流防范商业贿赂合规风险 ……………………………（305）
　　【典型案例 11-05】上海某制药公司违规捐赠资助某医院
　　　　　　　　　　　心血管内科主任案 ……………………（306）
　　【典型案例 11-06】某医疗器械有限公司捐赠资助某医师
　　　　　　　　　　　协会违规开展学术会议案 ……………（307）
六、以借款、借用为名的商业贿赂 ………………………………（307）
七、合作投资防范商业贿赂风险 …………………………………（308）
八、临床研究防范商业贿赂风险 …………………………………（308）
　　【典型案例 11-07】假借"顾问费"名义支付回扣案 ………（309）
九、成果转化合作防范商业贿赂风险 ……………………………（310）

第四节　防范商业贿赂风险规避与合规指引 ………………………（311）
一、采购领域防范商业贿赂风险规避与合规指引 ………………（311）
二、防范以挂名领薪、违规兼职为名的商业贿赂指引 …………（312）
三、捐赠资助防范商业贿赂风险规避与合规指引 ………………（312）
四、咨询服务防范商业贿赂风险规避与合规指引 ………………（313）
五、学术交流防范商业贿赂风险规避与合规指引 ………………（314）
六、借款、借用防范商业贿赂风险规避与合规指引 ……………（314）
七、合作投资防范商业贿赂风险规避与合规指引 ………………（315）
八、临床研究防范商业贿赂风险规避与合规指引 ………………（315）
九、成果转化防范商业贿赂风险规避与合规指引 ………………（316）

第十二章　医疗机构品牌运营与宣传合规管理

第一节　医疗机构品牌运营与宣传合规概述 ………………………（318）
一、品牌运营与宣传合规的重要性 ………………………………（319）

二、品牌运营与宣传合规的范围 …………………………………… (319)
　　三、医疗机构品牌运营与宣传合规的总体要求 …………………… (321)
　第二节　医疗机构品牌建设和宣传合规核心依据 ……………………… (323)
　　一、品牌建设和宣传合规核心依据概览 …………………………… (323)
　　二、核心依据解读 …………………………………………………… (324)
　第三节　品牌建设和宣传合规常见问题及分析 ………………………… (328)
　　一、医疗广告的合规常见问题及分析 ……………………………… (329)
　　　【典型案例12-01】晋江某医院在某APP平台发布医疗广
　　　　　　　　　　　告违规被罚 …………………………………… (330)
　　　【典型案例12-02】合肥某肛肠医院发布违法广告案 ………… (331)
　　　【典型案例12-03】宁夏某中医医院发布信息与执业许可
　　　　　　　　　　　（备案）事项不一致被处罚 ………………… (331)
　　二、医疗机构信息公开的合规指引 ………………………………… (332)
　　　【典型案例12-04】青田某医院未经审查发布医疗广告被
　　　　　　　　　　　处罚 …………………………………………… (334)
　　　【典型案例12-05】临床试验患者在学术会上介绍情况可
　　　　　　　　　　　能违规 ………………………………………… (335)
　　三、医务人员个人推广的合规 ……………………………………… (335)
　　　【典型案例12-06】某医院因医生个人直播账号违规被新
　　　　　　　　　　　闻报道 ………………………………………… (336)
　　　【典型案例12-07】网红医生摆拍造假被封禁 ………………… (337)
　　四、患者隐私和个人信息保护 ……………………………………… (339)
　　　【典型案例12-08】日照市某医生直播妇科手术事件 ………… (339)
　　五、突发舆情的应对 ………………………………………………… (340)
　　　【典型案例12-09】山东某医院"纱布门"事件 ……………… (341)
　第四节　品牌运营与宣传合规建议及指引 ……………………………… (341)
　　一、严格规范品牌宣传行为，确保医疗广告发布合规 …………… (341)
　　二、规范医疗机构信息公开和健康科普行为，避免变相广告 …… (344)
　　三、充分尊重患者的知情权，不得侵犯其个人信息与隐私 ……… (345)
　　四、正确对待医生个人IP推广，打造医疗机构的品牌矩阵……… (345)
　　五、加强法治宣教和培训，完善危机应对机制 …………………… (346)

第十三章 医疗机构安全保卫及安全生产合规管理

第一节 安全保卫及安全生产合规概述 …………………………… (347)
 一、安全保卫及安全生产合规建设的重要性 …………………… (347)
 二、安全保卫及安全生产合规建设的工作范围 ………………… (348)
 三、安全保卫及安全生产合规建设的总体要求 ………………… (349)
第二节 安全保卫及安全生产合规核心依据 …………………… (350)
 一、消防安全合规核心依据 ……………………………………… (350)
 二、治安合规核心依据 …………………………………………… (352)
 三、安全生产合规核心依据 ……………………………………… (353)
第三节 医疗机构消防安全合规管理 …………………………… (357)
 一、医疗机构消防安全合规风险表现 …………………………… (357)
  【典型案例13-01】吉林省某医院配电房火灾事故 ………… (357)
  【典型案例13-02】湖南省某医院电气火灾事故 …………… (358)
  【典型案例13-03】北京市丰台区某医院装修施工火灾
    事故 ………………………………………………………… (359)
 二、医疗机构消防安全合规指引 ………………………………… (360)
第四节 医疗机构治安合规管理 ………………………………… (362)
 一、医疗机构治安合规风险表现 ………………………………… (362)
  【典型案例13-04】一起因患者死亡引起的紧急事件的处
    置经过 ……………………………………………………… (362)
  【典型案例13-05】某医疗机构与有关单位共建共管周边
    治安的案例 ………………………………………………… (363)
 二、医疗机构治安保卫管理的合规指引 ………………………… (364)
第五节 医疗机构安全生产合规管理 …………………………… (365)
 一、医疗机构安全生产合规风险表现 …………………………… (365)
  【典型案例13-06】某医院突发停电事故案例 ……………… (366)
  【典型案例13-07】某医院施工工人坠井事故案例 ………… (366)
  【典型案例13-08】某医院冷水机检修违规操作爆炸致人
    员伤亡事件 ………………………………………………… (367)
  【典型案例13-09】某医院消毒用承压蒸汽锅炉爆炸事故 … (367)

【典型案例13-10】某医院污水处理站工作人员违规操作
　　　　　　　　致人员伤亡事故……………………（368）
二、医疗机构安全生产管理的合规指引 ……………………（369）

第十四章　医疗机构环境保护合规管理

第一节　环境保护合规概述 …………………………………（375）
　　一、环境保护合规的重要性 ………………………………（375）
　　二、环境保护合规所涉范围 ………………………………（375）
　　三、环境保护合规的总体要求 ……………………………（376）
第二节　环境保护合规核心依据 ……………………………（377）
　　一、环境保护核心依据概览 ………………………………（377）
　　二、医疗机构环境保护核心依据解读 ……………………（378）
　　三、环境保护主要风险提示 ………………………………（382）
第三节　医疗环境保护合规风险分析 ………………………（383）
　　一、医疗环境保护合规基本要求 …………………………（383）
　　二、违法处置医疗废物导致环境污染 ……………………（384）
　　　　【典型案例14-01】重庆市某医用输液瓶回收有限公司非
　　　　　　　　法处置医疗废物污染环境案 ………………（384）
　　三、医疗废水超标导致环境污染 …………………………（385）
　　　　【典型案例14-02】东莞市查处某公立医院废水超标案 ……（385）
　　四、基层医疗机构管理能力薄弱成为环境污染重灾区 …（386）
　　　　【典型案例14-03】巴南区某诊所将医疗废物混入其他废
　　　　　　　　物案 ……………………………………（386）
　　五、违反辐射安全管理规定导致环境污染 ………………（387）
　　　　【典型案例14-04】铜川市中西医结合医院违规案 ……（387）
第四节　医疗机构环境保护合规建议及指引 ………………（389）
　　一、全流程合规管理体系构建 ……………………………（389）
　　二、技术创新与数字化赋能 ………………………………（390）
　　三、能力建设与培训体系 …………………………………（392）
　　四、应急管理与外部协同 …………………………………（392）
　　五、政策适配与持续改进 …………………………………（393）

【典型案例14-05】中国医学科学院阜外医院智慧医疗废物管理系统……………………………………（393）
【典型案例14-06】中国医学科学院阜外医院污水处理站项目提标改造………………………（395）

第十五章 医疗机构合规管理前沿与挑战

第一节 互联网医院合规运营……………………………………（397）
 一、互联网医院的基本合规框架………………………………（398）
  【典型案例15-01】某中医诊所超范围开展互联网诊疗活动案……………………………………（398）
  【典型案例15-02】某健康咨询服务平台侵权案…………（399）
  【典型案例15-03】某医院信息系统通过网络安全等级保护测评………………………………（400）
  【典型案例15-04】某电商平台违规开具降糖处方药………（401）
 二、数据安全与隐私保护特殊要求………………………………（401）
 三、典型违规风险点及建议………………………………………（403）
第二节 AI辅助诊疗的合规边界……………………………………（405）
 一、AI医疗器械的分类监管……………………………………（405）
 二、临床应用中的责任划分……………………………………（408）
 三、伦理审查特别机制…………………………………………（409）
  【典型案例15-05】肺功能医学测试的种族算法偏见………（409）
第三节 国际医疗合作与高端医疗的合规边界……………………（410）
 一、跨境医疗服务的法律适用…………………………………（411）
 二、特许经营与品牌授权合规…………………………………（411）
 三、高端医疗的定价合规………………………………………（412）
  【典型案例15-06】青岛某医院未规范特需医疗服务备案…（412）
第四节 基因编辑与细胞治疗技术的法律边界……………………（413）
 一、临床研究双轨制监管………………………………………（413）
 二、基因编辑技术应用的禁止红线……………………………（414）
 三、商业化应用的合规路径……………………………………（415）
第五节 远程手术与医疗机器人的责任分配………………………（416）

一、远程手术的资质特许 …………………………………（417）
　　二、责任划分的多维模型 …………………………………（417）
　　三、保险创新与风险分担 …………………………………（419）
第六节　中医药传承创新的合规边界 ……………………………（420）
　　一、经典名方开发的制度突破 ……………………………（420）
　　二、中药创新的双重标准 …………………………………（422）
　　三、中药创新的合规建议 …………………………………（422）
第七节　其他前沿领域 ……………………………………………（423）
　　一、医疗区块链应用 ………………………………………（423）
　　二、微生物组干预 …………………………………………（424）
　　三、抗衰老医学 ……………………………………………（425）

后　记 ……………………………………………………………（426）

第一章 医疗合规管理概述

第一节 医疗合规管理的发展历程

合规管理（Compliance Management）起源于 20 世纪中期，最初主要应用于金融、反垄断等领域，后逐步扩展至医疗、制药等行业。其发展与国际法律环境、企业风险演变以及全球化商业实践密切相关。经历了早期以被动应对监管为主的"形式合规"阶段，中期注重风险防控的"实质合规"阶段，当前已迈入将合规融入发展战略的"价值合规"新阶段。

一、国际视角下医疗合规管理发展

（一）美国：医疗合规管理的发展

美国作为现代合规管理的发源地，其合规管理发展历程具有鲜明特色。通过国家监管、强制性自我监管和刑事政策三种方式开展合规管理实践，不仅推动了本国企业的合规管理，也对全球企业合规管理产生了深远影响。

20 世纪 30 年代经济大萧条之后，美国为稳定金融市场颁布了《1933 年银行法》《1933 年证券法》《1934 年证券交易法》等法律，要求上市公司披露财务信息，形成早期的"合规"概念，但尚未形成系统化体系。到了 20 世纪 60 年代，美国电器设备业违反反垄断法引发的合规风险标志着美国合规制度正式发展。[1] 进入 20 世纪 70 年代，"水门事件"引出企业海外贿赂丑闻，合规范围扩大，从局限于反垄断法扩展到了反垄断法以外的领域。1977 年美

---

[1] 参见张远煌等：《企业合规全球考察》，北京大学出版社 2021 年版，第 2—3 页。

国通过《美国反海外腐败法》，以打击企业在海外的贿赂行为。1988年制定的《内幕交易与证券欺诈施行法》确立了明确具体的企业合规义务，美国环保署还确立了企业环保合规的七项基本原则。同时，五角大楼舞弊案引发的军火供货商自我改革也推动了这一时期合规制度的发展。无独有偶，储蓄贷款协会（S&L）不正当经营与金融机构欺诈案、国际商业信贷银行（BCCI）巨额洗钱案等大型企业丑闻出现，金融机构也开始引入合规管理制度，以遏制企业犯罪不断出现的势头。[①] 20世纪90年代，美国司法部首次将企业合规纳入量刑指南，1991年颁布的《联邦量刑指南》针对组织的部分对合规管理制度进行了确认，促进了企业合规。直到2005年，巴塞尔银行监管委员会发布《合规与银行内部合规部门》，确立了有效合规管理体系的框架和标准。[②] 随着社会的逐步发展，美国的金融及反腐败领域的合规意识也延展至其他领域。其中，在美国的医疗系统，尤其是医院，可以充分体现其国家合规监管的建立及生长脉络。

1. 合规建设的正式开启

1986年，美国国会通过《反回扣法规》，旨在遏制医疗专业人员通过诱导"医疗补助"（Medicaid）或"医疗保险"（Medicare）患者接受不必要的医疗服务或药物来获取不正当利益的行为。该法规明确禁止任何形式的回扣、贿赂或不当报酬行为。1989年美国国会制定并通过《斯塔克法规》。该法规明确禁止医生将"医疗保险"患者的"指定医疗服务"转诊到与自己有经济利益关系的医疗机构。这两部法规的颁布旨在打击医疗保健领域的舞弊行为，也标志着美国在20世纪80年代通过建立反舞弊机制正式开启医疗合规管理体系建设的大门。

2. 患者隐私保护的前瞻性部署

1996年，美国政府通过了HIPAA合规法案。该法案作为美国医疗领域合规管理体系的核心法律框架之一，为医疗机构设立了统一的隐私和数据安全标准，要求医疗机构采取技术、管理和物理措施确保患者健康信息的保密性、

---

① 在20世纪80年代企业丑闻"出现—谴责—处罚—变革"的大背景下，企业经营的理想状态逐渐改变，遵守商业伦理越来越成为从业者的共识。参见李本灿等：《合规与刑法：全球视野的考察》，中国政法大学出版社2018年版，第15页。

② 施祖东：《以合规管理为基础的医疗机构内部监管体系建设思考》，载《中国卫生法制》2021年第4期，第22页。

完整性和可用性；鼓励医疗信息的电子化传输，确保电子健康信息交换的安全性和高效性，为公众电子健康记录的合规管理奠定了基础；制定并规范了公众个人健康档案的隐私权、公众个人健康档案的共享权限以及获取理解HIPAA隐私权的政策通知等，为促进患者信息和医疗透明化、推动美国医疗合规文化建设提供了重要支撑。

3. 价值医疗导向的合规评价体系建设

不断攀升的医疗卫生费用支出和日益猖獗的医疗保障欺诈，促使美国当局、医药服务提供方等利益相关者十分重视对医疗保障欺诈的规制。2010年美国发布了《患者保护与平价医疗法案》，规定了强制合规计划条款，要求所有医疗服务供方只有建立了合规计划，才有资格申请注册为医疗照顾计划、医疗救助计划与儿童健康保险计划等公共医疗保障计划的从业者。该法案作为美国政府针对医疗保障领域建立较为全面的内部规制体系的里程碑，通过合规评价体系的制度化要求、强调以患者为中心的医疗服务模式、建立多层次的经济激励机制，为价值医疗导向的医疗服务转型及相应合规评价体系的长期发展都提供了重要保障。该法案在设计和实施过程中从一定程度上体现了诚信原则，彰显了诚信原则在美国合规文化养成、价值观塑造方面的教化作用，以及化解欺诈风险的意义。[①]

4. 七大要素践行的管理标准

除了前述关注领域，美国政府"健康与人口服务部"下属的"调查总署"负责制定医院合规相应的政策，对医院合规工作进行严格的规定，规定包括美国联邦、州政府以及医院内部设立指导医院每日运营的规章制度。美国卫生及公共服务部（United States Department of Health and Human Services，HHS）的监察长办公室（Office of Inspector General，OIG）总结提出了有效合规行为的七大要素，这些要素已成为美国医疗合规领域的黄金标准。

HHS-OIG提出的第一项要素是医疗机构建立全面的书面政策与程序，包括行为准则和具体操作规程。值得注意的是，2015年修订版特别强调这些文件必须保持动态更新，以应对不断变化的法规环境。

组织架构的专门化是第二项核心要素。HHS-OIG明确要求设立独立的合

[①] 参见杨华：《美国医疗保障欺诈的内部规制及其启示》，载《医学与法学》2022年第4期，第39—45页。

规官和跨部门合规委员会，并规定合规官应享有直接向最高管理层汇报的权限。这一要求在 2003 年的补充指南中得到进一步强化。美国健康法律协会（American Health Law Association，AHLA）于 2022 年发布的《医疗合规官年度调查报告》（Annual Survey of Healthcare Compliance Officers）统计显示，截至 2022 年，美国已有 96% 的医疗机构设立了专职合规岗位，反映出这一制度的广泛接受度。

第三项要素是培训教育体系，强调针对不同岗位进行分层级培训。随着技术的发展，数字化学习平台在 2020 年后迅速普及，使用率高达 85%。HHS-OIG 在 2017 年指南中特别规定，新员工入职培训和年度定期复训（Refresher Training）必须作为强制性要求。

第四项要素在沟通机制方面，HHS-OIG 要求建立包括匿名举报热线在内的多元化沟通渠道，并依据《虚假申报法》为举报人提供严格保护。美国司法部于 2022 年 11 月发布的《医疗欺诈与滥用控制年度报告》（Health Care Fraud and Abuse Control Program Annual Report for Fiscal Year 2021）数据显示，[①] 通过举报发现的医保欺诈案件占比达 43%，凸显了这一机制的实际成效。

内部监控与审计作为第五项要素，推荐使用 OIG 提供的专业审计工具。梅奥诊所官方报告，[②] 通过实施季度审计制度，其合规问题发生率显著降低了 62%。

第六项要素聚焦纪律惩戒制度，2018 年指南特别加入高级管理人员问责条款，《联邦医疗保险合规审查补充报告》数据显示，严格执行该制度的机构违规率降低了 38%。[③]

最后一项要素强调问题响应机制，要求对发现的问题采取及时纠正措施。根据美国医疗信息管理学院 2023 年调研，87% 的顶尖医疗机构已采用 AI 系

[①] U.S. Department of Justice & Department of Health and Human Services, Health Care Fraud and Abuse Control Program Annual Report for Fiscal Year, Washington, DC: U.S. Department of Justice, https://www.justice.gov/usdoj-media/criminal/media/1103001/dl？inline.

[②] Mayo Clinic Office of Compliance, Enterprise Compliance Program Annual Report 2018, Mayo Clinic Press.

[③] U.S. Department of Health and Human Services, Office of Inspector General, Medicare Compliance Review Supplement: Evaluating Accountability Mechanisms (OEI-03-21-00200), Washington, DC Government Printing Office.

统来追踪整改进度，大大提升了整改效率。①

HHS-OIG 2022 年度报告证实，全面实施这七大要素的医疗机构在多个维度表现优异，审计发现问题减少 55%，政府调查应对时间缩短 40%，民事罚款金额降低 68%。② 前述数据有力佐证了七大要素践行的实际价值，也佐证了七大要素为跨国医疗在全球语境下的反腐、合规等提供了标准化的通用语言。

美国合规管理发展历经百年，其发展表明，有效的合规管理需要构建集法律、监管、管理、技术、文化于一体的综合治理体系，其发展历程呈现出从被动应对到主动预防、从分散管理到系统整合、从成本中心到价值创造的演进特征。这些经验对我国医疗机构合规建设具有重要借鉴意义。

（二）日本：国际化与本土化并重

日本的合规管理从企业管理实践中萌芽，与企业文化深度融合。日本企业强调集体主义、团队合作和忠诚的文化价值观，注重员工自律和集体意识培养。扎根于这样的文化土壤，日本合规管理的发展整体呈现出外部监管与内部自驱并重、国际化和本土化兼容的特点。

战后经济重建时期，日本企业主要依靠通商产业省的行政指导进行经营规制，1977 年《反垄断法》修订首次引入"不正当交易限制"条款，标志着合规意识的觉醒。③ 伴随着 20 世纪 80 年代泡沫经济时期的到来，频发的企业丑闻反向推动日本企业合规管理，如 1991 年日本经团联发布的《企业行动宪章》、1998 年《公司法》修订引入的监察人制度，以及 2004 年东京证券交易所对上市公司内控系统的强制要求，为该阶段日本特色公司治理与合规框架构建奠定了基础。2014 年《公司法》修订进一步强化了合规要求④，日本合规管理也进入深化发展及与国际标准接轨的新阶段。此后，2018 年《不正当

---

① KLAS Research & CHIME, AI in Healthcare Compliance: 2023 Benchmarking Report, Salt Lake City, UT: KLAS Publications, 2023; HIMSS, Digital Health Compliance Survey, Chicago, IL: HIMSS Analytics, 2023.

② U.S. Department of Justice & Department of Health and Human Services, Health Care Fraud and Abuse Control Program Annual Report for Fiscal Year, Washington, DC: U.S. Department of Justice, https://www.justice.gov/usdoj-media/criminal/media/1103001/dl? inline.

③ Masaru Yoshimori, Whose Company Is It? The Concept of the Corporation in Japan and the West, Long Range Planning, 33-44 (1995).

④ Aronson, B, Corporate Governance in Japan, Asian Journal of Comparative Law (2016).

竞争防止法》加强对海外反腐监管的修订，2022年新版《企业治理准则》将ESG[①]理念全面纳入合规体系。截至目前，日本的合规管理进一步与风险管理、可持续发展深度融合，《合规管理体系指南》等标准的实践也推动日本企业构建全员参与的常态化合规机制，合规管理整体呈现出"预防性合规+战略性合规"的特点。这一系列的沿革与演变体现了日本将外部规制与企业自律相结合、技术规范与社会责任相协调的治理智慧。日本合规管理的整体趋势及特点在医疗领域也同样凸显，其医疗卫生领域的合规管理及体系构建发展脉络大致如下。

1. 质量安全的行政植入

日本医疗合规的体系化管理开始于1948年《医疗法》的颁布。该法确立了医疗机构准入标准和基本运营规范。[②] 此举也开启了以《医疗法》为核心的规范体系搭建时代。这一时期，日本医疗合规强调外部监管与质量安全，呈现鲜明的"政府主导"特征，厚生劳动省通过"行政指导"直接干预医疗机构管理，形成了具有日本特色的"上意下达"式合规文化。例如，1975年修订的《药事法》首次引入药品生产质量管理规范，要求制药企业建立标准化生产流程，以及《医疗法》围绕功能分级、强制安全基准等的多次修订。但单一行政植入的监管模式逐渐难以应对实践中频发的医疗事故，1997年《医疗事故对策纲要》首次要求医疗机构建立风险管理委员会，并引入"医疗安全管理者"资格认证制度。[③] 该自愿认证软激励的加入促进了日本医疗合规向法律硬约束与自律软规律并行的体系架构的演化。

2. 国际标准的本土转化

在经济合作与发展组织（OECD）、世界卫生组织（WHO）等世界组织对医疗安全、临床伦理、数据与信息保护等医疗领域提出标准化框架的背景下，日本作为亚洲板块的重要经济主体，必然面临着与国际标准接轨，从而增强国际信任的趋势与挑战。这一过程中，东京大学医学部附属医院在2003年《个人信息保护法》实施后，率先开发患者信息"三阶加密系统"，为医

---

① ESG（Environmental, Social and Governance）是环境（Environmental）、社会（Social）和治理（Governance）的简称。从环境、社会和公司治理三个维度评估企业经营的可持续性与对社会价值观念的影响。
② Medical Care Act（1948, amended by Act No. 67 of 2023）.
③ Japan Medical Association, Guidelines for Medical Accident Prevention, JMA Press, 1997.

疗数据保护树立行业标杆。① 2007年《医疗安全推进法》的颁布将美国JCI认证标准本土化，强制要求医院实施PDCA循环管理②，标志着日本医疗合规完成了从"事后应对"到"预防为主"的范式转变，具有重要的里程碑意义。其后，日本结合国际标准的启发，在医疗合规管理方面表现出高度的本土化转化能力。2014年《再生医疗安全法》出台。该法创新性地设立"特定细胞加工物"分类管理制度，平衡了技术创新与风险管控，为全球提供了新兴医疗技术监管的范本，也展现了日本在应对尖端医疗技术合规挑战方面的前瞻性。日本医疗合规迈入向国际输出的新阶段。

3. "双轨并举"的技术革新

2016年圣路加国际医院（St. Luke's International Hospital）成为亚洲首家通过美国JCI学术医学中心认证的机构，且于2019年、2022年两次顺利通过JCI复审，保持认证，其将日本传统的"安全文化"与国际标准对接的经验被厚生劳动省编入《医疗质量管理指南》。日本通过对标准体系的持续创新，成功实现了JCI国际认证标准与本土《医疗法》的"双轨兼容"，并首创"再生医疗分级监管"制度，日本的医疗合规管理进入技术革新时代。此时期的显著特征是医疗合规开始输出"日本模式"，如手术室"指差确认"制度被欧美多家医院引进，③ 电子病历加密系统首批获得ISO/IEC 27018认证。2021年《数字医疗改革法》破除电子处方流转的法律障碍，同时设立严格的网络安全标准。国立国际医疗研究中心（National Center for Global Health and Medicine, NCGM）开发的"AI合规监测系统"，能实时识别诊疗规范偏离行为，使医疗差错率下降52%（NCGM, 2022）。2023年颁布的《AI医疗设备合规指南》，在全球首创"算法透明度分级披露"制度，推动三菱重工等企业跨界开发医疗AI审计工具，同时该"算法透明度"标准更被欧盟借鉴采纳。至此，在日本特有的社会制度与文化语境中生长的医疗合规生态体系实现了向国际社会的赋能与回馈。

从发展沿革可以看出，日本的合规发展虽受美国等发达国家影响，但在

---

① 东京大学医学部附属医院信息管理部：《医疗信息保护三层加密系统开发》（技术报告UTH-2005-CS03）。
② PDCA循环管理即计划（Plan）、执行（Do）、检查（Check）、处理（Act）的循环管理模式。
③ Wachter, R. M., & Ishijima, H.：《日本"指差确认"技术使英国医疗差错减少40%》，载《英国医学杂志》2017年第357卷第j2137期。

长期的合规管理实践中，结合本土文化，形成了独具特色的发展模式。注重不同领域的合规实践协同效应。企业界广泛应用的 PDCA 循环与医疗领域的临床路径管理相互借鉴，催生了更高效的风险管控方法。医疗行业的合规管理中将安全文化深度渗透，"零差错"理念融入医疗实践的每个环节，护士用药错误率仅为美国的三分之一。[①] 可以说，日本在合规管理上兼顾规则严谨性与实践柔性，形成了一套制度化、伦理化与战略化相结合的管理范式。

（三）欧盟：从规则制定到技术驱动

欧盟的合规管理发展历程以立法驱动为核心，从单一领域向多元体系演进，从区域规范向全球标准辐射，本质上是通过法律工具平衡市场自由与社会价值的过程。

1. 整合立法差异，搭建"超国家"合规体系

欧盟各成员国之间治理模式差异显著，为解决成员国法律传统冲突，寻求平衡解决，欧盟通过立法强制协调各成员国之间的立法差异，同时制定统一合规监管标准，将各成员国的分散规则整合为具有强制力的"超国家"框架。1991 年欧盟公布了第一版《反洗钱指令》（Anti-Money Laundering Directive, AMLD1）。该指令主要围绕金融机构的客户尽职调查、交易监控和报告义务展开，风险分级管理理念可见一斑。后续欧盟反洗钱指令经过不断迭代，2024 年颁布了第六版指令（AMLD6），明确规定了风险评估、监测报告、内部控制等合规管理内容。指令允许各成员国在具体实施中保留一定的灵活性，但风险评估等核心义务必须统一。2001 年，由欧洲证券监管委员会（Committee of European Securities Regulators, CESR）主导制定的《欧洲公司治理准则》提出的"遵守或解释"原则，避免"一刀切"的强制规则，允许成员国和企业在欧盟层面的核心治理原则下，保留符合本国法律传统和商业实践的差异化安排，推动成员国向欧盟倡导的核心原则靠拢。欧盟通过"统一原则+灵活实施"立法模式，既保留了成员国的实施灵活性，又确保了统一标准的落地，提升欧盟层面立法的兼容性，为"超国家"合规体系的搭建奠定了重要基础。

[①] 藤田慎一郎、山本健太郎、小林正弘：《日本医院用药错误率的多中心研究与国际数据比较》，载《BMJ 质量与安全》2023 年第 30 卷第 8 期，第 642—651 页。

2. 构建数据保护合规体系

欧盟特别注意数据和个人信息保护，并逐步形成了在全世界都极具特色的严密数据安全法律体系。早在1995年，欧洲议会和欧盟理事会通过的《数据保护指令》（Data Privacy Directive）是处理欧盟内部的个人数据的指令。它是欧盟隐私和人权法的重要组成部分。该指令的颁布为欧盟成员国提供了统一的数据保护准则，推动了欧盟在数据保护领域的法律协调和统一，也促进了数据合规保护意识的觉醒，为建立欧盟内部数据合规管理体系奠定了基础。2016年《通用数据保护条例》（General Data Protection Regulation，GDPR），在很大程度上继承和发展了《数据保护指令》的内容，重塑了全球数据合规标准，强化了企业数据管理责任，其"最高可达全球营业额4%"的严格的处罚条款对跨国企业产生了深远影响。同时，为全球数据保护法规的制定和完善提供了参考蓝本，推动了其他国家和地区加强数据保护立法，促进了全球数据保护标准的趋同，减少了因不同地区法规差异带来的合规成本和风险。截至2023年，依据GDPR开出的罚款累计已超40亿欧元。[①] 随着数字在线服务平台的迅猛发展，给欧盟带来了新机遇和利益，但也产生了在线非法商品和服务交易、虚假信息传播等问题。2022年，欧盟又通过了《数字服务法》（Digital Services Act，DSA）和《数字市场法》（Digital Markets Act，DMA），二者共同组成了欧盟具有里程碑意义的数字规则体系。其中，对于违反DMA规定的大型数字平台，可处以高达全球总营业额10%的罚款，对累犯者的罚款可高达全球营业额的20%；违反DSA规定提供在线中介服务的中介服务提供者，各成员国可处以高达上一财政年度全球年营业额6%的罚款等。[②]

3. "绿色革命"引领全球合规管理风向标

早先成立的欧共体并没有将环境政策列入共同体政策的管辖范围，直到20世纪70年代，随着经济发展与环境恶化，环境治理迫切性日趋明显并最终成为欧盟重要政策内容。1993年生效的《马斯特里赫特条约》第一次在核心条文中明确将环境保护列为共同体宗旨和活动之一。2021年欧盟委员会提

---

① 《GDPR罚款累计统计报告》，载"GDPR执法追踪数据库"，https://www.enforcementtracker.com，最后访问日期：2025年5月30日。

② 《贸易救济规则动态半月刊》，载"上海水平贸易服务网"，https://fairtrade.sww.sh.gov.cn/action/piHome/news_pageNews?fromQuery=1&newsId=6499&page.page=1，最后访问日期：2025年5月30日。

出的《公司可持续发展报告指令》(CSRD),颁布了首批12条欧洲可持续发展报告准则,进一步将合规义务扩展至近5万家公司,需严格遵循指令落实ESG报告,披露可持续风险对自身的影响,大幅提升了披露要求的强制性与覆盖广度。同期,欧盟又发布了《可持续发展报告准则》(ESRS),吸收国际ESG披露精髓,打造企业信息披露模板,成为企业合规管理的"推手"。近年来,欧盟持续推出大量ESG相关政策法规,促进企业合规管理体系建设的同时,通过"布鲁塞尔效应"影响并提高世界范围内合规标准,促进了不同国家和地区之间在合规管理方面的交流与合作。

4. 医疗合规管理建设路径

欧盟医疗合规管理发展彰显了欧洲一体化进程与医疗技术发展的互动关系。

(1) 统一市场与监管标准。欧盟早期在医药领域缺乏统一规范,各成员国立法差异大,不利于药品流通与监管。1965年由欧洲经济共同体理事会颁布的第一部药品领域指令(65/65/EEC),开始使用MAH(获得药品上市许可批准的持有人)概念,并规定药品生产企业需要向各个成员国分别提交申请,只有在获得批准后,药品才能在相应国家上市,[①] 奠定了现代医药合规的基础。同时,指令将草药药品(Herbal Medicinal Product,HMP)纳入药品范围,与相关指南构成了欧盟NMP注册管理的合规管家体系。欧盟医疗器械指令(93/42/EEC)于1993年发布。该指令制定了医疗器械分类管理规则,确保了医疗器械的安全性和有效性。同时,该指令协调欧盟各成员国关于医疗器械的法律法规,建立了统一的医疗器械市场合规监管框架,避免了不同成员国之间因监管标准不一致导致的监管漏洞和重复监管问题,提升了整体合规监管效能。

(2) 新技术与新立法并驾齐驱。随着医疗技术的不断发展,新的医疗器械、诊断技术和治疗方法不断涌现,这促使欧盟不断完善和更新医疗合规法规,以确保这些新技术的安全性和有效性。1995年《欧盟数据保护指令》(Directive 95/46/EC)的出台,为数据安全提供了合规监管框架,以保证个人数据安全和自由地跨越欧盟成员国的国界。此外,还为个人信息的存储、

---

① Introduction to Clinical Trials, https://learning.eupati.eu/mod/book/view.php?id=339&chapterid=251.

传输或处理设定了安全基线。该指令规定处理欧盟内部的个人数据，[1]是欧盟隐私和人权法的重要组成部分，[2]为后续医疗数据合规治理奠定了基础。2013年，所有欧盟成员国通过了《患者跨境医疗权利指令》（2011/24/EU）。该指令旨在通过促进成员国合作组织并提供医疗服务，为欧盟公民提供安全、高质量的跨境医疗服务，对欧盟公民医疗保障权利具有里程碑意义，[3]进一步推动欧盟医疗领域合规一体化进程。同时，该指令鼓励患者数据和信息共享并接受保护，这一创新举措使欧盟在数字化医疗领域走在世界前列。2017年发布的《医疗器械法规》（MDR）全面取代了原有的医疗器械指令，引入更为严格的合格评审规则、临床评估与试验新要求、上市后监督计划等一系列新规。同年，欧盟发布了《体外诊断医疗器械法规》（IVDR），规定制造商必须建立和维护IVDR要求的质量管理体系，明确了运营商需完成合规性评估。同时，上市后监管要求升级，扩展了医疗器械唯一标识要求。MDR、IVDR进一步统一了欧盟医疗领域市场标准，强化了合规监管力度。2021年，欧盟首次提出了《人工智能法案》，法案内容涉及人工智能系统安全性、合规监管、司法审查等，但这些超前监管内容因产生较大分歧，未能正式发布。随着ChatGPT迅速风靡全球，2024年由欧盟委员会、欧洲议会和欧盟理事会公布了定稿的《人工智能法案》并得到欧盟全体成员国的一致通过。该法案是全球首个人工智能领域的综合性立法，以"硬规制"模式吸纳了标准与法律的互通机制，成为平衡技术创新与合规监管的产物。[4]2023年生效的《企业可持续发展报告指令》（Corporate Sustainability Due Diligence Directive, CSRD），进一步将ESG要求延伸至医疗行业，要求医疗行业制药公司、医疗器械制造商、医疗服务机构等发布ESG报告披露可持续发展信息，且要求报告需经认可的独立审计师或认证机构认证，以确保报告质量达到合规监管

---

[1] European Commission, EU Data Protection Directive, epic.org（June. 3, 2025），https://epic.org/eu-data-protection-directive/#intro.

[2] 李俊：《欧盟数据保护指令》，载"中华人民共和国商务部网"，https://training.mofcom.gov.cn/zsk/swcd/fwmy22184/fwwb17000/2021/6/9aee88f3ac2641b1be7de6823c7a85ab16.html，最后访问日期：2025年5月30日。

[3] 聂建刚：《欧盟〈患者跨境医疗权利指令〉实施及其借鉴》，载《全球科技经济瞭望》2014年第10期，第8—12页。

[4] 张辛鑫、冀瑜：《论欧盟〈人工智能法案〉中的标准化模式及对我国启示》，载《标准科学》2024年第5期，第39—46页。

要求。

总的来说，欧盟在推动新技术发展的同时，通过立法对其可能带来的合规风险进行防控。既鼓励企业进行技术创新，又确保在创新过程中充分考虑到安全、隐私、伦理等合规问题，有效实现了技术创新与合规风险防控的平衡。

二、中国合规管理的本土化进程

中国的合规管理发展进程与改革开放、市场经济深化及全球化参与紧密交织，呈现出"从被动响应到主动治理"的鲜明轨迹。借鉴美国的合规发展经验，中国合规管理在金融监管领域首先得到应用，再逐步扩展到不同行业层面。

从改革开放初期，进入我国的外资企业聚焦反商业贿赂和财务透明引入了国际合规理念，为我国后续合规管理体系构建提供了萌芽的土壤。1992年审计署与中国人民银行联合发布的《对金融机构贷款合规性审计的实施方案》是我国最早出现"合规"概念的文件。2002年，中国人民银行总行将法律事务部更名为"法律与合规部"，增加了合规监管职能，并设置了首席合规官。之后，我国金融监管机构相继出台相关法律文件，鼓励和引导金融机构内部构建合规监管体系和制度，如2006年原中国银监会发布的《商业银行合规风险管理指引》。该指引成为银行业风险监管的一项核心制度。[1] 金融领域先行的合规治理理念随即辐射至多个行业，如2008年财政部联合证监会、审计署、原银监会、原保监会制定并印发《企业内部控制基本规范》；2010年财政部、证监会、审计署、原银监会、原保监会五部委又联合发布《企业内部控制配套指引》；2012年商务部、中央外宣办、外交部、发展改革委、国资委、原国家预防腐败局、全国工商联联合发布了《中国境外企业文化建设若干意见》，标志着我国企业内部控制规范体系基本确立。但随着我国在世界经济与贸易体系中角色与站位的变化，国内企业对外扩张中，必然面临着国际标准对经营行为合规性的拷问。面临挑战，国家监管机构为此密集出台

---

[1] 2005年，上海银监局发布了《上海银行业金融机构合规风险管理机制建设的指导意见》；2006年原中国银监会正式出台了《商业银行合规风险管理指引》（已失效）；2007年，原中国保监会正式出台了《保险公司合规管理指引》（已失效）；2008年，国务院颁布了《证券公司监督管理条例》（已于2014年修订）；2008年，证监会发布了《证券公司合规管理试行规定》（已失效）。

了一系列更具针对性和可操作性的合规文件,如2018年11月国务院国有资产监督管理委员会印发了《中央企业合规管理指引(试行)》,同年7月由原国家质量监督检验检疫总局和国家标准化管理委员会联合发布的《合规管理体系 指南》(GB/T 35770—2017)正式实施,成为合规管理体系的国家标准。[①] 2022年8月23日,国务院国有资产监督管理委员会公布《中央企业合规管理办法》。一系列文件的出台,加速了我国合规管理体系构建的进程,也体现了"中国速度"下合规管理质效并重的特点。

相较于企业合规管理,我国的医疗合规建设提出较晚,但在实务中医疗合规意识很早就开始萌芽。例如,作为行政监管机关重点关注的医疗服务质量和安全领域,我国刑法很早就规定了医疗事故罪,生产、销售不符合标准的医用器材罪,非法行医罪等罪名。在企业合规管理日益完善成熟的背景下,我国医疗合规管理也完成了从强监管的整改模式到体系化的预防模型的过渡。

(一)高节奏的政策破冰阶段

1994年,为加强对医疗机构的管理,促进医疗卫生事业的发展,保障公民健康,国务院制定了《医疗机构管理条例》;1998年通过《执业医师法》[②],作为规范医师执业的基本法律之一;2002年通过《医疗事故处理条例》,进一步加强了医疗机构及其医务人员的责任。面对突发公共卫生事件,2003年通过了《突发公共卫生事件应急条例》,它的颁布实施是中国公共卫生事业发展史上的一个里程碑,标志着中国将突发公共卫生事件应急处理纳入了法治轨道。药品管理领域,2005年通过《麻醉药品和精神药品管理条例》,加强了麻醉药品和精神药品的管理。2006年,原卫生部关于《医疗机构财务会计内部控制规定(试行)》的文件,就预算控制、收入控制等具体财务会计程序提出了要求。这一阶段我国针对医疗领域的多个角度、不同层面以"自上而下"的监管思路构建了大量的制度骨架,通过高节奏的政策制定雨点式遍布准入、质量、安全、内控等多个领域,也为后续合规管理思路的架构预留了发展空间。

---

① 施祖东:《以合规管理为基础的医疗机构内部监管体系建设思考》,载《中国卫生法制》2021年第4期,第22页。

② 本书中《中华人民共和国执业医师法》统一简称为《执业医师法》,除法条原文、司法解释名称外,全书其他法律法规采用同样的方式简称。

(二) 内控主导向多元协同转变阶段

2010年，中国注册会计师协会发布了与新《医院会计制度》配套的《医院财务报表审计指引》（以下简称《指引》）。该指引要求注册会计师依据审计准则及《指引》的相关规定，对被审计医院财务报表整体是否不存在因舞弊或错误导致的重大错报获取合理保证，并据此发表审计意见[1]。《指引》的出台，将风险管理的理念融入内部控制概念框架的构建，并结合医院运营特点，将其细化并直接应用于医院审计实务，为医院内部控制研究提供了实践示范[2]。但随着2009年出台新一轮医改方案以及大量配套文件，医院市场竞争压力增加、风险加剧、监管制约加强，传统的依靠内部会计控制或者内部财务控制的公立医院内部控制体系已经落伍，为了适应时代发展的要求，推进公立医院建设，逐步改变公立医院管理体制、运行体制和监管机制势在必行。2018年，国务院办公厅发布《关于改革完善医疗卫生行业综合监管制度的指导意见》（国办发〔2018〕63号）。该文件是我国医疗卫生监管领域的纲领性政策，旨在构建覆盖全行业、全要素、全流程的综合监管体系。该指导意见的出台，为医疗卫生机构的合规管理与内部监管体系建设提供了政策依据，对推动行业规范化发展具有重要指导意义[3]。该文件明确提出"落实医疗卫生机构自我管理主体责任"的基本要求，强调了医疗机构要按照健全现代医院管理制度的要求，在服务质量和医疗安全、依法执业、财务资产、医药采购等方面建立相应的内部管理体制和治理机制，落实主要负责人的"第一责任"。虽然该文件没有为医疗机构内部监管体系规定专门的组织方式和运行机制，但这种涵盖准入要素、机构运行、从业人员、风险预警、评估机制等全过程、多角度的综合监管机制，标志着我国医疗机构的内部合规管理全面进入多元协同治理时代。该阶段承接了政策监管的外部压力，通过多元协同治理的管理逻辑转变，顺利开启主动治理的新阶段。

(三) 基本法引领体系化治理阶段

2020年实施的《基本医疗卫生与健康促进法》，从基本医疗卫生服务、

---

[1] 《医院财务报表审计指引》第1章第3条。
[2] 参见戴力辉、洪学智、刘丹等：《基于风险管理的公立医院内部控制现状分析》，载《现代医院管理》2012年第1期，第8—10页。
[3] 参见施祖东：《以合规管理为基础的医疗机构内部监管体系建设思考》，载《中国卫生法制》2021年第4期，第21—24页。

医疗卫生机构、医疗卫生人员、药品供应保障、健康促进、资金保障、监督管理和法律责任等章节进行了具体规范，是我国卫生与健康领域第一部基础性、综合性法律，同时也为医疗机构合规建设确立了法定职责，使得医疗机构合规建设有法可依。该部法律的颁布标志着我国医疗机构合规管理体系化建设的正式开启。在基本法颁布的基础上，部分特定领域法律法规对医疗机构的合规也提出了重点监管，如2021年国家卫生健康委、国家医保局、国家中医药局联合发布了《医疗机构工作人员廉洁从业九项准则》，强调了医疗卫生机构对行风管理的主体责任；同年，国务院发布了《医疗保障基金使用监督管理条例》，明确医疗保障基金使用监督管理原则并构建了系统的基金使用监督管理体制机制；2024年生效的《刑法修正案（十二）》将医疗领域行贿列入从重处罚范畴，强调对医疗反腐的重视，以及大型医院对医疗机构行风建设的重点巡查、法治医院建设对医疗机构充分运用法治思维和法治方式开展运营管理的要求等。这些法律法规和文件规定均表明，医疗机构需要建立一个完善的合规管理体系去应对不同维度、环境及时代的合规要求，才能实现医疗卫生事业的持续健康高质量发展。

中国合规管理体系的发展历程呈现出鲜明的本土化特征。在充分借鉴国际先进经验的基础上，我国用四十余年时间实现了从规则被动接受到制度主动创新的跨越式发展。以国有企业改革为突破口，通过重点企业的合规示范效应带动全行业合规水平提升；实现了从行政主导型监管向法治化治理的转变，管理方式由粗放式向精细化演进；充分体现了中国特色社会主义市场经济体制的治理智慧，形成具有中国特色的合规治理范式。当前，我国正在构建监管效能与市场活力动态平衡的合规新生态。这一"中国方案"不仅有效提升了国内治理水平，更为全球治理体系改革提供了有价值的实践样本。

第二节　医疗合规管理内涵与系统关联

在医疗行业监管日益严格、患者权益保护要求不断提升的背景下，合规管理已成为医疗机构稳健运行的核心保障。合规管理体系的构建不仅涉及对现行法律政策的遵守，更强调将合规管理理念嵌入机构战略决策与日常运营的全流程，形成"监测—预警—处置—改进"的闭环管理机制。

一、医疗合规管理内涵

从字面含义而言，合规即合乎规定或遵守规范。这里的"规定"或规范既包括国家法律、部门规章、行业监管规定，也包括行业自律规范、企业规章制度以及国家承认并执行的国际条约。从实质层面看，合规即预防，合规的核心就是法律风险防控。国际标准化组织（ISO）在2014年12月15日发布了国际标准《ISO 19600：2014合规管理体系指南》对"规"有定义：组织宜以适合其规模、复杂性、结构和运营的方式制定"合规义务"文件。在该国际标准中，合规不仅包括那些具有法律约束力的文件，还应包括诚实廉正和公平交易的行为准则。在我国，2022年国资委发布的《中央企业合规管理办法》明确规定了合规、合规管理的相关定义。合规是指企业经营管理行为和员工履职行为符合国家法律法规、监管规定、行业准则和国际条约、规则，以及公司章程、相关规章制度等要求。合规管理是指企业以有效防控合规风险为目的，以提升依法合规经营管理水平为导向，以企业经营管理行为和员工履职行为为对象，开展的包括建立合规制度、完善运行机制、培育合规文化、强化监督问责等有组织、有计划的管理活动。

江苏省卫生法学会在其发布的《医院合规管理指南》[①]中提出医疗合规的概念，是医疗机构根据有关法律法规、医学伦理原则和医院运行规律，依法对医院运营全过程开展独立的合规性审查，识别、防范、化解风险，保障医院可持续良性发展的专门体系和专门活动。《湖南省社会办营利性医院合规建设指南》[②]认为，医疗合规的作用是规避企业及其员工在经营管理过程中因违规行为引发法律责任、造成经济或者声誉损失以及其他负面影响的可能性。医疗机构合规管理的"规"既指医学法律规范，又指医学伦理规范。其中，医学法律规范，是指在医学领域由国家制定或认可的，反映国家意志的、由国家强制力保证实施的、具体规定权利义务及法律后果的行为准则。包括

[①]《医院合规管理指南》，载"蛇与杖｜医学人文网"，http://www.she-zhang.com/news_show.aspx?id=4737，最后访问日期：2025年5月30日。注：该网站由江苏省卫生法学会、江苏省医学伦理学会和江苏省医学哲学学会共同主办。

[②] 湖南省医院协会发布的《社会办营利性医院合规建设指南》，载"湖南省医院协会网"，https://www.hnyy.org.cn/uploads/file/20230206/1675672675744583.pdf，最后访问日期：2025年5月30日。

法律、法规、规章以及地方性法规及规章。而医学伦理规范就是在医学领域应该如何处理人与人、人与社会和人与自然之间关系的行为规范。医学法律要以伦理作为法律制定的基础、体现充满医学人道主义的伦理关怀。医疗机构合不合"规"要进行审查，需要借助这些标准和戒律，以防范、化解医疗风险，保障医院的可持续良性发展。[①]《基本医疗卫生与健康促进法》第43条规定："医疗卫生机构应当遵守法律、法规、规章，建立健全内部质量管理和控制制度，对医疗卫生服务质量负责。医疗卫生机构应当按照临床诊疗指南、临床技术操作规范和行业标准以及医学伦理规范等有关要求，合理进行检查、用药、诊疗，加强医疗卫生安全风险防范，优化服务流程，持续改进医疗卫生服务质量。"这是对医疗机构合规管理这个"规"的内涵的最好诠释。根据前述分析，结合医疗机构行业自身的特点可以得出医疗机构合规管理的内涵：医疗机构在运行和管理过程中，遵循国家法律法规、政策标准、行业规范以及医学伦理原则，确保其医疗服务、医疗行为、内部管理等各个方面均符合规定要求，以保障患者权益，提升医疗服务质量和安全，维护医疗机构声誉和可持续发展的行为和过程。医疗机构合规管理的目的是降低医疗机构运营中的风险，提升医疗服务质量，保障患者权益，同时也保护医疗机构及其工作人员的合法权益。

二、医疗合规管理的系统关联

合规管理是医院治理的基础性工具，但并非独立存在。现代医院治理强调"合规为底线，战略为导向"的融合模式。[②]从实践逻辑来看，合规管理通过价值目标的一致性、工具方法的互补性、流程环节的嵌套性，与其他管理领域形成有机整体。

（一）医疗合规管理与质量管理

质量管理作为一门管理学科，起源于企业的质量管理。20世纪初，伴随着服务业的兴起及新质量体系的发展，医疗领域逐渐引入质量管理概念。20

---

① 邵永生：《医院合规管理中"规"的内涵及其应用》，载《河北法律职业教育》2024年第2期，第60页。
② 世界卫生组织：《2020—2025年全球数字健康战略》，载"世界卫生组织官网"，https://www.who.int/docs/default-source/documents/gs4dhdaa2a9f352b0445bafbc79ca799dce4d.pdf，最后访问日期：2025年5月30日。

世纪初，美国外科医师柯德曼（Ernest Amory Codman）提出的"医院最终结果的标准"（End-result System of Hospital Standardization）被美国外科医师学会（American College of Surgeons, ACS）采用。该学会系统、全面地提出了医疗质量标准化。1917年，美国召开了全美医院标准化大会，主张进行医疗行业改革，将医院标准化管理推行至具体的医院质量管理中。自此，医疗质量管理进入了快速发展阶段。[①]

20世纪80年代，我国改革开放推动各行业革新，随着经济发展与民众健康需求增长，提升医疗服务质量迫在眉睫。我国借鉴国外先进经验，开启医疗质量管理探索之路。2005年，"医院管理年"活动开展，原卫生部颁布《医院管理评价指南（试行）》，我国医院的质量管理快速进入发展阶段，现代化的医院质量管理体系逐渐形成。随着新医改方案的实施，医疗机构对于医疗质量管理水平要求日趋严格。同时，《医疗机构管理条例》《病历书写基本规范》等法律法规相继修订或出台，为医疗质量管理提供法律依据。2016年原国家卫生和计划生育委员会发布《医疗质量管理办法》，在高度凝练总结我国改革开放医疗质量管理工作经验的基础上，充分借鉴国际先进做法，确立了我国医疗质量管理顶层制度设计，使医疗质量管理步入法治化、制度化轨道。[②]

从内涵上看，医疗质量管理是指为了保证和不断提高医疗机构各项工作质量和医疗质量，而对所有影响质量的因素和工作环节实施计划、决策、协调、指导及质量信息反馈和处理等以质量为目标的全部管理过程。[③] 合规管理则是医疗机构为避免因违反法律法规、监管规定、行业准则等引发法律、声誉等风险，建立的一套识别、评估、监督和应对合规风险的管理机制。从特征上看，质量管理强调系统性和持续性，覆盖诊疗、护理、后勤等各个环节，并持续优化与改进；合规管理具有强制性和预防性，要求医疗机构必须严格遵循外部法律法规、行业监管要求。质量管理是医疗机构管理的生命线，是医疗机构生存与发展的基础，也是医疗机构管理能力与水平的整体体现。合规管理是医疗机构管理的重要抓手，也是现代医疗机构平稳运营的有效工

---

① 郑姣洁等：《中国整形美容专业医疗安全质控的发展及意义》，载《协和医学杂志》2024年第6期。
② 参见孙佳璐、马旭东：《我国医疗质量管理与控制体系的建立与发展》，载《中国医院管理》2021年第12期，第47—49页。
③ 武广华、袭燕、郭燕红：《中国医院院长手册》，人民卫生出版社2016年版，第89页。

具。合规管理是质量管理的底线要求,质量管理是合规管理的延伸和升华,二者目标一致,共同提升医疗机构运营效率与社会公信力,保障患者安全与合法权益。

(二)医疗合规管理与风控管理

医疗机构风险控制管理的起源可追溯至20世纪中期,其发展与国际医疗安全运动、法律环境变化及质量管理理论演进密切相关。20世纪70年代,美国医院协会(AHA)首次将企业风险管理框架应用于医疗领域,强调通过制度化手段降低运营风险。[1] 此外,美国质量管理学家戴明(Willian Edwards Deming)于20世纪50年代提出PDCA循环模型、美国公共卫生学家多那比第安(Avedis Donabedian)于1966年在《米尔班克季刊》(Milbank Quarterly)上发表并提出的SPO模型(结构—过程—结果模型,Structure-Process-Outcome Model)为风控提供方法论基础。前者强调"如何做",后者解决"做什么",共同推动风险管理从经验主义走向科学化。

我国医疗机构风控管理起源于20世纪80年代,起初以医疗事故处理为主,经历了从被动应对纠纷到主动预防风险的转变,发展过程中大致经历了"纠纷处理—制度建立—信息化—智能化"的演进,其发展与医疗体制改革、法律法规完善及国际经验借鉴密切相关。《ISO 31000:2018 风险管理指南》界定的风险管理是指针对风险所采取的指挥和控制协调的活动。《中央企业全面风险管理指引》所称的全面风险管理,是指企业围绕总体经营目标,通过在企业管理的各个环节和经营过程中执行风险管理的基本流程,培育良好的风险管理文化,建立健全全面风险管理体系,包括风险管理策略、风险理财措施、风险管理的组织职能体系、风险管理信息系统和内部控制系统,从而为实现风险管理的总体目标提供合理保证的过程和方法。医疗机构实际运营中,风险控制是一项系统性工程,包括风险的识别与评估、风险控制措施、监测与改进等环节,涵盖临床、管理、后勤等多个领域,其核心是通过标准化、数据化和人性化手段实现医疗安全的可持续改进。由此可见,二者审视风险和采取的方法不同,一个侧重微观,另一个侧重宏观。合规管理是确保机构运营符合法律法规的基础,合规管理为医疗机构划定"不可为"的边界,风控管理探索"如何更好为"的路径,二者协同可以实现从"被动守

---

[1] American Hospital Association, Risk Management in Hospitals, AHA Press, 1971.

法"到"主动控险"的升级,共同构成医疗机构安全运营的"一体两翼"。

(三) 医疗合规管理与审计管理

医疗机构的审计管理最初源于企业财务审计,主要目的是确保资金使用合规,防止贪污和浪费。1965 年美国《社会保障法修正案》(Social Security Amendments of 1965)推动医院审计专业化。1977 年美国《反海外腐败法》(FCPA)的反贿赂条款推动合规审计制度化。世界卫生组织欧洲区(WHO Regional Office for Europe)于 1993 年发布的政策文件《审计在医疗保健质量改进中的作用》(The Role of Audit in Quality Improvement in Health Care)(EUR/ICP/QAH 212)首次系统性地扩展了医疗质量审计的范畴,明确要求审计应覆盖三个关键维度:(1)临床质量(如诊疗规范依从性),(2)患者安全(如医疗差错率),以及(3)服务效率(如资源利用率)。这一框架被后续研究证实为现代医疗质量审计的理论基础。《ISO 19011:2018 管理体系审核指南》将合规性审计与风险管理结合,形成"审计合规"闭环。从国内视角看,计划经济时期,医疗机构由国家统管,审计职能由财政、卫生行政部门代行,以财务收支检查为主,缺乏独立审计体系。2006 年原卫生部发布 51 号部令《卫生系统内部审计工作规定》中明确提出建立健全各单位内部审计制度。大数据时代的到来,使公立医院内部审计工作在思路、方法、对象等诸多方面产生了新的内涵,随着信息化建设的快速发展,大数据时代将彻底改变传统审计模式。

从国内外医疗机构审计管理的发展历程来看,审计管理已经从单一监督工具演变为合规治理的核心组件,二者呈现"制度共生、价值统一"的发展轨迹。在医疗机构的运营管理中,合规管理与审计管理犹如车之两轮、鸟之双翼,紧密相连且相互影响。审计是合规的"检测器",通过审计发现合规风险点;合规是审计的"指南针",合规要求决定审计重点领域。合规管理旨在确保医疗机构的各项活动符合法律法规、行业规范以及内部规章制度规定,而审计管理则是实现合规管理目标的重要手段之一。审计管理通过对医疗机构经济活动、业务流程、内部控制等方面的审查和评价,可以及时发现潜在的合规风险点。例如,在财务审计中,审计人员可以检查医院的财务收支是否符合国家财务法规和医院财务制度,是否存在违规收费、挪用资金等问题;在内部控制审计中,可以评估医院的内部控制制度是否健全有效,是否能够有效防范各类风险，保障医院的合规运营。在医保基金审计中，国家医保局"飞行检查"倒逼医院加强费用合规管理。通过审计发现的问题，能够为合规管理提供改进的方向和依据，促使医疗机构完善制度、加强管理，确保各项活动合法合规。反之，合规管理的要求也为审计管理指明了方向。合规管理所依据的法律法规、行业标准等，是审计管理的重要评价标准。审计人员在开展审计工作时，需要以这些标准为依据，判断医疗机构的活动是否合规。同时，合规管理体系的健全程度也会影响审计管理的难度和效果。一个完善的合规管理体系能够为审计工作提供良好的基础和环境，使得审计工作能够更加顺利地开展，提高审计效率和质量。

从实务角度来看，合规管理与审计管理的协同工作对于推动医疗机构高质量健康发展具有重要意义，二者共同构成医疗机构风险防控和治理体系的核心支柱，在医疗机构规范运作和提升医疗服务质量方面发挥着重要作用。

（四）医疗合规管理与法务管理

党的十八大提出"科学立法、严格执法、公正司法、全民守法"的"新十六字方针"。党的十五大正式提出依法治国基本方略，明确"依法治国，是党领导人民治理国家的基本方略，是发展社会主义市场经济的客观需要，是社会文明进步的重要标志，是国家长治久安的重要保障"。党的十八大以来，党中央把全面依法治国纳入"四个全面"战略布局予以有力推进。党的二十大报告也对全面依法治国作了重大部署，强调要坚持全面依法治国，推进法治中国建设。伴随依法治国战略的深入实施，医疗机构作为承担保障人民健康优先发展战略地位职责的关键角色，其管理进入法治合规时代是必然趋势，也是医疗机构管理者的使命担当。

2019年，国家卫生健康委办公厅发布了《关于进一步加强医疗卫生事业单位法治建设的通知（试行）》（国卫办法规函〔2019〕914号），文件提出要把法治建设要求融入医疗卫生事业单位管理运行的全过程，要求医疗卫生事业单位在完善法治建设工作制度层面建立健全依法决策制度、建立合法性审核制度、建立依法管理（依法执业）情况定期自查制度；在逐步建立健全法治工作部门层面提出配备专兼职工作人员，建立事前预防、事中处置、事后补救的工作模式。该文件为医疗机构法治建设的落实明确了方向和路径，为医疗机构后续具体的法务管理提供了政策依据。

此后，北京市、深圳市、山东省、河北省、湖南省等地区陆续响应并开展相应工作，其中北京地区在2025年2月18日发布了《北京市法治医院建设规范（试行）》和《北京市法治医院建设标准（试行）》，要求医院应当明确承担法治工作的机构或部门，对法治工作部门及人员提出了具体指标，如对法务人才的培养和选拔都作了相应指示。革新与发展的政策也体现了当前医疗机构法务管理的特点：一是管理目标集中在对医疗机构运营、执业、质量等多维度的法律风险控制；二是权责职能主要为对医疗机构运营的合法性审查、风险梳理与防控、纠纷处置、法治宣贯、协调管理外聘法律顾问等；三是部门设置基本为专注法律事务的独立部门；四是从业人员倾向于专职的卫生法领域人员。从前述维度可以看出，法务管理与合规管理在多个层面均有交叉重叠，但合规管理的内涵丰富、架构灵活、机制全面，在法律事务外还关注监管规定、行业准则、道德规范以及自我承诺等，二者并非相互取代的关系。在实务操作过程中，合规管理在管理逻辑上的主动性和体系化可为法务管理拓宽思路、提供助力；法务管理在具体事项上的专业性和集中处理可促进合规管理真正落地。假以时日，医疗机构可循着当前法务管理的实践道路逐渐实现对合规管理的最终追求。

（五）医疗合规管理与行风管理

医疗机构作为社会公共卫生服务机构，其行业作风建设情况是全面从严治党在医疗卫生领域的直接体现，关系到群众切身利益和医疗卫生事业的公平正义。鉴于基本国情及政治体制不同，国外关于行风建设的研究文献较少，其职责大多集中于医疗投诉处理、医务人员行为规范等方面。国内医疗机构行风建设最早可追溯至我国医疗卫生事业改革发展初期，随着医疗改革的深入推进和社会对医疗服务质量要求的不断提升，行风建设工作的重要性日益凸显，成为改善医疗服务质量、构建和谐医患关系的重要环节。行风建设最初聚焦于商业贿赂、"红包回扣"等领域，主要关注对医务人员医德医风、职业道德教育。随着国家医疗卫生政策的不断完善，尤其是2013年《加强医疗卫生行风建设"九不准"》等文件的颁布，行风建设领域拓展至规范医务人员的诊疗行为、医疗质量管理、医保费用监管等多个方面。随着《关于加强卫生计生系统行风建设的意见》《关于进一步完善医疗卫生服务体系的意见》《医疗机构工作人员廉洁从业九项准则》《全国公立医疗机构行风管理核心制度要点》（2024年版）等文件的陆续出台，从国家层面对建立行风建设工作体系作出顶层设计，指明了工作方向，行风建设工作不应局限于传统意义上的满意度调查和投诉处理等内容，而是囊括了医德医风、廉洁从业、依法执业、药品耗材管理、信息公开、科研诚信、职业道德教育、医患关系等医疗机构运行管理的方方面面，成为医院医疗技术、医疗服务质量和医师道德水平的综合体现。①

基于此，行风建设与合规管理工作相辅相成、相互促进。一方面，医疗机构进行合规管理的目的在于通过构建制度体系、规范工作流程，维护医疗行业良好风气、提升医务人员廉洁从业、依法执业水平，有效减少违法违规行为，提升医疗机构及工作人员的廉洁自律水平，有效保障人民群众生命健康权益。这与行风建设的工作目标一脉相承，为行风建设工作的顺利开展提供法律依据和制度支持，确保医疗机构及工作人员在提供医疗服务和决策时，能够严格遵循法律法规和职业道德标准，预防医疗纠纷发生的潜在风险。另一方面，行风建设核心工作之一是加强医务人员的医德医风建设，提高其职业素养和责任感。这与合规管理所强调的加强工作人员道德建设、规范行为准则互为补充。再者，合规管理与行风建设同样注重文化建设，旨在构建以廉洁、合规为核心的医疗机构文化，充分发挥文化之于管理的润物无声的作用。在实际工作中，行风建设侧重于临床一线人员群体，合规管理则覆盖全员，是行风建设的有力补充。

第三节 合规管理的内外部环境

合规管理环境是医疗机构合规体系建设的基础土壤，决定了合规管理的重点、难点和发展方向。当前，我国医疗机构的合规管理环境呈现出"强监管、高风险、高要求"的特点，既受到外部政策法规、行业生态的深刻影响，也取决于医疗机构内部治理结构、管理文化和资源整合能力。

---

① 参见张超、施祖东：《医院行风管理体系建设探讨》，载《医院管理论坛》2022年第1期，第6—9页。

一、外部环境

有学者采用 PEST 分析方法对我国公立医院经营管理环境进行研究。PEST 分析方法是现代管理领域中行业用于检阅自身战略管理所处外部宏观环境的一种方法,通常从政治(Political)、经济(Economic)、社会(Social)和技术(Technological)四类影响因素观察自身所处外部环境。[①] 我们在此沿用这一分析方法,从依法治国战略与医药卫生体制改革影响下的政治环境、医疗服务市场规模不断扩大与医疗保障基金分配的经济环境、强调坚持医疗事业公益性与人民健康优先的社会环境、科学技术与观念进步下新兴权益保护的技术环境着手,对外部环境进行描述。

(一)政治环境(PEST-P)

2017 年 10 月召开的党的十九大会议,明确要求"坚持法治国家、法治政府、法治社会一体建设""深化医药卫生体制改革,全面建立中国特色基本医疗卫生制度、医疗保障制度和优质高效的医疗卫生服务体系,健全现代医院管理制度"。2018 年 8 月,国务院办公厅发布了《关于改革完善医疗卫生行业综合监管制度的指导意见》。这是我国为构建医疗卫生领域全行业、全要素、全流程监管体系而出台的具有纲领性和指导性的政策文件。上级管理部门对于医疗机构合规问题的监管呈现由点到面的趋势,首先由医疗机构可能潜藏的不合规风险引起。比如,行业内关于打击商业贿赂、行风管理"廉洁从业九项准则"、严格限制公款招待等,以及全国范围内重点开展的关于医疗服务价格专项督查等工作。[②]

2020 年实施的《基本医疗卫生与健康促进法》是我国卫生与健康领域第一部基础性、综合性法律。《基本医疗卫生与健康促进法》第 43 条第 1 款规定:"医疗卫生机构应当遵守法律、法规、规章,建立健全内部质量管理和控制制度,对医疗卫生服务质量负责。"这为医疗卫生机构加强法治建设确立了法定职责,即基本医疗卫生与健康促进法要求医疗卫生机构实行内部合规,促使医疗机构进行合规管理。但是,在医疗机构合规领域,当前尚无一部以

[①] 马鑫:《基于 PEST 分析法对我国公立医院经营管理环境的研究》,载《中国市场》2018 年第 8 期,第 114 页。

[②] 参见施祖东:《以合规管理为基础的医疗机构内部监管体系建设思考》,载《中国卫生法制》2021 年第 4 期,第 21—24 页。

政府部门为主体制定的准用制度，指导合规组织架构的搭建与合规管理。不过政府部门已经发布了一系列指导意见和政策，旨在推动医疗行业的合规管理。实践层面，一些地方性的合规管理指南也相继出台，如江苏省卫生法学会发布的《医院合规管理指南》，提供了医院合规管理的框架性管理规范，包括组织管理、合规程序和合规重点等内容。虽然不是以政府部门为主体制定的，但为医疗机构的合规组织架构的搭建和合规管理提供了参考。总体来看，虽然缺乏一个统一的政府部门制定的准用制度，但现有的政策和指南已经为医疗行业的合规管理提供了方向和框架，医疗机构可以依据这些指导性文件来构建和优化自身的合规管理体系。

（二）经济环境（PEST-E）

医疗机构合规管理所处的经济环境是多维度的，受到国家政策、市场需求、技术进步、人口结构变化等多方面因素的影响。我国政府正在持续推动医疗卫生行业的改革，如在《深化医药卫生体制改革2024年重点工作任务》的通知中提到的，加强医改组织领导、深入推广三明医改经验、深化医疗服务价格改革、深化医保支付方式改革等。这些政策要求为医疗机构提供了明确的发展方向。现阶段，我国正处于中度老龄化社会，慢性病防治成为关键目标，这对医疗机构的服务模式和资源配置提出了新的要求。随着人口老龄化的加剧和居民健康意识的提高，医疗服务需求持续增长。2022年全国卫生总费用达8.5万亿元，占GDP比重超过7%[①]，预计未来医疗保健支出将进一步增长。在经济下行期，医疗机构可能面临更大的财务压力，需要更加注重成本控制和效率提升。

有学者提出，经济学在医药卫生领域的应用与其他领域相比，在医疗卫生服务市场和服务产品方面具有很多特殊性。比如，很多疾病的预防和治疗具有外在性；医疗保险具有第三方支付的特点，在医患双方和医保双方之间具有信息不对称性。此外，还要考虑如何保障人民群众获得卫生服务和健康的公平性；如何保持卫生和医疗保障的可持续性筹资；如何预防监管失灵等问题。在医疗卫生服务方面，既要满足广大群众对基本医疗、基本医疗保险服务的需求，又要满足其对不同层次的医疗卫生的需求；既有为个人服务或

[①]《2022年卫生健康事业发展统计公报发布》，载"中国政府网"，https://www.gov.cn/lianbo/bumen/202310/content_6908686.htm，最后访问日期：2025年5月30日。

特需服务的产品,又有为广大群众服务的、具有外延效益的公共产品和预防保健的产品。在当前社会主义新时代的大背景下,则在"效率"与"公平"之间更要强调"公平优先"的理念。① 2018 年 3 月,国家医疗保障局正式成立,统筹规划、资源整合、信息一体、集权管理,开启全面建成中国特色医疗保障制度新征程。国家医保局有关负责人介绍,目前我国已经建立城乡统一的居民基本医疗保险和大病保险制度,正逐步形成以基本医疗保险为主体,医疗救助为托底,其他保障措施共同发展的多层次医疗保障体系。② 在医保基金收支规模不断扩大的背景下,医保监管自然成为当前医疗机构合规的重要抓手。

总体来看,医疗机构合规管理所处的经济环境是复杂且动态变化的,需要医疗机构不断适应外部环境的变化,加强内部管理,提高服务质量和效率,以实现可持续发展。

(三) 社会环境 (PEST-S)

我国坚持医疗卫生事业公益性,医疗机构本质属于准公共产品范畴,具有公益性和经营性的双重属性,既承担公益性职能,也有从患者处获取利益的现实追求。有学者基于这一特点,将利益相关者理论引入对医疗卫生项目的评价过程。由于医疗机构运营系统涉及政府部门、院方、患方等多个主体,各个主体资源占有和利益诉求不同,在运营系统中的角色地位亦不同,不同主体间存在复杂的利益关系,故在分析医疗机构内外部环境过程中引入利益相关者理论,有助于厘清不同主体的利益诉求和行动策略,最终实现利益协调和多方共赢的目标。③

根据弗里曼(R. Edward Freeman)对利益相关者的定义,对医疗机构运营施加外部影响因素的利益相关者,是指向医疗机构提供政策、方案、技术、资金和人员等资源的,能够影响医疗机构运营目标的组织或个体。具体包括制定政策和监督管理的政府部门、执行医疗机构实施运营管理方案的业务合

---

① 胡善联:《卫生经济学视角下的医保制度改革实践》,载"中国医疗保险网",https://new.qq.com/rain/a/20211028A0ABHL00,最后访问日期:2025 年 5 月 30 日。

② 彭韵佳、林碧锋:《从"零"基础到世界最大医疗保障网——我国基本医改发展综述》,载"中国政府网",https://www.gov.cn/xinwen/2021-06/29/content_5621496.htm,最后访问日期:2025 年 5 月 30 日。

③ 王春霞:《基于利益相关者理论的我国公立互联网医院运营困境及优化策略研究》,载《医学与社会》2024 年第 1 期,第 93 页。

作与竞争者、参与宣传推广与舆论引导的社会组织以及从医疗机构运营中获益的患者。

近年来，我国对医疗行业的监管政策不断加强，如《2023年纠正医药购销领域和医疗服务中不正之风工作要点》等政策文件的发布，要求医疗机构严格遵守行业合规指引，依法依规发布广告，以免遭受行政处罚。这些政策对医疗机构的合规管理提出了更高要求，推动医疗机构加强内部合规体系建设。同时，随着社会对医疗机构监督的日益增强，公众对医疗服务的质量和安全有更高的期待。伴随着医改的逐步深入，医疗机构之间的竞争日益激烈，合规管理成为医疗机构提升服务质量、降低成本和提高效率的重要手段。为了在竞争中脱颖而出，医疗机构必须提供更高质量的医疗服务和更高的运营效率。这促使医疗机构加强内部管理，优化流程，提高服务质量，以吸引和保留患者。为了在价格竞争中保持优势，医疗机构需要控制成本和运营风险。合规管理有助于医疗机构识别和控制财务风险、医疗风险和法律风险，从而降低成本和提高运营效率。

总体而言，当前各外部主体之间维持着相对稳定和谐的相互关系，但在高质量发展的新局面下，顶层设计的缺位与可持续发展动力的不足由外及内地影响了医疗机构合规体系构建，尚未形成行动合力的客观形势确实成为当下医疗机构合规的难点与挑战之一。

(四) 技术环境 (PEST-T)

近年来，科学技术飞速发展，大数据、人工智能、3D打印等新技术产物应运而生。医疗合规管理所处的技术环境正经历着快速的变化和发展，这些变化对医疗机构的合规管理产生了深远的影响。大数据时代的到来，利用海量医疗大数据为医院管理、就医诊疗、临床科研和教学等服务，已经成为医疗机构所关注的技术热点。随之而来，医疗机构的数字化转型成为趋势。数字化不仅提高了医疗服务效率，也带来了新的合规挑战，如数据安全、隐私保护等。2020年，国家卫生健康委发布《关于深入推进"互联网+医疗健康""五个一"服务行动的通知》，强调在提升便捷化、智能化、人性化服务水平的同时扫除信息壁垒。医疗大数据使医疗决策的作出更加科学简便，对大数据的有效储存、处理、分析和查询，可辅助医生作出更为精准的病症诊断和用药决策，大幅提高诊断的精准度。医疗大数据的发展为医疗服务提供了新的洞察和价值，但同时也需要遵守数据、个人信息保护等合规要求。医疗机构需要确保在收集、存储、处理和分析医疗数据时符合相关法律法规。与此同时，新技术的应用也带来了医疗费用的上涨与医疗数据的合法处理等新兴问题。医疗费用的上涨可能存在影响医疗机构公益性的风险，而医疗数据的储存、访问、使用问题更关乎保护患者隐私权与知情权等权利的合规难题。欧盟《数据法》（Data Act）于 2024 年生效，将数据来源者定义为用户。作为《数据治理法案》（Data Governance Act）的补充，《数据法》强调"公平访问和用户权利"，"互联产品的设计和制造必须使用户（企业或消费者）能够轻松安全地访问、使用和共享生成的数据"，"确保数据持有者和用户利益之间的平衡"。患者对于其自身医疗数据享有的权利以知情权和数据访问权为核心。[1] 因此，医疗合规管理所处的技术环境是复杂且动态变化的，医疗机构需要不断适应这些变化，确保在利用新技术提供更高效、更便捷医疗服务的同时，也能满足合规要求，保护患者权益。我国已发布《关于印发国家健康医疗大数据标准、安全和服务管理办法（试行）》《卫生健康信息数据元标准化规则》等相关规范性文件，不过还需从权利义务层面厘清医疗机构与患者各自享有的医疗数据使用权限及负担义务。

二、内部环境

（一）由外到内：外部环境影响下的"要我合规"

在上述外部环境的影响下，医疗机构为回应政策要求作出管理模式改革与相关制度创新。自 20 世纪 80 年代以来，在市场化的大环境下，医疗改革提出了新的思路和方向，对医疗机构赋予经营自主权，但要求其自负盈亏。由此，以公立医院为主的医疗机构进入了追求效益和效率的运行时代。[2] 改革开放以后，医疗机构面临生存压力，曾陷入不断扩张规模以增加创收的误区，提高诊疗收入与医疗事业公益性二者之间本身即存在基因上的不和。为磨合医疗机构自身运营需求与医疗卫生"以患者为本"的价值龃龉，国家出台了一系列政策文件对医疗机构运营行为进行约束，医疗机构在外部环境影响下

---

[1] 任颖：《医疗数据使用权的理论证成与立法平衡》，载《法学评论》2024 年第 4 期，第 151 页。
[2] 参见吴凌放：《改革中的我国医院绩效管理：现况、困境与出路》，载《同济大学学报（社会科学版）》2018 年第 2 期，第 118 页。

完成了最初的法治与合规尝试。

2019年国务院办公厅发布《关于加强三级公立医院绩效考核工作的意见》，在"国考"背景下，三级公立医院更加注重开展精细化管理，从质量中获得效益。综合性绩效管理是提升医疗服务质量，增加运营效益，控制费用增幅，促进学科发展，提高患者满意度和医务人员医疗服务收入的有效途径。[①] 医保支付方式改革、"国考"等对医院运营管理提出了更高的要求，医务人员薪酬不再与药品、检查等业务收入挂钩。随着医疗服务价格改革及疾病相关分组付费等举措相继实施，医疗改革逐步深入，公立医院在履行好自身社会责任、坚持公益性方向的同时，向精细化管理要效益的需求日益迫切。[②]

随着"健康中国"战略的推进和医疗服务领域供给侧结构性改革的深入，医疗服务供需差异矛盾集中表现在人民群众的健康需求和品质要求持续增长上，对医疗服务质量和服务环境有更高的要求，且体现多样化、多元化、差异化趋势，但医疗服务供给没能及时满足需求的增长与变化，卫生事业发展不平衡、不充分，结构性矛盾显著，供给性结构侧改革相对滞后。2013年9月，《国务院关于促进健康服务业发展的若干意见》（国发〔2013〕40号）提出大力引入社会资本，着力扩大供给、创新服务模式、提高消费能力，将社会办医作为健康服务业发展的核心领域之一。为解决医疗资源短缺与医疗服务资源配置不均衡等结构性矛盾问题，医疗机构尝试改革卫生服务体系，并创新医疗服务模式等方法，以求满足多层次医疗服务需求，并维持医疗机构自身良好运转。[③]

在政策加持下，为满足自身可持续发展需要，医疗机构开展了一系列自上而下的组织架构调整与管理制度改革工作。但是，政策要求难以科学转化为对医疗机构行为的引导，以近年来国家重点强调的"医疗服务收入占医疗收入比例"的考核为例，该项指标旨在合理体现医务人员技术劳务价值，从本质上既是控制药品和耗材的不合理使用，也是为薪酬制度改革创造空间；而实际中，虽然该项指标在院级和科室层面呈逐年改善的趋势，但医护人员

---

① 许满意：《"国考"背景下公立医院绩效管理体系模式研究》，载《财会学习》2023年第18期，第131页。
② 刘蓉蓉、朱建霞：《"国考"背景下某公立三甲医院运营管理的创新探索》，载《江苏卫生事业管理》2024年第2期，第185页。
③ 参见袁海鸿、刘硕：《差异化战略下高水平医院多院区同质化管理策略——以北京协和医院为例》，载《卫生经济研究》2023年第4期，第11页。

并未真正感受到政策利好的反馈。① 政策落实的客观困境切实影响着医疗机构合规管理建设进程，一方面，政策规定缺乏具体描述，导致医疗机构在政策执行过程中自由裁量权过大难以得到有效使用；另一方面，医疗行业尚未全面形成合规意识，医疗机构的合规重点仍集中在当前政策监管较严的具体领域。

（二）自我驱动：医疗机构需求下的"我要合规"

自 2005 年以来，国家卫生健康委在全国范围内针对各类医院组织开展了多轮大型医院巡查。2022 年度全国民营医院专项巡查行动是由国家卫生健康委发起的一项重要工作，旨在引导民营医院端正办医理念、规范执业行为、强化内部管理、加强行风建设，依法依规严厉打击漠视和损害人民群众健康权益的行为，确保医疗质量和医疗安全，推动民营医院与公立医院共同实现高质量发展。2023 年 12 月，国家卫生健康委官网发布《大型医院巡查工作方案（2023—2026 年度）》，重点对公立医院党建、行业作风建设、运行管理等方面进行巡查。大型医院巡查、医保飞检与绩效考核等各种外部评价手段都由外及内地倒逼医疗机构不断完善其自身合规管理制度，从国家卫生健康委网站上公布的针对各类医疗机构处罚的文件来看，处罚的方式基本上都是双罚制，即对于直接责任人追究个人的刑事或者行政责任，对于医疗机构本身则剥夺或者限制一定时限内的评奖评优、项目申报或者开展某项业务的资格。这些对于机构资格或者资质的限制，无疑会导致医疗机构一系列经济、声誉、业务发展或者进步机会方面的损失。② 医疗机构逐渐将外部压力转化为自身动力，开始积极调整组织架构并完善院内合规管理模式，建章立制，自查自纠，逐渐主动回应外部监管要求，"不合规无发展"已经逐渐成为医疗机构管理者的共识。

其实，在医疗机构内部，并不缺乏对各个部门的监管。在前端业务科室，医护人员有需要遵守的法律、职业守则和部门规章；在管理部门，负责医疗器械、药品采购以及各类基建维修等部门从"一岗双责"的角度有一系列的工作流程、行风管理部门有"廉洁从业九项准则"相关的管理要求、财务审

---

① 操礼庆：《大型综合医院绩效管理现状、问题与改进思路》，载《卫生经济研究》2024 年第 1 期，第 75 页。

② 施祖东：《医疗机构管理过程中合规性审查研究》，载《中国卫生法制》2021 年第 1 期，第 43 页。

计部门有"内控"的管理体系、纪检监察部门有违规违纪的监管处罚等。但是，在实际操作过程中，各部门存在监管职责交叉、工作各行其是等问题，缺乏一个强力的主责部门，集中监管所有重大的合规问题。同时，上级部门在重大责任事件的处理过程中，首先强调的是医疗机构主管部门的管理责任，而不是监管部门的监管责任。这使得主管部门的职能日益强化，而监管部门的影响可有可无，合规风险突出，但合规管理备受漠视。[1]

一直以来，"管"与"办"、"政"与"事"如何区分一直是公立医院改革过程中非常重要的基本概念和探讨的重要话题。公立医院习惯于按照上级各部门的各种指令开展各项院内具体工作，从患者排队不超过10分钟、卫生间必须备有厕纸等非常微细的工作到医院的年度预算规模、重点学科建设和未来发展规划，事无巨细，都直接受到上级部门的规范性文件指导并随时接受各种检查督导。

这种传统的、强势的外部监管体系的运行忽略了医疗机构内外部管理责任、监管手段和管理方式的差异，忽略了医疗机构内部监管的自主性、自发性、创造性和有效性，导致医疗机构的管理者没有意识到可以通过加强内部监管、规范运行对保障医疗机构健康可持续发展的重大价值和意义。医疗机构内部多头、交叉的监管体系设计最大的问题是缺乏清晰的目标和明确的脉络把现有的监管权限、资源、过程和程序完整组织起来，并融合在一个逻辑自洽、体系完整并能够持续改进的管理体系之内，使之成为现代医院管理体系不可或缺的重要组成部分。

一些学者借鉴国外实践的"整合医疗"（Integrated Delivery System，IDS）的理念，他们认为，避免浪费和不安全的治疗对于改进医疗服务质量、降低医疗成本是至关重要的，而通过整合医疗服务体系可以实现这些目标。IDS指的是一个将各个层次的卫生保健工作者联系起来的有组织的、协调的、相互协作的服务网络为特定的患者人群和社区居民提供配合协调、纵向连续统一的医疗服务。它不仅在临床上要为社区居民的整体健康状况负责，而且在财务上也承担着控制医疗成本的责任。[2]

---

[1] 参见施祖东：《以合规管理为基础的医疗机构内部监管体系建设思考》，载《中国卫生法制》2021年第4期，第24页。

[2] 李玲、徐扬、陈秋霖：《整合医疗：中国医改的战略选择》，载《中国卫生政策研究》2012年第9期，第12页。

这一理念对于我国医疗机构也是同样适用的，医疗机构整体资源的整合对于医疗合规乃至诊疗事业的发展都是重要且必要的。传统的医疗机构管理注重医疗服务质量和运营管理两个方面，部分管理者对合规管理的认识不足，对合规风险不敏感；医护人员，重点关注的是与自身医护能力相关的规定，但其他方面缺乏合规意识，导致其他合规风险发生。因此，在我国推进医疗机构资源整合的过程中，必须同步加强合规管理体系建设，将合规理念深度融入整合医疗（IDS）的实践之中。一方面，医疗机构管理者需转变观念，将合规管理视为与医疗质量、运营效率同等重要的核心任务，通过完善内部治理结构、建立风险预警机制，实现对财务、药品、数据安全等关键领域的动态监管。另一方面，应强化全员合规培训，帮助医护人员在提升专业能力的同时，系统掌握医保政策、患者隐私保护、医疗广告规范等法律法规，避免因"非临床合规盲区"引发法律纠纷或声誉损失。此外，可借鉴美国IDS模式中"财务与临床责任捆绑"的经验，在资源整合过程中构建激励相容机制。例如，通过绩效评价将合规表现与科室、个人考核挂钩，促使医务人员主动规避过度医疗、骗保等行为，从而实现控费目标与合规目标的协同。最终，通过制度优化和技术支撑，形成"整合+合规"的双轮驱动，推动我国医疗服务体系在提质增效的同时，实现可持续、规范化发展。

合规管理环境是医疗机构合规建设的根基。医疗机构需在动态变化的内外部环境中，系统性优化合规管理体系，对外适应政策与行业变革，对内强化治理能力与文化培育。最终实现合规、质量、效率的协同发展，为高质量发展提供坚实保障。

第二章　医疗机构合规管理体系

我国医疗机构合规管理历经三个发展阶段，现已形成体系化治理格局。2009年前的探索期，通过医药分开、价格调整等改革孕育了"三医联动"雏形，虽属"被动合规"，但奠定了制度基础。2009年至2018年快速发展阶段，随着《传染病防治法》等法规的完善，以及医疗质量标准和医保智能监控体系的建立，合规管理走向专业化，信息技术开始赋能监管。2018年至今，合规管理进入深化发展阶段，呈现系统性、法治化的特点，《基本医疗卫生与健康促进法》将医疗质量安全、患者权益保障等要求上升为法律规范，现代医院管理制度的推进使合规要求深度融入医院运营各环节。当前，医疗机构合规管理已迈向高质量发展，需构建以组织架构、运行机制和保障要素为核心的管理体系，实现从被动应对到主动治理的转变。

第一节　合规管理组织架构

当前，医疗机构面临日益严格的监管要求，如医保飞行检查、DRG支付[①]改革、数据合规等，违规行为往往面临"双罚制"（处罚机构及个人），影响机构声誉和发展。在此背景下，构建系统化、前瞻性的"主动合规"管理体系已成为医疗机构高质量发展的必由之路，而建立权责明晰、运转高效的组织架构则是夯实这一管理体系的制度基石。

---

① 编者注：DRG支付是一种按照病种支付的医疗费用结算方式。它将患者根据疾病类型、病情严重程度和治疗方法等因素，分入不同的诊断相关组，每个组都执行统一的收费标准。

一、合规领导责任机制

医疗机构合规管理的有效实施，必须以强化领导责任作为根本保障。根据我国《医疗机构依法执业自查管理办法》的明确规定，医疗机构的法定代表人或主要负责人是合规管理的第一责任人。这一制度设计凸显了领导责任在合规管理体系中的核心地位。在具体实践中，完善的领导责任机制包含以下三个层面。

（一）战略引领层面

医疗机构应将合规要求融入医院治理架构。医疗机构可通过将合规管理纳入医院章程、制度，以及明确各业务领域、工作环节中负责人及关键人员所承担的合规管理权责等方式，使合规融入医疗机构发展的顶层设计中，并最终成为战略规划的组成部分。以肇庆市第一人民医院为例，该院通过将依法执业要求明确写入医院章程，使合规管理成为医院治理的制度性安排，为各项合规工作提供了顶层设计。[1]

（二）全面覆盖层面

医疗机构应建立领导引领，分层分类的合规承诺体系，包括适用于常规业务流程和普通员工的基础承诺，针对采购、人事等关键环节和管理人员的专项承诺，以及特别适用于药品器械采购等高风险领域的特别承诺。以武汉市金银潭医院为例，其发布了由其法定代表人签署的《医疗机构依法执业承诺书》。该承诺书明确落实主体责任，实行院、科两级责任制，对第一责任人的责任承担作出了公开的对外承诺。[2]

（三）资源配置层面

医疗机构应为合规管理提供全方位的支持。在组织保障方面，可借鉴新墨西哥大学健康科学中心设立独立合规部门的做法；[3] 在技术保障方面，可参考杭州市余杭区第一人民医院的做法，通过"余医廉洁"数字化监管平台

---

[1] 《肇庆市第一人民医院章程》（第3版），载"肇庆市卫生健康局网"，https：//www. zhaoqing. gov. cn/zqwjj/gkmlpt/content/2/2926/mpost_ 2926868. html#363，最后访问日期：2025年5月30日。

[2] 《武汉市金银潭医院依法承诺书》，载"武汉市金银潭医院网"，https：//www. whsjytyy. com/view/2596. html，最后访问日期：2025年5月30日。

[3] 笔者注：该合规办公室官网详见 https：//zh－cn. hsc. unm. edu/about/administrative－departments/compliance-office/。

聚焦医院采购链、使用链、内控链、人事链、医德医风链等核心数据，以"五链"一体的模式，构建医疗领域公权力大数据监督网络;[①] 在人才保障方面，参照落实《浙江省大型医院巡查工作方案（2023—2026 年度）》围绕干部人才队伍建设对重点岗位工作人员定期轮岗制度的重点巡查要求，强调交叉轮岗对医疗机构组织建设的重要作用。

系统化的领导责任机制，突破了传统被动合规的局限，推动医疗机构实现了从"要我合规"到"我要合规"的积极转变，为构建现代医院治理体系奠定了坚实基础。

二、合规责任传导体系

医疗机构合规管理需要建立完善的三级责任传导体系，确保合规要求从决策层到执行层的有效落实（见图 2-1）。

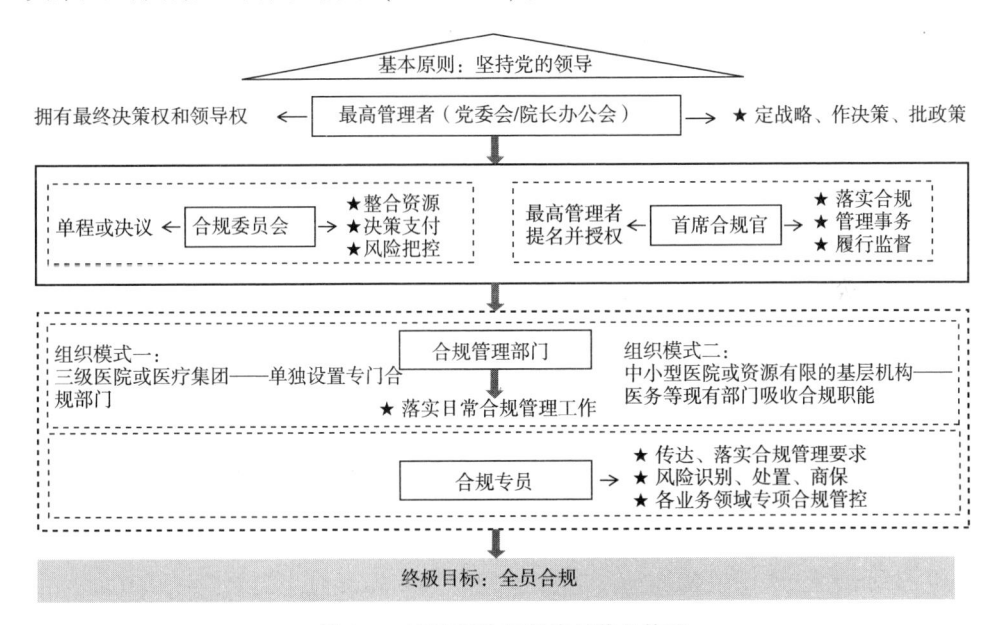

图 2-1 医疗机构三级责任传导体系

在决策层面，医疗机构应当建立由最高管理者领导的合规治理架构。我国《医疗机构依法执业自查管理办法》明确规定，医疗机构法定代表人或主

[①] 余杭区纪委监委：《余杭："五链"一体构建医疗领域公权力大数据监督网络》，载"杭州廉政网"，https://www.hzlz.gov.cn/subjects/show/26742，最后访问日期：2025 年 5 月 30 日。

要负责人是合规管理的第一责任人。实践中，可以设立由院领导班子直接领导的合规委员会，并配置专业资质的首席合规官（CCO）。大型综合医院可采用"合规委员会+CCO"的双层治理机制，中小型医院则可结合实际情况，由法务或内控负责人兼任 CCO 职能。这种差异化设置既确保了专业性，又兼顾了管理成本。

在执行层面，需要设立专职合规管理部门作为枢纽。该部门主要负责与监管机构沟通、跟踪政策变化、评估合规风险并推动跨部门整改。大型医疗机构可设立独立合规部门，中小型机构则可将合规职能嵌入现有管理部门。无论采取何种形式，都要确保合规管理的权威性和执行力。

在操作层面，各职能部门和临床科室应当设置合规专员。合规专员负责将合规要求落实到具体业务中，及时发现并报告合规风险，组织科室开展自查工作。他们的作用在于确保顶层决策能够真正落地。

实践中，医疗机构可创新采用"合规+"融合管理模式，如"质量—合规"双轮驱动、"审计—合规"联动监督等。无论采取何种组织模式，关键是要通过制度流程、信息系统和文化建设等多维度协同，最终形成全员参与、全程覆盖的合规管理体系。这种三级传导机制既保证了合规管理的系统性，又能适应不同医疗机构的实际情况，是实现有效合规的重要保障。

三、合规协同管控路径

医疗机构通过建立三级责任传导体系可实现对合规事务的垂直管控。但单纯的垂直管理链条难以应对现代医疗机构面临的复杂合规挑战，为此，医疗机构需要通过构建平行协作、强化内部监督、推动全员合规行动，提升医疗机构的合规管理水平，促进可持续发展。

（一）平行协作机制

医疗机构应构建跨部门、跨专业的横向风险识别与控制机制，设立专项议事委员会，涵盖医疗质量安全、护理安全、科研伦理、信息安全、财务审计、医保结算、药品器械采购等领域。各委员会由专业部门牵头，合规管理部门提供方法论支持，通过定期例会、紧急沟通渠道和合规项目审核等方式协作，促进信息互通互认，快速应对政策变化和业务创新，提升合规管理的敏捷性。

(二) 内部监督机制

在内部监督层面，医疗机构可协同纪检部门或成体系的纪检监督治理结构实现对合规治理结构及事务管理过程的有效监督。例如，四川大学华西医院采用的"四定五督"（定责任、定流程、定标准、定时限；督落实、督整改、督考核、督反馈、督长效）工作法，形成多部门联动配合的防控格局，有效提升监督实效。[①]

(三) 全员合规行动

职工代表大会作为医疗机构民主管理的基本形式，在全面监督和合规管理中发挥着重要作用。例如，枣阳市第一人民医院的"五会管理决策机制"，将职工代表大会纳入日常管理体系，通过日例会、周院会、月质控会、季汇报会、年职工代表大会的联动机制，促进医院决策的科学化、规范化，提升运营效率。[②]

第二节 合规管理的运行机制

合规运行机制是医疗机构规范管理的内核引擎。该机制的最大特色在于其动态适应性。通过制度体系搭建，确保合规管理有章可循；借助运行实践，推动制度要求转化为具体行动；依托持续改进，保障机制持续优化升级。

一、合规制度建设

(一) 制度框架设计与实施要点

在医疗监管趋严的背景下，构建科学合规体系成为医疗机构高质量发展的必然选择。基于国家标准 GB/T 35770—2022，建议采用三级制度框架：顶

[①] 曾露、陈龑、朱方等：《揭开"神秘面纱"打造公立医院廉洁风险防控"华西模式"》，载"四川大学华西医院网"，https://www.wchscu.cn/news/learn3/80112.html，最后访问日期：2025年5月30日。

[②] 《襄阳：枣阳市第一人民医院建立健全现代医院管理制度试点工作成效显著》，载"湖北省卫生健康委员会"，https://wjw.hubei.gov.cn/bmdt/ywdt/tzgg/202203/t20220318_4047035.shtml，最后访问日期：2025年5月30日。

层是纲领性制度，作为整个合规管理体系的"基本法"，明确规定合规治理的基本原则、组织架构和领导责任；中层是专项管理制度，针对药品管理、招标采购、医疗器械使用、数据安全等重点领域制定专业化的管理标准；底层是操作规程与工作指引，将各项制度要求细化为具体的业务流程和操作规范（见表2-1）。

表 2-1 医疗机构三级合规制度框架参考示例

制度层级	制定类型	核心内容	制定主体	修订周期
一级制度	纲领性制度	战略目标、合规方针、管理原则、组织架构，如《医院合规管理规则》《医院质量管理章程》等	最高管理者	3年至5年
二级制度	专项管理制度	各专项领域的合规管理制度、执行要求，《医保基金使用合规管理办法》《采购合规管理办法》《数据安全管理办法》等	在合规管理组织的指导下，由各专项领域管理部门制定	1年至2年
三级制度	操作规程与工作指引	针对具体业务制定的工作流程、职责要求等，如《抗菌药物规范使用管理流程》《手术核查流程指引》《医疗广告发布工作指引》等	各临床科室、医技科室、职能部门	半年至1年

制度框架搭建完成后，为确保制度体系的有效运行，医疗机构需要重点做好四个方面的工作：一是建立清晰的制度效力等级，确保下级制度与上级制度保持一致；二是建立跨部门的制度联审和执行协调机制，促进各部门协同配合；三是建立制度评估机制，定期对制度执行效果进行评估并及时优化完善；四是将制度要求深度融入业务流程，确保各项制度真正落地见效。

（二）全生命周期管理机制

医疗机构应建立闭环式的制度全生命周期管理机制，确保与三级制度框架有效衔接。"制度全生命周期闭环管理机制"，通过动态化治理机制确保制度体系的持续优化与有效落地，为合规管理提供系统性保障。该机制包含规划立项、起草制定、审核发布、实施执行、评估优化、废止归档六个关键环节（见图2-2）。

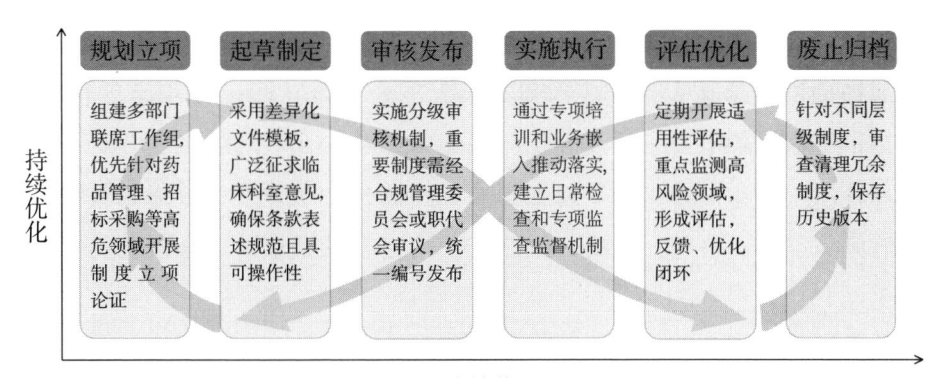

图 2-2　制度全生命周期管理机制

（三）制度建设认知偏差与改进措施

当前，医疗机构在制度管理方面普遍面临三大突出问题：首先是"生搬硬套"，典型如丹麦医院直接引进未本地化的 Epic 系统导致操作障碍；① 其次是流于形式的制度空转，如西昌某医院虽有"三查十对"制度却缺乏执行监督；② 最后是消极应对的"被动合规"，如河源某医院因未落实体检制度而受罚。③ 这些问题反映出重制定轻执行、重形式轻实效的管理缺陷。

针对这些问题，建议从三个维度构建系统化的改进路径：在制度设计环节，应组建由临床、管理、信息多方参与的设计团队，并建立制度影响预评估机制；在执行监督层面，可开发智能管理系统实现制度全流程数字化管控；在效能提升方面，需构建包含定期审计、跨部门审查、绩效考核等要素的闭环管理体系。通过系统性改进，可有效避免制度"空转"，真正发挥其规范医疗行为、保障患者安全的作用。

二、合规风险应对机制建设

完善的制度建设为医疗机构合规运行提供了坚实基础，但制度作为"纲

---

① Allen Arthur, Lost in translation: Epic goes to Denmark, POLITICO（Jun. 6, 2019），https://www.politico.com/story/2019/06/06/epic-denmark-health-1510223.

② 李英强：《护士发错药致患者误服数日，医院：护士未认真执行医疗规范制度》，载"新京报网"，https://www.bjnews.com.cn/detail/1747745535168662.html，最后访问日期：2025 年 5 月 30 日。

③ 《2023 年"以案释法"典型案例——河源某医院未按规定实施医疗质量安全管理制度等案》，载"河源市卫生健康局网"，http://www.heyuan.gov.cn/hyswsjkj/gkmlpt/content/0/587/post_587796.html#4114，最后访问日期：2025 年 5 月 30 日。

领文件"与"行动指南",需要借助具体的管理手段实现其与业务实操之间的实质性链接,完成从理论到实践的转化。

(一) 风险识别

医疗机构合规运行需建立科学完善的风险识别体系。关于实践探索,可基于时间、空间、参与、工具四维路径,构建全域覆盖、动态联动的风险识别体系(见图 2-3)。

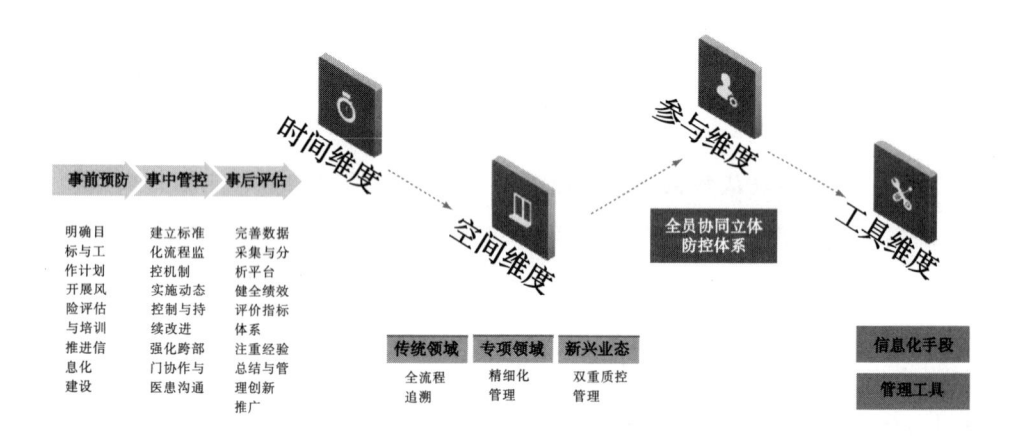

图 2-3 风险识别体系的四维路径

1. 时间维度建立全周期监测

医疗机构应当构建闭环式风险防控体系:在事前预防环节,需明确管理目标与工作计划,系统开展风险评估与全员培训,同步推进医疗信息化建设。在事中管控环节,要建立标准化流程监控机制,实施动态质量控制与持续改进,强化跨部门协同与医患沟通,优化医疗资源配置效率。在事后评估环节,完善数据采集分析平台,健全绩效评价指标体系,注重经验总结与管理创新推广。通过全流程、多层次的防控机制,实现医疗质量与安全管理的持续提升。

2. 空间维度实现多场景覆盖

医院风险管理应采取"分类管控、精准施策"的策略:针对传统核心医疗业务,重点强化执业资质审查、医保合规监管及药品耗材全流程追溯;在专项管理领域推行精细化管理,包括建立采购招标黑名单制度与电子化监督体系,实施科研伦理全周期管控,规范临床试验标准操作流程;对于互联网诊疗等新兴业态，构建"智能审核+人工复核"双重质控机制，确保线上诊疗服务质量和安全性。这种差异化的管理模式既能实现全面覆盖，又能确保重点领域风险可控。

3. 参与维度强化全员协同

医疗机构应构建全员协同的立体防控体系：建立战略决策、组织管理、流程控制、执行落实的风险识别机制，形成与垂直管理架构相匹配的防控网络，覆盖决策层、职能管理部门、临床医技科室及基层工作人员等各层级主体，实现风险防控责任的全员落实。比如，北京协和医院构建医法融合防控体系，由法律顾问、行政管理者、临床医务人员三方协作，为诊疗环节提供全流程法律规范，实现规范化管理。

4. 工具维度突出智能应用

医疗机构需强化技术支撑，通过信息化手段（如信息系统、大数据分析）和管理工具（如 HFMEA、RCA、SWIFT）提升风险识别的精准度和及时性。以浙江大学医学院附属第二医院为例，该院在医疗副院长牵头下，通过多部门协作，运用 HFMEA 工具，从术前评估、术中核查、术后管理等环节开展风险管理，实现了非计划重返手术室再手术率的显著降低（从 2022 年的 1.3‰ 降至 2023 年的 0.9‰），为医院运营管理从"经验驱动"向"体系驱动"转型提供了有力支持。[①]

（二）风险应对

1. 建立"三道防线"风险防控机制

在风险识别的基础上，医疗机构可构建"三道防线"风险防控机制，形成分层递进、协同联动的管理体系。

在第一道防线建设中，各临床科室和职能部门承担主体责任，通过严格执行标准化诊疗流程、运用智能化风险预警系统等举措，将合规要求嵌入日常业务操作。

第二道防线重在发挥合规管理的专业作用。医疗机构可以设立专职合规部门和岗位，为业务开展提供专业指导和支持，确保各项操作既符合内部管

[①] 《患者安全实践典型案例 | 浙江大学医学院附属第二医院：手术风险管控，守护每一刀》，载"中国医院协会网"，https://www.cha.org.cn/site/content/bbbbcf790df5e731794ee5e989b33d66.html?utm_source=chatgpt.com，最后访问日期：2025 年 5 月 30 日。

理要求，又满足外部监管规定。

第三道防线强调监督评价的独立性。内部审计和纪检监察部门开展定期检查与问责，同时主动对接行政监管部门检查，通过内外结合的监督方式，确保合规管理的有效性和权威性。

2. 风险处置机制

构建风险识别体系和防控机制后，医疗机构还需要建立完善的风险处置机制，当风险事件发生时，科学有效的处置机制能够最大限度降低损失，并为后续管理优化提供实践依据。

首先，建立分级分类的响应机制。医疗机构应当根据风险的性质和严重程度，建立分级预警和处置机制。对于一般性风险，可以启动科室级响应，要求相关责任人在规定时间内完成自查整改；对于重大风险，则需要立即启动医院级应急响应，成立由分管领导牵头的专项工作组，统筹资源进行处置。同时，要建立完善的应急预案库。针对医疗纠纷、数据安全事件、药品不良反应等常见风险场景，制定标准化的处置流程。

其次，实施精准处置措施。基于实践探索，风险处置需分类精准施策：针对技术性风险，建议采取控制—排查—修复三步法，如某医院在数据泄露事件中快速完成系统加固与权限重构；针对流程性风险，执行暂停—评估—优化处置流程，如针对内部采购风险流程处置；针对法律性风险，构建法务主导的多部门协同机制，实施从证据保全、专业论证到调解处置全流程风险处置，必要时引入第三方调解力量，确保合规化解纠纷。差异化处置模式既能快速控制风险影响，又能推动管理机制优化完善。

最后，建立评价体系。风险处置完成后，要进行系统评估。既要关注处置结果，从时效性、完整性和成本效益等方面进行量化评估；又要分析处置过程，重点考察响应速度、措施适当性和团队协作效能。最终将评估结果纳入绩效考核，并转化为管理改进措施，使每一次风险处置都成为提升治理能力的契机，最终构建起更具韧性的合规管理体系。

三、合规信息化建设

合规信息化建设并非传统流程的"线上迁移"，其核心在于管理者运用全局化、一体化思维，从合规战略布局出发，将合规管理深度融入信息技术体系之中。它相当于医疗机构信息化架构中的一套"治理神经网络"，不仅是对运营管理方式的重塑，更推动了医疗机构运营模式的系统性变革与治理能力的全面升级。在进行合规信息化设计时，医疗机构可借鉴大型企业的成熟经验。例如，中国华电集团有限公司内外部系统集成对接，促进风险防控关口迁移与平台自动监控预警、处置的经验。[①] 江苏宁沪高速公路股份有限公司在业财一体化平台内置 35 类舞弊规则、1204 个风险规则，通过信息化、标签式手段精准识别合同管理中的风险的经验，上线后辅助识别合同高风险1200 余个。[②] 合规信息化建设在医疗领域也有成功案例。例如，西安交通大学第二附属医院实行病案无纸化归档，一年可节约显性成本 160 多万元。[③]

基于实践探索，要实现合规信息系统的有效运行，需要重点把握四个关键要素：首先是强化顶层设计，将合规管理需求纳入医院信息化建设总体规划，确保战略一致性；其次是推进流程重构，以合规要求为导向对现有业务流程进行优化再造；再次是完善数据治理，建立统一的数据标准和交互机制，打破信息孤岛；最后是建立持续迭代机制，通过定期评估和版本升级，保持系统的先进性和适用性（见图 2-4）。

[①] 《典型实践 | 中国华电创新建设以"统融智"为特征的内控合规风险一体化管理信息平台》，载"中电联法律分会"公众号，https：// mp. weixin. qq. com/s/NIer21BpAK6IIYV7G3dbJQ，最后访问日期：2025 年 5 月 30 日。

[②] 巨衫：《宁沪公司合规管理信息化项目获评首届企业法治建设合规管理创新典型案例》，载"宁沪高速党建"公众号，https：// mp. weixin. qq. com/s/6yUzbl61ZQv0kDMpkwLQqQ，最后访问日期：2025 年 5 月 30 日。

[③] 《陈鹏岗：智能病案无纸化归档技术与应用》，载"中国医院协会信息专业委员会网"，https：// chima. org. cn/Html/News/Articles/16916. html，最后访问日期：2025 年 5 月 30 日。

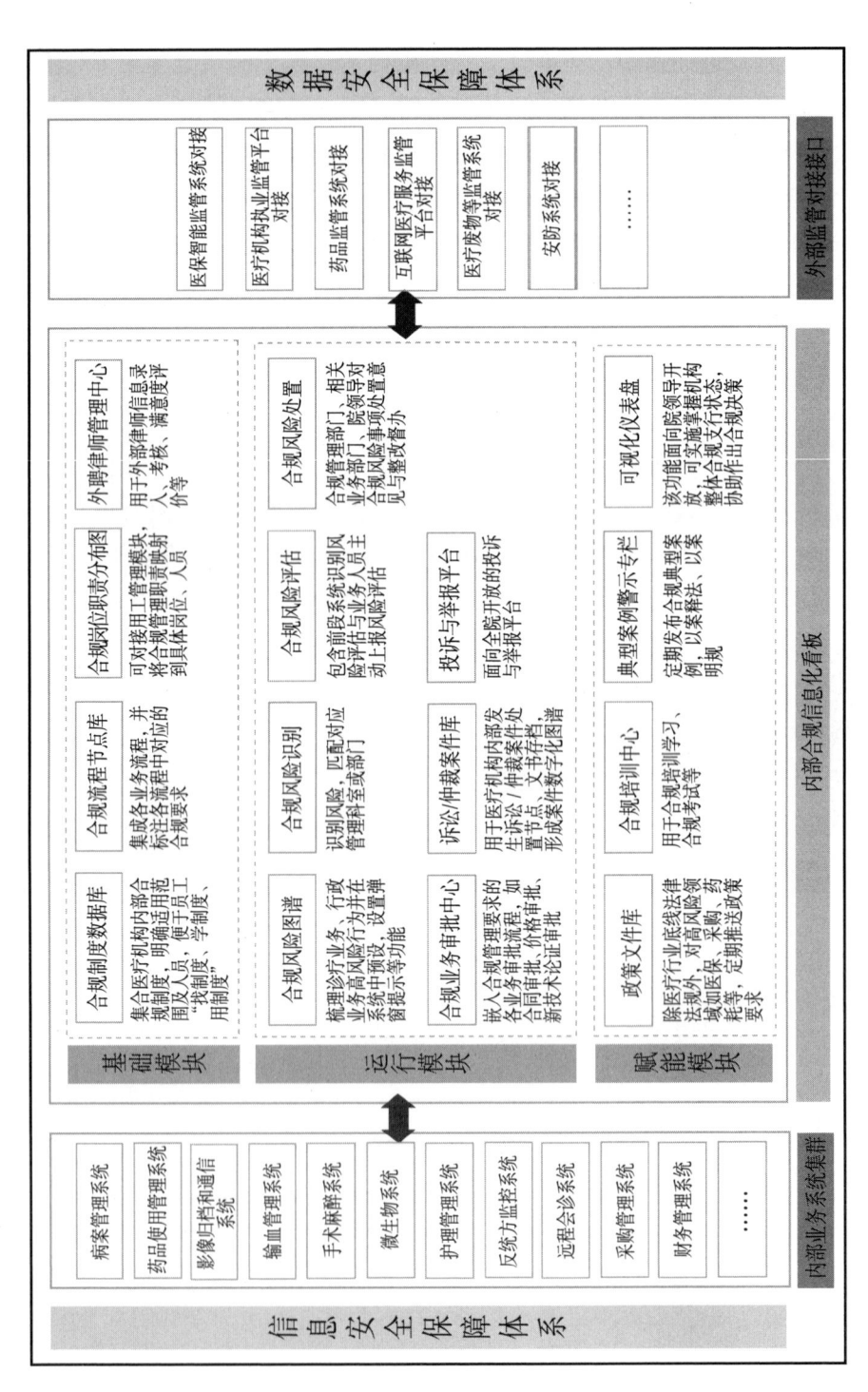

图2-4 医疗机构合规信息化建设架构

第三节　合规管理的自我革新

医疗机构合规管理体系的构建是一项需要持续动态革新的工程，以确保合规管理体系持续优化、与时俱进，在此过程中可通过内部合规文化的价值引导与外部评价标准的主动适配来实现管理体系的持续改进。

一、合规文化与行风建设价值共生机制

合规文化与行风建设在医疗机构治理体系中呈现出深刻的内在统一性和相互促进关系。从本质上看，合规文化是医疗机构及其工作人员在提供医疗服务过程中主动遵守法律法规、行业准则和职业道德规范的价值取向和行为习惯，而行风建设则是通过系统化措施规范医疗服务行为、纠正行业不正之风的具体实践。可以说，合规文化是医疗机构高质量发展的内在保障，行风建设则是合规文化培育的重要抓手（见图2-5）。

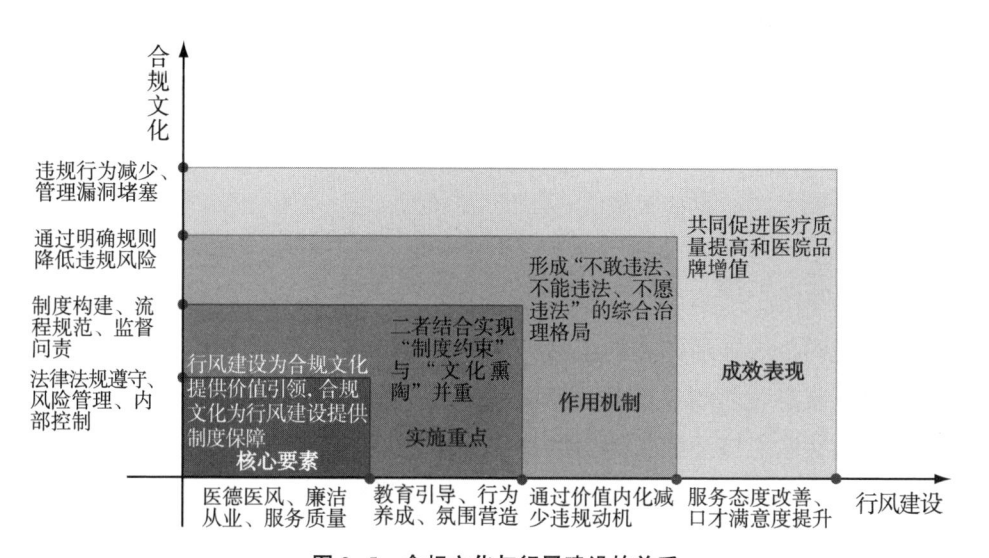

图2-5　合规文化与行风建设的关系

1. 价值同源

合规文化与行风建设均以"廉洁从业"和"患者至上"为核心价值。

《医疗机构工作人员廉洁从业九项准则》中强调的"合法按劳取酬""严守诚信原则""不实施过度诊疗"等要求，既是行风建设的具体内容，也是合规文化的核心要素。

2. 目标一致

合规文化与行风建设共同服务于医疗质量提升和患者安全保障。

3. 方法互补性

合规文化侧重制度建设和风险管理，而行风建设强调教育引导和行为养成，二者在方法上形成互补。

4. 效能协同

合规文化为行风建设提供制度支撑，而行风建设为合规文化注入内生动力，二者协同提升医疗机构治理效能。

基于实践探索，要让合规文化真正落地，不能光喊口号，得让医务人员看得见、摸得着、用得上，而行风建设可提供切实可行的工具与路径。我国的行风建设已有历史沉淀与制度基础，医疗机构可将完备的行风建设政策要求融进内部管理制度中。同时，可结合灵活多样的宣贯方式将医德医风要求润物无声地深入医护人员的日常工作，如把廉洁行医的要求做成手机端的微课堂、在科室走廊设置廉政文化墙等。此外，医疗机构可结合巡查与飞检的相关要求，在日常通过演练等方式强化医护人员对执业/职业行为的合规认知，将外部监督逐渐转化为内部驱动。只有通过这种"看得见、摸得着"的方式，合规理念才能真正入脑入心。

二、"以评促建"与"以检促改"双轨赋能

医疗机构合规管理体系的生命力在于持续改进。通过"以评促建""以检促改"的常态化机制，形成"评估—改进—优化"的良性循环，为医疗机构高质量发展注入持续创新的内生动力。这种动态优化机制通过周期性评估和监督检查，既能及时发现管理短板，又能促进制度体系的迭代升级，为医疗机构高质量发展提供持续的制度保障和创新动力。

认证是持续改进的重要抓手。实践表明，医疗机构通过开展境内外认证（如 JCI 等国际标准），可系统引入先进的管理理念，构建规范化体系，实现医疗质量与管理水平的螺旋式上升。以深圳市前海蛇口自贸区医院为例，该

院以 JCI 认证为抓手，全面优化医疗管理流程，不仅提升了服务品质与安全规范，更满足了国际医疗保险支付条件，助力医院战略目标实现。[1]

面对医疗行业"全方位、多层次、立体化"的监管新格局，主动改进意识尤为关键。医疗机构需创新合规管理思维，将监管检查转化为持续改进的契机，构建"预检—迎检—整改—提升"的全周期管理闭环。比如，上海市长宁区医保局通报 2 家被检定点医疗机构存在医保管理问题和过度诊疗、过度检查等违规行为，被检医疗机构对照违规问题清单，逐项研究整改举措，建立问题台账，全面"清零"飞检中所发现问题，实现医保基金使用合规。[2]

持续改进的本质是建立上升机制。只有将改进意识融入日常管理，将临时措施固化为制度规范，才能实现医疗质量与安全管理水平的可持续提升，为医疗机构高质量发展提供不竭动力。

附录

北京大学国际医院从依法治院到合规管理的进阶之路[3]

北京大学国际医院作为中国社会资本办医的典范和医疗体制改革的试验田，法治建设和合规管理领域走出了一条独具特色的发展道路。作为北京市法治医院建设试点单位和《医疗机构合规建设共识》的制定者，北京大学国际医院的合规管理体系不仅为自身高质量发展提供了坚实保障，也为全国医疗机构尤其是社会资本办医机构提供了可供借鉴的经验。

一、法治与合规管理的发展历程

1. 法治奠基期（2010—2017 年）

医院开诊之初便确立了依法治院的基本方针，将法治建设纳入医院总体发展规划。这一时期主要聚焦于基础性法治框架的搭建，包括制定医院章程、明确决策机制、规范合同管理和建立基本的内控流程。2017 年，医院开始引入 DNV GL 国际医疗管理标准认证，以国际化标准推动管理规范化，为后续合规体系建设奠定了基础。在这一阶段，医院虽然尚未设立专门的法务部门，

---

[1] 参见深圳市前海蛇口自贸区医院官网相关信息，https://www.skhosp.cn/Category_184/Index.aspx，最后访问日期：2025 年 5 月 30 日。

[2]《2024 年医疗保障基金飞行检查情况通报》，载"上海市长宁区人民政府网"，https://zwgk.shcn.gov.cn/xxgk/gfhjs-ybjzdgz/2024/233/74016.html，最后访问日期：2025 年 5 月 30 日。

[3] 本案例源自笔者任职医院所开展的实际工作，系医院法治建设与医疗管理融合实践的重要成果。

但通过聘请外部法律顾问和依托内部的法务岗位，初步构建了法律风险防控机制。

2. 体系化建设期（2018—2021年）

2018年是医院法治建设的重要转折点，医院率先在行业内成立了独立的法务部——审计法务部，标志着法治工作从零散应对向系统化管理的转变。这一时期，医院逐步建立了"三重一大"决策制度，规范重大决策、重要人事任免、重大项目安排和大额资金使用的集体决策流程，确保决策程序合法合规。2020年，医院开始构建廉洁风险防控体系，针对社会资本办医特点，创新提出机制。2020年6月，医院通过DNV GL认证，成为我国第一家同时通过DNV GL国际医院管理认证和感染风险管理认证的医疗机构。

3. 深化整合与创新期（2022年至今）

2022年，医院成为平安集团一员，合规管理进入全新阶段。2024年4月，医院创新性地整合纪检监察与法务管理职能，成立纪检监察与法律合规部，构建"纪律刚性+法律底线"的双重防控体系，实现了合规监督资源的优化配置和协同效应。这一时期，医院法治建设取得多项突破性成果：2022年10月被选为北京市法治医院建设试点单位；2023年6月牵头成立北京卫生法学会医疗机构合规与法务管理专委会；2024年完成《医疗机构法治合规管理体系研究》科研课题；同年获得中国医院协会"医院法治建设实践案例"大赛最高奖项，并发布《医疗机构合规体系建设专家共识》，引领行业标准制定。

北京大学国际医院法治与合规管理发展阶段（见图2-6）。

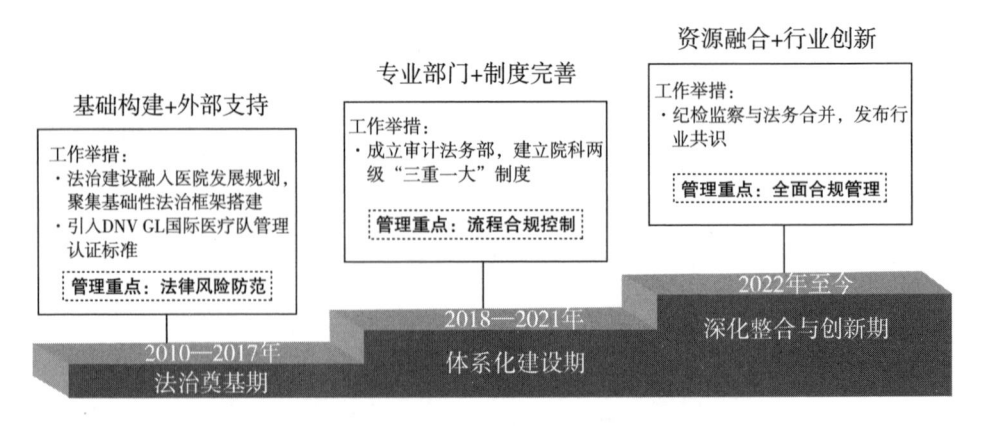

图2-6 北京大学国际医院法治与合规管理发展阶段

二、法治与合规管理体系的组织架构与制度设计

北京大学国际医院构建了一套法治合规管理组织架构，并通过系统化的制度设计将合规要求嵌入医院运营的各关键环节。这一体系既吸收了企业合规管理的先进经验，又充分考虑了医疗行业的特殊性，形成了独具特色的社会资本办医合规管理模式。

1. 创新的组织架构与治理机制

北京大学国际医院的法治合规管理组织体系采用三级治理架构，实现了决策、执行与监督的有效分离与协同。顶层是由医院党委书记/院长担任主任委员的法治与合规管理委员会，作为医院合规管理的最高决策机构，负责审定合规战略、制度和重大合规事项。中间层是执行机构，以2024年创新整合成立的纪检监察与法律合规部为核心，统筹全院合规管理工作，改变了传统医疗机构法务、纪检、审计等部门各自为政的分散状态。通过职能整合，实现了法律风险、廉政风险与运营风险的统一管控，形成了监督合力。基层则是分布在各部门、科室的合规员，由各业务单元指定专人负责本领域的合规事务，构成了覆盖全院的合规管理系统。

这种组织设计的创新之处在于实现了三个结合：一是法治与党建相结合，通过党委书记主抓合规工作，确保了党的方针政策在医疗业务中的贯彻落实；二是法律与纪律相结合，纪检监察与法律合规部的设立打破了传统监督壁垒，形成了纪律监督与法律监督的协同效应；三是管理与服务相结合，合规部门既履行监督管理职能，也为临床科室提供法律咨询、合同审查、培训教育等支持服务，增强了合规管理的接受度和执行力。

2. 系统化的合规制度体系

在制度设计上，北京大学国际医院以 DNV GL 国际认证标准为基石，构建了多层次、全流程的合规管理制度体系。这一体系包括四个基本层级：顶层是医院章程，明确了医院的基本治理结构和运行规则；第二层是综合管理制度，如《科室落实"三重一大"实施制度》等，规范重大事项决策程序和基本管理流程；第三层是专项管理制度，覆盖医疗质量、药品器械、采购招标、人力资源、数据安全等各业务领域；底层是操作规程和应急预案，指导具体业务场景下的合规操作。医院特别注重医疗质量安全核心制度的建设与落实，围绕十八项核心制度（如首诊负责制、三级查房制度、疑难病例讨论制度、危急值报告制度等）开展专题培训和法治竞赛，确保这些"保底线"

的制度得到有效执行。通过将制度执行纳入绩效考核，与科室评优、个人晋升挂钩，形成了制度落实的刚性约束。值得注意的是，医院的制度设计并非静态不变的，而是建立了定期评估更新机制，根据法律法规变化、监管要求调整和医院发展需要，及时修订完善相关制度，确保其时效性和适用性。同时，医院还建立了制度实施监督机制，对采购招标、药品耗材使用、医保基金、科研经费等重点领域实施强化监控，通过专项审核、飞行检查等方式提高监督效能。

3. 风险防控的三道防线体系

医院构建了"三道防线"合规风险防控模型，形成了分工明确、层层把关的风险管控机制。第一道防线由各业务部门组成，落实"谁主管、谁负责"的原则，在日常业务中识别和管理本领域的合规风险；第二道防线是纪检监察与法律合规部等专业职能部门，负责制定合规政策、提供专业指导并监控全院风险；第三道防线是审计和上级监管机构，通过独立审计和监督确保前两道防线的有效性。

4. 内外协同的监督评价机制

在监督机制上，医院采取了"内部监督+外部监督"双轮驱动模式。内部监督方面，建立了院科两级病历质控体系，对高风险病历实施专项审核；完善不良事件主动上报与闭环整改机制，鼓励员工报告潜在风险；构建典型案例评析机制，通过案例分析提炼管理经验。外部监督方面，主动接受卫生健康行政部门、医保部门、行业协会等的监督检查，并聘请第三方机构开展合规审计和评价，以客观视角发现管理盲点。医院还将法治合规要求融入数字化管理平台，正逐步建立和完善医院法治合规大数据防控系统，通过信息化手段实现风险动态监测和预警。

三、特色实践与创新举措

北京大学国际医院在法治与合规管理建设中并未简单复制传统模式，而是结合自身混合所有制特点和国际化定位，开展了一系列创新实践，形成了多项具有示范意义的特色举措。

医院深刻认识到合规管理的深层基础在于文化培育，为此创新性地推出了"五个一"合规文化工程，构建了全方位、多层次的法治教育体系。这一工程包括：《新法新规速递》内部刊物，及时解读法律法规和监管政策变化；"国际清风"公众号，传播廉洁合规理念和资讯；廉政勤勉"每日一语"，通过简洁有力的格言警句潜移默化影响员工行为；"医法医规"培训课程，系统提升员工法律素养；警示教育基地实地参观，通过典型案例强化震慑作用。这种从"入眼入耳"到"入心入行"的渐进式教育模式，有效培育了全院员工的合规自觉。

医院针对不同岗位人员开展差异化培训：对管理人员重点培训医院治理、合同管理和决策程序；对医务人员强化医疗质量安全核心制度和医患沟通技巧；对新入职员工将依法执业教育设为必修课。2024年，医院推出的"医法医规系列"培训已形成品牌效应。培训后通过知识竞赛巩固学习成果，对成绩优异者给予奖励，形成了"学规、知规、守规"的良好氛围。

1. 医疗质量安全核心制度的闭环管理

医疗质量安全是医院合规管理的核心内容，医院创造性地将法治思维与质量管理相结合，对十八项医疗质量安全核心制度实施闭环管理。医院定期举办核心制度专题培训，科室定期就核心制度组织演练；医院建立了院科两级病历质控体系，对诊疗行为实施全程监控。特别对高风险病例实施专项审核，确保诊疗记录完整、可追溯；同时建立典型案例评析机制，通过分析既往案例提炼经验教训，防止类似问题重复发生。在手术管理、抗菌药物使用、危急值报告等高危环节，医院设置了标准化流程和核查清单，通过结构化操作降低人为差错风险。这种将法治要求融入医疗流程的做法，实现了合规管理与医疗业务的有机融合。

2. 多点执业与人才管理的合规创新

医院设计了多点执业合规管理机制，在吸引北京大学医学部附属医院专家支持学科建设的同时，确保医疗质量和患者安全。医院建立了兼职专家资质审核、执业备案、工作量评估和绩效考核等全套管理制度，明确第一执业地点和第二执业地点的责任划分，实现了人才有序流动。针对社会资本办医机构常见的人才流失风险，医院设计了兼顾市场规律和医疗特性的薪酬体系与职业发展通道。通过建立企业编制与事业编制并行的灵活用人机制，既保持了公立医院的学术氛围，又引入了社会机构的竞争活力。医院还将合规要求融入人才评价体系，在职称晋升、评优评先中设置法治合规考核指标，引导医务人员重视合规执业。

3. 国际化医疗服务中的合规管理

医院获得了DNV GL国际医院管理标准和感染控制标准双项认证，按照国际标准构建医疗质量管理体系。2023年，医院获批"北京市国际医疗服务试点机构"。在国际医疗实践中，医院特别注重跨境法律差异管理，在病历书写、隐私保护、知情同意等方面兼顾中国法规和国际惯例。针对国际通行的诊疗指南和伦理规范开展专项培训，减少因文化差异导致的医疗风险。医院还前瞻性地规划了国际医疗转诊服务、国际医疗服务专业和国际医疗支持三大平台，为不同国籍患者提供合规便捷的跨境医疗服务。这些举措不仅提升了医院的国际竞争力，也为我国医疗机构对接国际规则积累了宝贵经验。

四、建设成效与启示

北京大学国际医院十余年的法治与合规管理探索不仅为医院自身高质量发展提供了坚实保障，也为我国医疗行业尤其是社会资本办医机构提供了可借鉴的经验。

医院的法治合规建设成果体现在多个维度，从内部管理到行业影响，从医疗质量到运营效率，形成了全方位的积极效应。在医疗质量与安全方面，医院通过强化核心制度执行、完善病历质控体系、建立不良事件报告机制等措施，使医疗纠纷发生率持续下降，患者满意度稳步提升。在运营管理效率方面，合规管理非但没有成为束缚，反而通过规范流程、防控风险为医院快速发展创造了条件。

医院牵头成立北京卫生法学会医疗机构合规与法务管理专委会，为全市医疗机构搭建了法治合规交流平台。2024年，作为主要实施单位完成了《医疗机构法治合规管理体系研究》课题，从提高医疗质量、减少法律风险、促进行风建设、提升医院形象等多个维度，探索医疗机构合规管理的理论框架和实施路径。医院还组织编写并发布了《医疗机构合规体系建设专家共识》。

医院的实践表明，有效的合规管理不是机械地执行规定，而是根据机构特点和发展需求，将合规理念创造性转化为管理实践。其经验的核心在于：将文化建设作为基础工程，将质量安全作为核心内容，将行业引领作为社会责任，将人才管理作为关键支撑，将国际视野作为发展方向，形成了全方位、多层次的合规创新体系。

第三章　医疗机构执业合规管理

医疗机构执业合规是保障医疗秩序、维护患者权益和医疗行业健康发展的关键。执业合规的内涵、范围、具体要求及风险，是本节的重点内容。希望通过本节的介绍和分享，可以帮助医疗机构厘清执业合规的边界，确保医疗活动合法合规。

第一节　医疗执业合规概述

一、医疗执业合规的重要性

医疗执业是具有医疗服务资格的医疗机构及其医务人员根据医疗卫生管理法律法规的规定，采用医学科学技术和方法，为患有疾病或者其他医疗服务需求的个体提供整理服务的业务。医疗服务的核心是医疗行为，医务人员采用医学技术和方法干预患者的身体，以达到诊断疾病、治疗疾病、恢复健康、矫正畸形的目的。

医疗执业的规范性，直接影响医疗服务的质量。没有绝对安全的诊疗技术，医疗行为具有治愈性、风险性、结果不确定性等特点。为患者提供的医疗服务在尽可能保障医疗效果最大化的同时，应当将医疗损害降到最低，医务人员开展诊疗活动，总处在平衡医疗效益和医疗损害的过程中。为了达到这一目的，医务人员应规范开展医疗服务，将医疗活动框置于法律法规和诊疗规范之下。此外，医疗执业活动中的不符合规范的细节，都可能导致医疗投诉和患者的权益争议。

二、医疗执业合规的范围

医疗执业合规，就是要求医疗执业活动中各相关要素和各运行环节符合国家的医疗卫生法律法规、整理规范、操作规程，包括以下三个方面：

第一，医疗执业主体合规。医疗执业的主体，包括医疗机构及医务人员，后者又包括医师、护士、药师以及其他医疗技术人员。

第二，医疗行为合规，既包括诊疗技术和方法合规，也包括医疗行为事实的流程合规。

第三，医疗物品合规。医疗物品包括药品、医疗器械、医用耗材；医疗物品合规包括采购、使用、管理环节合法、规范。

三、医疗执业合规总体要求

医疗执业活动涉及面广，相关的法律法规诊疗规范比较多。总的来说，医疗执业活动的合规应当符合这些规范性文件的要求，医疗机构制订合规计划，设计合规内容时，应当按照现在的法律、法规、诊疗规范的相关内容来执行。

第一，要符合国家的医疗卫生政策。近年来，国家在医疗卫生方面出台了很多有利于推进医疗卫生工作的政策，如构建以患者为中心、生命至上的健康中国的战略。这是医疗执业的核心理念，任何医疗法律制度和规范都要符合这一宗旨。

第二，要符合我国现行有效的医疗卫生法律法规。尤其是《基本医疗卫生与健康促进法》《医师法》《医疗机构管理条例》对医疗执业的基本要求，要不折不扣地反映到医疗执业合规的管理中。

第三，要符合医疗卫生部门行政规章。

第四，要符合医疗卫生领域的技术规范、行政指南。

第五，要符合医疗行业管理规范。对于特殊医疗行为，既包括难度大、风险高的医疗技术，也包括特殊医疗辅助仪器、设备的操作，行业协会对特殊诊疗技术的开展作出特殊要求。

第六，要符合医疗机构的规章制度。医疗机构在开展诊疗技术质量管理中，对相关医疗技术行为有具体要求的，医疗机构在提供诊疗服务过程中，也要遵守这些规章制度、操作规程。

第二节　医疗执业合规核心依据

一、医疗执业合规核心依据概览

（一）法律

1. 《民法典》；
2. 《基本医疗卫生与健康促进法》；
3. 《医师法》；
4. 《传染病防治法》；
5. 《药品管理法》；
6. 《个人信息保护法》；
7. 《中医药法》。

（二）行政法规

1. 《医疗机构管理条例》；
2. 《护士条例》；
3. 《医疗器械监督管理条例》；
4. 《医疗事故处理条例》；
5. 《医疗纠纷预防和处理条例》；
6. 《突发公共卫生事件应急条例》；
7. 《人体器官捐献和移植条例》；
8. 《医疗用毒性药品管理办法》；
9. 《麻醉药品和精神药品管理条例》；
10. 《放射性药品管理办法》。

（三）部门规章

1. 《医疗质量管理办法》；
2. 《放射诊疗管理规定》；
3. 《母婴保健专项技术服务许可及人员资格管理办法》；

4.《香港、澳门特别行政区医师在内地短期行医管理规定》；

5.《台湾地区医师在大陆短期行医管理规定》；

6.《外国医师来华短期行医暂行管理办法》；

7.《放射工作人员职业健康管理办法》；

8.《处方管理办法》；

9.《抗菌药物临床应用管理办法》。

（四）规范性文件

1.《执业药师注册管理办法》；

2.《医疗机构临床实验室管理办法》；

3.《医疗机构从业人员行为规范》；

4.《医学教育临床实践管理暂行规定》；

5.《医疗卫生机构网络安全管理办法》；

6.《临床诊疗指南》；

7.《医疗机构病历管理规定》（2013年版）；

8.《医疗质量安全核心制度要点》；

9.《社区医院基本标准和医疗质量安全核心制度要点（试行）》；

10.《病历书写基本规范》；

11.《电子病历应用管理规范（试行）》；

12.《关于〈医疗用毒性药品管理办法〉的补充规定》；

13.《关于全面推进紧密型县域医疗卫生共同体建设的指导意见》；

14.《医疗机构诊疗科目名录》。

（五）工作文件及党内法规

1.《关于建立侵害未成年人案件强制报告制度的意见（试行）》；

2.《患者安全专项行动方案（2023—2025年）》；

3.《医疗机构工作人员廉洁从业九项准则》。

二、医疗执业主体合规核心依据解读

（一）医疗机构执业资质

1. 执业登记和备案

《医疗机构管理条例》第14条、第15条规定，医疗机构执业，必须进行登记，领取《医疗机构执业许可证》。申请医疗机构执业登记，应当具备的条件包括：(1) 按照规定应当办理设置医疗机构批准书的，已取得设置医疗机构批准书；(2) 符合医疗机构的基本标准；(3) 有适合的名称、组织机构和场所；(4) 有与其开展的业务相适应的经费、设施、设备和专业卫生技术人员；(5) 有相应的规章制度；(6) 能够独立承担民事责任。

诊所按照国务院卫生行政部门的规定向所在地的县级人民政府卫生行政部门备案后，可以执业。

2. 变更校验

《医疗机构管理条例》第19条、第20条、第21条规定，医疗机构需要定期进行校验。床位在100张以上的医疗机构，其《医疗机构执业许可证》每3年校验1次。其他医疗机构每年校验1次；医疗机构在运行过程中，改变名称、场所、主要负责人、诊疗科目、床位，必须向原登记机关办理变更登记或者向原备案机关备案；医疗机构歇业，必须向原登记机关办理注销登记或者向原备案机关备案。

3. 特殊要求

《放射诊疗管理规定》第4条、《医疗器械监督管理条例》第48条规定，医疗机构配置大型医用设备、放射设备应取得大型医用设备配置许可证、放射诊疗技术和医用辐射机构许可。

《母婴保健专项技术服务许可及人员资格管理办法》第2条规定，医疗机构实施婚前医学检查、遗传病诊断、产前诊断、施行助产技术、结扎手术和终止妊娠手术技术服务必须取得《母婴保健技术服务执业许可证》。

(二) 医务人员（医护技）执业资质

1. 医师

(1) 执业注册。《医师法》第12条、第13条、第14条规定，医疗机构内医师应拥有执业医师资格且在本机构内注册。医师经注册后，可以在医疗卫生机构中按照注册的执业地点、执业类别、执业范围执业，从事相应的医疗卫生服务。

(2) 特殊资质。《人体器官捐献和移植条例》第27条规定，实施人体器官移植手术的执业医师应当具备下列条件，经省、自治区、直辖市人民政府卫生健康部门认定，并在执业证书上注明：有与实施人体器官移植手术相适应的专业技术职务任职资格；有与实施人体器官移植手术相适应的临床工作经验；经培训并考核合格。

《母婴保健专项技术服务许可及人员资格管理办法》第 10 条规定，凡从事婚前医学检查、遗传病诊断、产前诊断以及施行助产技术、结扎手术、终止妊娠手术技术服务的医务人员，必须符合母婴保健专项技术服务基本标准的有关规定，经考核合格，取得《母婴保健技术考核合格证书》或者在《医师执业证书》上加注母婴保健技术考核合格及技术类别。

2. 多点执业

《医师法》第 15 条、第 18 条规定，医师在二个以上医疗卫生机构定期执业的，应当以一个医疗卫生机构为主，并按照国家有关规定办理相关手续。若定期定点到县级以下医疗卫生机构提供医疗卫生服务，主执业机构应当支持并提供便利。

医师从事下列活动的，可以不办理相关变更注册手续：参加规范化培训、进修、对口支援、会诊、突发事件医疗救援、慈善或者其他公益性医疗、义诊；承担国家任务或者参加政府组织的重要活动等；在医疗联合体内的医疗机构中执业。

3. 定期考核

《医师法》第 42 条规定，国家实行医师定期考核制度，县级以上人民政府卫生健康主管部门或者其委托的医疗卫生机构、行业组织应当按照医师执业标准，对医师的业务水平、工作业绩和职业道德状况进行考核，考核周期为 3 年。对具有较长年限执业经历、无不良行为记录的医师，可以简化考核程序。

4. 我国港澳台地区及外国医师

《香港、澳门特别行政区医师在内地短期行医管理规定》第 3 条、第 5 条、第 9 条、第 11 条、第 12 条和《台湾地区医师在大陆短期行医管理规定》第 3 条、第 5 条、第 9 条、第 11 条、第 12 条规定，香港、澳门特别行政区医师在内地短期行医，以及台湾地区医师在大陆短期行医，须取得《港澳医师短期行医执业证书》或《台湾医师短期行医执业证书》。港澳医师在内地短期行医执业证书的有效期，应当与其受聘内地医疗机构约定的执业期限完全一致；台湾地区医师在大陆短期行医执业证书的有效期，应当与其受聘大陆医疗机构约定的执业期限完全一致，最长为3年。执业注册的执业类别可以为临床、中医、口腔三个类别之一。执业范围应当符合《执业医师法》和原卫生部有关执业范围的规定。执业有效期内按照注册的执业地点、执业类别、执业范围从事相应的诊疗活动。按照《医师定期考核管理办法》和原卫生部有关规定接受定期考核。

《外国医师来华短期行医暂行管理办法》第3条规定，外国医师来华短期（不超过一年）行医必须经过注册，取得《外国医师短期行医许可证》。

5. 护士

《护士条例》第7条、第8条、第10条规定，护士执业须取得护士执业资格，经执业注册取得护士执业证书。护士执业注册有效期为5年。护士执业注册有效期届满需要继续执业的，应当在护士执业注册有效期届满前30日向批准设立执业医疗机构或者为该医疗机构备案的卫生主管部门申请延续注册。延续执业注册有效期为5年。

6. 药师

《医疗机构药事管理规定》第5条、第32条的规定，依法取得相应资格的药学专业技术人员方可从事药学专业技术工作。医疗机构药学专业技术人员按照有关规定取得相应的药学专业技术职务任职资格。医疗机构直接接触药品的药学人员，应当每年进行健康检查。患有传染病或者其他可能污染药品的疾病的，不得从事直接接触药品的工作。

《处方管理办法》第61条规定，药学专业技术人员，是指按照原卫生部《卫生技术人员职务试行条例》规定，取得药学专业技术职务任职资格人员，包括主任药师、副主任药师、主管药师、药师、药士。

医疗机构内开展药学服务的人员，与国家药品监督管理局发布的《执业药师注册管理办法》规定的持有"执业药师职业资格证书"经注册取得"执业药师注册证"的执业药师不同，执业药师主要是指在社会药品零售企业开展药学服务的人员。

7. 检验人员

《医疗机构临床实验室管理办法》第12条第1款规定，医疗机构临床实验室专业技术人员应当具有相应的专业学历，并取得相应专业技术职务任职资格。

8. 放射技术人员

《放射工作人员职业健康管理办法》第 6 条规定，放射工作人员上岗前应取得《放射工作人员证》。

9. 实习期、见习期人员

《医师法》第 35 条、《医学教育临床实践管理暂行规定》第 3 条规定，参加临床教学实践的医学生（具有注册学籍的在校医学类专业学生）和试用期医学毕业生（尚未取得医师执业证书、在医疗卫生机构中参加医学专业工作实践的医学毕业生），应当在执业医师监督、指导下参与临床诊疗活动。医疗卫生机构应当为有关医学生、医学毕业生参与临床诊疗活动提供必要的条件。

10. 进修、规培、救援、义诊、医联体、医共体

《医师法》第 18 条规定，医师参加规范化培训、进修、对口支援、会诊、在医疗联合体内的医疗机构中执业可以不办理执业变更注册手续。

根据《关于全面推进紧密型县域医疗卫生共同体建设的指导意见》，紧密型县域医共体要实现人财物统一管理、分工协作、服务连续、信息共享等基本目标，因此，医共体可视为一种更为紧密的医联体的形式。医师在医共体内进行执业活动，亦无须办理变更注册。

三、医疗行为合规核心依据解读

（一）知情同意与患者信息保护

1. 知情同意

《民法典》第 1219 条、《基本医疗卫生与健康促进法》第 32 条、《医疗纠纷预防和处理条例》第 13 条规定，公民接受医疗卫生服务，对病情、诊疗方案、医疗风险、医疗费用等事项依法享有知情同意的权利。医务人员在诊疗活动中应当向患者说明病情和医疗措施。需要实施手术、特殊检查、特殊治疗的，医务人员应当及时向患者具体说明医疗风险、替代医疗方案等情况，并取得其明确同意；不能或者不宜向患者说明的，应当向患者的近亲属说明，并取得其明确同意。紧急情况下不能取得患者或者其近亲属意见的，经医疗机构负责人或者授权的负责人批准，可以立即实施相应的医疗措施。开展药物、医疗器械临床试验和其他医学研究应当遵守医学伦理规范，依法通过伦理审查，取得知情同意。

2. 患者个人信息和隐私保护

《民法典》第四编第六章对隐私权和个人信息保护作出明确规定，特别强调了自然人的隐私权和个人信息受法律保护。《个人信息保护法》更是针对个人信息保护专门作出了规定，对信息处理和保护作出细化且明确的要求。

针对医疗领域的具体情况，《民法典》第 1226 条、《医师法》第 23 条、《基本医疗卫生与健康促进法》第 33 条、《医疗机构从业人员行为规范》第 6 条、《医疗卫生机构网络安全管理办法》第 14 条和第 18 条、《医疗机构病历管理规定》第 6 条等条款，均规定医疗机构及其医务人员应当对患者的隐私和个人信息保密，禁止以非医疗、教学、研究目的泄露患者的病历资料。医疗卫生机构对本单位网络安全管理负主体责任，要加强数据和个人信息保护、网络安全的管理，建立健全数据安全和个人信息保护制度。

(二) 医疗质量与安全管理

1. 医疗机构医疗质量管理委员会/组或专 (兼) 职人员

医疗机构应当成立医疗质量管理专门部门，负责本机构的医疗质量管理工作。二级以上的医院、妇幼保健院以及专科疾病防治机构应当设立医疗质量管理委员会。医疗质量管理委员会主任由医疗机构主要负责人担任，委员由医疗管理、质量控制、护理、医院感染管理、医学工程、信息、后勤等相关职能部门负责人以及相关临床、药学、医技等科室负责人组成，指定或者成立专门部门具体负责日常管理工作。各业务科室应当成立本科室医疗质量管理工作小组，组长由科室主要负责人担任，指定专人负责日常具体工作。其他医疗机构应当设立医疗质量管理工作小组或者指定专 (兼) 职人员，负责医疗质量具体管理工作。

2. 医疗质量安全核心制度

根据《医疗质量安全核心制度要点》，医疗机构及其医务人员在诊疗活动中应当严格遵守的相关制度包括：首诊负责制度、三级查房制度、会诊制度、分级护理制度、值班和交接班制度、疑难病例讨论制度、急危重患者抢救制度、术前讨论制度、死亡病例讨论制度、查对制度、手术安全核查制度、手术分级管理制度、新技术和新项目准入制度、危急值报告制度、病历管理制度、抗菌药物分级管理制度、临床用血审核制度、信息安全管理制度。

3. 医疗机构报告义务

（1）医疗事故和重大医疗纠纷。医疗机构对于发生的重大医疗纠纷、医疗事故或重大医疗过失行为，均负有向所在地县级以上地方人民政府卫生主管部门报告的义务。其中，导致患者死亡或者可能为二级以上的医疗事故、导致3人以上人身损害后果或其他的重大医疗过失行为的，医疗机构应当在12小时内向所在地卫生行政部门报告。

（2）突发公共卫生事件和传染病疫情报告义务。医疗卫生机构及其医务人员有突发事件的应急报告义务。突发事件包括：有发生或者可能发生传染病暴发、流行的；发生或者发现不明原因的群体性疾病的；发生传染病菌种、毒种丢失的；发生或者可能发生重大食物和职业中毒事件的情形之一的。发现前述情形的，医疗机构应当在2小时内向所在地县级人民政府卫生行政主管部门报告。

医疗机构应当根据《传染病防治法》第46条，建立健全传染病疫情报告管理制度，加强人员培训，要求其执行职务的人员严格根据《传染病防治法》第45条的要求，对发现的传染病及时进行网络直报。

（3）医疗质量（安全）不良事件报告义务。医疗机构应当建立医疗质量（安全）不良事件信息采集、记录和报告相关制度，并作为医疗机构持续改进医疗质量的重要基础工作。《国家卫生健康委办公厅关于印发患者安全专项行动方案（2023—2025年）的通知》的附件2，列明了医疗质量安全不良事件分级分类标准（见表3-1）。

表3-1 医疗质量安全不良事件分级分类标准

严重程度分类	给患者造成损害的程度
Ⅳ类事件（隐患事件）：未发生不良事件	A级：环境或条件可能引发不良事件
Ⅲ类事件（无后果事件）：发生不良事件，但未造成患者伤害	B级：不良事件发生但未累及患者 C级：不良事件累及患者但没有造成伤害 D级：不良事件累及患者，需进行监测以确保患者不被伤害，或需通过干预阻止伤害发生

续表

严重程度分类	给患者造成损害的程度
Ⅱ类事件（有后果事件）：发生不良事件，且造成患者伤害	E级：不良事件造成患者暂时性伤害并需进行治疗或干预 F级：不良事件造成患者暂时性伤害并需住院或延长住院时间 G级：不良事件造成患者永久性伤害 H级：不良事件发生并导致患者需要治疗挽救生命
Ⅰ类事件（警告事件）：发生不良事件，造成患者死亡	I级：不良事件发生导致患者死亡

（4）药品器械的监测报告义务。医疗机构应当建立药品不良反应、药品损害事件和医疗器械不良事件监测报告制度，并按照国家有关规定向相关部门报告；应当经常考察本单位所使用的药品质量、疗效和不良反应。发现疑似不良反应的，应当及时向药品监督管理部门和卫生健康主管部门报告。

（5）涉及未成年人的强制报告义务、涉嫌伤害事件或非正常死亡的报告义务。根据《关于建立侵害未成年人案件强制报告制度的意见（试行）》，医疗机构对发现未成年人遭受或疑似遭受不法侵害、面临侵害危险的情况，负有强制报告义务。该意见第4条列举了强制报告义务的具体情形。

《医师法》第33条规定，医师在工作中发现患者涉嫌伤害事件或者非正常死亡的，应当及时向有关部门、机构报告。

4. 医疗纠纷/事故预防处理

（1）制定实施相关管理制度。医疗机构应当制定并实施医疗质量安全管理制度、按照国务院卫生主管部门制定的医疗技术临床应用管理规定开展医疗技术服务、建立健全医患沟通机制、建立健全投诉接待制度。

（2）向患方的告知。发生医疗纠纷，医疗机构应当告知患者或者其近亲属解决医疗纠纷的合法途径，同时应当将有关病历资料、现场实物封存和启封的规定，有关病历资料查阅、复制的规定进行告知。患者死亡的，还应当告知其近亲属有关尸检的规定。

（3）病历封存。医疗纠纷或医疗事故发生后，需要封存、启封病历资料的，应当在医患双方均在场的情况下进行。封存的病历资料可以是原件或复制件，由医疗机构保管。病历尚未完成需要封存的，对已完成病历先行封存；

病历按照规定完成后，再对后续完成部分进行封存。对封存的病历开列封存清单，由医患双方签字或者盖章，各执一份。病历资料封存后医疗纠纷已经解决或患者在病历资料封存满3年未再提出解决医疗纠纷要求的，医疗机构可以自行启封。

（4）尸检。患者死亡，医患双方当事人不能确定死因或对死因有异议的，应当在患者死亡后48小时内进行尸检；具备尸体冻存条件的，可以延长至7日；尸检应当经死者近亲属同意并签字，拒绝签字的，视为死者近亲属不同意进行尸检。不同意或者拖延尸检，超过规定时间，影响对死因判定的，由拒绝或者拖延的一方承担责任；尸检应当由按照国家有关规定取得相应资格的机构和专业技术人员进行。医患双方可以委派代表观察尸检过程。

（三）病历书写与病案管理

1. 病历书写

根据《医疗机构病历管理规定》第8条、《病历书写基本规范》第11条、第16条和《电子病历应用管理规范（试行）》第10条规定，医务人员应当按照法定要求书写病历。门（急）诊病历内容包括门（急）诊病历首页[门（急）诊手册封面]、病历记录、化验单（检验报告）、医学影像检查资料等。住院病历内容包括住院病案首页、入院记录、病程记录、手术同意书、麻醉同意书、输血治疗知情同意书、特殊检查（特殊治疗）同意书、病危（重）通知书、医嘱单、辅助检查报告单、体温单、医学影像检查资料、病理资料等。电子病历系统应当设置医务人员书写、审阅、修改的权限和时限。

2. 病案管理

医疗机构应当设立专门管理部门/人员，负责病历和病案管理工作。电子病历需具有专门的技术支持部门和人员，负责电子病历相关信息系统建设、运行和维护等工作。医疗机构还应当建立健全病历管理制度、病历质量定期检查、评估与反馈制度、门（急）诊病历和住院病历编号制度、电子病历使用的相关制度和规程、电子病历的安全管理体系和安全保障机制。

门（急）诊病历由医疗机构保管的，医疗机构应当在收到检查检验结果后24小时内，将检查检验结果归入或者录入门（急）诊病历，并在每次诊疗活动结束后首个工作日内将门（急）诊病历归档；医疗机构应当在收到住院患者检查检验结果和相关资料后24小时内归入或者录入住院病历。电子病历应当设置归档状态，医疗机构应当按照病历管理相关规定，在患者门（急）诊就诊结束或出院后，适时将电子病历转为归档状态。门（急）诊（电子）病历由医疗机构保管的，保存时间自患者最后一次就诊之日起不少于 15 年；住院（电子）病历保存时间自患者最后一次住院出院之日起不少于 30 年。

3. 查阅、复制病历

查阅患者病历的人员范围严格控制，应仅限患者本人或者其委托代理人，死亡患者为其法定继承人或其代理人，为患者提供诊疗服务的医务人员，经卫生计生行政部门、中医药管理部门或者医疗机构授权的负责病案管理、医疗管理的部门或者人员。其他机构、人员查阅借阅患者病历的，必须严格遵守特定的手续，且查阅的病历资料不得带离患者就诊医疗机构。电子病历系统应当设置病历查阅权限。

病历需要复制的，应由病案管理部门或专（兼）职人员将需要复制的病历资料送至指定地点，并在申请人在场的情况下复制。复制的病历资料经申请人和医疗机构双方确认无误后，加盖医疗机构印章。电子病历的复制包括提供电子版或打印版病历。复制的电子病历文档应当可供独立读取，打印的电子病历纸质版应当加盖医疗机构病历管理专用章。

四、医疗物品合规核心依据解读

（一）合理用药与合理检查

1. 药事管理机构

《医疗机构药事管理规定》第 7 条规定，二级以上医院应当设立药事管理与药物治疗学委员会，委员由具有高级技术职务任职资格的药学、临床医学、护理和医院感染管理、医疗行政管理等人员组成；其他医疗机构应当成立药事管理与药物治疗学组，由药学、医务、护理、医院感染、临床科室等部门负责人和具有药师、医师以上专业技术职务任职资格的人员组成。医疗机构负责人任药事管理与药物治疗学委员会（组）主任委员，药学和医务部门负责人任药事管理与药物治疗学委员会（组）副主任委员。

2. 药学部门

《医疗机构药事管理规定》第 11 条、第 14 条规定，三级医院设置药学部，并可根据实际情况设置二级科室，二级医院设置药剂科。药学部门负责人应当具有高等学校药学专业或者临床药学专业本科以上学历，及本专业高级技术职务任职资格；其他医疗机构设置药房。药学部门负责人（除诊所、卫生所、医务室、卫生保健所、卫生站以外）应当具有高等学校药学专业专科以上或者中等学校药学专业毕业学历，及药师以上专业技术职务任职资格。

3. 毒性、麻醉、精神、放射性药品

医疗单位对毒性药品的配方用药负责。《医疗用毒性药品管理办法》第9条规定，医疗单位供应和调配毒性药品，凭医生签名的正式处方。每次处方剂量不得超过2日极量。

《麻醉药品和精神药品管理条例》第36条以及《处方管理办法》第11条规定：医疗机构需要使用、购买麻醉药品和第一类精神药品的，应当经所在地设区的市级人民政府卫生主管部门批准，取得麻醉药品、第一类精神药品购用印鉴卡。

执业医师只有经医疗机构有关麻醉药品和精神药品使用知识的培训、考核，且考核合格的，才被授予麻醉药品和第一类精神药品处方资格，但不得为自己开具处方。

医疗机构应当设立专库或者专柜储存麻醉药品和第一类精神药品。专库应当设有防盗设施并安装报警装置；专柜应当使用保险柜。专库和专柜应当实行双人双锁管理。

《放射性药品管理办法》第20条、第21条规定，医疗单位使用放射性药品应当符合国家有关放射性同位素安全和防护的规定，具备相应的场所、设备、卫生环境和专用的仓储设施。医疗单位使用配制的放射性制剂，应当向所在地省、自治区、直辖市药品监督管理部门申请核发相应等级的《放射性药品使用许可证》。

4. 中药管理

国家鼓励医疗机构根据本机构临床用药需要配置和使用中药制剂。医疗机构配制中药制剂，应当取得医疗机构制剂许可证，并对其配制的中药制剂质量负责。

对市场上没有供应的中药饮片，医疗机构可根据本医疗机构医师处方的需要，在本医疗机构内炮制、使用，应当遵守中药饮片炮制的有关规定，对其炮制的中药饮片的质量负责，保证药品安全并向所在地设区的市级人民政府药品监督管理部门备案。

5. 抗菌药物管理

医疗机构应当按照《抗菌药物临床应用管理办法》的规定，严格落实抗菌药物管理的各项要求，包括：（1）建立本机构抗菌药物管理工作机构，制定工作制度；（2）分级管理，制定本机构抗菌药物供应目录，严格控制目录的品种数量，并向核发其《医疗机构执业许可证》的卫生行政部门备案；（3）严格落实医师和药师抗菌药物临床应用知识和规范化管理的培训，考核合格后方授予相应的处方权或调剂资格，且医师处方权应当与其技术职务任职资格挂钩。医疗机构应当建立细菌耐药预警机制，建立本机构抗菌药物临床应用情况排名、内部公示和报告制度。

6. 处方管理

（1）处方书写基本要求。《处方管理办法》第 6 条对处方书写规则作了明确且具体的要求，包括：①患者一般情况、临床诊断填写清晰、完整，并与病历记载相一致。②每张处方限于一名患者的用药。③字迹清楚，不得涂改；如需修改，应当在修改处签名并注明修改日期。④药品名称应当使用规范的中文名称书写，没有中文名称的，可以使用规范的英文名称书写；医疗机构或者医师、药师不得自行编制药品缩写名称或者使用代号；书写药品名称、剂量、规格、用法、用量要准确规范，药品用法可用规范的中文、英文、拉丁文或者缩写体书写，但不得使用"遵医嘱""自用"等表意不明的字句。⑤患者年龄应当填写实足年龄，新生儿、婴幼儿写日、月龄，必要时要注明体重。⑥西药和中成药可以分别开具处方，也可以开具一张处方，中药饮片应当单独开具处方。⑦开具西药、中成药处方，每一种药品应当另起一行，每张处方不得超过 5 种药品。⑧药品用法用量应当按照药品说明书规定的常规用法用量使用，特殊情况需要超剂量使用时，应当注明原因并再次签名。⑨开具处方后的空白处画一斜线以示处方完毕。⑩处方医师的签名式样和专用签章应当与院内药学部门留样备查的式样相一致，不得任意改动，否则应当重新登记留样备案等。该条款还对中药处方的书写提出具体要求。

（2）处方开具用量和保管要求。处方一般不得超过 7 日用量；急诊处方一般不得超过 3 日用量；慢性病、老年病或特殊情况，处方用量可适当延长，但医师应当注明理由。医疗机构应当对麻醉药品和精神药品处方进行专册登记，加强管理。麻醉药品处方至少保存3年，精神药品处方至少保存2年。

（3）处方调剂审核。医疗机构审核和调剂处方的人员必须是依法取得专业技术职务任职资格的药师或者其他药学技术人员，非药学技术人员不得直接从事药剂技术工作。处方调剂必须做到"四查十对"：查处方，对科别、姓名、年龄；查药品，对药名、剂型、规格、数量；查配伍禁忌，对药品性状、用法用量；查用药合理性，对临床诊断。

7. 医疗器械的使用

医疗机构作为医疗器械使用单位，应当从具备合法资质的医疗器械注册人、备案人、生产经营企业购进医疗器械。医疗机构购进医疗器械时，应当查验供货者的资质和医疗器械的合格证明文件，建立进货查验记录制度，不得使用未依法注册或者备案、无合格证明文件以及过期、失效、淘汰的医疗器械；应当有与器械相适应的贮存场所和条件，加强对工作人员的技术培训，按照产品说明书、技术操作规范等要求使用；重复使用的医疗器械，应当按国家规定消毒处理。一次性使用的医疗器械，不得重复使用，应按法律规定销毁并记录；对需要重复使用的医疗器械定期检查、检验、校准、保养、维护；对使用期限长的大型医疗器械，应当建立使用档案，记录保存期限不得少于医疗器械规定使用期限终止后5年；发现使用的医疗器械存在安全隐患的，应当立即停止使用，并通知医疗器械注册人、备案人或者其他负责产品质量的机构进行检修；经检修仍不能达到使用安全标准的医疗器械，不得继续使用。

（二）医疗行风建设

《医师法》第36条、《医疗纠纷预防和处理条例》第9条、《医疗事故处理条例》第5条和第6条、《医疗机构工作人员廉洁从业九项准则》、《医疗机构从业人员行为规范》等法律、法规、部门规范性文件，均要求医疗机构应对其医务人员进行普法培训、常规培训，并加强医德医风教育、职业道德教育。

医疗机构内工作人员，包括但不限于卫生专业技术人员、管理人员、后勤人员以及在医疗机构内提供服务、接受医疗机构管理的其他社会从业人员在诊疗活动中应当以患者为中心，加强人文关怀，严格遵守医疗卫生法律法规和诊疗规范、常规，恪守职业道德；合法按劳取酬，不接受商业提成；严守诚信原则，不参与欺诈骗保；依据规范行医，不实施过度诊疗；遵守工作规程，不违规接受捐赠；恪守保密准则，不泄露患者隐私；服从诊疗需要，不牟利转介患者；维护诊疗秩序，不破坏就医公平；共建和谐关系，不收受患方"红包"；恪守交往底线，不收受企业回扣；不违规参与医疗广告宣传和药品医疗器械促销，不倒卖号源。

第三节　医疗执业主体合规常见问题及分析

一、医疗执业主体合规的基本要求

医疗机构及其从业人员在开展医疗活动时，必须严格遵守国家法律法规、行业规范和职业道德，确保医疗服务的合法性、安全性和有效性。医疗机构必须取得合法的执业登记和备案，并定期校验、及时变更相关信息，医务人员必须拥有执业资格并按规定注册、及时变更相关信息、定期完成考核。

二、医疗执业主体合规常见问题及分析

就医疗机构而言，常见问题包括未取得《医疗机构执业许可证》或证照过期开展诊疗活动，或者超过执业许可证范围开展诊疗活动，甚至将合作科室外包给无资质机构等。就医务人员而言，常见问题包括未取得执业资格即上岗执业、执业范围与实际工作不符、执业证书过期、多点执业未备案等。

（一）医务人员无照执业

开展医疗服务活动的医务人员应当具备相应的资格证书和注册证书，开展要求具有特殊资格的医疗项目时，还应当具有特殊资格证书，如母婴保健服务、器官移植等。实习期、见习期等不具有医疗执业资格的人员开展诊疗活动的，应当在具有执业资格的医务人员指导下进行。除在乡、民族乡、镇和村医疗卫生机构以及艰苦边远地区县级医疗卫生机构中执业外，执业助理医师应当在执业医师指导下开展医疗活动。不具有医疗执业资质的人开展医疗活动属于违法行为，面临被卫生行政部门认定为医疗机构使用非卫生技术人员开展医疗活动而被处罚。

【典型案例03-01】不具备医师执业资质的见习医生接诊被判赔偿案[1]

2018年8月,患者孟某到康平县某医院就诊,接诊医生为见习医生刘某佳,在病志中一直以李某元医生的名字进行治疗。患者入院后初步诊断为右丘脑出血破入脑室伴铸型、多发性脑梗死,病历中医师签字为李某元,医院承认李某元在病案中的签字并非本人所签,系由他人代签。8月11日,患者因脑干功能衰竭死亡。

法院经审理认为,患者在被告医院就诊,由不具备医师执业资质的刘某佳接诊,而且在病志中记载主治大夫系李某元,由他人代替李某元签字,可以推定医院出具虚假病志,存在过错,对于患者的死亡应该承担赔偿责任。

刘某佳为被告康平县人民医院的工作人员,刘某佳因执行工作任务造成他人损害,应由用人单位承担侵权责任。

(二)医疗机构超诊疗科目执业

医疗机构必须按照核准登记或者备案的诊疗科目开展诊疗活动。超出《医疗机构执业许可证》的登记或者备案的诊疗科目开展相应诊疗行为的现象,在一些医疗机构,特别是民营医疗机构中时有发生。医疗机构超出登记或者备案的诊疗科目开展诊疗活动,往往是由于其自身硬件条件或者医护配备达不到科目设置要求,也可能是医疗机构的管理人员对诊疗科目和诊疗活动把握不准确所致。超出诊疗科目的诊疗行为给患者的生命健康权带来非常大的风险隐患,也是卫生健康行政部门长期以来重点打击的对象。

【典型案例03-02】医疗机构超诊疗科目执业被行政处罚案[2]

2023年上半年,某市卫生健康执法人员对某医疗机构进行依法执业日常监督检查时发现,某医疗机构《医疗机构执业许可证》的诊疗科目登记为医学检验科(临床体液、血液专业,临床化学检验专业),没有登记医学检验科的临床免疫、血清学专业,但在医学检验实验室内抽查医疗器械使用情况时发现有未使用的用于开展临床免疫学检验项目的试剂盒,随即查看该实验室的检验网络管理系统,发现部分检验报告中有涉及临床免疫学的检测项目结果。随后执法人员对该医疗机构的法定代表人和实验室负责人进行了逐一

---

[1] 沈阳市中级人民法院(2020)辽01民终2609号民事判决书。
[2] 《某医疗机构检验活动超出已登记范围案》,载"健康阳泉"公众号,https://mp.weixin.qq.com/s/0AliJUbNneyb5okgE8rHMg,最后访问日期:2025年5月30日。

询问，最终证实该医疗机构在未核准登记临床免疫、血清学专业的情况下开展了临床免疫学实验室检验活动的违法行为。

市卫健委认定，该医疗机构虽然登记了一级诊疗科目（医学检验科），但未登记二级诊疗专业（临床免疫学专业）即开展了临床免疫学专业相关实验室活动。最终对该医疗机构作出警告，没收违法所得52727.5元，并处以80000元的罚款，责令停止7日实验室检验活动的行政处罚。

（三）医师多点执业未备案

推进医师多点执业的目的，主要是促进医疗资源的合理配置、应对基层群众看病难等问题，但同时也需要在法律框架下规范执行。在《医师法》实施前，医师未按照注册的执业地点执业的违法行为的违法成本较低，使得很多医师缺乏变更注册到正在工作的医疗机构的意识，或出于各种原因不愿意进行变更注册。《医师法》开始施行后，医师未按照注册的执业地点、执业类别、执业范围执业的，会受到警告：没收违法所得，并处1万元以上3万元以下罚款的行政处罚，情节严重的甚至会被吊销医师执业证书。医师在执业过程中不仅要提高自身业务水平，更要重视法律法规学习，树立依法执业的意识，避免"以身试法"。

【典型案例03-03】 医师未变更执业注册地点而开展执业活动被行政处罚案[1]

某区卫生计生综合监督所接到群众投诉某医院医师无资质违法执业一事，立即赶往该医院进行调查，卫生监督员现场检查发现：医师陶某于2月3日至6日为艾某、张某、常某、张某、王某1、王某2等患者开具处方，医师陶某在三楼生殖感染科坐诊，该医院提供了陶某的多机构备案申请表。经调查核实，医师陶某在2023年2月8日才变更到该医院，却在2023年2月3日至6日为多名患者开具处方。医师陶某未变更注册执业地点或多机构备案开具处方的违法事实认定清楚，证据确凿，给予警告、罚款人民币10000元整的行政处罚。

---

[1] 《以案释法：莲湖区真实案例——医师未变更执业地点或多机构备案开展诊疗活动案》，载"西安市莲湖区卫生健康局"公众号，https://mp.weixin.qq.com/s/M8eMJL0jEb6lZzBWMCcMxw，最后访问日期：2025年5月30日。

三、医疗执业主体重点合规指引

（一）医务人员必须具备相应资格证书和执业证书

医务人员无照执业，法律对相关医疗行为仍然持否定评价。该行为本身具有违法性和主观过错。在这种情况下，如果再给患者造成损害并存在因果关系，医疗机构将对其工作人员的职务行为承担医疗损害责任。

（二）医疗机构的诊疗行为与登记科目相符

部分医疗机构认为只要登记了一级诊疗科目就可以开展该诊疗科目下所有二级诊疗专业，但依据原卫生部《医疗机构诊疗科目名录》（已被修改）①的使用说明，医疗机构凡在某一级科目下设置二级学科（专业组）的，应填报到所列二级科目；只开展专科病诊疗的机构，应填报专科病诊疗所属的科目，并在备注栏注明专科病名称，如颈椎病专科诊疗机构填报"骨科"，并于备注栏注明"颈椎病专科"。在某一级科目下只开展个别二级科目诊疗活动的，应直接填写所设二级科目，如在精神科下仅开设心理咨询服务，则填写精神科的二级科目"临床心理专业"；只开展某诊疗科目下个别专科病诊疗的，应在填写的相应科目后注明专科病名称，如"骨科（颈椎病专科）"。医疗机构只提供门诊服务的科目，应注明"门诊"字样，如"肝炎专业门诊"。因此，在医疗机构的科目设置中，医疗机构应认真学习领悟卫生健康相关法律法规，避免出现对法律法规和规范的理解误区，从而引发合规风险。

（三）医师多点执业应依规注册或备案

在同一执业地点多个机构执业的医师，应当确定一个机构作为其主要执业机构，并向批准该机构执业的卫生计生行政部门申请注册；对于拟执业的其他机构，应当向批准该机构执业的卫生计生行政部门分别申请备案，注明所在执业机构的名称。法规也允许医师跨省进行执业地点注册，提醒需要到新机构执业的医师，一定办理好注册或者多机构备案手续，否则会因为违法领取罚单，得不偿失。

---

① 修改后的文件为《卫生部关于修订〈医疗机构诊疗科目名录〉部分科目的通知》（卫医发〔2007〕174号），但修改内容仅为科目的调整，使用说明并未涉及。

第四节　医疗行为合规常见问题及分析

一、医疗行为合规的基本要求

医疗机构及医务人员在诊疗活动中要严格遵守法律法规，不仅要做到诊疗技术和方法符合临床诊疗指南，同时还应当保证诊疗流程规范。

二、医疗行为合规常见问题及分析

（一）会诊不及时

会诊是不同医疗机构或医疗机构的各科室间为充分利用卫生资源，准确诊断、治疗疑难疾病而施行的共同参与诊疗的制度。它是一种特殊的诊疗行为。人们通常认为出现医患纠纷，应根据属地原则由发出会诊的医疗机构负责，但实际上，根据法律的规定，会诊医疗机构如存在过失，也同样需要承担相应的责任。

（二）会诊单递送不规范

我国《医师外出会诊管理暂行规定》第 5 条规定，邀请会诊的医疗机构需向会诊医疗机构发出书面会诊邀请函，用电话或电子邮件等方式提出会诊邀请的，应及时补办书面手续。《医师外出会诊管理暂行规定》制定的目的是保证医疗质量和医疗安全、方便群众就医、保护患者的合法权益等。虽然规定未明确书面会诊邀请函的递送方式，机构之间的文件传递更符合法律的文意要求。但在实践中，有的医疗机构或医务人员为了图方便，将会诊单交由患者家属送到会诊单位。会诊包含多道程序，涉及两个医疗机构的数个部门。患方或其家属对医疗机构的会诊程序、医疗机构科室的职能等并不了解，由患者家属递送会诊单，可能出现延误等情况。这种由家属进行会诊邀请函传递的操作，由于不符合相关规定，如果出现操作失误，医疗机构需要承担相应的责任。

【典型案例 03-04】 医疗机构会诊单递送不规范被判赔偿案①

2014 年 6 月，朱某在龙口市某医院住院治疗，被初步诊断为"肺癌"，为了更好地控制病情，家属对其采取了隐瞒真实病情的措施，并告知其所患疾病为"肺结核"，经治疗后朱某症状明显好转遂出院。2014 年 7 月 7 日，在朱某要求下其再次住进了被告医院进行治疗。为了保证治疗效果和免受不利因素的干扰，朱某家属一再叮嘱被告的医护人员不要让朱某知晓真实病情，否则不利于患者治疗，被告方医护人员了解情况后，赞同并承诺隐瞒朱某真实病情。2014 年 7 月 9 日朱某住院期间，被告方医护人员将有关的会诊单直接递送给朱某本人，导致朱某当时便得知了自己的"肺癌"诊断结果，随即其精神上受到了严重的打击，从此一蹶不振，当天晚上即出现腿部活动受限、半身不遂，继而头部无法抬起、言语不清的症状，被诊断为"脑血栓"，虽经治疗，但病情仍不断加剧恶化，最终于 2014 年 9 月 16 日病逝。

法院经审理认为，虽然原告的死亡与被告的行为无直接因果关系，无须承担赔偿责任。但患者住院期间因护士会诊单递送不规范导致情绪低落，不利于身体康复，因此被告应给予精神抚慰金 20000 元作为补偿。

(三) 未按规定履行会诊审批手续

实践中常见医师"走穴"情形，即医疗技术较为先进的医疗机构的医师或其他医疗水平较高的医师到外院坐诊。该行为未经所在医疗机构审批。与会诊不同的是，"走穴"往往是医师为谋取一己之利而擅自与其他医疗机构达成书面或口头协议，将其主治的患者安排至该医疗机构医治、住院，从而为该医疗机构创造收益，同时获取相应提成。《医师外出会诊管理暂行规定》第 2 条明确规定，医师未经所在医疗机构批准，不得擅自外出会诊。因此，"走穴"被认为是违法行为，"走穴"医师与其"走穴"的医疗机构之间达成的协议因违反法律、行政法规的强制性规定而应被认定为无效，而后者应承担较大的合规风险，造成医疗损害的，也将承担赔偿责任。

【典型案例 03-05】 医疗机构违规邀请医师手术被判赔偿案②

原告因为腰痛到被告 A 医院就诊，该院吴医师诊断后安排原告到被告 B

---

① 龙口市人民法院 (2015) 龙民初字第 57 号民事判决书。
② 北京市大兴区人民法院 (2013) 大民初字第 509 号民事判决书。

医院处进行椎间盘切除手术，术后发生失血性休克、右髂总动脉两处 3mm×3mm 的缺损、左髂总静脉 15mm 的破裂、后腹膜血肿等，致原告不能短距离行走，遂将二医院诉至法院。

经查，B 医院并未向 A 医院发出书面邀请，两家医院也并未有其他书面的会诊合同。法院认为：根据司法鉴定意见，被告 B 医院的医疗行为存有一定过失，该过失与原告宋某某损害后果之间存在因果关系，过错参与度系数值为 60% 至 90%，法院结合本案实际情况将责任比例确定为 90%。原告宋某某的治疗系在被告 B 医院完成，被告 A 医院不是原告宋某某的治疗主体，不应承担本案的过错责任，故判决被告 B 医院赔偿原告宋某某各项经济损失共计 343897.24 元。

（四）更换术者未告知患者

更换术者而未告知的情形，是实践中引发纠纷的常见情形之一。医疗机构实施手术时，在未通知患者的情况下变更手术医师，侵犯了患者的知情权，应认定医疗机构的治疗行为存在过错，给患者造成损害，且该损害与医疗行为之间存在因果关系的，医疗机构应对患者承担赔偿责任。

【典型案例03-06】医疗机构更换术者未告知患者被判承担赔偿责任案[①]

2011 年 6 月 7 日，原告以"活动时扭伤致右膝关节疼痛，活动受限 2 月"为主诉在被告某人民医院就诊。6 月 13 日，某人民医院确定"右膝关节关节镜下探查+关节腔清理"的手术方案，原告李某某在《手术知情同意书》上签名。该手术知情同意书记载："拟定手术医师：王××、张××。"6 月 17 日，该医院骨二科医师穆××为原告李某某实施了"关节镜下右膝关节探查、修整+半月板修整+前叉韧带皱缩术"。6 月 21 日，李某某治愈出院。出院后患者因疼痛肿胀不能缓解，认为医院有过错，起诉医院赔偿损失。

法院经审理认为：被告根据原告病情制定了实施"右膝关节关节镜下探查+关节腔清理"的医疗措施后，原告李某某出于对某人民医院骨二科副主任王××的信任才选择了手术治疗，被告亦在手术知情同意书中告知李某某：拟定手术医师：王××、张××。但实际手术实施者并非王××，人民医院未将更换主刀大夫的信息告知原告，侵犯了原告的知情权。根据司法鉴定意见书，

[①] 新疆维吾尔自治区乌鲁木齐市天山区人民法院（2011）天民一初字第 390 号民事判决书。

目前李某某右膝关节肿胀、关节腔积液增多、关节间隙变窄、活动受限与某人民医院医疗行为有因果关系，故被告某人民医院应对原告李某某承担赔偿责任。

（五）发现/疑似未成年人非正常侵害不报告

对于发生在家庭内部、外人难以发现的隐蔽侵害行为，医护人员强制报告对救助保护处于不法侵害中的未成年人具有至关重要的作用。在未成年人伤害案中，医护人员要强制报告，对报告人员给予奖励，对瞒报不报的，将受到上级主管部门或者所在单位的处分，并严肃追责。此外，医务人员在发现《医师法》第33条规定的6种应当报告的情形时，亦应当按照法律规定的程序履行报告义务。

【典型案例03-07】医务人员未履行强制报告义务被行政处罚案①

马某某离婚后将其子岳某某（未成年人）接到男友王某家中居住。同年6月2日，马某某有事外出，将岳某某交由王某照看。因看到岳某某将厕纸装在裤兜里，王某先后用手打、脚踹等方式殴打岳某某，致其重伤。后，岳某某被送至山东省临沭县某医院，医师王某甲、吴某甲先后为其治疗，但两名医师在发现岳某某伤情异常后均未履行强制报告义务。6月8日，该院护士吴某乙将岳某某的情况反映给县妇联工作人员王某乙，吴某乙、王某乙二人在医院探视岳某某病情后，认为其可能遭受家庭暴力，遂决定报警，公安机关随即将王某抓获。8月22日，临沭县人民检察院以涉嫌故意伤害罪对王某提起公诉。临沭县人民法院依法判处王某有期徒刑4年6个月。

临沭县人民检察院将该案的办理情况向县卫生健康局进行了通报。因未履行强制报告义务，医院对医师王某甲、吴某甲二人作出通报批评，责令二人作出深刻检讨，并取消二人当年度评先树优资格的处分。同时，由于护士吴某乙及时报案，犯罪分子受到依法惩处，被害儿童获得及时保护，临沭团县委授予吴某乙"临沭县优秀青年"荣誉称号。

---

① 最高人民检察院：《侵害未成年人案件强制报告追责典型案例》，载"最高人民检察院网"，https://www.spp.gov.cn/spp/xwfbh/wsfbt/202205/t20220527_557995.shtml#2，最后访问日期：2025年5月30日。

三、医疗行为重点合规指引

第一，会诊医疗机构接到会诊邀请后，在不影响本单位正常业务工作和医疗安全的前提下，医院管理部门应当及时安排医师外出会诊。在医疗会诊协作中，被邀请会诊的医疗机构因接受了会诊邀请，就对患者负有专业上的注意义务，如其迟延会诊则构成医疗过失，应承担相应的民事责任。如果会诊医院和接治患者的医院对患者的损害均有过错，应各自承担相应的责任。

第二，邀请会诊的医疗机构（以下简称邀请医疗机构）拟邀请其他医疗机构（以下简称会诊医疗机构）的医师会诊，需向会诊医疗机构发出书面会诊邀请函。二者之间成立的会诊合同系要式合同，认定会诊行为应当以书面邀请函或书面会诊合同为依据。因此，未发出书面会诊邀请函且未与其他医疗机构签订会诊协议的医疗机构将对受邀医师的医疗过错行为承担赔偿责任。

第三，患者的知情同意权，是指临床上具备独立判断能力的患者，在非强制状态下充分接受和理解各种与其所患疾病相关的医疗信息，在此基础上对医疗人员制订的诊疗计划自行决定取舍的一种权利。因此，医疗人员在对患者进行手术等医疗行为时，要针对病情向患者提出医疗处置方案，就其有关风险和其他可以考虑的措施等作出详细的说明，并在此基础上取得患者的同意。

第四，医护人员在接诊受伤儿童时应认真查看伤情，询问受伤原因，特别是对多处伤、陈旧伤、新旧伤交替、致伤原因不一等情况，要结合医学诊断和临床经验，综合判断未成年人是否受到暴力侵害。认为未成年人遭受侵害或疑似遭受侵害的，医护人员应当立即报告。

第五节 医疗物品合规常见问题及分析

一、医疗物品合规的基本要求

医疗机构及医务人员医疗物品进院后履行全流程监管，医疗物品的品质、质量、使用权限、特殊物品监测应符合法规要求，同时还应做到采购流程严肃、规范。

二、医疗物品合规常见问题及分析

（一）滥用处方权

当前，涉麻精药品犯罪问题日渐突出。一些不法分子将具有医疗用途的麻精药品作为传统毒品替代物进行吸食、贩卖，相关药品被滥用问题日渐突出。个别医疗从业人员违反法律规定，导致麻精药品管理失控，流入非法渠道。部分医务人员法律意识淡薄，对麻精药品等成瘾性物质的管理和使用规定不熟悉，存在违规开具处方、滥用麻精药品等问题。个别医务人员职业道德缺失，为了谋取私利，非法提供麻精药品等成瘾性物质给吸毒人员。医疗机构对麻精药品等成瘾性物质的管理制度不完善，管理不规范。对医务人员的培训不到位，致使医务人员对麻精药品等成瘾性物质的认识和管理水平不高。同时，医疗机构对麻精药品等成瘾性物质的使用监测不到位，无法及时发现和处理异常情况。

【典型案例03-08】医务人员向滥用药物成瘾人员非法提供麻醉药品被惩处案[①]

被告人陈某某系某医院医师，具有开具麻醉药品处方的资格。2020年8月至2021年11月，陈某某多次为何某某开具盐酸吗啡注射液缓解其肾结石疼痛。何某某因多次注射镇痛药物而对吗啡成瘾，后至医院戒毒。2022年3月至2023年2月，陈某某在明知何某某已对吗啡成瘾，且冒用他人身份就诊的情况下，仍然违反国家规定和医院药品管理制度，向何某某开具1ml：10mg规格的盐酸吗啡注射液共计200余支。

法院经审理认为，被告人陈某某作为具有开具麻醉药品处方资格的执业医师，违反国家规定，向注射吗啡成瘾人员提供国家规定管制的麻醉药品，构成非法提供麻醉药品罪。陈某某自愿认罪认罚，依法可以从宽处理。据此，依法判处陈某某有期徒刑10个月，并处罚金人民币1万元。

（二）出卖医药数据非法牟利

医院计算机信息系统数据属于医院内部信息，未经授权不得擅自侵入并

[①] 《最高法发布10件典型案例》，载"最高人民法院网"，https://www.court.gov.cn/zixun/xiangqing/435861.html，最后访问日期：2025年5月30日。

获取数据。医院员工利用职务之便非法侵入该系统并获取数据，通过出卖医药数据牟利，情节严重的，构成非法获取计算机信息系统数据罪。

【典型案例03-09】医疗机构工作人员出售健康医疗数据被刑事追责案[1]

上海某三甲医院发现，有人不断非法侵入该院计算机系统，并大量下载数据库中的数据，造成系统运行缓慢。工作人员通过技术手段，追查到医院设备科员工乐某，在其电脑上存有包括门诊员工的账号和密码、住院部员工的账号和密码、所有药品的品名和每月用量等大量信息。乐某供述，通过擅自编制提取数据的专用软件，非法侵入医院数据库下载信息后存储在电脑中，与该院药剂师王某合谋整理出其中的处方信息后，由王某出售给有需要的医药代表以牟利。王某以每种药品200—300元不等的价格出售给医药代表，获利后再与乐某分赃，共计1.15万元。

法院经审理后认为，乐某、王某结伙非法侵入医院的计算机信息系统并获取数据，情节严重，其行为均已构成非法获取计算机信息系统数据罪，依法予以刑事处罚，并退赔全部违法所得。

(三) 违反抗菌药物分级管理

抗菌药物不等于消炎药，更不是医师手中的"万能药"，乱用抗菌药物，可能会导致菌群紊乱和二重感染等危害。抗菌药物临床应用实行分级管理，分非限制使用级、限制使用级与特殊使用级，法规也对医师的抗菌药物处方权进行了限制。医疗机构疏于抗菌药物分级管理、医师抗菌药物处方权限管理，发生越权、无权开具抗菌药物处方的情况比较突出，一旦发生，医疗机构及医务人员将依法承担相应的法律责任。

【典型案例03-10】某医疗机构及其医务人员违反抗菌药物管理规定被行政处罚案[2]

2024年2月1日，某卫生健康局执法人员对辖区内某某门诊部进行现场监督检查，在治疗室内发现输液单6张，主治医师曹某某开具特殊使用级抗菌药物，执业医师王某某开具限制级抗菌药物。经查，医师曹某某和王某某

---

[1] 黄浦区人民法院（2014）黄浦刑初字第106号刑事判决书。
[2] 《医疗卫生"以案释法"典型案例》，载"红河卫健"公众号，https://mp.weixin.qq.com/s/QbFThlDGpyrhOnWf6xLuyg，最后访问日期：2025年5月30日。

均未取得相应的开具特殊使用级抗菌药物和限制级抗菌药物的专业技术职务任职资格。

卫生健康局认定该门诊部的行为违反《抗菌药物临床应用管理办法》第24条第1款的规定，依据《抗菌药物临床应用管理办法》第50条第1项的规定，给予门诊部警告，罚款人民币1万元的行政处罚，同时责令改正违法行为。

三、医疗物品重点合规指引

（一）严格毒麻精放类特殊药品的管理

作为具有处方权的医务人员，须格外警惕，严禁非法提供麻醉药品，否则将受到法律制裁，医疗机构亦应当加强毒麻精放药品的管理，定期排查风险。医疗机构应当严格落实麻精药品的"五专"管理，即专人负责、专柜加锁、专用账册、专用处方、专册登记；加强医师处方管理，对医师开具的麻精药品处方进行审核，确保处方的合法性、规范性和合理性；加强药品库存管理，定期对药品库存进行盘点，确保药品库存的准确性和安全性，对麻精药品的购进、使用、库存等情况进行实时监控；加强药品使用监测，定期对药品使用情况进行分析和评估，特别是对麻精药品的使用情况进行实时监测，及时发现和处理异常情况；加强医务人员培训，定期组织医务人员学习麻精药品等成瘾性物质的相关法律法规、管理制度和临床应用知识，提高医务人员的法律意识、责任意识和业务水平。同时，加强对医务人员的职业道德教育，培养医务人员的良好职业道德和职业操守，防止医务人员滥用麻精药品等成瘾性物质。

（二）保护患者个人信息和医疗数据安全

健康医疗数据不仅是医疗机构自身为患者提供服务的基础，也是具有巨大公共卫生价值的重要资产，其与患者个人信息与隐私安全，乃至社会医疗卫生安全紧密相关。医疗机构应完善内部的组织管理及制度设计以应对可能出现的数据安全问题。不同类别的医疗数据具有不同的合规管理要求，医疗机构可结合自身现有数据资产进行识别和分类，设置不同的权限，并对数据使用进行监测。

（三）规范抗菌药物管理，规范把握使用指征

医疗机构和医务人员应当严格掌握使用抗菌药物预防感染的指征，临床应用特殊使用级抗菌药物应当严格掌握用药指征，由具有相应处方权的医师开具处方。但因抢救生命垂危的患者等紧急情况，医师可以越级使用抗菌药物。越级使用抗菌药物应当详细记录用药指征，并应当于24小时内补办越级使用抗菌药物的必要手续。医疗机构应当对出现抗菌药物超常处方且无正当理由的医师，采取监管措施，并持续监测抗菌药物的处方情况。

第四章　医疗机构基本医疗保障基金使用合规

近年来，我国医疗保障制度改革不断深化，法治化进程加快推进。2025年4月，国务院常务会议原则通过《医疗保障法（草案）》，并提交全国人大常委会审议。2025年6月27日，《医疗保障法（草案）》继续公开征求意见。此次立法以医保基金监管为核心内容，通过完善法律体系，进一步规范医保基金使用，保障基金安全，为医疗保障事业发展筑牢坚实基础。医保基金监管对象众多，定点医疗机构尤为重要。本章将围绕相关法律法规和政策要求，梳理定点医疗机构在医保基金使用中的合规要点，并结合实际案例，提供操作指引，助力医疗机构规范管理，防范风险，实现医保基金的合理、高效使用。

第一节　基本医疗保障基金使用合规概述

国家医疗保障制度是我国社会保障体系的重要组成部分，作为一项基础性社会保险制度，其主要功能是补偿公民因疾病风险导致的经济损失，是社会稳定和民生改善的重要支柱。医疗保障基金作为这项制度的核心物质基础，承载着人民群众"看病钱""救命钱"的重要使命。加强医保基金使用监管，确保医保基金合规运行具有重要意义。

近年来，我国医疗保障法治建设取得显著成效，全国人大、司法部、国家医疗保障局等部门协同推进医疗保障立法进程，先后出台了《社会保险法》和《社会保险经办条例》《医疗保障基金使用监督管理条例》等行政法规，制定发布了《定点医疗机构医疗保障定点管理暂行办法》《零售药店医疗保障定点管理暂行办法》《基本医疗保险用药管理暂行办法》《医疗保障行政处罚程序暂行规定》《关于加强医疗保障基金使用常态化监管的实施意见》等一系列规范性文件，形成了较为完备的配套制度体系。这些法律法规的颁布实施，为医疗保障工作的规范化、制度化开展提供了坚实的法治保障。在监督机制建设方面，通过制定《医疗保障基金使用监督管理举报处理暂行办法》《医疗保障基金飞行检查管理暂行办法》等，对医保基金监管内容和监督实施过程进行明确要求。值得关注的是，2025年4月27日，国务院常务会议讨论并原则通过了《医疗保障法（草案）》。该法案若最终出台将进一步完善医疗保障政策体系，夯实人民群众病有所医的制度基础，通过明确医疗保障行政部门、经办机构、定点医药机构、参保人员等各方主体责任，为医保基金的安全高效使用提供更高层级的法律保障。

医保基金监管体系中，定点医疗机构作为医疗服务的提供方是基金安全支出的"守门人"，具有特殊重要地位。本章节将系统梳理定点医疗机构在执行医保政策、提供医疗服务过程中应当遵守的法律法规及制度要求，旨在为定点医疗机构规范使用医保基金提供全面的合规指引。

第二节　基本医疗保障基金使用合规核心依据

一、基本医疗保障基金使用合规核心依据概览

（一）法律

1.《社会保险法》；

2.《医师法》；

3.《行政处罚法》。

（二）行政法规

1.《医疗机构管理条例》；

2.《全国社会保障基金条例》；

3.《医疗保障基金使用监督管理条例》；

4.《社会保险经办条例》。

（三）部门规章

1.《城镇职工基本医疗保险定点医疗机构管理暂行办法》；

2.《城镇职工基本医疗保险用药范围管理暂行办法》；

3.《关于印发城镇职工基本医疗保险定点零售药店管理暂行办法》；

4.《处方管理办法》；

5.《违法违规使用医疗保障基金举报奖励办法》；

6.《医疗保障系统全面推行行政执法公示制度执法全过程记录制度重大执法决定法制审核制度实施办法（试行）》；

7.《规范医疗保障基金使用监督管理行政处罚裁量权办法》。

（四）规范性文件

1.《关于城镇医药卫生体制改革的指导意见》；

2.《关于妥善解决医疗保险制度改革有关问题的指导意见》；

3.《关于城镇灵活就业人员参加基本医疗保险的指导意见》；

4.《关于推进混合所有制企业和非公有制经济组织从业人员参加医疗保险的意见》；

5.《关于开展城镇居民基本医疗保险试点的指导意见》；

6.《关于印发城镇居民基本医疗保险经办管理服务工作意见的通知》；

7.《关于城镇居民基本医疗保险医疗服务管理的意见》；

8.《关于将大学生纳入城镇居民基本医疗保险试点范围的指导意见》；

9.《改革药品和医疗服务价格形成机制的意见》；

10.《关于进一步做好基本医疗保险异地就医医疗费用结算工作的指导意见》；

11.《关于进一步加强基本医疗保险异地就医监管的通知》；

12.《关于实行基本医疗保险定点医疗机构分级管理的意见》；

13.《关于将部分医疗康复项目纳入基本医疗保障范围的通知》；

14.《关于开展基本医疗保险付费总额控制的意见》；

15.《关于开展城乡居民大病保险工作的指导意见》；

16.《关于全面实施城乡居民大病保险的意见》；

17.《关于整合城乡居民基本医疗保险制度的意见》；

18.《关于进一步深化基本医疗保险支付方式改革的指导意见》；

19. 《关于当前加强医保协议管理确保基金安全有关工作的通知》；

20. 《关于印发医疗机构内部价格行为管理规定的通知》；

21. 《关于开展医保基金监管"两试点一示范"工作的通知》；

22. 《关于国家组织药品集中采购和使用试点医保配套措施的意见》；

23. 《关于印发疾病诊断相关分组（DRG）付费国家试点技术规范和分组方案的通知》；

24. 《关于印发医疗保障标准化工作指导意见的通知》；

25. 《关于印发医疗保障定点医疗机构等信息业务编码规则和方法的通知》（已被修改）；

26. 《关于深化医疗保障制度改革的意见》；

27. 《关于开展医保定点医疗机构规范使用医保基金行为专项治理工作的通知》；

28. 《医疗保障基金结算清单填写规范》；

29. 《国家基本医疗保险、工伤保险和生育保险药品目录》；

30. 《关于开展定点医疗机构专项治理"回头看"的通知》；

31. 《长期处方管理规范（试行）》；

32. 《关于加强查处骗取医保基金案件行刑衔接工作的通知》；

33. 《深化医疗服务价格改革试点方案》；

34. 《20××年度医疗保障基金飞行检查工作方案》（参见年度最新版）；

35. 《关于进一步做好医疗服务价格管理工作的通知》；

36. 《关于加强医疗保障基金使用常态化监管的实施意见》；

37. 《国家医疗保障局关于进一步深入推进医疗保障基金智能审核和监控工作的通知》；

38. 《关于办理医保骗保刑事案件若干问题的指导意见》；

39. 《关于建立定点医药机构相关人员医保支付资格管理制度的指导意见》；

40. 《医疗保障定点医药机构相关人员医保支付资格管理经办规程（试行）》；

41. 《关于开展智能监管改革试点的通知》；

42. 《关于建立城镇职工基本医疗保险制度的决定》。

二、基本医疗保障基金使用合规核心依据解读

《医疗保障基金使用监督管理条例》针对医保基金使用过程中的各类主体，系统规定了合规义务框架，明确划定了行为边界与禁止性规定，形成全方位的基金安全保障机制。

（一）定点医药机构合规义务

定点医药机构作为医保基金的"守门人"，承担着最核心的合规管理责任。《医疗保障基金使用监督管理条例》第 15 条、第 16 条、第 18 条至第 20 条等条款，对其设置了以下严格的五个方面的行为规范：

1. 实名诊疗义务

严格执行就医购药实名制管理，核验参保人员医保凭证，确保人证相符。

2. 合理诊疗义务

按诊疗规范提供必要医药服务，严禁过度诊疗、分解住院、挂床住院等违规行为。

3. 规范收费义务

禁止重复收费、超标准收费、分解项目收费，杜绝串换药品耗材等费用套取行为。

4. 知情同意义务

除急救等特殊情形外，使用医保基金支付范围外服务需经参保人或其近亲属同意。

5. 信息管理义务

妥善保管财务账目、处方病历等资料，及时准确传送医保结算数据，定期公开费用信息。

医保定点机构在医保支付的背景下为患者提供诊疗服务的过程中违反法律规定的行为可以概括为"十严禁"，该十个禁止行为包括以下十个方面：

第一，分解住院、挂床住院：禁止将一次住院分解为多次住院，或者为不符合住院条件的患者办理住院。

第二，违反诊疗规范过度诊疗、过度检查、分解处方、超量开药、重复开药：禁止提供不必要的医疗服务，如过度检查、超量开药等。

第三，重复收费、超标准收费、分解项目收费：禁止对同一项服务多次

收费或超出标准收费。

第四，串换药品、医用耗材、诊疗项目和服务设施：禁止将低价药品、耗材等替换为高价产品，或者将不属于医保支付范围的项目纳入报销。

第五，为参保人员利用其享受医疗保障待遇的机会转卖药品，接受返还现金、实物或者获得其他非法利益提供便利：禁止利用医保待遇机会进行药品倒卖或其他非法活动。

第六，诱导、协助他人冒名或者虚假就医、购药，提供虚假证明材料，或者串通他人虚开费用单据：禁止通过虚假手段骗取医保基金。

第七，伪造、变造、隐匿、涂改、销毁医学文书、医学证明、会计凭证、电子信息等有关资料：禁止伪造相关医疗和财务记录。

第八，虚构医药服务项目：禁止虚构不存在的医疗服务项目进行报销。

第九，将不属于医疗保障基金支付范围的医药费用纳入医疗保障基金结算：禁止将不属于医保支付范围的费用纳入报销范围。

第十，故意骗取医疗保障基金支出的其他行为：禁止任何其他形式的骗取医保基金的行为。

这些行为不仅违反了医保基金的使用规定，还可能导致严重的法律后果，包括罚款、暂停服务甚至吊销执业资格。因此，定点医药机构必须严格遵守这些规定，确保医保基金的合理使用。

(二) 参保人员合规义务

参保人员作为医保待遇的享有者，《医疗保障基金使用监督管理条例》第17条、第19条、第20条明确了其个人责任边界。

1. 凭证保管义务

妥善保管本人医保凭证，防止他人冒名使用。因特殊原因需委托代购药品的，应提供委托人和受托人身份证明。

2. 如实就医义务

持本人凭证就医购药，主动出示凭证接受查验，不得出租、出借医保卡。

3. 合法受益义务

不得利用医保待遇转卖药品、接受返现返物等非法利益，不得重复享受医保待遇。

4. 禁止骗保义务

不得通过伪造、变造医学文书或虚构医疗服务等方式骗取医保基金。

特别值得注意的是，出借医保卡这一曾被忽视的行为已被明确定性为违法行为。如参保人员将医保凭证交给他人导致多开药品或虚构服务，将面临暂停联网结算 3 个月至 12 个月，并处骗取金额 2 倍至 5 倍罚款的处罚。

(三) 医保经办机构合规义务

医疗保障经办机构是基金管理的执行主体，《医疗保障基金使用监督管理条例》第 10 条至第 13 条对其设置了规范运行的制度约束。

1. 协议管理责任

建立集体谈判协商机制，科学确定预算金额和拨付时限，规范签订服务协议，明确违约行为及责任。

2. 基金拨付责任

按照协议约定及时结算拨付医保基金，不得无故拖延或克扣。

3. 信息公开责任

定期向社会公开医保基金收支结余情况，公布定点医药机构名单，接受社会监督。

4. 风险防控责任

建立健全业务、财务、安全和风险管理制度，强化费用监控和待遇审核。

医保基金的安全是医疗保障体系顺利运行的关键要素，作为医保基金使用的"第一道关口"，定点医疗机构在为参保人员提供医疗服务的过程中肩负着守护基金安全、确保合理合规使用的重要职责。在实际医疗服务过程中，定点医疗机构必须严格遵循医疗保险相关法律法规及政策规定。这不仅是实现医保合规管理的必然要求，更是保障医保基金安全高效运行的根本保证。

第三节　基本医疗保障基金使用合规风险分析

一、定点医疗机构诊疗行为违规

（一）分解住院

分解住院是指定点医疗机构为未达出院标准的参保患者办理出院，并在短时间内因同一种疾病或相同症状再次办理入院，将参保患者应当一次住院完成的诊疗过程分解为两次及两次以上住院诊疗过程的行为。该情况一般存在于定点医疗机构或医务人员希望通过分解住院增加服务量、降低平均住院日、次均费用等，美化考核指标数据的情况；也存在于该病例属于单病种或DRG/DIP付费结算方式，定点医疗机构或医务人员通过分解住院获取定额结余等情况。这种行为违反了《医疗机构医疗保障定点管理暂行办法》第15条规定，定点医药机构及其工作人员不得分解住院。若造成医保基金损失，依据《医疗保障基金使用监督管理条例》第38条规定，由医疗保障行政部门责令改正，并可以约谈有关负责人；责令退回造成损失的金额，处造成损失金额1倍以上2倍以下的罚款；拒不改正或者造成严重后果的，责令定点医药机构暂停相关责任部门6个月以上1年以下涉及医疗保障基金使用的医药服务；违反其他法律、行政法规的，由有关主管部门依法处理。

【典型案例04-01】某医院存在分解住院行为被罚款和责令退还款项[①]

杭州市医疗保障局查实某医院存在分解住院行为，将同一住院过程病例拆分为DRG和床日付费结算。为获取更多医保基金，违规分解住院，不仅违规占用医保基金，导致医保基金的安全和使用效率降低，同时患者的诊疗过程被人为中断，影响疾病的连续治疗，影响医疗质量。该案例违反了《医疗机构医疗保障定点管理暂行办法》中定点医疗机构分解住院、挂床住院属于违规行为的有关规定。根据《医疗保障基金使用监督管理条例》第38条规

[①]《医养结合机构分解住院，违规处罚！》，载"杭州医保"公众号，https://mp.weixin.qq.com/s/6lKh6tRWiBTcqY-Lt8HeOQ，最后访问日期：2025年5月30日。

定，定点医药机构分解住院造成医疗保障基金损失的相关条款，责令退回医保基金 7.9 万元，并处 1 倍罚款。

（二）挂床住院

挂床住院又称"假住院"，是指定点医疗机构或医务人员给患者办理住院，但患者住院期间长时间离开定点医疗机构或实际未住院的行为。该情况一般存在于患者门诊不能报销或者报销比例较低，通过挂床住院获取医保报销；也存在于定点医疗机构为患者办理挂床住院，虚构住院事实，违规骗取医保基金等情况。此行为同样违反了《医疗机构医疗保障定点管理暂行办法》第 15 条中不得挂床住院的规定，处罚措施与分解住院违规行为一致，一旦查实，将面临责令改正、退回损失金额及罚款等处罚。

（三）低标准入院、低标准收入监护室

低标准入院、低标准收入监护室是指定点医疗机构或医务人员将无入院指征可在门诊治疗的患者收治住院或收入监护室，如仅检查类的体检等情况，或者将不需要长期监护的患者收入重症监护室等情况。定点医疗机构或医务人员通过低标准收治患者来违规增加收入、增加病床周转、降低病床空床率。这违反了定点医疗机构诊疗规范以及医保基金合理使用的原则，属于《医疗保障基金使用监督管理条例》第 38 条中"违反诊疗规范过度诊疗、过度检查、分解处方、超量开药、重复开药或者提供其他不必要的医药服务"的范畴，若造成医保基金损失，将依法受到相应惩处。

【典型案例 04-02】某医院擅自降低住院标准被行政处罚[①]

湖南省某县医疗保障局稽核中发现某医疗机构为了增加住院患者数量，获取更多医保支付，将一些原本不用住院治疗的轻微病症患者收治入院。比如，炎症指标无明显异常、可以口服药治疗的慢性胃炎等患者。低标准入院的违规行为占用了有限的医疗资源，如病床、医护人员的时间和精力等，真正需要住院治疗的患者可能无法及时得到救治。该行为对医保基金产生了浪费，影响了医疗保障基金的可持续运行。

该医院能够主动整改，积极消除违法行为后果，且积极配合医保行政机

---

① 南县医疗保障局行政处罚决定书（南医保处字〔2024〕第 14 号），载"南县人民政府网"，http://www.nanxian.gov.cn/14366/37610/content_2038128.html，最后访问日期：2025 年 5 月 30 日。

关查处违法行为。依据《医疗保障基金使用监督管理条例》第38条第1项和第6项，以及《行政处罚法》《湖南省医疗保障基金使用监督管理行政处罚裁量基准适用办法》等相关规定，责令该医院改正违规行为，将违规问题涉及金额退回并对违规问题予以1倍处罚，共计54904.30元。

（四）过度医疗

《医疗机构医疗保障定点管理暂行办法》第14条明确规定，定点医疗机构应当严格执行合理诊疗，提高医疗保障基金使用效率。过度医疗是指定点医疗机构或医务人员违背临床医学规范和伦理准则，不能为患者真正提高诊治价值，通过过度诊疗、套餐式检查、超量开药、重复开药或者提供其他不必要的医药服务等获取医疗收入，徒增医疗资源耗费的医疗行为。《医疗保障基金使用监督管理条例》第15条明确禁止此类行为，对于违反规定造成医保基金损失的定点医疗机构，按照本条例第38条规定进行处理，包括责令改正、退回损失金额、罚款等，以遏制过度医疗，保障医保基金合理使用。

【典型案例04-03】安徽某医院为无指征患者开具检查项目被认定过度医疗[①]

安徽省医保部门开展的医保基金使用情况专项检查中，发现某医院无指征为患者开具胸部CT、血浆抗凝血酶Ⅲ活性测定（AT—ⅢA）、血清载脂蛋白AI、同时开具"收取超敏C反应蛋白测定费"和"C反应蛋白测定"等，这些患者的临床症状、诊断结果和治疗方案，均无法支撑进行这些检查的必要性。根据《医疗保障基金使用监督管理条例》和《安徽省定点医疗机构医疗保障服务协议》，约谈医疗机构负责人，责令限期整改，追回医保违规金额，并支付30%违约金，合计44930.59元。对涉及违规行为的医生，依据《蚌埠市医疗保障协议医师管理实施细则（试行）》扣分规则，予以扣分处理。

【典型案例04-04】国家医保局飞行检查发现某医院过度检查[②]

2024年国家医疗保障局飞行检查中，发现甘肃省某医院，向6万多名无

[①] 参见《关于对某医院"百日行动"专项检查违规问题的处理决定》，载"五河县人民政府网"，https://www.wuhe.gov.cn/zfxxgk/public/25331/52401943.html，最后访问日期：2025年5月30日。

[②] 《国家医保局飞行检查发现部分定点医疗机构自查自纠严重不到位》，载"国家医疗保障局网"，https://www.nhsa.gov.cn/art/2024/11/23/art_52_14817.html，最后访问日期：2025年5月30日。

肾脏疾病风险的患者普遍开展"β2 微球蛋白测定";对近 4 万名无肾脏疾病风险的患者普遍开展"胱抑素测定";对 1 万多名无凝血功能障碍和血栓风险的患者大量开展"血浆 D2 二聚体测定"。检查中发现共涉及违法违规金额 979.4 万元,目前没有公开具体处罚措施,但提到会进一步进行抽查复查,对自查自纠严重不到位、屡查屡犯、拒不整改的定点医疗机构依法依规从严从重处理,并公开曝光。

(五) DRG/DIP 付费方式违规

1. 高套分组

高套分组是指定点医疗机构通过调整疾病诊断与手术操作编码等方式,将低权重病例分入高权重病组,以获取更高的定额支付额度。

2. 转移费用

转移费用是指把住院费用向门诊转移,降低住院费用以获得更多的定额结余。

3. 推诿患者

推诿患者是指选择病情相对较轻的患者,拒收资源消耗高的重患者,如合并症、并发症严重或者基础状况较差的患者等,获取更多的定额结余。

4. 服务不足

服务不足是指减少临床诊疗规范内必须的治疗措施,降低住院费用以获取更多的定额结余。

5. 重复住院

重复住院是指同一家医疗机构,同一主要诊断大类出院 14 天再入院的情况。

以上是 DRG/DIP 付费方式违规的常见行为,均违反了医保结算的相关政策和规定,一旦查实,将依据《医疗保障基金使用监督管理条例》等相关法规进行处理,包括追回违规所得、罚款等,情节严重的将暂停相关服务或取消医保定点资格。

(六) 非实名制诊疗违规

非实名制诊疗违规是指医务人员未对参保人员身份进行认真核实,导致冒名就医等情况发生,造成医保基金损失。《医疗机构医疗保障定点管理暂行办法》第 15 条规定，定点医疗机构及其工作人员应当执行实名就医管理规定，核验参保人员医疗保障凭证。对于违反该规定造成医保基金损失的，依照《医疗保障基金使用监督管理条例》第 38 条进行处罚，以保障医保基金支付给真正需要的参保人员，防止基金被冒领滥用。

【典型案例 04-05】北京市某社区卫生服务站接诊患者未履行实名制被处罚①

在北京市医疗保障局日常监管中，发现北京市某社区卫生服务站，存在未履行实名制就医有关规定核实参保人员身份等问题。该案例违反了《医疗机构医疗保障定点管理暂行办法》中"定点医疗机构及其工作人员应当执行实名就医和购药管理规定，核验参保人员有效身份凭证"的条款规定。依据《医疗机构医疗保障定点管理暂行办法》及《北京市基本医疗保险定点医疗机构服务协议书》相关条款，给予中断执行协议 6 个月的处理，并追回违规费用。

(七) 非本人医生工作站违规

非本人医生工作站违规是指定点医疗机构相关人员违反规定，将自己的账号借给他人使用或者冒用他人账号进行医疗行为的处置及相关费用的上传，导致医保基金损失。此行为破坏了定点医疗机构信息管理秩序，使得医疗行为和费用记录的真实性受到质疑，可能导致医保基金不合理支出。虽然目前暂无专门针对此行为的具体法规条款，但可依据《医疗保障基金使用监督管理条例》中保障基金安全、确保医疗服务行为真实合规等原则性规定，以及定点医疗机构内部管理规范进行处理，对涉事人员和定点医疗机构进行相应处罚，包括警告、罚款、暂停相关业务等，以规范定点医疗机构信息系统使用，保障医保基金安全。

二、定点医疗机构收费违规

(一) 价格政策执行违规

价格政策执行违规是指定点医疗机构未执行医疗保障行政部门制定的医

---

① 《关于对北京市丰台区卢沟桥乡靛厂村社区卫生服务站等 9 家定点医疗机构违规行为处理决定的通报》，载"北京市医疗保障局网"，https://ybj.beijing.gov.cn/tzgg2022/202011/t20201130_2798225.html，最后访问日期：2025 年 5 月 30 日。

疗服务价格项目和价格政策，包括项目名称、项目内涵、计价单元、收费方式和价格水平等；对于实行市场调节价的医疗服务价格项目，未做好公开公示，导致参保人员或医保基金损失。

（二）重复收费

重复收费是指在医疗服务过程中，定点医疗机构或医务人员对同一收费项目多次计费，或在实施某一诊疗项目后，对已收费的医疗项目重复收取其中某个步骤的费用。例如，2021年北京市开始执行"经皮冠状动脉支架置入术"，项目内涵中除了支架置入的操作，还明确了"根据需要在支架置入前后可行预扩张和/或后扩张"，预扩张、后扩张为该收费项目的可选操作，定价中已包含存在的扩张技术，因此不得再重复收取"经皮冠状动脉球囊扩张术"费用。

在重复收费方面，当前有一个待解决的问题——医疗机构就大包装药品拆零使用收费问题，在儿科和特殊诊治方面比较突出，尤其是在国家医保局对药品实行"追溯码"制度后，一个包装的药品只有一个追溯码，同一个包装的药品给不同患者使用，收费可能面临"重复收费"的指控，但是医疗机构将剩余药品按照医疗废物销毁，既浪费医疗资源、医保资金，也增加医疗机构销毁医疗废物的经济负担，还会造成环境污染。在各方就该问题未达成共识的情况下，医疗机构只能做医疗废物处理。

【典型案例04-06】广西某医院重复收费被处罚[①]

2023年，广西壮族自治区医疗保障局专项检查中发现在进行含肠道切除及吻合的胃肠手术时，手术过程包含排粪石、清洁等动作，重复收取"开腹排粪石术（同切口）"费用；行"经输尿管镜碎石取石术"时，"经输尿管镜碎石取石术"手术过程已包含输尿管支架置入的步骤，仍重复收取"经输尿管镜支架置入术"费用；行"肺楔形切除术"时，重复收取"肺楔形切除术（同切口）"和"肺修补术（同切口）"费用。该案例违反了《医疗机构医疗保障定点管理暂行办法》中"定点医疗机构应当严格合理收费，提高医疗保障基金使用效率"的有关规定。依据《医疗保障基金使用监督管理条例》

---

① 北海市医疗保障局行政处罚决定书（北医保处字〔2025〕第1号），载"广西北海市人民政府网"，http://www.beihai.gov.cn/xxgkbm/bhsylbzj/tzgg_50/t19699874.shtml，最后访问日期：2025年5月30日。

第 38 条规定，责令该医院改正上述违法行为，并处造成损失的医保基金金额 1 倍的罚款。

（三）超标准收费

超标准收费是指定点医疗机构或医务人员超过政府最高指导价收取医疗项目费用；医务人员计费时不按照计价单位计费，如按"日"计费的项目，1 日多次的时候按照服务次数计费等；计费单项总时长超出住院整体时长；定点医疗机构违反药品耗材零加成，上浮药耗的采购价格收取费用的情况等。

（四）分解项目收费

分解项目收费是指定点医疗机构或医务人员将一个项目按照多项目收费标准进行收费的行为。一般表现为在实施某一诊疗项目后，不收取该项目相对应的费用，而是将该项目内涵、步骤分解为若干项目进行收费。

（五）串换药品、医用耗材、诊疗项目和服务设施

串换药品、医用耗材、诊疗项目和服务设施是指定点医疗机构或医务人员将实际为患者实施的医疗收费项目或使用的药品、耗材，在收费时换成价格更高的医疗收费项目、药品、耗材，或者将不能纳入报销范围的医疗收费项目、药品、耗材转换成医保内的项目、药品、耗材等情况。

依据《医疗保障基金使用监督管理条例》规定，造成医保基金损失的，由医疗保障行政部门责令改正，退回违规金额，处造成损失金额 1 倍以上 2 倍以下的罚款等；情节严重以骗取医保基金为目的实施此类行为的，责令退回骗取金额，处骗取金额 2 倍以上 5 倍以下的罚款；责令定点医药机构暂停相关责任部门 6 个月以上 1 年以下涉及医疗保障基金使用的医药服务，直至由医疗保障经办机构解除服务协议；有执业资格的，由有关主管部门依法吊销执业资格。

【典型案例 04-07】武汉某医院存在串换、虚记骨科高值医用耗材问题被查处[①]

2022 年，国家医疗保障局根据举报线索，联合国家卫生健康委、市场监管总局，对武汉某医院进行飞行检查。该医院存在串换、虚记骨科高值医用

---

① 《关于对某医学院附属同济医院开展专项飞行检查的情况通报》，载"国家医疗保障局网"，https://www.nhsa.gov.cn/art/2022/4/20/art_ 52_ 8123.html，最后访问日期：2025 年 5 月 30 日。

耗材问题，在手术中实际使用价格较低的或者未中标的骨科手术耗材，伪造高价格的中标产品合格证，在医院作为结算依据，骗取医保基金支付约2334万元。依据相关医保法规及《医疗保障基金使用监督管理条例》等规定，该院自查并主动退回骗取医保基金金额19157462.10元处2倍罚款38314924.20元；对检查发现的骗取金额4186147.54元处5倍罚款20930737.70元，合计59245661.90元。责令该院暂停骨科8个月涉及医疗保障基金使用的医药服务，同时依法依规向公安、市场监管、药监、卫生健康、纪检监察等有关部门移送该案问题线索。

三、定点医疗机构管理违规

（一）管理制度缺失和流程违规

未建立医疗保障基金使用内部管理制度，或者没有专门机构或者人员负责医疗保障基金使用管理工作；未按照规定保管财务账目、会计凭证、处方、病历、治疗检查记录、费用明细、药品和医用耗材出入库记录等资料；未按照规定通过医疗保障信息系统传送医疗保障基金使用有关数据；未按照规定向医疗保障行政部门报告医疗保障基金使用监督管理所需信息；未按照规定向社会公开医药费用、费用结构等信息。

根据《医疗保障基金使用监督管理条例》第39条之规定，定点医药机构有上述情形之一，由医疗保障行政部门责令改正，并可以约谈有关负责人；拒不改正的，处1万元以上5万元以下的罚款；违反其他法律、行政法规的，由有关主管部门依法处理。这些规定旨在促使定点医疗机构建立完善的管理体系，保障医保基金使用信息的真实、准确和可追溯。

（二）未按照要求将重要事项及时向医保局备案

未按照要求将重要事项及时向医保局备案是指定点医疗机构名称、法定代表人、主要负责人或实际控制人、注册地址、银行账户、诊疗科目、机构规模、机构性质、等级和类别等重大信息变更时，未及时备案、未提出变更申请。定点医疗机构的这些关键信息是医保部门进行监管和医保业务开展的重要依据，未及时备案可能影响医保结算和基金监管，应按照医保部门相关规定及时整改，并可能面临相应处罚，如警告、暂停医保业务办理等，以确保医保管理信息的准确性和及时性。

（三）资质违规及执业违规

资质违规及执业违规是指定点医疗机构未按照《定点医疗机构执业许可证》核准的诊疗科目范围执业，超住院床位编制数、牙椅编制数、透析床位数等开展医疗服务并且纳入医保基金支付；定点医疗机构超出《定点医疗机构执业许可证》执业地址开展医疗服务并纳入医保基金支付；医务人员超《医师资格证》和《执业医师资格证》核准的执业范围执业，超定点医疗机构级别执业等情况。此类行为违反了《定点医疗机构管理条例》等相关法规中关于定点医疗机构和医务人员执业资质及范围的规定，属于严重违规。对于涉及医保基金支付的部分，应追回违规支付金额，对定点医疗机构和涉事医务人员依法依规严肃处理，包括警告、罚款、暂停执业、吊销相关资质证书等，以维护医疗行业秩序和医保基金安全。

【典型案例04-08】 重庆某医院超出核准登记诊疗科目开展诊疗活动被处罚①

在国家飞行检查中，查实重庆市某医院，存在超出核准登记诊疗科目开展诊疗活动等违法违规行为。根据《医疗保障基金使用监督管理条例》《重庆市医疗保险协议医疗机构医疗服务协议》之规定，区医保局追回273万元医保基金并处行政罚款及违约金476万元，同时将该院超范围执业的情况移交区卫生健康委进一步处理。

（四）信息修改违规

信息修改违规是指定点医疗机构随意修改服务器和网络配置或擅自修改HIS收费系统中医疗保障相关数据，导致医疗保障结算数据与实际不符。这种行为严重破坏了医保数据的真实性和完整性，可能导致医保基金错误支付。虽暂无专门针对此行为的详细法规条款，但依据《医疗保障基金使用监督管理条例》保障基金安全、确保数据真实等原则，以及《网络安全法》等相关法律法规，对涉事机构和人员进行处理，如责令整改、罚款、追究相关人员法律责任等，以保障医保信息系统安全可靠及医保数据的真实有效。

---

① 《2025年九龙坡区第二批定点医药机构违规使用医保基金情况通报》，载"重庆九龙坡区医疗保障局网"，https://www.cqjlp.gov.cn/bmjz/qzfbm_97119/ybj/zwxx_97121/dt/202503/t20250313_14403468.html，最后访问日期：2025年5月30日。

（五）结算信息与实际提供备查资料不符合导致的基金损失

结算信息与实际提供被查资料不符合导致的基金损失是指定点医药机构在医保基金结算过程中，提交的结算申报信息（如诊疗项目、药品使用、医疗服务记录等）与实际提供的诊疗资料（如病历、检查报告、医嘱单等）存在不一致，且因信息失真导致医保基金被错误支付或多支付的行为；或者未按照规定保管财务账目、会计凭证、处方、病历、检验检查报告、治疗记录、费用明细、药品和医用耗材出入库记录等资料，造成无法核实费用发生及结算真实情况。根据《医疗保障基金使用监督管理条例》第39条规定，未按规定保管相关资料，拒不改正的将面临罚款等处罚。对于结算数据不一致导致基金损失的情况，按照本条例第38条等相关规定，责令改正，退回损失金额，视情节轻重进行罚款等处理，直至由医疗保障经办机构解除服务协议，以确保医保结算数据真实可靠，保障医保基金安全。

四、将不属于医保支付范围的医疗费用纳入医保结算

（一）超医保险种支付范围纳入医保结算

超医保险种支付范围纳入医保结算是指定点医疗机构或医务人员将超出《社会保险法》中规定的医保基金支付范围的费用纳入医保支付。《社会保险法》第30条明确规定，应当从工伤保险基金中支付、应当由第三人负担、应当由公共卫生负担、在境外就医、体育健身、养生保健、健康体检、美容悦己类消费等国家规定的基本医疗保险基金不予支付的费用。同样，工伤保险、商业保险、生育保险支付范围的医疗费用也不允许占用医保基金，医保基金作为保障广大参保人基本医疗需求的重要资金池，要严格按照《社会保险法》等法律法规规定的支付范围使用，严禁其他险种支付范围内的费用混入其中，切实保障参保人的合法权益，让医保基金更好地发挥其应有的作用，为全民健康保驾护航。

【典型案例04-09】某交通事故受害人隐瞒事实获医保保险被追究刑事责任[1]

2018年，浙江省医保参保人叶某某发生交通事故导致受伤，肇事方一次

---

[1] 《欺诈骗保典型案例》，载"兴平市人民政府网"，https://www.snxingping.gov.cn/zwgk/fdzdgknr/xzzf/202407/t20240701_1783612.html，最后访问日期：2025年5月30日。

性赔偿叶某某15000元。叶某某拿到赔偿后，隐瞒交通事故受伤事实，与其子陆某某结伙以虚假承诺的形式在医院治疗并使用医保报销，骗取住院治疗期间医保基金17101.48元。在此次案例中，医务人员按照医保政策要求确认参保人是否有第三责任方，并签订本次就医无第三方责任人承诺书，故不存在违规行为，但参保人违反了《社会保险法》第30条规定，应当由第三人负担的医疗费用不纳入基本医疗保险基金支付范围。根据《刑法》第266条规定，诈骗公私财物，数额较大的，处3年以下有期徒刑、拘役或者管制，并处或单处罚金。经法院判决，叶某某犯诈骗罪，判处有期徒刑9个月，并处罚金人民币5000元；叶某某之子陆某某犯诈骗罪，判处拘役5个月，并处罚金人民币0.3万元；违法所得1.7万元退回医保基金账户。

（二）超医保目录范围纳入医保结算

超医保目录范围纳入医保结算是指医务人员使用了超出医保药品目录、诊疗项目目录、医疗服务设施目录范围或目录适应证范围的药品、诊疗项目或医疗服务设施，并将其费用纳入医保结算的行为。《基本医疗保险用药管理暂行办法》中规定，医保目录是规范医保支付范围的重要依据，定点医疗机构和医务人员应严格按照目录执行报销政策。

（三）超药品说明书、设备和耗材注册证范围纳入医保结算

医务人员因遵循专家共识、行业指南等情况，超说明书范围用药，如单次剂量、疗程、适应证等超说明书使用的情况，属于超医保基金支付范围，但纳入医保结算的情况。同样，设备和耗材的注册证也有适用范围、适用病种等情况，超注册证范围按照医保结算属于违规。虽然在某些情况下超说明书用药等可能有一定医学合理性，甚至在前沿的医学指南中予以认可，但在医保支付层面，应严格按照药品监管局审批的药品说明书和设备耗材注册证执行。

【典型案例04-10】医保大数据筛查发现某医院存在串换项目收费的违规行为[①]

2023年，淮南市医疗保障局依据大数据筛查情况对某医院进行现场检

---

① 《安徽省医保局曝光6起违法违规使用医保基金典型案例》，载"安徽省宿州市医疗保障局网"，https://ylbzj.ahsz.gov.cn/ztzl/yasf/195083941.html，最后访问日期：2025年5月30日。

查，发现该院存在使用脉冲光能磁波治疗机和经颅磁脑病生理治疗仪串换项目收费的违规问题，涉及违规使用医保基金33.4万元。脉冲光能磁波通过产生特定波长的电磁波，作用于人体以达到促进血液循环、消炎止痛等效果；经颅磁脑病生理治疗仪用于治疗一些神经系统疾病。两个设备治疗的疾病不同，具体收费项目也不同。淮南市医疗保障局依据《行政处罚法》《医疗保障基金使用监督管理条例》《安徽省医疗保障基金监管行政处罚裁量基准》相关规定，追回该院违规使用医保基金33.4万元，并处行政罚款40.1万元。

（四）超执业副本上核准的床位执业并纳入医保结算

超执业副本上核准的床位执业是指医疗机构超执业副本规定数量配置医疗设备、超床位、超牙椅、超诊疗科目、超执业范围等违规执业行为。各地医保部门通过细化医保服务协议，明确约束医疗机构执业行为，大幅强化对超范围执业的惩处力度。对于此类违规行为，多采取不予支付或追回已支付医保费用的措施，情节严重者将面临"中止协议"甚至"解除协议"的重罚。一旦医保服务协议被中止或解除，就意味着医疗机构将无法再为参保患者提供医保结算服务。这对于高度依赖医保支付的医疗机构而言，其运营将受到影响。

【典型案例04-11】云南某医院超核定床位收治住院患者被处罚[1]

云南普洱市医保局根据云南省医保局移交的举报线索，对一家康复医院展开调查。发现该医院存在超核定床位收治住院病人的问题，涉及统筹基金支付1077579.70元。同时，还存在组织周边熟人免费入院而不住院、多开药等违规行为。最终，医院违规费用被全部追回，并被责令限期整改。

（五）应由科研或临床试验项目支付的费用纳入医保结算

应由科研或临床试验项目支付的费用纳入医保结算是指与临床试验、科研相关的检查、检验、用药、采血等费用应由临床试验或者科研经费支付，但违规纳入医保基金支付范围的情况。医保基金主要用于保障参保人员的基本医疗需求，科研和临床试验费用有其专门的经费来源。

定点医疗机构将以上违规行为涉及的医疗费用纳入医保结算，违反了医保基金使用规定，依据《医疗保障基金使用监督管理条例》第38条规定，造

---

[1] 《普洱市医疗保障局典型案例通报》，载"普洱市人民政府网"，https://www.puershi.gov.cn/info/18601/1041442.html，最后访问日期：2025年5月30日。

成医保基金损失的,责令退回,视情节严重程度对造成基金损失的金额处 1 倍以上 2 倍以下的罚款等,以维护医保基金使用的合规性。

五、违反医保患者知情同意原则

违反医保患者知情同意原则是指对未列入医疗保障支付范围需参保人员自费的药品、诊疗项目、医用材料和医疗服务设施范围等,不履行告知义务。根据《医疗保障基金使用监督管理条例》第 39 条规定,除急诊、抢救等特殊情形外,未经参保人员或者其近亲属、监护人同意提供医疗保障基金支付范围以外的医药服务,由医疗保障行政部门责令改正,并可以约谈有关负责人;拒不改正的,处 1 万元以上 5 万元以下的罚款;违反其他法律、行政法规的,由有关主管部门依法处理。保障患者的知情权和同意权,是维护患者合法权益和规范医保服务的重要内容。

六、恶意骗取医疗保障基金的行为

诱导、协助他人冒名或者虚假就医、购药,提供虚假证明材料,或者串通他人虚开费用单据;伪造、变造、隐匿、涂改、销毁医学文书、医学证明、会计凭证、电子信息等有关资料;虚构医药服务项目、虚构就诊信息;将科室承包、出租给个人或其他机构。

以上恶意骗取医疗保障基金的行为,严重损害了医保基金安全和广大参保人员的利益。依据《医疗保障基金使用监督管理条例》第 40 条规定,定点医药机构通过上述方式骗取医疗保障基金支出的,由医疗保障行政部门责令退回,处骗取金额 2 倍以上 5 倍以下的罚款;责令定点医药机构暂停相关责任部门 6 个月以上 1 年以下涉及医疗保障基金使用的医药服务,直至由医疗保障经办机构解除服务协议;有执业资格的,由有关主管部门依法吊销执业资格。同时,根据《最高人民法院、最高人民检察院、公安部关于办理医保骗保刑事案件若干问题的指导意见》,以非法占有为目的,实施上述行为骗取医疗保障基金支出,构成犯罪的,依照《刑法》第 266 条的规定,以诈骗罪定罪处罚;同时构成其他犯罪的,依照处罚较重的规定定罪处罚。通过严厉的法律制裁,打击恶意骗保行为,守护医保基金安全。

【典型案例04-12】云南某老年病医院骗取医保基金被处罚[1]

云南省某老年病医院在开展针灸诊疗活动时，按普通针次项目、电针项目虚假上传医保系统一次性无菌针灸。该违规行为属于串换医保项目。该医院聘请执业地点未注册在本院的医生开展超声医学影像检查，未真实开展超声医学检查，通过系统调取患者之前检查图像或采用他人检查图像，伪造新的超声医学影像报告单。该违规行为属于伪造医疗文书虚构医疗服务，严重违反了《医疗保障基金使用监督管理条例》中禁止以欺诈、伪造证明材料等手段骗取医保基金的规定。医保局根据相关规定，对不同违规行为作出不同处罚。对于虚假上传项目骗取医保基金行为，责令医院退回骗取的医保基金148万元，并处骗取金额的2倍罚款，罚款金额296万元，解除与该医院的医保服务协议。对于伪造医疗文书行为，责令该医院退回造成损失的医保基金10.8万元及14万元罚款。

第四节　基本医疗保障基金使用合规指引

为有效防范定点医疗机构的各类违规行为，维护医保基金安全与患者权益，需从制度建设、人员管理、流程规范、监督问责等多维度建立全面的合规体系。以下是针对不同违规类型的具体合规建议。

一、医疗资质合规

（一）医务人员准入与培训

制定严格的医务人员准入标准，严格基础资质核查，包括新入职医务人员必须持有国家认可的全日制医学相关专业学历证书。同时，需提供有效的医师资格证书、护士执业证书等基础从业资质，确保持证上岗。新入职人员必须通过资质审核和岗前培训方可上岗。定期组织法律法规与专业技能培训，强化合规意识与执业能力。

---

[1] 《文山某老年病医院违法违规使用医保基金案通报》，载"文山壮族苗族自治州人民政府网"，https://www.ynws.gov.cn/wszzf/ylws/pc/content/content_1887758740125736960.html，最后访问日期：2025年5月30日。

(二) 做好日常资质的监管

监控医院诊疗科目、设备配置、人员资质等信息。针对超范围执业问题，定期核查执业许可证与实际开展业务的一致性；对医生超范围执业，严格按照注册执业范围安排工作，禁止跨专业接诊。涉及第三方合作（如医联体、外送检查、外包服务）时，严格审查合作方的资质与合规情况，避免因合作机构问题导致自身违规。

(三) 及时进行医疗事项合规备案

梳理所有需备案事项（如床位、牙椅数量变更、诊疗科目新增、院区开设、人员资质变更等），建立备案管理清单，明确责任部门与办理时限。定期核查备案情况，确保所有事项均按规定完成备案。

在开展新业务、新增设备或人员入职前，各部门均需要进行全面的合规审查，确保符合卫健委、药监局、医保局等行政部门的要求，避免因未备案导致的违规风险。同时，每一位在医嘱系统中有处置权的医务人员均需签订医保承诺书，并按照国家医保资质管理要求进行赋码和动态管理，未签订承诺书的医务人员在 HIS 系统中没有处置患者的权限。

二、物价管理规范

(一) 完善价格管理制度

严格执行国家及各省市价格主管部门的医疗收费价格政策和规范，不得超出规定的医疗服务项目和标准收费。公立医疗机构提供的基本医疗服务价格实行政府指导价管理，在政府指导价规定的范围内，向下浮动制定实际执行价格。允许医疗机构自主定价的项目，执行前须报有管理权限的医保、卫健部门备案，并坚持患者自愿选择原则。健全价格信息公开制度，全面落实药品、医用耗材和医疗服务价格公示制度、住院费用清单制度和价格投诉处理制度，通过电子触摸屏、电子显示屏、公示栏等多种方式进行价格公示，提高医药价格透明度，接受社会监督。同时，相关部门要加强对公立医院诊疗行为的管理和监督，建立医疗费用监测制度，控制医疗费用不合理增长。

(二) 多部门协作价格管控机制

成立专门的价格管理委员会，由院长担任负责人，成员涵盖财务、医务、医保、物价等多部门骨干人员。明确各成员职责，如财务部门负责项目成本核算，医务部门协同把控诊疗项目价格与医疗服务时长、技术难度的匹配度，医保部门确保价格符合物价政策，物价部门承担价格申报、调整与日常维护工作，形成多部门协同管理机制。物价部门还需实时关注医保部门和物价部门的政策调整，及时更新医院的收费项目库。对超标准收费、分解收费等问题，建立收费项目复核机制和自查制度。

（三）智能收费系统及管控

引入智能收费系统，标化医嘱信息，建立标化医嘱与服务项目、药品、耗材、设备等相关收费信息的匹配关系；建立标化医嘱与收费信息、病案信息、医保结算信息的映射关系；建立医保结算系统与内部计价收费系统、病案首页系统的关联关系，优化诊疗—计费—报销流程，提升医务人员工作效率，避免因信息对接不准确而产生错收、多收、漏收等问题。将物价标准嵌入收费流程，系统自动校验项目与耗材的对应关系，防止串换耗材、串换项目等违规行为。若出现异常收费，系统自动拦截并提示错误原因。

三、医保管理规范

（一）加大宣传培训力度，筑牢医保合规意识根基

第一，对医务人员开展专项培训，结合临床实际案例，讲解医保报销范围、诊疗项目医保限定条件、患者知情同意与医保合规的关联等，避免因专业认知不足导致过度医疗、超执业范围诊疗等违规行为；收费、结算窗口等一线人员则重点培训医保报销流程、患者身份核验要点、医保费用结算规范等，防止出现实名制违规、费用结算错误等问题。

第二，在院内通过宣传栏、电子屏、院报等渠道，定期发布医保政策解读、违规案例警示等内容；利用医院公众号、网站平台等向患者及社会公众宣传医保政策，同时引导院内员工积极转发学习。

（二）加强日常审核，医保管理精细化

1. 建立多级审核制度

由科室医保专员进行初审，对本科室的诊疗行为和费用进行初步把关；医保管理部门进行复审，对全院的医保业务进行全面审核；定期组织医院专家对既往结算病历进行复审，及时发现潜在问题，减少违规。同时，建立审核问题

台账，对审核中发现的问题进行记录、跟踪、反馈，确保问题得到有效解决。

2. 引入智能监管系统

引入先进的医保智能监控系统，将医保政策规则、诊疗规范、收费标准等嵌入系统，对医院医保业务进行全流程、实时动态监控。利用大数据分析技术，对诊疗数据、费用数据等进行深度挖掘，通过建立异常数据模型，自动识别如频繁出现低标准入院、某类诊疗项目费用异常增长、医生工作站非本人操作等违规风险行为，并及时预警。

3. 实现数据互联互通

打破医院内部 HIS 系统[①]、电子病历系统、医保结算系统等信息壁垒，实现数据的实时共享与交互。同时，与医保局信息系统对接，及时获取医保政策更新、监管要求等信息，确保医院医保管理与医保局监管要求同步。通过数据分析，为医院医保管理决策提供支持，如优化诊疗流程、调整医保费用结构等，提升医保管理效能。

（三）强化医保合规约束机制

1. 依托医保支付资格管理制度促进医务人员合规意识

《关于建立定点医药机构相关人员医保支付资格管理制度的指导意见》中明确，当相关人员出现违法或违反服务协议行为，依据行为性质和责任程度记分，达到一定分值就暂停或终止其医保支付资格及费用结算。医疗机构应充分利用国家医保支付资格管理的要求，结合医院实际，制定详细的医保支付资格内部管理制度，明确各岗位人员职责与行为规范。与涉及医保基金使用的医务人员及结算审核人员签订医保服务承诺书，将医保支付资格管理纳入绩效考核体系，对违规人员进行扣分、扣罚绩效等处理，强化责任意识。定期组织相关人员开展医保政策法规、支付资格管理规定等专题培训，邀请医保部门专家解读政策，剖析典型案例，提高人员对医保支付资格管理重要性的认识，增强依法依规开展医疗服务的能力。对于扣分人员鼓励参与医保学习、宣传、检查，恢复医保支付资格。

[①] 医院信息系统（Hospital Information System，HIS）是医疗机构用于管理医疗服务流程、整合医疗数据的综合性信息管理系统，是医院数字化建设的核心组成部分。其主要功能是通过计算机技术和网络平台，对医院的各项业务（如门诊、住院、药房、收费、检验检查等）进行信息化处理，实现信息共享、流程优化和高效管理。

2. 依托医疗保障服务协议促进医务人员合规意识

医疗保障服务协议是规范医务人员行为的核心依据，明确医保部门、定点医药机构、参保人三方权利义务，是约束各方行为的准则，也为处理违规违约行为提供标准，以实现医保管理的规范化、法治化。医疗机构可利用医保服务协议实现合规管理，将协议条款细化为内部操作细则与考核指标，与科室人员签订责任书，明确职责与协议违规处罚标准。此外，通过协议违规典型案例实现警示，提升人员合规意识，定期复盘协议执行效果，优化管理策略，确保医保基金安全与服务规范。

四、过度医疗防控

（一）建立智能医疗监控系统

引入智能医疗审核系统，对诊疗行为进行实时监控。例如，通过大数据分析患者的基础疾病、检查结果、用药记录等，自动识别异常检查项目（如同一时段重复检查、检查项目与诊断无关等）和过度用药（如超剂量、超疗程用药），并及时预警。同时，医院成立医疗质控专家，对于智能审核的规则库或知识库要根据最新检查发现的违规现象动态维护，也需要根据医院的诊疗特点细化规则库、知识库的内容。

（二）医院制定明确诊疗标准

1. 制定诊疗规范及标准

医院组织专家团队依据国家诊疗指南，结合医院实际情况，制定各病种的诊疗规范、入院标准、ICU 收入标准等。比如，针对低标准入院问题，明确规定各种疾病的症状、体征及检查指标阈值，要求医生严格按照标准收治患者，并定期开展诊疗规范培训与考核。

2. 完善检查检验项目组套管理制度

建立健全内部管理机制，依据临床诊疗指南、技术操作规范、临床路径等规定，结合临床诊疗工作实际，并加强疾病病程分期检查检验项目组套精准施策管理。严禁将临床意义不足、缺少循证支持的项目用于临床诊疗。

3. 强化内部监管

建立独立的医疗质量监管部门，定期抽查病历，对过度医疗行为进行专项检查。对存在问题的科室和医生进行约谈、通报批评，并与绩效考核挂钩。

第五章　医疗机构采购合规管理

　　医疗机构采购合规管理是医疗资源优化配置和廉政风险防控的核心环节。采购活动必须严格遵循"公开、公平、公正"的原则，全面落实法律法规及政策要求。当前采购流程中，在采购立项与预算、实施计划管理、采购需求管理、组织采购活动、答复询问质疑、合同签订、履约验收、资金支付等环节仍存在合规风险，需要通过完善制度体系、强化内部控制、加强信息化建设及监督管理等措施，加强采购全流程合规管理。这既是防范资金浪费和权力寻租的重要保障，更是提升医疗机构运营效能、坚守公益属性的必然选择。本章节将系统分析采购合规管理要点，为医疗机构管理者提供实践指导，保障医疗机构高质量发展。

第一节　医疗机构采购合规概述

一、医疗机构采购合规的重要性

　　医疗机构采购合规是指通过制度设计、流程管控和监督机制，确保采购活动全流程符合国家法律法规、行业政策、内部规章和职业道德规范，从而实现廉洁、合规、高质效的采购目标。其本质是建立"不敢腐、不能腐、不想腐"的防控体系。

　　（一）防范法律风险，促进廉政建设

　　医疗机构采购管理若不合规，可能面临行政处罚、法律追责，甚至刑事责任。采购合规管理能规范采购行为，减少权力寻租，降低廉政风险。

(二) 提高资金使用效益，推动医疗机构精细化管理

采购合规管理通过公开招标、竞争性谈判等方式，促进市场充分竞争，避免高价采购或虚假采购，降低医疗机构运营成本。采购合规管理可推动医疗机构建立标准化流程，从粗放式管理向精细化、数字化管理转型。

(三) 有利于提升医疗质量，保障患者安全

采购合规管理确保医疗机构选用符合国家标准的药品、耗材和设备，避免因低价劣质产品影响诊疗效果，甚至引发医疗事故。

(四) 适应监管要求，提升医疗机构公信力

随着国家医保局、卫健委、审计署等监管力度的加大，医疗机构采购需符合DRG/DIP付费改革等新要求。采购合规管理能帮助医疗机构适应监管要求，维护医疗机构的公益形象和社会信任。

二、医疗机构采购合规管理的范围

医疗机构采购合规管理涵盖采购全流程及关键环节，通过全流程管控，确保采购合法、高效、廉洁，保障医疗机构运营和患者权益。可分为事前、事中、事后三个阶段。

首先，事前规划阶段，包括：（1）采购预算、采购计划的编制与审批；（2）采购意向公开管理；（3）采购需求及采购实施计划管理。

其次，事中执行阶段，包括：（1）采购文件编制与合规审查；（2）采购活动组织实施；（3）采购结果确认；（4）质疑投诉处理；（5）合同签订与备案管理。

最后，事后管理阶段，包括：（1）履约验收管理；（2）采购资金支付管理；（3）采购档案管理。

三、医疗机构采购合规管理的核心内涵

医疗机构的采购活动涉及财政资金使用、国有资产管理、医疗服务保障等多个方面，合规管理是确保采购合法、防控风险的关键。医疗机构采购合规管理的总体目标在于通过建立规范、高效、透明的，贯穿采购业务全流程的采购运行机制，确保采购活动符合国家法律法规及行业规范要求，实现"程序合规"与"实质合规"的统一，最终达成规范采购行为、防范廉政风

险的目标。医疗机构采购合规管理的核心要素包括以下四个方面：

1. 合法合规性

医疗机构采购必须严格遵循国家法律法规和政策要求，确保采购全流程合法合规。具体包括采购组织形式、采购方式、执行程序、合同管理、履约验收、资金支付等合法合规。

2. 公平性

医疗机构采购必须维护公平竞争的市场环境，杜绝为特定供应商"量身定制"采购需求或评审标准；消除对供应商的地域、规模等歧视性条款；保障各类市场主体平等参与竞争的权利。

3. 透明性

医疗机构应当构建阳光采购机制，依法公开采购信息，接受社会监督；将重大采购项目引入社会监督机制；建立采购信息查询系统，实现全程可追溯。

4. 风险防控

医疗机构需建立全方位的风险防控体系，重点防范商业贿赂、围标串标等违法风险；建立供应商黑名单制度和廉洁承诺制度；实施采购全过程电子留痕，强化责任追溯。

第二节　医疗机构采购合规核心依据

一、招标投标法律体系核心依据概览

（一）法律

1.《招标投标法》；
2.《政府采购法》；
3.《建筑法》；
4.《反不正当竞争法》；
5.《预算法》；

6.《药品管理法》。

（二）行政法规

1.《招标投标法实施条例》；

2.《政府投资条例》；

3.《政府采购法实施条例》；

4.《优化营商环境条例》；

5.《医疗器械监督管理条例》。

（三）部门规章

1.《政府采购非招标采购方式管理办法》；

2.《政府采购货物和服务招标投标管理办法》；

3.《政府购买服务管理办法》；

4.《政府采购框架协议采购方式管理暂行办法》；

5.《评标委员会和评标方法暂行规定》；

6.《工程建设项目施工招标投标办法》；

7.《评标专家和评标专家库管理办法》；

8.《工程建设项目货物招标投标办法》；

9.《必须招标的工程项目规定》；

10.《医疗器械使用质量监督管理办法》；

11.《药品经营和使用质量监督管理办法》。

（四）规范性文件

1.《关于做好〈电子招标投标办法〉贯彻实施工作的指导意见》；

2.《关于印发〈政府采购进口产品管理办法〉的通知》；

3.《关于进一步加强政府采购管理工作的意见》；

4.《关于印发〈政府采购竞争性磋商采购方式管理暂行办法〉的通知》；

5.《关于政府采购竞争性磋商采购方式管理暂行办法有关问题的补充通知》；

6.《关于加强政府采购活动内部控制管理的指导意见》；

7.《关于进一步加强政府采购需求和履约验收管理的指导意见》；

8.《关于完善医药集中带量采购和执行工作机制的通知》；

9.《关于印发医疗机构医用耗材管理办法（试行）的通知》。

（五）其他文件

1.《医疗机构工作人员廉洁从业九项准则》；

2.《北京市医疗保障局关于进一步加强本市药品、医用耗材阳光采购管理有关事项的通知》；

3.《关于进一步完善医药价格和招采信用评价制度的通知》。

二、政府采购法律体系核心依据解读

（一）采购文件合规

根据《政府采购法》《预算法》《政府采购法实施条例》《招标投标法实施条例》《工程建设项目施工招标投标办法》相关规定，采购文件的编制需符合以下要求：

第一，编制依法必须进行招标的项目的资格预审文件和招标文件，应当使用国务院发展改革委等部门会同有关行政监督部门制定的标准文本。

第二，采取资格预审的，招标人应当在资格预审文件中载明资格预审的条件、标准和方法；采取资格后审的，招标人应当在招标文件中载明对投标人资格要求的条件、标准和方法。

第三，各部门、各单位应当按照国务院财政部门制定的政府收支分类科目、预算支出标准和要求，以及绩效目标管理等预算编制规定，根据其依法履行职能和事业发展的需要以及存量资产情况，编制本部门、本单位预算草案。

第四，在编制文件过程中，招标人不得以不合理的条件限制、排斥潜在投标人或者投标人，并列示具体排斥情形。

第五，招标文件中规定的各项技术标准均不得要求或标明某一特定的专利、商标、名称、设计、原产地或生产供应者，不得含有倾向或者排斥潜在投标人的其他内容。

第六，采购人可以根据采购项目的特殊要求，规定供应商的特定条件，但不得以不合理的条件对供应商实行差别待遇或者歧视待遇。

（二）采购流程合规

根据《招标投标法》《政府采购法》《招标投标法实施条例》《政府采购法实施条例》《政府采购货物和服务招标投标管理办法》《工程建设项目施工

招标投标办法》的相关规定，采购流程的合规贯穿了启动、评审、开标、签约、履行、验收的整体环节，需符合下述要求。

第一，招标项目按照国家有关规定需要履行项目审批手续的，应当先履行审批手续，取得批准。

第二，招标人对招标项目划分标段的，应当遵守招标投标法的有关规定，不得利用划分标段限制或者排斥潜在投标人。

第三，政府采购情况下应严格按照规定选择适当的采购方式。

第四，除特殊招标项目外，依法必须进行招标的项目，其评标委员会的专家成员应当从评标专家库内相关专业的专家名单中以随机抽取的方式确定。任何单位和个人不得以明示、暗示等任何方式指定或者变相指定参加评标委员会的专家成员。

第五，评标委员会由采购人代表和评审专家组成，成员人数应当为5人以上单数，其中评审专家不得少于成员总数的2/3。符合特殊规定的，评标委员会成员人数应当为7人以上单数。

第六，开标由采购人或者采购代理机构主持，邀请投标人参加。投标人不足3家的，不得开标。合格投标人不足3家的，不得评标。采购人或者采购代理机构应当对开标、评标现场活动进行全程录音录像。

第七，招标人应依规确定中标人，在评标委员会依法推荐的中标候选人以外确定中标人的，中标无效。依法必须进行招标的项目，招标人应当自收到评标报告之日起3日内公示中标候选人，公示期不得少于3日。

第八，采购人对公开招标或政府采购情况下的中标人依规签署合同并履行，包括及时履约、验收等。

（三）专项领域采购合规

根据《医疗器械监督管理条例》《药品经营和使用质量监督管理办法》《医疗器械使用质量监督管理办法》《医疗机构医用耗材管理办法（试行）》《国家医保局、国家卫生健康委员会关于完善医药集中带量采购和执行工作机制的通知》《北京市医疗保障局关于进一步加强本市药品、医用耗材阳光采购管理有关事项的通知》《工程建设项目施工招标投标办法》相关规定，在涉及医疗器械、药品、耗材、工程、基建等特殊领域的采购过程中，在常规的采购流程合规基础上，还需符合下述要求。

1. 加强供应商的准入与管理

（1）医疗机构应当从具备合法资质的医疗器械注册人、备案人、生产经营企业购进医疗器械。购进医疗器械时，应当查验供货者的资质和医疗器械的合格证明文件，建立进货查验记录制度。

（2）医疗机构购进药品，应当核实供货单位的药品生产许可证或者药品经营许可证、授权委托书以及药品批准证明文件、药品合格证明等有效证明文件。

（3）在工程建设项目施工招标过程中对供应商资格审查应主要审查潜在投标人或者投标人是否具备履行合同的能力，包括专业、技术资格和能力，资金、设备和其他物质设施状况，管理能力，经验、信誉和相应的从业人员。

2. 加强临床采购的质量管理

（1）医疗机构应当建立健全药品质量管理体系，完善药品购进、验收、储存、养护及使用等环节的质量管理制度，明确各环节中工作人员的岗位责任。

（2）医疗机构应当建立和执行药品购进验收制度，购进药品应当逐批验收，并建立真实、完整的记录。

（3）医疗器械使用单位应当对医疗器械采购实行统一管理，由其指定的部门或者人员统一采购医疗器械，其他部门或者人员不得自行采购。

（4）二级以上医院应当设立医用耗材管理委员会。该委员会的职责包含医用耗材遴选制度建立，同时医疗机构应当遴选建立本机构的医用耗材供应目录；医用耗材的采购相关事务由医用耗材管理部门实行统一管理。其他科室或者部门不得从事医用耗材的采购活动，不得使用非医用耗材管理部门采购供应的医用耗材。

3. 注意不同区域对集中采购与阳光采购的监管要求

（1）国家层面，就医药的集中带量采购提出工作机制，以帮助医疗机构通过集中带量采购实现药耗管理水平提升、成本价格的管控。

（2）地方层面，如北京明确了公立医疗机构均需参加药耗的阳光挂网采购以及挂网采购的相应工作机制。医疗机构需结合自身情况严格遵照药品与耗材的采购特殊规定，不可通过其他方式绕开集采与阳采的硬性要求。

（四）采购全链条的廉洁合规

根据《反不正当竞争法》《医疗机构工作人员廉洁从业九项准则》《国家医疗保障局办公室关于进一步完善医药价格和招采信用评价制度的通知》的相关规定，行风建设的重点关注领域包括采购，医疗机构应在全链条中加强对廉洁和行风的要求。

首先，《反不正当竞争法》规定经营者不得采用财物或者其他手段贿赂交易相对方工作人员、受交易相对方委托办理相关事务，以及可能利用职务或影响力影响交易的单位或个人，以谋取交易机会或者竞争优势。这是对采购环节公平公正原则的体现，也是营造良好营商环境的基本要求。

其次，《医疗机构工作人员廉洁从业九项准则》明确的"恪守交往底线，不收受企业回扣"就包含严禁接受药品、医疗设备、医疗器械、医用卫生材料等医疗产品生产、经营企业或者经销人员以任何名义、形式给予的回扣；严禁参加其安排、组织或者支付费用的宴请或者旅游、健身、娱乐等活动安排的情形。

最后，国家医疗保障局建立的招采信用评价制度，其中将商业贿赂纳入失信评价体系，并设置了梯次式处置措施。医疗机构可借助信用评级筛选合格供应商，有助于促进自身廉洁合规建设。

（五）应急采购合规

根据《政府采购法》第85条规定，对因严重自然灾害和其他不可抗力事件所实施的紧急采购和涉及国家安全和秘密的采购，不适用本法。2021年发布的《"十四五"国家应急体系规划》要求，"依法完善应急处置期间政府紧急采购制度，优化流程、简化手续。完善各类应急物资政府采购需求标准，细化技术规格和参数，加强应急物资分类编码及信息化管理"。2022年出台的《"十四五"应急物资保障规划》明确，"建立健全应急物资采购、捐赠、征用等管理制度和工作机制。制定应急物资紧急采购管理办法，健全应急采购机制"。[①] 由此可见，应急采购是面对突发自然灾害或人为事故灾害、公共卫生事件、重大安全突发事件等紧急情况下特殊的采购途径。医疗机构作为

[①] 张雷：《从"外"向"内"寻求解题思路——基于国内外做法探求我国政府应急采购制度建立健全之路》，载"中国政府采购网"，https://www.ccgp.gov.cn/llsw/202304/t20230423_19755357.htm，最后访问日期：2025年5月30日。

医疗卫生事业的核心主体，应构建应急情况下的采购流程、响应机制，医疗机构可参考中国安能建设集团有限公司的应急救援物资设备供应管理的实务经验，通过建立应急供应商数据库、统筹采购计划与库存管理、加强供应商预筛与评估、简化采购流程与合同管理、建立供应链跟踪系统以及加强供应商考核管理完善应急采购工作机制，中国安能建设集团有限公司在 2023 年京津冀特大暴雨洪水灾害抢险救援中验证了该套机制的响应速度、质量与效率。[1]医疗机构可结合自身情况与应对公共事件的角色定位构筑具备自身特色的应急采购流程与工作机制。

第三节　医疗机构采购合规风险分析

医疗机构在日常货物、工程、服务的采购过程中，相关临床科室或职能部门因未能遵循国家法律法规、行业规范导致出现一些违法违规行为，使医疗机构可能面临法律责任、监管处罚、经济损失或声誉损害的风险。

一、采购文件合规常见问题及分析

（一）未按规定编制招标文件

未按规定编制招标文件是指在公开招标过程中，医疗机构作为招标人采取资格预审或资格后审的，未在资格预审文件或招标文件中载明资格预审的条件、标准和方法；或者编制依法必须进行招标的项目的资格预审文件和招标文件，未使用国务院发展改革部门会同有关行政监督部门制定的标准文本。

在涉及政府采购过程中，医疗机构未按规定编制政府采购预算，超预算采购、无预算采购等未按照批准的预算执行也是常见问题。

（二）限制和排斥潜在供应商

在公开招标或政府采购过程中，医疗机构应遵照公开透明、公平公正的原则开展响应采购活动。不应通过下述方式限制和排斥潜在供应商：（1）设

---

[1] 刘猛：《突发情况下的应急救援物资设备供应管理研究》，载《中国招标》2024 年第 10 期，第 99—101 页。

定企业股东背景、年均承接项目数量或者金额、从业人员、纳税额、营业场所面积等规模条件；设置超过项目实际需要的企业注册资本、资产总额、净资产规模、营业收入、利润、授信额度等财务指标；要求投标人在本地注册设立子公司、分公司、分支机构，在本地缴纳社会保险等；非法限定供应商的所有制形式、组织形式或者所在地；（2）将政府部门、行业协会商会或者其他机构对投标人作出的荣誉奖励和慈善公益证明等作为投标条件、中标条件；限定特定行政区域或者特定行业的业绩、奖项；（3）招标文件中规定的各项技术标准，要求或标明某一特定的专利、商标、名称、设计、原产地或生产供应者，含有倾向或者排斥潜在投标人的其他内容；（4）以不合理的条件对供应商实行差别待遇或者歧视待遇；设定最低限价的；要求提供赠品、回扣或者与采购无关的其他商品、服务的；将国务院已明令取消的或国家行政机关非强制的资质、资格、认证、目录等作为实质性要求的；将除进口货物外生产厂家授权、承诺、证明、背书等作为实质性要求的；（5）将资格条件作为评审因素；（6）采用综合评分法的，评审因素或者评审标准没有细化和量化，且与相应的商务条件和采购需求不相对应；（7）未按规定设定价格分值；（8）样品评审未规定评审方法及评审标准。

【典型案例 05-01】上海某医疗器械科技发展有限公司不正当竞争案[①]

上海某医疗器械科技发展有限公司与黑龙江省某医院签订购销合同，该公司向该医院免费提供全自动血液细胞分析仪一套，并在合同中约定排他性条款，在合同有效期内，医院科室使用的所有血常规试剂必须由该公司供应，不得向第三方采购。上海市金山区市场监督管理局认定该公司捆绑销售试剂、耗材的行为属于实施不正当竞争行为，该公司销售利润被全部没收，并被罚款 10 万元。

二、采购流程合规常见问题及分析

（一）规避招标

将依法必须招标的项目化整为零、不合理划分标段或者以肢解发包、设定不合理的暂估价或者通过虚构涉密项目、应急项目等形式规避招标。

[①] 上海市金山区市场监督管理局沪市监金处（2021）282021000500 号行政处罚决定书。

【典型案例05-02】化整为零规避公开招投标案例[①]

2018年，S市审计局对本市A县进行审计时发现，W农业发展有限公司实施的A县D镇家庭农场项目，根据A县发改局的批复，项目总投资3500万元。该项目被分为30个单元划分为十个标段，在没有取得审批部门招标核准的情况下，由W农业发展有限公司越权决定通过邀请招标方式选择施工单位，存在化整为零规避公开招投标的问题。S市审计局认为按照招投标法的有关规定，该项目存在化整为零规避公开招投标、招标核准手续存在越权审批的问题，并责成A县人民政府督促相关部门限期进行了整改，对有关责任人员作出了相应处分。

（二）未按规定公开采购意向

未按规定公开采购意向常见的问题如下：

第一，除国家、省市有关文件规定可不公开采购意向的情形和由集中采购机构统一组织的批量集中采购外，按项目实施的集中采购目录以内或者采购限额标准以上的货物、工程、服务采购，未公开采购意向。

第二，未按照国家、省市相关规定，随部门预算公开同步在规定网站上集中公开本年度政府采购意向信息。

（三）未依照规定选用采购方式

未依照规定选用采购方式，包括：（1）公开招标数额标准以上的项目擅自采用其他方式采购；（2）将应当公开招标的项目化整为零或者以其他方式规避公开招标；（3）不符合法定情形，采用单一来源方式采购。具体内容依据《政府采购法实施条例》第23条和第28条、《政府采购法》第31条规定来执行；（4）依法委托采购代理机构办理采购事宜，但未签订委托代理协议的。

【典型案例05-03】未按规定采购医疗设备项目案[②]

2013年至2015年，某人民医院购置医疗设备30台（套），价值422万

[①] 《化整为零规避公开招投标案例》，载"贵州省审计厅网"，https://sjt.guizhou.gov.cn/zwgk/zfxxgk/fdzdgknr/yfxz/201912/t20191203_68084689.html，最后访问日期：2025年5月30日。

[②] 《黑龙江省政府采购领域突出问题专项整治领导小组办公室关于全省政府采购领域突出问题典型案例的通报》，载"黑龙江省财政厅网"，https://czt.hlj.gov.cn/czt/c110781/202203/c00_30609356.shtml，最后访问日期：2025年5月30日。

元，未通过公开招标方式采购，而是采取委托第三方竞标方式采购；购置医疗设备112台（套），价值3383万元，未通过公开招标方式采购，而是通过自行询价、比价等方式采购，上述行为违反了政府采购管理有关规定。2017年9月，Q市纪委分别给予时任院长冯某某、原副院长刘某某、原设备科主任裴某某党内严重警告处分。

（四）未按规定开展评审与开标

未按规定开展评审与开标是指依法必须进行招标的项目，评标委员会中招标人代表超过成员总数的1/3。未从评标专家库内相关专业的专家名单中以随机抽取方式确定评标委员会的专家成员。未按要求组建评审委员会，包括：(1) 政府采购公开招标项目，评标委员会中采购人代表超过成员总数的1/3；(2) 采购预算金额在1000万元以上、技术复杂、社会影响较大的政府采购项目，评标委员会人数不足7人。未按规定组织开标违法违规行为，包括：(1) 在开标前开启投标文件；(2) 评标委员会成员参加开标活动；(3) 投标人不足3家时，进行开标。除采购人代表、评标现场组织人员外，其他人员以及与评标工作无关的人员进入评标现场。未按规定对开标、评审活动进行全程录音录像；录音录像不清晰、不可辨。未按规定组织评审违法违规行为，包括：(1) 非法干预采购评审活动或者向评审专家作倾向性、误导性的解释或者说明；(2) 采购人代表担任组长。

【典型案例05-04】提前泄露关键信息，纵容默许围标串标案例①

S省B市住建局原党委委员、副局长李某在其分管的某截污工程对外招标中，为保证其意向公司中标，决定采用单一标底评标法，并将标底价格透露给其中意公司负责人，助其顺利中标，后收受其所送贿赂300万元。该行为严重违反了招投标的公平公正原则。

【典型案例05-05】评标专家违规案例②

2022年，吴某、向某、张某三名评标专家被项目业主聘为业主评委，参加L市粮食应急储备保障中心建设项目——成品粮低温库的资格预审活动。

---

① 《向招投标领域乱象"亮剑"》，载"河北省纪委监委厅网"，http://www.hebcdi.gov.cn/2024-08/23/content_9224006.htm，最后访问日期：2025年5月30日。

② 《湖北恩施通报三起评标专家违规典型案例 最高被罚款6000元》，载"中国政府采购网"，https://www.ccgp.gov.cn/zxdt/202208/t20220818_18481278.htm，最后访问日期：2025年5月30日。

在评审活动前后，三名专家先后存在收受投标人给予的好处费，并根据他人递交的小纸条给特定投标人打高分的行为，违反了《招标投标法》第44条之规定，根据《招标投标法实施条例》第72条之规定，L市政务服务和大数据管理局（利川市公共资源交易监督管理局）分别给予吴某、向某、张某没收违法所得3000元、1500元、1000元，罚款6000元、3000元、3000元，取消参加依法必须进行招标的项目的评标资格的行政处罚，并纳入"黑名单"管理。

（五）未依法处理中标事宜

未依法处理中标事宜是指依法必须进行招标的项目，招标人未在收到评标报告之日起3日内公示中标候选人，或者公示期少于3日。无正当理由不发出中标通知书。在评标委员会依法推荐的中标候选人以外确定中标人；依法必须进行招标的项目在所有投标被评标委员会否决后自行确定中标人。未能在投标有效期内完成定标，且不通知所有投标人延长投标有效期，以及采购人逾期定标导致未在规定的时间内确定中标（成交）供应商。

（六）未按规定签订及履行合同

未按规定签订及履行合同主要表现为以下五种形式：

第一，无正当理由不与中标人订立合同。未在中标、成交通知书发出之日起30日内，与中标、成交供应商按照采购文件确定的事项签订政府采购合同。

第二，招标人和中标人不按照招标文件和中标人的投标文件订立合同；招标人、中标人订立背离合同实质性内容的协议。

第三，合同履行中追加与合同标的相同的货物、工程或者服务的采购金额超过原合同采购金额的10%；擅自变更、中止或者终止合同。

第四，未依法组织验收，包括：（1）未出具验收书或验收书未包括每一项技术、服务、安全标准的履约情况；（2）未按照政府采购合同约定的技术、服务、安全标准组织对供应商履约情况进行验收。

第五，未及时支付资金，从中小企业采购货物、工程、服务，未在货物、工程、服务交付之日起30日内支付款项；合同另有约定的，付款期限超过60日。

【典型案例05-06】未按规定履行采购合同、未及时支付款项案例[1]

广元市审计局在2020年开展的全市2019年度医保基金专项审计中发现，部分定点医疗机构存在未按采购协议约定付款，拖欠药品供应商款项的问题。对此，审计局对拖欠款项的广元市某3家定点医疗机构"点对点"发出整改函，要求严格执行采购协议约定付款，科学制订还款计划，及时支付药品供应商款项。

定点医疗机构高度重视审计发现的问题，认真落实审计整改，积极与药品供应商沟通协商欠款支付问题，并召开专题会议，结合医院资金情况，研究、制订还款计划，按计划分期支付药品供应商款项，截至2020年10月，已支付药品供应商应付未付款项2827.96万元。

三、专项领域采购合规常见问题及分析

（一）供应商资质不合格

根据《医疗器械监督管理条例》《工程建设项目施工招标投标办法》《药品经营和使用质量监督管理办法》相关规定，医疗机构在开展涉及医疗器械、药品、耗材以及基建、工程项目的采购活动中，应注意审查供应商资质（包括经营许可、备案信息等）。例如，在医疗器械采购方面如医疗机构使用不符合强制性标准或者不符合经注册或者备案的产品技术要求的医疗器械；使用无合格证明文件、过期、失效、淘汰的医疗器械，或者使用未依法注册的医疗器械；进口过期、失效、淘汰等已使用过的医疗器械的，会被处以没收违法生产经营使用的医疗器械，情节严重的，责令停产停业等后果。

【典型案例05-07】医疗机构从无资质单位购买药品案例[2]

某卫生室自2020年4月起先后为十余名患者开具中药处方后，从另一内科诊所购进处方所需中药饮片，于卫生室内将中药饮片煎好后销售给患者。另外，该卫生室在为李某实施诊疗的过程中，使用甘露醇注射液（批准文号：国药准字H43020481）。针对上述中药饮片和甘露醇注射液，该卫生室均无法提供合法的供货商资质、随货同行单、发票和进货查验记录等证明文件。

---

[1] 王珂：《落实审计整改，3家定点医疗机构支付拖欠药品供应商款项2800余万元》，载"广元市审计局官网"，https://sjj.cngy.gov.cn/New/Detail/20201015100938369，最后访问日期：2025年5月30日。

[2] 烟台市中级人民法院（2021）鲁06行终95号行政判决书。

经调查讨论，市场监督管理局认为该卫生室违反了《药品管理法》第55条规定，于2020年6月12日作出栖市监药处字（2020）002号行政处罚决定书，决定对该卫生室作出如下处罚：1. 没收违法所得人民币589.5元；2. 并处货值金额七倍（货值金额不足5万元的，按5万元计算）罚款人民币350000元；3. 上述罚没款合计人民币350589.5元，上缴国库。

（二）未严格执行验收要求

根据《采购管理专项审计指引（试行）》规定，针对验收管理需要注意以下层面：查阅采购合同、书面验收意见等采购文件，审计验收组织是否按照要求组建验收小组且符合不相容岗位相互分离要求，委托采购代理机构履约验收是否对验收结果书面确认；验收方式是否由2人以上共同办理履约验收，是否邀请实际使用人参与验收，第三方专业机构及专家等参与验收的是否形成书面验收意见，政府提供公共服务项目是否邀请服务对象参与验收、出具意见并公告验收结果；验收过程是否按照合同约定对每一项技术、服务、安全标准的履约情况进行确定；验收报告是否列明各项标准的验收情况及总体评价，是否由验收各方共同签署，验收结果是否与资金支付和履约保证金返还条件挂钩等；验收责任是否对验收合格项目按照合同约定及时结算，是否对验收不合格项目及违法违规情形按照相关法律法规及合同约定及时处理等。

四、采购廉洁合规常见问题及分析

（一）商业贿赂

《医疗机构工作人员廉洁从业九项准则》严禁医疗机构及其从业人员接受药品、医疗设备、医疗器械、医用卫生材料等医疗产品生产、经营企业或者经销人员以任何名义、形式给予的回扣；严禁参加其安排、组织或者支付费用的宴请或者旅游、健身、娱乐等活动安排。《药品管理法》第141条规定，医疗机构在药品购销中收受回扣或者其他不正当利益的，药品上市许可持有人、药品生产企业、药品经营企业或者代理人给予使用其药品的医疗机构的负责人、药品采购人员、医师、药师等有关人员财物或者其他不正当利益的，由市场监督管理部门没收违法所得，并处30万元以上300万元以下的罚款。同时,《刑法》对受贿罪、非国家工作人员受贿罪均有明确要求。医疗机构应严格恪守职业道德和法律底线,在采购活动中注意廉洁合规问题。

【典型案例05-08】赠送医疗设备搭售耗材被认定为商业贿赂案[①]

某医械企业与淄博某医院签订委托采购协议。双方合作期间,免费向该医院提供25台(套)检验设备及设备维护保养服务,向该医院供应临床检验及输血试剂、医用耗材。经审计,当事人在销售供应试剂耗材业务中获利4645058.12元。淄博市市场监管局依据《反不正当竞争法》第19条的规定,责令当事人改正违法行为,没收违法所得4645058.12元,并处罚款20万元的行政处罚。

【典型案例05-09】某医疗集团原党委书记、总院长张某严重违纪违法案[②]

在某医疗集团腐败窝案中,药品采购、器械采购和基建工程是腐败的"重灾区",而张某的"左膀右臂"——王某、余某正是这些项目工程的负责人。

2012年上半年,李某公司欲承接黄石市某医院放射医用胶片业务,张某答应并要求时任该医院保障部主任的王某关照。2016年年初,在张某授意下,王某又帮助李某所在公司承接该医院330余万元的器械采购项目……由于"听话",王某被张某一路提拔,成为张某受贿的得力"帮手"。此后,按照张某的授意,她多次在医院组织的设备项目招标前进行价格谈判,大肆收受回扣。

2015年年底,黄石市某医院准备启动某院区一期工程项目,商人方某请托张某在武汉某集团承接该医院某院区某项目上提供帮助,张某同意并让其另一"干将"余某负责安排。为了让武汉某集团中标,余某特意将某项目换到武汉开标,并将评审人员由7人增加到9人,增加医院评审人员权重,通过围标、串标,从而确保该集团顺利中标。充当掮客的方某也"投桃报李",送给张某好处费37.5万元,并通过房屋转让形式,暗中送给余某60万元。

2016年至2018年,某医疗集团领导班子成员和下属医院干部职工先后有

[①] 赵永、蔡占东:《向政府举办医院免费提供检验设备捆绑销售耗材构成商业贿赂吗》,载《中国质量报》2023年4月11日,第3版。

[②] 方弈霏:《抱团腐败 医术虽高难自医,某医疗集团原党委书记、总院长张某严重违纪违法案剖析》,载《中国纪检监察报》2021年4月21日,第7版。

20 余人因涉嫌职务犯罪被查处。张某不仅不抓排查整改、源头防治，反而想方设法寻求对上述人员减轻处罚的途径，使得集团腐败之风盛行，最终导致集团 40 人因违纪违法受到党纪国法制裁。

2019 年 3 月，因涉嫌严重违纪违法，经湖北省纪委监委指定管辖，张某被黄石市纪委监委依法审查调查，并采取留置措施。2019 年 9 月，张某被开除党籍、开除公职。2019 年 11 月，黄石市人民检察院以张某涉嫌受贿罪向黄石市中级人民法院提起公诉。

2021 年 1 月，黄石市中级人民法院公开宣判，以受贿罪判处张某有期徒刑 10 年 6 个月，并处罚金人民币 50 万元。宣判后，张某当庭表示服从判决，不上诉。

（二）不正当竞争

医疗机构的采购活动除商业贿赂外，还涉及不正当竞争的廉洁合规问题。例如，通过"定制式"招投标或串通投标、泄露关键信息帮助/纵容围标等方式规避正规的招标流程，以及"带金销售""捆绑销售"等模式通过给医疗机构采购环节或需求环节从业人员输送不当利益的方式影响其采购决策。《关于印发 2024 年纠正医药购销领域和医疗服务中不正之风工作要点的通知》针对带量采购、聚焦项目招采、围绕医疗机构的"关键少数"和关键岗位人员补齐采购制度短板，医疗机构可参考工作要点的相应指示完善内部的采购廉洁合规管理。

五、其他采购合规常见问题与分析

（一）未经核准采购进口产品

未经核准采购进口产品，包括：（1）采购进口产品时，未按规定在采购活动开始前向财政部门提出申请并获得财政部门核准，擅自开展政府采购活动；（2）经财政部门审核同意购买进口产品的，在采购文件中限制能满足需求的国内产品参与竞争。具体内容依据《政府采购进口产品管理办法》第 4 条、《关于政府采购进口产品管理有关问题的通知》第 5 条第 2 款规定来执行。

（二）未依法对采购需求和采购实施计划开展审查工作

采购活动开始前，未按规定对采购需求和采购实施计划开展一般性审查和重点审查工作。具体内容依据《政府采购需求管理办法》第29条第1款规定来执行。

（三）未落实政府采购政策

未落实政府采购政策违法违规行为，包括：（1）采购人拟采购的产品属于环境标志产品、节能产品政府采购品目清单范围的，未依据品目清单和认证证书实施政府优先采购和强制采购以及未明确强制或优先采购节能产品和优先采购环保产品的；（2）未落实支持创新、绿色发展等政府采购政策的；（3）未落实促进中小企业发展政策（监狱企业、残疾人福利性单位视同小微企业）的。具体内容依据《政府采购法》第9条、《关于调整优化节能产品、环境标志产品政府采购执行机制的通知》第2条和第3条、《政府采购促进中小企业发展管理办法》第3条、《政府采购需求管理办法》第14条、《关于政府采购支持监狱企业发展有关问题的通知》第3条、《关于促进残疾人就业政府采购政策的通知》第3条规定来执行。

（四）未依法进行质疑答复

未依法进行质疑答复违法违规行为，包括：（1）拒收质疑供应商在法定质疑期内提出的质疑函；（2）在收到供应商的书面质疑后7个工作日内未作出答复，未以书面形式通知质疑供应商和其他有关供应商。具体内容依据《政府采购质疑和投诉办法》第13条规定来执行。

（五）未妥善保管采购文件

未妥善保管采购文件的违法违规行为，包括：（1）未妥善保存政府采购项目每项采购活动的采购文件；（2）伪造、变造、隐匿或者销毁采购文件；（3）采购文件保存采购文件期限不足15年。具体内容依据《政府采购法》第42条第1款规定来执行。

第四节 医疗机构采购合规指引

一、单位层面合规指引

(一) 风险评估指引

采购风险评估是指量化医疗机构采购活动中风险发生的可能性及其造成影响程度。医疗机构应建立定期风险评估机制，对采购活动存在的风险进行全面、系统和客观评估，还可以聘请具有相应资质的第三方机构协助实施。

1. 风险评估程序

(1) 目标设定：目标设定是风险评估程序的起点，一般由医疗机构审计部门研究制订风险评估工作计划，明确风险评估的目标。

(2) 风险识别：在风险识别阶段，医疗机构审计部门先对医疗机构采购管理相关制度、资料进行收集、分析，初步了解医疗机构在采购工作方面存在的风险；再采用访谈法就医疗机构采购活动中存在的风险，从单位层面和业务层面分别与分管采购管理的院领导、采购管理归口部门负责人及业务骨干进行现场访谈，采用专家咨询、文献查阅等方法，结合各省、市出台的招投标和政府采购领域负面清单以及医疗机构的工作实际，进一步识别采购业务中的风险，调整和优化风险分类，形成医疗机构采购业务风险事件库（见表5-1）。

表 5-1　医疗机构采购业务风险事件库

风险类别	风险名称	主要风险事件
单位层面	组织架构风险	① 未设置政府采购管理机构 ② 组织架构设计和运行不合理 ③ 机构职能重叠或缺失，职责不清 ……
	工作机制风险	① 决策、执行、监督未做到分离 ② 未建立议事决策机制 ③ 权力制约机制形同虚设 ……
	制度建设风险	① 制度缺失或不健全 ② 制度过时，适用性不强 ……
	关键岗位风险	① 医疗机构未明确划分关键岗位 ② 未按"不相容岗位分离原则"设置关键岗位 ③ 缺乏对关键岗位的有效考核，未制定岗位轮换机制 ……
	信息化建设风险	① 信息化建设缺失或滞后 ② 信息化流程不符合管理要求 ③ 信息安全意识薄弱，对系统安全性缺乏有效监管 ……
业务层面	立项管理风险	① 应立项未立项 ② 立项的必要性、可行性、经济性、合法性论证不充分 ……
	预算管理风险	① 政府采购预算编制未做到"应编尽编" ② 政府采购预算编制不合理 ③ 未落实政府采购相关政策 ……
	市场调查风险	① 未开展市场调查或调查不充分 ② 调查方式、途径单一，调查结果不具有代表性 ③ 价格测算不准确 ……
	采购需求风险	① 未进行需求论证或论证不符合医疗机构相关工作流程 ② 采购需求不完整、不合理、不科学、不合规 ③ 表述不清、要求不明、存在歧义 ……

续表

风险类别	风险名称	主要风险事件
业务层面	采购实施计划风险	① 采购方式选择不当 ② 采购包划分不合理 ③ 合同文本未经律师审定 ……
	采购文件风险	① 采购文件不完整、不合规 ② 采购文件内容前后不一致 ……
	采购项目评审风险	① 未按规定的程序进行评审 ② 未按采购文件规定的评审办法进行独立评审 ③ 评审人员能力不足或发表倾向性言论 ……
	采购结果确认风险	① 未按《评审报告》推荐的中标（成交）候选人排序确定中标（成交）人 ② 未在规定时间内按要求确定中标（成交）人 ……
	采购信息公告风险	① 未按要求进行政府采购意向公开 ② 未在财政部门指定媒体发布政府采购信息 ……
	合同管理风险	① 合同条款不合理，与采购文件、中标人投标文件不一致 ② 合同签订未经过医疗机构授权审批 ③ 未按要求进行合同公告与备案 ……
	履约验收风险	① 未制订验收流程和验收方案 ② 未按合同约定的内容进行验收 ③ 采购验收问题处理不当 ……
	资金支付风险	① 资金支付申请不合规，缺乏必要的审核 ② 未按照合同约定支付资金 ……

（3）风险分析：根据风险识别阶段调查结果，对采购业务风险事件发生的可能性和影响程度进行分析，划分风险等级，确定风险管理的优先顺序。风险发生的可能性（概率）评分标准如表5-2所示，风险发生影响程度评分标准如表5-3所示。

表 5-2 风险发生的可能性（概率）评分标准

评分	可能性（P）	说明
5	极高	经常发生；发生概率在 90% 以上
4	高	较多情况下发生；发生概率为 70%—90%
3	中等	某些情况下发生；发生概率为 30%—70%
2	低	极少情况下发生；发生概率为 10%—30%
1	极低	一般情况下不会发生；发生概率为 10% 以下

表 5-3 风险发生影响程度评分标准

评分	影响程度（S）	说明
5	灾难性的	对目标实现有重大影响，如发生，将造成极大的损失
4	重大	对目标实现有严重影响，如发生，将造成较大的损失
3	中等	对目标实现有中度影响，如发生，将造成中等的损失
2	轻微	对目标实现有轻度影响，如发生，将造成轻微的损失
1	极轻微	对目标实现无影响，如发生，将造成较低的损失

（4）风险应对：医疗机构根据自身条件和外部环境，围绕采购管理目标、风险偏好和风险可接受程度、风险发生的原因和风险重要性水平，应对采购活动风险。风险应对主要有风险规避、风险降低、风险转移、风险承受四种策略。

2. 风险评估内容

（1）单位层面

评估医疗机构采购管理组织在架构建设、机制建设、制度建设、流程建设、队伍建设、信息化建设等方面是否符合医疗机构采购合规管理要求，评估医疗机构采购管理设计是否合理。

（2）业务层面

评估采购预算管理、采购需求管理、采购文件编制、采购项目评审、合同签订、履约验收及资金支付、采购档案管理、采购代理机构管理、供应商管理等工作是否符合医疗机构采购合规管理规定。

3. 风险评估方法

风险评估的方法可分为定性法与定量法。定性法包括问卷调查法、访谈法、德尔菲法、杠杆比较法；定量法包括概率分析法、敏感性分析法、统计推论法、压力测试法、蒙特卡罗法和情景分析法。各医疗机构可结合自身规模、内控建设现状选择适合的风险评估方法。

4. 风险评估报告

风险评估结果应当形成书面报告，作为完善内部控制的依据。风险评估报告应包括医疗机构采购的基本情况、采购风险评估活动组织情况、发现的风险因素、风险分析、风险应对的建议等内容。

（二）组织架构指引

医疗机构可根据采购管理目标，结合采购管理工作的内容，按照决策权、执行权、监督权分离的原则建立采购管理组织架构。这样既可保证医疗机构采购决策、执行、监督相互分离、相互制约又相互协作，同时又能依法合规组织实施采购活动，提高采购工作效率，预防腐败。

医疗机构采购决策机构一般包括党委常委会、院长办公会、采购工作领导小组；采购执行机构，一般包括采购归口管理部门、业务归口管理部门以及与采购活动相关的其他职能部门；采购监督机构，一般由医疗机构审计、监察、纪检等部门组成。

（三）决策机制指引

医疗机构的管理体制为党委领导下的院长负责制。在议事决策方面一般采用集体研究、专家论证和技术咨询相结合的议事决策机制，并建立重大事项集体决策和会签制度。各医疗机构可结合自身实际，在兼顾效率的前提下，根据采购项目预算金额、采购事项重要程度、风险防控要求等因素，设置不同决策层级对应的决策事项，如部门内部决策、政府采购工作领导小组会议决策、院长办公会决策、党委常委会决策。以上事项以及在流程管理中提到的决策事项，仅供读者参考，实践中不建议降低决策层级，且一般情况下，决策层级越高对应决策事项的数量相对越少。

（四）授权机制指引

医疗机构应当明确采购管理各岗位（包括分管院领导）办理业务和事项的权限范围、审批程序和相关责任。相关工作人员应当在授权范围内行使职权、开展业务，不得超越授权作出风险性决定。

（五）岗位轮换指引

医疗机构应当实行采购管理关键岗位工作人员的岗位轮换制度，明确轮岗周期。不具备轮岗条件的，医疗机构应当采取专项审计等风险控制措施。

1. 定期轮换

关键岗位人员在同一岗位连续工作时间达到轮换期限，需实施岗位轮换。中层干部根据人事部门相关规定轮岗，其他关键岗位应依据岗位承担风险责任和业务复杂程度等因素确定轮换期限。

2. 不定期轮换

根据实际工作需要可以不定期地安排关键岗位人员进行岗位轮换。

（六）信息化建设指引

信息化是采购合规管理的重要手段，医疗机构应建立统一的采购管理信息化平台，落实管理制度化、制度流程化、流程表单化、表单信息化、信息智能化的要求，实现信息化建设与合规管理的有效融合，减少人为因素对采购合规管理的影响。

通过优化审批流程，强化权限管理，确保采购决策合规；加强数据标准化管理和数据治理，从源头上保证数据的可用性和质量；利用数据分析工具，实时监控采购活动，预警潜在风险。

同时，还应按照国家相关法律法规及信息安全技术标准，强化信息系统的安全管理，确保信息安全。

二、业务层面合规指引

（一）制度指引

各医疗机构在采购管理工作中，均已建立部分符合自身实际的采购业务流程、采购管理制度，只是建设完善程度不一。因此，应梳理现有的制度体系，通过风险评估后的结果，结合前文提供的国家法律、行政法规、部门规章制度以及各省级规章及规范性文件，根据应对策略建立相应制度，完善采购管理制度体系，重点应关注以下四点：

第一，制度是否满足国家法律法规及相关政策规定，制度文件之间是否存在相互冲突、衔接不力的现象。

第二，制度内容是否完整，采购业务各环节是否均有相应规定，是否满足医疗机构内控制度的要求。

第三，制度文件内容是否明确了具体执行要求且具有可操作性。

第四，制度是否定期修订更新，授权审批及发布程序是否符合规定。

(二) 执行指引

本节以医疗机构政府采购项目的执行程序为例，不同地区的医疗机构可根据当地财政部门的政府采购工作要求，予以扩充。值得注意的是，按照国家有关规定需要履行项目审批、核准手续的依法必须进行招标的项目，在经主管部门审核批准后，医疗机构才可以开展采购活动。

1. 编制政府采购预算

(1) 医疗机构应根据年度部门预算编制工作要求，凡使用纳入部门预算管理的资金（包括财政拨款资金以及纳入预算管理的自有资金），都应当纳入政府采购管理范畴。

(2) 医疗机构应依法按照财政部《政府采购品目分类目录》以及省政府颁布的政府集中采购目录和采购限额标准，编制年度政府采购预算。不得对一个预算项目下的同一品目或者类别的项目进行拆分，化整为零规避政府采购，做到"应编尽编、应采尽采"。

2. 实施政府采购意向公开

(1) 医疗机构应当按照《关于开展政府采购意向公开工作的通知》规定，建立政府采购项目意向公开和采购信息发布工作机制。

(2) 采购意向公开时间应当尽量提前，原则上不得晚于采购活动开始前30日。

(3) 在公开政府采购意向时，应标明是否专门面向中小企业。同时，应当明确采购信息发布工作责任，确保采购意向公开不遗漏、不延误。未公开采购意向的采购项目，不得开展后续采购活动。

3. 确定采购需求

(1) 采购需求调查。① 业务归口管理部门可通过咨询、论证、问卷调查等方式开展需求调查。了解相关产业发展、市场供给、同类采购项目历史成交信息，可能涉及的运行维护、升级更新、备品备件、耗材等后续采购，以及其他相关情况。属于《政府采购需求管理办法》第11条规定情形的采购项目，必须开展市场调查，进行可行性分析，必要时可以邀请相关专业人员或者第三方机构参与咨询论证。② 因特殊情况需要采购进口产品的，按照《政府采购进口产品管理办法》等相关规定执行。

（2）采购需求编制。① 业务归口管理部门应根据需求调查结果、采购预算编制采购需求。② 采购需求应当符合法律法规、政府采购政策以及国家强制性标准，符合采购项目的特点和实际需要。

（3）采购需求审查。① 医疗机构应当建立审查工作机制。② 医疗机构应根据实际情况确定一般性审查具体采购项目范围。③ 属于《政府采购需求管理办法》第11条规定情形的采购项目必须开展重点审查。

4. 确定采购实施计划

（1）医疗机构应严格按照已批复的政府采购预算编制采购实施计划，严禁无预算采购、超预算采购，不得擅自改变已批准的政府采购预算金额及用途。

（2）采购归口管理部门应根据项目特点、依照《政府采购法》规定的适用情形，确定适宜的采购方式。① 政府采购工程以及与工程建设有关的货物、服务，采用招标方式采购的，适用《招标投标法》及其实施条例。② 对于政府采购工程以及与工程建设有关的货物、服务，应当按照《政府采购法实施条例》第25条的规定，采用竞争性谈判或者单一来源采购方式进行采购。

（3）采购归口管理部门应建立政府采购代理机构选择机制，明确采购代理机构选择标准和决策流程，确保依法、自主、择优选取采购代理机构。政府集中采购目录内的采购项目必须委托集中采购代理机构。委托采购代理机构办理采购事宜的，须签订委托代理协议，明确双方权利和责任。

（4）需划分采购包与分包履行合同的项目，应当按照有利于采购项目实施的原则，明确采购包或者合同分包要求。

（5）在执行预算中，采购归口管理部门应当通过确定供应商资格条件、制定评审规则等措施，落实支持创新、绿色发展、乡村产业振兴、中小企业发展等政府采购政策功能。

5. 编制、确认采购文件

（1）采购归口管理部门应制定采购文件编审机制。采购代理机构完成采购文件编制后，业务归口管理部门、采购归口管理部门应在采购文件发出前对采购文件进行书面确认。

（2）严格专家论证。采购归口管理部门或委托采购代理机构严格按照《关于进一步规范和加强政府采购管理工作的通知》，组织专家对采购文件进行复核论证。

6. 组织实施采购活动

（1）发布采购公告。采购归口管理部门应委托采购代理机构在规定的媒体上，完整、及时地发布采购公告，涉及国家秘密和商业秘密的除外。

（2）依法组建评审委员会。评审委员会成员由评审专家和采购人代表组成。① 委派采购人代表。为落实采购人主体责任，医疗机构应当选派代表参加项目评审活动，并建立采购人代表委派工作机制，明确采购人代表选择的决策流程和工作职责。② 评审专家抽取。采购归口管理部门应督促采购代理机构从省级以上人民政府财政部门设立的评审专家库中随机抽取评审专家。政府采购工程以及与工程建设有关的货物、服务，采用招标方式采购进各地交易中心执行采购程序的，应从各省公共资源交易综合评标评审专家库中随机抽取。

（3）公开招标项目需开展资格审查工作的，建议由业务归口管理部门委派资格审查人员与采购代理机构共同完成。

7. 确认采购结果

（1）政府采购项目。① 采购代理机构应当自评审结束之日起 2 个工作日内将项目评审报告送交采购归口管理部门和业务归口管理部门。② 业务归口管理部门或采购归口管理部门应自收到评审报告之日起 5 个工作日内，根据医疗机构内控管理制度，报医疗机构采购管理领导工作小组或院长办公会、党委常委会，在评审报告推荐的中标（成交）供应商候选人中按顺序确定中标（成交）供应商。③ 采购归口管理部门将中标（成交）结果确认函反馈采购代理机构，对采购结果予以确认。

（2）政府采购工程以及与工程建设有关的货物、服务，采用招标方式采购的项目。① 医疗机构应当自收到评标报告之日起 3 日内公示中标候选人，公示期不得少于 3 日。② 公示期满无异议的，医疗机构应当确定排名第一的中标候选人为中标人。

8. 质疑/异议答复与投诉配合处理

（1）政府采购项目，供应商对采购文件、采购过程、中标（成交）结果提出疑问的，严格按照《政府采购质疑和投诉办法》相关规定处理。

（2）政府采购工程以及与工程建设有关的货物、服务，采用招标方式采购的项目，供应商提出异议的，严格按照《招标投标法》及其实施条例、《工程建设项目招标投标活动投诉处理办法》相关规定处理。

（3）建议由采购归口管理部门负责牵头，会同业务归口管理部门和采购代理机构，依法在规定的时间内答复质疑，并以书面形式通知质疑供应商和其他有关供应商。涉及采购需求和采购实施计划内容的质疑和投诉的，由业务归口管理部门负责答复并提供证明材料。①政府采购项目，供应商对采购文件、采购过程、中标（成交）结果提出疑问的，自收到质疑之日起7个工作日内作出答复。②政府采购工程以及与工程建设有关的货物、服务，采用招标方式采购的项目，收到供应商异议的：对招标文件有异议的，应当自收到异议之日起3日内作出答复；作出答复前，应当暂停招标投标活动；对开标有异议的，应当当场作出答复，并制作记录；对评标结果有异议的，应当自收到异议之日起3日内作出答复；作出答复前，应当暂停招标投标活动。

（4）对监管部门开展投诉处理过程中，采购归口管理部门、业务归口管理部门、采购代理机构应予以积极配合，及时提交有关证据、依据和其他有关材料。

9. 合同签订、备案和公开

（1）合同签订。业务归口管理部门或采购归口管理部门在中标（成交）通知书发出之日起30日内与中标（成交）供应商按照采购文件和中标（成交）供应商的投标（响应）文件确定的事项签订政府采购合同。电子卖场的合同签订程序按照电子卖场交易规则办理。

（2）合同备案和公开。自政府采购合同签订之日起2个工作日内，将政府采购合同在省政府采购网进行公开和备案（目前，大部分省政府采购网已将公开和备案环节合并，即在合同公开的同时完成合同备案）。

10. 履约验收

（1）合同履行完毕，业务归口管理部门应于收到供应商验收申请后7日内成立验收小组，根据国家、行业验收标准，以及合同约定，对供应商履约情况进行验收，并对验收结果进行书面确认。

（2）大型或者复杂的政府采购项目，建议邀请国家认可的质量检测机构参加验收工作。验收人员和采购人员应当相互分离。

11. 采购资金支付

（1）医疗机构财务部门应严格按照采购合同约定的资金支付方式、比例、时间和条件，及时向中标（成交）供应商支付采购资金，由业务归口部门负责提供支付依据。

（2）项目资金的收款人、支付的合同金额必须与采购合同一致。

12. 采购档案管理

（1）采购活动结束后，按照政府采购档案的有关规定，应及时将政府采购项目的资料进行归档并妥善保存，不得伪造、变造、隐匿或者销毁。

（2）采购项目档案资料包括采购活动记录、采购预算、采购文件、投标（响应）文件、评审标准、定标文件、合同文本、验收报告、质疑答复、投诉处理决定及其他有关文件、资料。

（3）采购项目档案的保存期限为自采购结束之日起至少保存15年，可以用电子档案方式保存。

第六章　医疗机构合同管理合规

随着医疗行业的快速发展，法律法规不断更新，医疗机构在日常运营中面临着日益复杂的合同管理问题，合同的合规管理不仅是保障医疗机构合法合规运营、维护医疗机构合法权益、优化资源配置、提升管理水平的重要方式，更是医疗机构法治建设的关键一环，是实现医疗机构高质量发展的重要助力。然而，医疗机构业务繁杂、法律专业人才短缺，合同的合规管理相对其他行业更具挑战性，本章旨在通过探析医疗机构合同管理的政策法规、常见问题等，试图从合同管理的全流程出发讨论如何实现医疗机构合同的合规管理。本书第五章"医疗机构采购合规管理"和第十章"医疗机构科研与成果转化合规"也涉及合同管理合规内容。

第一节　医疗机构合同管理合规概述

一、医疗机构开展合同合规管理的重要性

医疗机构合规的合同管理具有重要的意义。从合同出发，合规的合同管理有助于保障合同主体的权益，提前预防和规避可能出现的法律风险，避免合同条款漏洞或程序违规而引起法律纠纷、造成经济损失等；从医院管理角度出发，合规的合同管理是规范医院运营管理的关键组成部分，实现医院管理的合理、合规及合法性，有助于提升医院的运营效率、质量和风险控制能力，增强医疗机构员工的法律意识，提升医院法治能力和水平，推进医疗机构高质量发展。另外，医院合规的合同管理是医院遵纪守法、诚信经营的体现，能够增强医疗机构的社会信誉，树立良好的社会形象。医院的合规管理

不仅是法律法规的要求，更是医院自身发展和内在文化的需要。

二、医疗机构合同合规管理的范畴

医疗机构合同管理的合规应该贯穿合同的全生命周期管理。合同的全生命周期管理是指从合同立项、起草、审核、签订、履行、变更、终止、归档、评价等全流程管理，可划分为事前控制，如合同立项、相对方资质审查、条款拟定及合同审查；事中监督，如合同的签订及履行跟踪、结算管理、变更与解除的程序控制；事后评估，如合同的归档、纠纷处理及执行效果评价等。

三、医疗机构合同合规管理的总体要求

医疗机构可建立分级分类、分工协同的合同合规管理机制，以实现合同管理的合规与高效。根据业务类型、复杂程度、法律关系、风险及金额大小等，将合同分为一般合同和重要合同，并划分为不同类别（如采购合同、捐赠合同），并设置归口管理部门，在法务部统筹下协同管理。

一般合同，由归口管理部门使用标准化模板库进行管理，重要合同及涉及新业务、新领域或新类型的合同由法律部门全程把关。同时，法律部门应加强对归口管理部门的培训和指导，为归口管理部门合同管理的专业性保驾护航。

此外，审计和纪检等部门也通过事前审查、事中监督和事后审计，确保合同管理过程中的合法合规性。

第二节　医疗机构合同管理的核心依据

一、医疗机构合同合规的核心依据概览

（一）法律

1.《民法典》；
2.《民事诉讼法》；

3. 《基本医疗卫生与健康促进法》;

4. 《预算法》;

5. 《政府采购法》;

6. 《招标投标法》;

7. 《药品管理法》;

8. 《促进科技成果转化法》;

9. 《科学技术进步法》;

10. 《专利法》;

11. 《著作权法》;

12. 《公益事业捐赠法》;

13. 《慈善法》;

14. 《建筑法》;

15. 《网络安全法》;

16. 《数据安全法》;

17. 《消防法》;

18. 《食品安全法》。

(二) 行政法规

1. 《医疗机构管理条例》;

2. 《政府采购法实施条例》;

3. 《招标投标法实施条例》;

4. 《医疗器械监督管理条例》;

5. 《建设工程质量管理条例》;

6. 《医疗废物管理条例》;

7. 《医疗事故处理条例》;

8. 《医疗纠纷预防和处理条例》;

9. 《保安服务管理条例》;

10. 《企业事业单位内部治安保卫条例》。

(三) 部门规章

1. 《医疗机构管理条例实施细则》;

2. 《中外合资、合作医疗机构管理暂行办法》;

3. 《合同行政监督管理办法》；
4. 《医疗机构临床用血管理办法》；
5. 《医院感染管理办法》；
6. 《医疗质量管理办法》；
7. 《商品房屋租赁管理办法》；
8. 《涉及人的生物医学研究伦理审查办法》；
9. 《慈善组织信息公开办法》；
10. 《工程建设项目货物招标投标办法》；
11. 《工程建设项目勘察设计招标投标办法》；
12. 《卫生计生单位接受公益事业捐赠管理办法（试行）》。

（四）规范性文件

1. 《关于进一步加强医疗卫生事业单位法治建设的通知（试行）》；
2. 《实施〈中华人民共和国促进科技成果转化法〉若干规定》；
3. 《关于加强公立医院运营管理的指导意见》；
4. 《行政事业单位内部控制规范（试行）》；
5. 《公立医院内部控制管理办法》；
6. 《医疗联合体管理办法（试行）》；
7. 《政府采购需求管理办法》；
8. 《药品集中采购监督管理办法》；
9. 《医疗机构药事管理规定》；
10. 《医疗机构医用耗材管理办法（试行）》；
11. 《药物临床试验质量管理规范》；
12. 《医疗机构诊疗科目名录》；
13. 《关于促进健康服务业发展的若干意见》；
14. 《关于推动公立医院高质量发展的意见》；
15. 《关于促进"互联网+医疗健康"发展的意见》；
16. 《关于建立现代医院管理制度的指导意见》；
17. 《关于进一步推动互联网医疗服务发展和规范管理的通知》；
18. 《关于完善公立医院药品集中采购工作的指导意见》；
19. 《关于落实完善公立医院药品集中采购工作指导意见的通知》；

20.《关于开展国家组织高值医用耗材集中带量采购和使用的指导意见》；

21.《关于在公立医疗机构药品采购中推行"两票制"的实施意见（试行）》；

22.《关于印发〈治理高值医用耗材改革方案〉的通知》；

23.《关于印发〈促进科技成果转移转化行动方案〉的通知》；

24.《三级医院评审标准（2025年版）》；

25.《医院信息系统基本功能规范》；

26.《山东省医疗机构法治建设规范》。

（五）党内法规、政策文件及工作文件

1.《中国共产党纪律处分条例》；

2.《中国共产党问责条例》；

3.《关于深化医药卫生体制改革的意见》；

4.《关于印发卫生健康行业内部审计基本指引（试行）等7个工作指引的通知——合同管理专项审计指引（试行）》；

5.《关于全面推进行政事业单位内部控制建设的指导意见》；

6.《医疗机构工作人员廉洁从业九项准则》。

（六）国家标准

1.《信息安全技术 健康医疗数据安全指南》（GB/T 39725—2020）；

2.《建筑工程施工质量验收统一标准》（GB 50300—2013）；

3.《科技查新技术规范》（GB/T 32003—2015）；

4.《信息安全技术 网络安全等级保护基本要求》（GB/T 22239—2019）；

5.《医院消毒卫生标准》（GB 15982—2012）；

6.《医院洁净手术部建筑技术规范》（GB 50333—2013）；

7.《科研组织知识产权管理规范》（GB/T 33250—2016）。

二、核心依据解读

医疗机构经济合同管理以《民法典》为总纲，结合行业特殊法规（如《基本医疗卫生与健康促进法》）及技术标准，形成"法律—行政法规—部门规章—规范性文件—标准"五层合规体系，通过内部控制与政策工具实现全流程监管。

《民法典》作为总纲，对各类合同的订立、履行、变更及终止提供基础规则，特别是合同编和侵权责任编是合同管理的直接依循，如《民法典》规定的自愿、公平、诚实信用的原则是任何合同都必须遵照的原则。对《基本医疗卫生与健康促进法》的医疗机构公益性原则的遵循，贯穿医疗机构所有业务与合作，构成全局性的约束。

其他各类专项合同除以《民法典》及《基本医疗卫生与健康促进法》为总依循外，主要以具体法规、规范性文件及标准为依据，下面以主要的合同类型为切入点，列举了其重要的法规依据及原则要求。

（一）采购类合同

1. 相关法规规范

（1）共通性法规规范。《民法典》《政府采购法》《政府采购法实施条例》《招标投标法》《招标投标法实施条例》《政府购买服务管理办法》《保障中小企业款项支付条例》等。

（2）具体规定。①医疗设备采购合同：《医疗器械监督管理条例》《医疗机构管理条例》。②药品采购合同：《药品管理法》《药品经营质量管理规范》《关于完善公立医院药品集中采购工作的指导意见》《关于落实完善公立医院药品集中采购工作指导意见的通知》《关于在公立医疗机构药品采购中推行"两票制"的实施意见（试行）》。③高值医用耗材采购：《关于开展国家组织高值医用耗材集中带量采购和使用的指导意见》《关于印发〈治理高值医用耗材改革方案〉的通知》等。

2. 共通性要求

（1）政府采购。①政府采购工程进行招标投标的，适用《招标投标法》。②纳入集中采购目录的政府采购项目，应当实行集中采购。政府采购应当严格按照批准的预算执行。③政府采购当事人不得相互串通损害国家利益、社会公共利益和其他当事人的合法权益；不得以任何手段排斥其他供应商参与竞争。④采购人与中标、成交供应商应当在中标、成交通知书发出之日起30日内，按照采购文件确定的事项签订政府采购合同。⑤政府采购项目的采购合同自签订之日起7个工作日内，采购人应当将合同副本报同级政府采购监督管理部门和有关部门备案。⑥采购人应当自政府采购合同签订之日起2个工作日内，将政府采购合同在省级以上人民政府财政部门指定的媒体上公告，但政府采购合同中涉及国家秘密、商业秘密内容的除外。机关、事业单位从中小企业采购货物、工程、服务的，应当自货物、工程、服务交付之日起 30 日内支付款项；合同另有约定的，付款期限最长不得超过 60 日。⑦所有补充合同的采购金额不得超过原合同采购金额的 10%。⑧政府购买服务合同履行期限一般不超过 1 年；在预算保障的前提下，对于购买内容相对固定、连续性强、经费来源稳定、价格变化幅度小的政府购买服务项目，可以签订履行期限不超过 3 年的政府购买服务合同。

（2）招投标的共性要求。①按照《招标投标法》《招标投标法实施条例》等开展招投标活动，不得将招标的项目化整为零或者以其他任何方式规避招标。②招标人和中标人应当依照《招标投标法》和《招标投标法实施条例》的规定签订书面合同，合同的标的、价款、质量、履行期限等主要条款应当与招标文件和中标人的投标文件的内容一致。招标人和中标人不得再行订立背离合同实质性内容的其他协议。招标人最迟应当在书面合同签订后 5 日内向中标人和未中标的投标人退还投标保证金及银行同期存款利息。③招标文件要求中标人提交履约保证金的，中标人应当按照招标文件的要求提交。履约保证金不得超过中标合同金额的 10%。④中标人应当按照合同约定履行义务，完成中标项目。中标人不得向他人转让中标项目，也不得将中标项目肢解后分别向他人转让。

3. 具体规定

（1）医疗设备采购合同。①采购的医疗设备必须取得合法注册证或备案凭证。不得使用未依法注册或者备案、无合格证明的文件以及过期、失效、淘汰的医疗器械。②配置大型医用设备，需取得大型医用设备配置许可证。

（2）药品采购合同。①所有公立医疗机构（含军队医疗机构）作为采购主体，均应参加本市医用耗材阳光挂网采购和集中带量采购工作。②医疗机构因临床急需进口少量药品的，应经主管部门批准，且进口的药品应当在指定医疗机构内用于特定医疗目的。③公立医院签订药品采购合同时应当明确采购品种、剂型、规格、价格、数量、配送批量和时限、结算方式和结算时间等内容。合同约定的采购数量应是采购计划申报的一个采购周期的全部采购量。医院从药品交货验收合格到付款的时间不得超过 30 天。④应当确保药品来源合法，从药品上市许可持有人或者具有药品生产、经营资格的企业购进药品；但是，购进未实施审批管理的中药材除外。不得使用假药、劣药。

⑤应当建立并实施药品追溯制度，按照规定提供追溯信息，保证药品可追溯。⑥在公立医疗机构药品采购中推行"两票制"。⑦禁止在药品购销中给予、收受回扣或者其他不正当利益。禁止医疗机构的负责人、药品采购人员、医师、药师等有关人员以任何名义收受药品上市许可持有人、药品生产企业、药品经营企业或者代理人给予的财物或者其他不正当利益。

(3) 高值医用耗材采购。①所有公立医疗机构（含军队医疗机构）均应按规定参加高值医用耗材集中带量采购。②医疗机构应优先采购集中采购中选产品，制定优先使用中选产品的院内诊疗路径，并按采购合同完成约定采购量。③医疗机构应按采购合同与企业及时结清货款，结清时间不得超过交货验收合格后次月底。

(二) 科研及成果转化合同

1. 相关法规规范

《民法典》《促进科技成果转化法》《专利法》《著作权法》《技术合同认定登记管理办法》《关于印发〈促进科技成果转移转化行动方案〉的通知》《科研机构知识产权管理规范》等。

2. 原则要求

(1) 医疗机构对其持有的科技成果，可以自主决定转让、许可或者作价投资，但应当通过协议定价、在技术交易市场挂牌交易、拍卖等方式确定价格。通过协议定价的，应当在本单位公示科技成果名称和拟交易价格。

(2) 医疗机构可与其他组织采取联合建立研究开发平台、技术转移机构或者技术创新联盟等产学研合作方式，共同开展研究开发、成果应用与推广、标准研究与制定等活动。合作各方应当签订书面协议，依法约定合作的组织形式、任务分工、资金投入、知识产权归属、权益分配、保密义务、风险分担和违约责任等事项。

(3) 科技成果完成人或者课题负责人，不得阻碍职务科技成果的转化，也不得将职务科技成果及其技术资料和数据占为己有，侵犯单位的合法权益。

(4) 科技成果完成单位与其他单位合作进行科技成果转化的，应当依法由合同约定该科技成果有关权益的归属。合同未作约定的，按照下列原则办理：①在合作转化中无新的发明创造的，该科技成果的权益，归该科技成果完成单位所有；②在合作转化中产生新的发明创造的，该新发明创造的权益归合作各方共有；③对合作转化中产生的科技成果，各方都有实施该项科技成果的权利，转让该科技成果应经合作各方同意。

(三) 捐赠合同

1. 相关法规规范

《民法典》《公益事业捐赠法》《慈善法》《卫生计生单位接受公益事业捐赠管理办法（试行）》《医疗机构工作人员廉洁从业九项准则》等。

2. 原则要求

(1) 捐赠应当是自愿和无偿的，禁止强行摊派或者变相摊派，不得以捐赠为名从事营利活动。不得接受涉嫌不正当竞争和商业贿赂的捐赠。不得接受与本单位采购物品（服务）挂钩的捐赠。不得接受附有与捐赠事项相关的经济利益、知识产权、科研成果、行业数据及信息等权利和主张的捐赠。不得接受不符合国家有关质量、环保等标准和要求的物资捐赠。不得接受损害公共利益和其他公民合法权益的捐赠。

(2) 医疗机构接受企业捐赠应当与企业签订书面捐赠协议。捐赠协议由医疗机构法定代表人或经法定代表人书面授权与企业签订，并加盖医疗机构法人单位公章。捐赠协议应当明确捐赠人、受赠人名称，捐赠财产的种类、数量、质量和价值，以及来源合法性承诺，捐赠意愿等内容。

(3) 捐赠人与慈善组织约定捐赠财产的用途和受益人时，不得指定或者变相指定捐赠人的利害关系人作为受益人。用于医疗机构培训和培养、学术活动和科学研究等方面的捐赠，企业不得指定医疗机构具体受益人选。

(4) 医疗机构接受企业以货币方式捐赠，原则上应当要求捐赠人采用银行转账方式汇入医疗机构银行账户；医疗机构接受非货币方式捐赠，鼓励医疗机构委托第三方评估机构对非货币捐赠财产价值进行评估、确认或公证。

(5) 医疗机构在接受医疗器械生产经营企业捐赠医疗器械时，企业应当提供医疗器械的相关合法证明文件，医疗机构应当进行进货查验。

(6) 医疗机构在接受国外制药企业捐赠进口药品时，企业应当提供药品清单和捐赠药品检验报告。

(四) 房屋租赁合同

1. 相关法规规范

《民法典》《医疗机构管理条例》《医疗机构管理条例实施细则》《医疗

机构设置规划指导原则（2021—2025 年）》《商品房屋租赁管理办法》等。

2. 原则要求

（1）租赁合同的内容一般包括租赁物的名称、数量、用途、租赁期限、租金及其支付期限和方式、租赁物维修等条款。

（2）租赁期限不得超过 20 年。超过 20 年的，超过部分无效。租赁期限届满，当事人可以续订租赁合同；但是，约定的租赁期限自续订之日起不得超过 20 年。

（3）租赁期限为 6 个月以上的，应当采用书面形式。当事人未采用书面形式，无法确定租赁期限的，视为不定期租赁。

（4）有下列情形之一的房屋不得出租：①属于违法建筑的；②不符合安全、防灾等工程建设强制性标准的；③违反规定改变房屋使用性质的；④法律、法规规定禁止出租的其他情形。

（5）出租住房的，应当以原设计的房间为最小出租单位，人均租住建筑面积不得低于当地人民政府规定的最低标准。厨房、卫生间、阳台和地下储藏室不得出租供人员居住。

（6）出租人应当按照合同约定履行房屋的维修义务并确保房屋和室内设施安全。未及时修复损坏的房屋，影响承租人正常使用的，应当按照约定承担赔偿责任或者减少租金。房屋租赁合同期内，出租人不得单方面随意提高租金水平。

（7）房屋租赁期间出租人出售租赁房屋的，应当在出售前合理期限内通知承租人，承租人在同等条件下享有优先购买权。

（五）信息系统建设合同

1. 相关法规规范

《网络安全法》《数据安全法》《个人信息保护法》《信息安全等级保护管理办法》等。

2. 原则要求

（1）网络产品、服务应当符合相关国家标准的强制性要求。网络产品、服务的提供者不得设置恶意程序；发现其网络产品、服务存在安全缺陷、漏洞等风险时，应当立即采取补救措施，按照规定及时告知用户并向有关主管部门报告。网络产品、服务的提供者应当为其产品、服务持续提供安全维护；

在规定或者当事人约定的期限内，不得终止提供安全维护。网络产品、服务具有收集用户信息功能的，其提供者应当向用户明示并取得同意；涉及用户个人信息的，还应当遵守本法和有关法律、行政法规关于个人信息保护的规定。

（2）法人或者其他组织的软件著作权，保护期为50年，截止到软件首次发表后第50年的12月31日，但软件自开发完成之日起50年内未发表的，本条例不再保护。

（3）许可他人行使软件著作权的，应当订立许可使用合同。许可使用合同中软件著作权人未明确许可的权利，被许可人不得行使。

（4）许可他人专有行使软件著作权的，当事人应当订立书面合同。没有订立书面合同或者合同中未明确约定为专有许可的，被许可行使的权利应当视为非专有权利。

（5）转让软件著作权的，当事人应当订立书面合同。

（6）医疗机构应当与信息系统建设方、软件开发方就系统中的著作权进行约定。

（7）医疗机构应当与信息系统建设方、软件开发方就系统中的兼容性接口进行约定。

（8）医疗机构应当与信息系统建设方、软件开发方对双方合作结束后，系统中有关医疗机构及患者的数据保留、转移等进行明确约定，并明确信息系统建设方、软件开发方不得占有和使用该数据。

（六）建设项目合同

1. 相关法规规范

《民法典》《建筑法》《建设工程质量管理条例》《工程建设项目货物招标投标办法》《工程建设项目勘察设计招标投标办法》等。

2. 原则要求

（1）在我国境内进行下列工程建设项目包括项目的勘察、设计、施工、监理以及与工程建设有关的重要设备、材料等的采购，必须进行招标，建设工程合同应当采用书面形式：①大型基础设施、公用事业等关系社会公共利益、公众安全的项目；②全部或者部分使用国有资金投资或者国家融资的项目；③使用国际组织或者外国政府贷款、援助资金的项目。

（2）施工合同的内容一般包括工程范围、建设工期、中间交工工程的开工和竣工时间、工程质量、工程造价、技术资料交付时间、材料和设备供应责任、拨款和结算、竣工验收、质量保修范围和质量保证期、相互协作等条款。

（3）建设工程实行监理的，发包人应当与监理人采用书面形式订立委托监理合同。

（4）承包人将建设工程转包、违法分包的，发包人可以解除合同。

（5）发包人未按照约定支付价款的，承包人可以催告发包人在合理期限内支付价款。发包人逾期不支付的，除根据建设工程的性质不宜折价、拍卖外，承包人既可以与发包人协议将该工程折价，也可以请求人民法院将该工程依法拍卖。建设工程的价款就该工程折价或者拍卖的价款优先受偿。

（七）医疗服务合作合同

1. 相关法规规范

《民法典》《基本医疗卫生与健康促进法》《医疗联合体管理办法（试行）》。

2. 原则要求

（1）政府举办的医疗卫生机构可以与社会力量合作举办非营利性医疗卫生机构，不得与其他组织投资设立非独立法人资格的医疗卫生机构，不得与社会资本合作举办营利性医疗卫生机构。

（2）城市医疗集团和县域医共体应当制定医联体章程，规定牵头医院与其他成员单位的责任、权利和义务，明确各成员单位功能定位，建立利益共享机制。

（3）专科联盟应当制定联盟章程，明确专科联盟组织管理与合作形式。牵头单位与成员单位应当签订合作协议，规定各单位的责任、权利和义务。

（4）牵头单位与成员单位应当签订远程医疗服务合作协议，明确双方权利义务，保障医患双方的合法权益。

第三节 医疗机构合同合规风险分析

一、医疗机构合同立项中的合规风险

未充分进行业务需求评估和风险评估，未按照法规、政策及上级规定履行相关招标、审批、决策或备案等程序导致合同因违反法律法规、审计规定和财政纪律等面临合同无效、合同目的无法实现或承担相关责任的风险。

合同立项阶段主要是通过系统化的需求分析、风险评估和合规审查，确保医疗机构在复杂的法律环境和业务需求中规避风险和优化资源配置，并按照法规、政策及上级规定履行相关招标、审批、决策或备案等程序，避免违反法律法规和医疗机构管理制度。为此，根据《公立医院内部控制管理办法》《合同管理专项审计指引（试行）》《关于进一步加强医疗卫生事业单位法治建设的通知（试行）》等文件规定，建议医疗机构做到以下五点：

第一，规范和落实"三重一大"等决策机制，重大事项应当提交医疗机构党政会议集体决策，与职工利益密切相关的事项，决策前应当通过职工代表大会等形式听取意见，对专业性的问题应当引入相关专业委员会和专家团体进行评估、审核，提前让法务人员或法律顾问提前介入了解业务并提供法律建议或意见。

第二，参照《预算法》及上级主管机构规定，建立科学的预算编制和审批流程，实现预算与支出的关联和监控机制，对预算执行实施动态监督，对超支行为提前预防和及时分析整改。

第三，明确合同承办业务部门、财务部门、审计部门、法律部门、采购部门、院长办公室等内部相关部门在合同管理中的职责权限，建立沟通配合机制，实现合同管理与预算管理、收支管理、采购管理相结合，充分进行业务调研和分析，挖掘业务需求，深入了解法规政策，优化合同前期准备。

第四，建立健全合同管理制度，将立项阶段的相关风险评估、审批、决策等流程及要求嵌入合同管理流程中，作为合同审核及签订的前置条件。

第五，建立完善的制度体系，明确规定医疗机构重要事项的审批、决策

流程及相关文件要求、规范合同审批、签订等流程。

【典型案例06-01】 某省多家医疗机构采购存在合同内容不一致等问题①

多省发布的"2023年度省级预算执行及财政收支审计工作报告"显示：某省省级和两个市县5家公立医院13个项目设备采购存在招标前就已确定供应商、招标条款量身定制、招标内容与合同内容不一致等问题，涉及项目金额1.22亿元；某省6所高校和1家医院119个项目应招标未招标、设置不合理条款排斥潜在投标人，涉及金额13.2亿元；某省某医院未履行审批程序决策采购5.88亿元医用设备，部分医院存在医疗设备采购程序不规范、在基础条件不达标的情况下配置大型医用设备等问题；某省部分公立医院未严格执行医用耗材线上采购政策，线下大量采购非应急耗材，金额高达7.67亿元，严重超出预算。

二、合同相对方确认及背调中的合规风险

合同相对方不具备合同主体资格或相关资质、存在资信风险或不具备履约能力等，可能导致合同可撤销、无效或无法履行的风险。

控制合同主体风险是控制合同法律风险的第一道防线。根据《民法典》"法人是具有民事权利能力和民事行为能力，依法独立享有民事权利和承担民事义务的组织""无民事行为能力人实施的民事法律行为无效"等规定，与相对方签署合同之前要注意以下三个方面：

第一，确认相对方的合同主体资格，如是否具备完全民事行为能力、是否合法设立、是否有效存续，法人名称是否与登记信息一致等。同时，注意特别行业及人员的特殊要求，如是否需具备相应的企业资质、经营许可及执业资格，如建筑企业需《建筑业企业资质证书》、医疗器械销售企业需《经营许可证》。另外，合同签订主体是否与营业执照/法人证书上信息一致，如不一致是否取得合法授权，避免无权代理及超越代理权限代理。还要注意需上级主管部门审批或备案的事项是否已取得相关审批或备案，合伙企业是否取得合伙人同意或授权等。

第二，履约能力及资信审查。签署合同前，应该调查合同相对方的财务

---

① 《涉1.22亿！审计揭露医院招标猫腻》，载"中国新闻网"，http://www.chinanews.com.cn/sh/2024/08-18/10270661.shtml，最后访问日期：2025年5月30日。

能力、资信情况，如对抵押担保情况、资金情况等进行核查，对其信用记录和纠纷情况进行调查，如是否被列入经营异常名单，涉诉、行政处罚及股权质押等信息。

第三，通过检索相关新闻和上下游合作方访谈等方式了解合同相对方的信誉，特别是有无拖延付款、严重违约行为等问题。通过对合同相对方资信、财务、纠纷及信誉的调查，进一步分析合作风险，确认是否可以开展合作和达成合同目的。

【典型案例06-02】涉及千家医疗机构"远程医疗"融资租赁案①

2018年4月，据多家媒体新闻报道，一家名为"北京××××科技集团有限公司"（以下简称某集团）打着"远程医疗""专科医联体""健康扶贫"等旗号，以融资租赁的模式与基层医院开展专科合作，并承诺"垫付租金"吸引医院加入，却在2017年下半年疑因资金链断裂，使每家医院背上少则二三百万元、多则上亿元的高额债务，且面临"吃官司"的风险。粗略统计，全国有上千家医院卷入其中，涉事金额超过百亿元，且该公司在2017年已出现资金链断裂迹象（如拖欠员工工资、设备未交付），仍有多家医院与其陆续签署合同。2018年4月9日，人民日报社某省分社向该省卫生计生委发了《关于预警"某集团"涉嫌欺诈的通报》，希望他们引起高度重视，提醒未签约医院不要盲目跟进，帮助已签约医院减少损失。该省中医管理局迅速发布通知，要求医院上报是否存在合作情况和损失。

某集团以"互联网医疗"之名与上百家医院签署了融资租赁合同，实为撮合医院与融资租赁公司签订三方合同，并通过高额设备差价和垫付租金模式获利，且于2017年已出现资金链断裂的现象。在该案件中，医疗机构存在如下问题：在签署合同之前未梳理与合同相对方合作的业务实质、法律关系和确认相关资质，如某集团的业务是否属于融资租赁，是否需取得融资租赁业务资质，能否与其开展融资租赁；另外，合作方良好的资金和资信情况是

---

① 高阳：《独家调查：千家医院百亿资产"不翼而飞"！"远程某公司"经营不善还是蓄谋骗局？》，载"生命时报"公众号，https：//mp.weixin.qq.com/s/bJabDyPxsk5A9cYG-S36RQ，最后访问日期：2025年5月30日；崔笑天、陈岩鹏：《远程某公司董事长韩某涉嫌诈骗被抓多家公立医院卷入其中》，载"华夏时报网"，https：//www.chinatimes.net.cn/article/89070.html，最后访问日期：2025年5月30日；《融资租赁未收货 千家医院"入局"涉及金额近百亿》，载"人民资讯网"，https：//baijiahao.baidu.com/s？id=1683384837049151317&wfr=spider&for=pc，最后访问日期：2025年5月30日。

合作的基础，是实现合同目的的重要保障，特别是在本案中某集团的主要义务是垫付租金，医疗机构合作前更需关注和审查，然而在某集团"资金链断裂"、存在"高额债务"、面临"吃官司"的风险时，仍有多家医院对其资信和合作能力等背调或审查不到位，陆续与其签署合同，陷入风险。

三、合同类型选择与条款拟定中的合规风险

合同类型选择错误、合同内容违反法律法规强制性规定或约定不全、不明等可能导致合同可撤销、无效、合同目的无法实现，或者引起法律纠纷和承担相关责任的风险。

为确保合同的有效性，保证合同目的的实现，避免产生法律风险，造成损失等，确定双方合作意向后，合作各方应梳理合作目的、合作内容及合作方式等，在平等、自愿、诚实信用的原则上选择合同类型和拟定合同条款。

第一，合同类型的选择应符合实际业务和法律法规，避免违背或混淆相关法律关系的情况。例如，医疗机构应避免选择法律禁止的合作模式（如科室外包、变相出租），避免混淆服务外包合同与劳务派遣，造成"假外包、真派遣"等现象。

第二，合同内容的拟定应当坚持权利义务平等，不存在法律法规禁止性的规定和违背公序良俗的内容，避免合同可撤销或无效；合同内容应完备、表达准确清楚，符合业务需求及管理规定，充分考虑容易出现的特殊情况及高风险内容，避免因歧义、关键内容缺失等造成争议，甚至是法律纠纷，同时也要避免违反管理规定造成审计及合规问题。

【典型案例06-03】科室与医院签订的承包协议被认定无效案[①]

原告陈某与深圳某医院签订了《临床科室内科（内分泌诊疗）综合目标经济管理责任书》（以下简称责任书），诊疗范围为糖尿病诊疗，责任书约定陈某负责该科室日常工作，完成科室指标，享有科室行政管理权、人事安排权、工资分配权，陈某须向深圳某医院缴纳医疗风险金及管理费。后，因停业和无法正常经营等，陈某向法院诉请深圳某医院退还或赔偿其赠送药品费、承包费、住院费、广告费、医生和工人工资等费用，法院生效裁判认为，原

---

① 广东省深圳市中级人民法院（2011）深中法民一终字第2098号民事判决书。

告陈某与被告深圳某医院之间签订的责任书，实质上系医院内部科室发包经营行为，该合同违反法律、行政法规的强制性规定，无效。因履行合同而取得的财产依法应予返还；因合同无效造成的损失，由双方当事人根据过错程度承担相应的责任，判令被告深圳某医院向原告陈某退还管理费和押金325000元及赔偿陈某因无效合同造成的损失127278元。

【典型案例06-04】 丧偶女性要求医院继续女性人类辅助生殖合同获支持案①

王某女诉称2018年，王某女夫妇与厦门某医院达成医疗服务合同，约定由厦门某医院为其夫妇实施胚胎冷冻、保管、移植服务。后，王某女夫妇在厦门某医院实施了第一次胚胎移植手术，但未能成功受孕。2020年4月，王某女夫妇再次到厦门某医院检查身体，拟于2020年5月再次实施胚胎移植手术，但王某男却于2020年5月6日意外去世。王某女多次要求继续实施手术，但厦门某医院以其配偶已死亡为由，拒绝继续履行医疗服务合同，故王某女诉请厦门某医院继续履行医疗服务合同，为王某女完成胚胎移植手术。厦门某医院辩称王某女的丈夫意外身故，王某女应属于单身妇女的范畴。根据原卫生部颁布的《人类辅助生殖技术和人类精子库伦理原则》中的社会公益原则规定，厦门某医院不能为王某女实施胚胎移植手术。法院生效裁判认为，《妇女权益保障法》第51条第1款规定，妇女有按照国家有关规定生育子女的权利，也有不生育的自由，目前对于丈夫死亡后是否允许对丧偶妇女实施人工辅助生殖技术并无法律禁止性规定，讼争涉及的医疗伦理原则系卫生行政部门对于医疗机构的管理性规范，不宜作为限制公民享有的基本生育自由的依据。王某女夫妇因不孕问题与厦门某医院订立人工辅助生殖的医疗服务合同，王某女夫妇此前未生育子女，亦未收养子女，厦门某医院为王某女夫妇进行人工生殖手术因故此前未能成功，继续进行人工生殖手术并不违反计划生育法律法规。王某女作为丧偶单身妇女，有别于一般的单身妇女。王某男系独子，王某女在王某男去世后自愿继续实施胚胎移植手术为其生育子女，延续家族血脉，符合一般的社会伦理道德，理应得到尊重。对于厦门某医院所提违反社会公益原则的抗辩，不予采纳，准许继续履行医疗服务合同。

---

① 人民法院案例库入编号2024-18-2-137-001，厦门市思明区人民法院（2020）闽0203民初12598号民事判决书。

四、合同审核与签订中的合规风险

合同订立程序和内容违反法律法规，合同权利义务、关键节点等内容约定不明确、意思表达不准确，合同签字人未经授权或签字盖章要求与合同约定不一致等，可能导致合同存在效力瑕疵、可撤销、无效或者引起法律纠纷，承担相关责任的风险。

合同审核包括法律审核及关联部门等审核，主要对合同的合法性、合规性、合理性、可行性等进行审核。

第一，合同主体的合法性审查，参照上述合同相对方确认及背调，审查合同相对方是否合法设立、存续，是否具备独立承担民事责任和履行合同的能力，合同所涉事项是否在其经营范围和批准范围内，对于合同相对方需要相关资质或许可、审批、备案，是否已依法取得。

第二，意思表示是否真实有效，不存在《民法典》规定的可撤销或者无效的情形。

第三，合同内容及形式合法合规的审查。合同内容的合法合规性审查是合同主要的审查内容。

第四，合同订立的程序是否合法合规，合同需要批准、登记或备案的，是否已批准、登记或备案，以公证或其他条件作为合同生效条件的，该条件是否已达成或能达成；需要立项或按照"三重一大"决策的，是否已立项或决策并具有相关会议纪要或文件；需要进行招投标的，是否按照采购及招投标等相关法律法规完成有效招标，需要进行伦理审查的，是否已通过伦理审查。

第五，合同内容是否完备、是否符合业务需求、本单位管理规定，如主要权利义务是否完备和明确，付款、验收、违约责任及争议解决等关键条款是否明确约定、关键节点是否准确无误，合同内容是否合理、合逻辑及可行，应避免合同内容简单、模棱两可及与实际情况不符等造成合同目的无法实现或引起争议。

第六，合同结构、格式是否规范，合同语言表达是否明了、准确，同时还需注意合同是否完成所有审批并盖章版本与审批终稿一致，合同生效条件符合合同约定且合同不存在倒签的情形，合同签字人员为法定代表人或者经授权的授权代表，不存在无权签字或超权限签字的情形，合同盖章时章的类型及盖章的份数符合合同的约定，并盖骑缝章。盖章时要进行登记和管理等。

【典型案例06-05】医患双方和解协议"格式条款"被认定无效案[1]

程女士和先生与南昌某生殖医院签订了一份《试管婴儿签约治疗协议书》，约定治疗期限为2020年8月23日至2023年8月22日。2020年年底，程女士接受了第一次胚胎移植术，但没有成功怀孕，接受第二次胚胎移植术后患上了侵袭性葡萄胎和恶性肿瘤，试图找到该医院维权。但《试管婴儿签约治疗协议书》明确了"在协议有效期内和协议终止以后出现的病症与医院无关，由消费者承担完全责任。消费者及消费者的亲属，不得以任何理由向医院追索任何的经济补偿或干扰医院正常工作，否则消费者自愿承担因此而造成的全部责任，并向医院无条件支付10万元违约金"。该市某市场监管部门表示该医院格式条款未按要求备案，且存在免除经营者责任、加重消费者责任、排除消费者权利的霸王格式条款，该局将展开调查并责令医院整改，对逾期拒不改正的，还可以处罚款并将有关情况向社会公告。

【典型案例06-06】合同中加重患者负担的退款约定因未明示被认定无效案[2]

2020年10月23日，黄某与某养老投资公司签订《养老服务合同书》（以下简称合同）约定黄某确认购买120个月的入住服务，缴纳基础设施使用费167000元，该使用费不包括入住期间的床位费、护理费等服务费用；合同签订后，基础设施使用费一经缴纳，任何一方不得擅自提前解除或终止，除非不可抗力或合同约定，黄某不得要求退费，否则视为违约。合同书第4.11条明确，无论购买何种年限基础设施使用费套餐，黄某未激活且未入住使用，非合同约定某养老投资公司原因无法履行，购买之日起一年内不得申请退款，满一年后申请退款亦视为黄某违约，某养老投资公司收到书面申请退款之日起30日内无息退还基础设施使用费60%。同日，某养老投资公司开具收据载明黄某以现金缴纳120个月的基础设施使用费167000元。原告黄某诉称其误信某养老投资有限公司规划师张某一面之词，签订合同书，并缴纳基础设施使用费167000元，经其儿子详细询问得知所谓基础设施使用费仅类似赞助费，入住后每月须另缴约7000元。黄某与家属要求退款，某养老投资公司称

---

[1] 《这家医院"霸王条款"霸气何来?》，载"中国江西网"，https://baijiahao.baidu.com/s?id=1715540867827436464&wfr=spider&for=pc，最后访问日期：2025年5月30日。

[2] 人民法院案例库入编编号2023-16-2-137-003，广东省广州市中级人民法院（2022）粤01民终1691号民事判决书。

依约不予退款。黄某遂诉至法院，请求判令确认合同无效、返还已交款项和利息。法院生效裁判认为，合同书虽未违反法律法规强制性规定，但合同中有关退款的约定加重了黄某的责任，限制其主要权利且未采用合理方式提请黄某注意，属无效的格式条款，某养老投资公司未尽提示说明义务，存在过错或过失，对黄某诉请认定合同书无效不予支持，但依法对黄某主张某养老投资公司返还基础设施费 167000 元予以支持。

五、合同执行与异常处理中的合规风险

未按照合同约定及时履行合同义务、变更及解除合同，可能导致违约、合同目的无法实现和承担相关责任的风险。

合同履行是合同管理的重要组成部分，合同归口管理部门及业务部门应积极推进合同履行，对合同实施有效监控。一是是否按照合同约定履行付款、交付等重要义务，如当事人未按约定履行付款、交付等义务，当事人可根据合同约定采取书面催告，如发送《催款函》或《履约催告函》，明确违约事实、要求规定限期内履行，并保留送达证据（EMS 回执、邮件截图）；依据合同约定主张违约责任、收取违约金，或主张实际损失赔偿；根据双方情况采取解除合同的措施，经催告仍不履行的，经业务需求和法律风险评估后，可考虑发送《解除合同通知书》，要求返还已付款项或赔偿损失；如无法协商一致，可通过诉讼等法律途径解决。为避免不履行合同的风险，可考虑在合同中约定分期付款或分阶段交付并设置履约保证金或者要求提供担保（如银行保函、抵押登记）。二是如合同当事人需变更、解除合同，应根据法律规定及合同约定的方式进行变更、解除，同时固定变更证据，若对方拒绝补签，需通过邮件、微信等书面形式固定变更合意证据。避免发现质量问题后未及时提出异议、超期后丧失索赔权，争议协商阶段拖延未果、错过诉讼时效，未及时保全证据、导致关键证据灭失的情况。

【典型案例 06-07】合同违约以财政资金审批限制抗辩未获支持案[①]

2022 年 1 月 1 日，某医疗器械公司与某医院签订《试剂购销合同》，约定某医院向某医疗器械公司采购体外诊断试剂及相关耗材，价格按合同执行，

---

① 《吉林省高级人民法院服务企业发展优化营商环境十大典型案例》，载"四平政法"公众号，https://mp.weixin.qq.com/s/ARirffdi-mGqCpq-1JynOA，最后访问日期：2025 年 5 月 30 日。

每月结算货款。在合同履行期内，某医院共向某公司采购体外诊断试剂及相关耗材价值3365416.6元，尚欠2996989.2元货款未给付。法院生效裁判认为，某医院应当全面履行给付货款义务。某医院以货款来源为财政资金、受财政审批流程限制未能按期付款，不应承担违约责任的抗辩理由不能成立，某医院应当给付某公司货款2996989.2元及逾期付款利息。

【典型案例06-08】 合作协议终止导致职工安置后遗症[1]

某县政府与某省医院签订了20年托管协议共建医院，后因县政府单方调整合作模式，引入PPP模式调整合作框架，导致医院未能如期开业，合作终止后导致数百名职工安置困难。职工因平台降级提出离职，却被要求按原合同支付高额违约金，引发维权纠纷。

【典型案例06-09】 违反政府举办的非营利性医疗机构不得分配收益的合同被认定无效案[2]

2017年4月12日，通过青铜峡市政府招商引进签约平台，某医疗管理公司与某市人民医院就共同组建妇产医院的相关事项签订了《协议书》《合同书》，约定共同组建妇产医院。妇产医院作为某市人民医院分院，亦约定了资产投入及利润分配、债务承担、办公用房、人才管理、薪资福利、合同解除等事宜。双方有效合作期为15年，自妇产医院正式开业起计算。2020年9月，某医疗管理公司以2020年6月1日正式实施的《基本医疗卫生与健康促进法》明文规定，非营利性医疗卫生机构不得向出资人、举办者分配或者变相分配收益，某医疗管理公司不能按照合同约定从妇产医院经营所得中获取利润，如继续履行《协议书》《合同书》，对投入大量资金的某医疗管理公司明显不公平为由，书面向某市人民医院致函协商解除《合同书》，并提出了相关经济补偿要求。某市人民医院收到上述解除函后，于2020年11月就《合同书》的解除事宜向青铜峡市卫生健康局上报请示，青铜峡市卫生健康局于2020年11月19日作出向市人民政府的请示报告。2020年11月，某医疗管理公司与某市人民医院进行了简单的离场交接手续。因双方对如何处理

---

[1] 参见《破裂的合作办医：建院七年未开业，数百医护去留难》，载"南方周末网"，https://www.infzm.com/contents/267719，最后访问日期：2025年5月30日。

[2] 某医疗管理公司诉某市人民医院合同纠纷案，人民法院案例库入编编号2023-08-2-483-008，宁夏回族自治区高级人民法院（2023）宁民终73号民事判决书。

合作纠纷事宜意见分歧很大，原告（反诉被告）某医疗管理公司诉请解除合同、经济补偿及返还投资款等，被告（反诉原告）某市人民医院诉请继续履行合同、垫付工程款、工资款、返还借款及利息、承担亏损损失等。生效法院裁判认为双方事实上合作已终止，合作协议已解除，判决由某市人民医院向某医疗管理公司返还投资款15946467.67元，某医疗管理公司向某市人民医院支付垫付资金9426263.12元，驳回某医疗管理公司、某市人民医院的其他诉讼请求。

六、合同归档管理中的合规风险

未及时归档、归档资料不全或者保管不当等，造成合同原件毁损灭失，不仅违背审计及上级单位管理要求，更可能导致在相关检查或纠纷处理中因举证不能、证据缺失等而承担相关责任。

合同是合同签署方合作的法律依据，通过归档可以记录合同签订和履行情况，有助于建立合同台账，对合同的关键节点进行把控和追踪，有利于合同履行和保障各方权益。通过合同归档，建立合同数据库，作为同类业务的重要参照，减少重复劳动，提高运营效率。在知识产权许可等业务中，合同还是核心资产凭证，归档可避免权属争议。合同是法律纠纷中最直接、最有力的证据，通过归档，能记录合同的履行期限和争议解决时效。合同归档也是合同全生命周期管理、合规管理的重要环节，是合同审计和评价的要求，通过合同归档有助于对合同管理全流程进行评价，进行数据统计分析、追溯责任人、吸取经验教训，为战略决策提供支撑，提高合同管理水平。参照《合同管理专项审计指引（试行）》，合同归档的内容应当包括合同文本、审核审批记录、会议纪要、采购资料、裁判文书及合同变更、解除等资料。医疗机构应当建立合同归档制度，明确合同归口管理部门或岗位，对所有签订的合同统一编号，实现合同定期进行统计、分类和统一归档，并妥善保管，避免归档资料不全和保管不当等问题，造成原件不全或毁损灭失。同时应建立保密管理机制，对合同接触人员规范保密要求和进行保密宣贯，避免泄露合同中相关保密内容。

第四节 医疗机构合同合规指引

一、明确合同管理组织架构及职责，构建合同管理合规体系

合同管理的合规非一个人和一个部门可以完成，需要各个部门分工合作，共同推进合同的合规管理。医疗机构可以根据本单位的情况，根据《合同管理专项审计指引（试行）》的规定，确定是否设置合同管理机构、职责分工及落实情况等。法律部门负责对合同合法性和表达准确性进行审查，参与重大合同的谈判、出具法律建议、提供法律支持，确保合同符合法律法规、医疗机构规章制度，合同表达准确无误，推动业务在合法合规框架内开展。财务部门对付款等财务条款进行经济审查，参与合同履行过程中的资金支付管理，确保资金使用符合预算及财政规定，根据需要对合同履行结果的经济效果进行评估，推动合同合法合规且具有可行性。审计部门或监察部门主要依据《公立医院内部控制管理办法》《合同管理专项审计指引（试行）》等文件规定，对合同的全流程进行合法合规性、可执行性、完整性及履行有效性审查。如涉及相关专业问题可能还涉及专业委员会或党政会议的审议等，如伦理委员会进行伦理审查等。

二、形成合同合规管理制度体系，实现合同全生命周期管理

构建合同合规管理制度体系，实现合同全生命周期管理，以制度等系统化、规范化方式详细、完备地规定签订合同的范围、条件，合同立项、起草、审核、签订、履行、变更、终止、归档、评估等全流程管理要求及授权审批、议事决策、监督审查、纠纷协调等机制，实现合同需求明确和达成、合同审批及管理流程清晰；合同签订与合同审批、合同签订与付款审批、合同执行与付款审批、合同签订与合同用章保管等不相容岗位互相分离，实现合同形式、内容、签订流程及执行等符合法律法规、上级规定及内部管理制度，规避或降低法律风险、保证合同目的的达成、提高医疗机构管理效率和保障合法权益。

三、强化合同合规培训机制，提高合同合规管理能力

合同合规培训是提升医疗机构员工法律意识和专业能力，预防法律风险，提高合同管理质量及合同履行效率的重要方式，是实现合同合规管理的重要途径。合同合规培训不仅是归口管理部门的职责，还应结合部门职责及需求，从业务部门、归口管理部门、审计监察等部门的不同维度，制订满足岗位特点、业务需求的分层次、分岗位的合同合规培训计划，从培训内容上面向管理层，主要培训的是合同管理的战略意义及整体的风险防控，对业务人员培训重点为合同起草、审批的流程需遵循的管理要求，合同常见条款的理解、应用及高发法律风险的识别与预防，对法务人员培训重点为法律法规的适用、合同审核及谈判能力的提升等；从合同培训形式上利用医疗机构内部平台及第三方平台、法律顾问及行业专家资源开展线上线下多样化的培训，注重典型案例分析和实操演练，强化法律部门、财务部门及业务部门的交流和协作，将学法、守法、用法的意识和合规的观念嵌入员工工作、融入医疗机构文化，形成良性的循环和高质量的发展。

四、建立合规审查流程，推动实现合同权益

合同合规审查是管控法律风险、推动业务开展、保障各方权益的重要手段，通过明确责任分工、规范审查标准、落实授权审批流程、加强监督管理，提出审核意见和建议、完成审核流程，形成既符合业务需求，又符合规章制度和法律法规的有效合同，既是合同签署本身的风险管理要求，也是合规管理的体现。建立合规合同审查流程的重点为明确需要审查的合同类型及重点环节，在明确的各部门职责、分工与权限的基础上，规范合同签订程序，对合同的合法性、合规性、合理性及可行性开展审查，包括相对人履行合同的资质及能力，合同形式是否符合法律规定，合同的资金保障及来源，合同条款是否齐全、准确，是否有利于合同执行和维护双方权益，双方权利义务是否合理、平等，关键条款和节点是否明确、恰当，违约责任、解决争议的方法是否明确等。除法律、审计及财务部门审核外，涉及相关业务的，应经过相关业务部门或专业委员会审核，建立法律顾问机制对新、重、难合同把关，对重大合同，形成专家评审、法律报告及集体决策机制。

五、建立年度合同台账，构建合同履行跟踪及监管机制

合同的合规管理贯穿合同立项到合同履行、评价、监督的全流程，是动态的、全生命周期的管理。建立年度合同台账，详细记录合同编号、合同类型、合同签署方、合同主要权利义务、关键节点及合同签署时间等关键信息，定期动态更新和维护，实现合同关键节点的提醒和定期检查反馈，既是为全面掌握合同的动态情况，推动合同履行，强化风险防控、提升管理效率，优化资源配置、保障合同各方权益的重要方式，也是合规管理及审计、合同评价监督的重要依据。发布合同合规管理年度报告，梳理总结合同总体情况、存在问题、合规整改，展示优秀合同文本，表彰合同合规管理优秀单位和个人。

六、建立合同管理信息系统，实现合同智能化管理

合同管理系统是指利用信息化技术，覆盖合同模板管理、起草、审核、签订、履行、归档、评价监督、风险预警、历史数据管理分析等全过程，实现合同全生命周期的信息化、智能化和自动化管理的系统。信息化管理系统可将合同管理流程及内部控制要求等嵌入信息系统中，利用信息化技术和AI等手段，减少人工干预，提高合同起草和审查等效率，实现合同数据的存储、检索、分类等管理，还能对合同到期、续签、付款等关键节点进行智能提醒，提升合同管理效率。同时，合同管理系统还能与相关法律数据库或信息系统互通互联，实现自动检测和智能化审核合同是否符合相关法律法规及上级文件精神，记录合同修改历史版本，防止合同篡改，设定合同权限，实现合同分级、分类的操作权限，避免数据泄露，降低合同的法律和操作风险，提高合同的合法合规及安全性；合同数据库还能对合同实施执行监督，通过跟催合同关键节点，保障合同的履行，通过对历史数据履约情况和风险点的分析，作为决策参考，提高决策的科学性。

七、制定制式合同文本库，提升合同管理质量和效率

对于医疗机构常规、多频业务可制定制式合同文本，形成本单位制式合同文本库，规范合同内容，提高合同的起草、审核效率，有效规避法律风险。例如，医疗设备、耗材、药品采购的采购类合同，保洁、安保、餐饮等外包

服务合同、科研合作及成果转化合同、专业咨询及技术支持等服务类合同，工程及装修等基建类合同，捐赠合同、房屋租赁合同、信息系统建设合同，可结合业务需求及共性，经医疗机构法律部门或法律顾问团队，以及关联部门审核，设计标准模板，包括共性的业务条款及标的、履行方式、违约责任及争议解决方式等必备条款，同时在标准模板的基础上，预留空白内容，根据特殊业务需求，如具体服务内容、验收标准及付款金额等拟定。配套制定标准模板的操作指引，明确适用范围、条款选择、填写规范及注意事项，并追踪、评价合同模板的使用情况，并结合业务需求及法律法规、适用场景等外部情势变更，对合同制式文本定期动态评估、更新。

合同合规管理流程见图6-1；合同审查要素见表6-1。

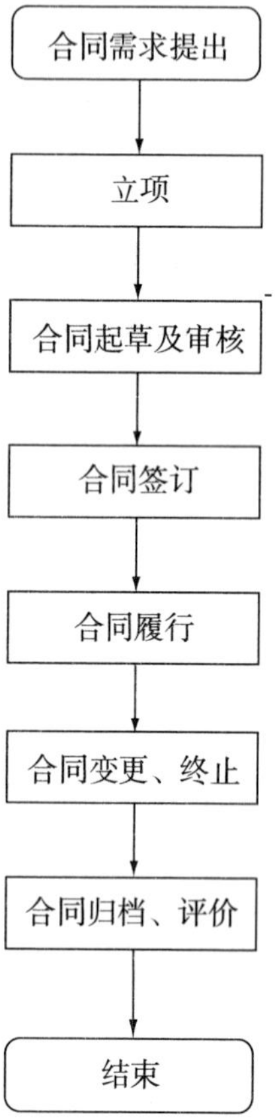

```
合同需求提出
    ↓
   立项
    ↓
合同起草及审核
    ↓
  合同签订
    ↓
  合同履行
    ↓
合同变更、终止
    ↓
合同归档、评价
    ↓
   结束
```

合规管理纲要

一、立项
1. 合同目的及内容梳理
2. 合同利益冲突审查
3. 合同预算、可行性论证
4. 重大事项集体决策

二、合同起草及审核
1. 需求部门：整理业务需求，起草合同或使用合同制式文本
2. 审查部门：
   （1）业务关联部门：可落地性、合规性审查；（2）财务部门：对预算、收付条款进行经济审查；（3）审计部门：依审计规定实质审查；（4）法律部门：合法合规性及表达准确性审查

三、合同签订
1. 签署版本与核决终稿一致
2. 签字人为法定代表人或授权代表人
3. 依据合同约定，盖合同章或公章
4. 合同份数与合同约定一致
5. 签署时间不涉及倒签

四、合同履行
1. 关键节点和主要义务履行到位，不涉及重大违约
2. 如履行遇到问题需进行业务和法律风险评估，依医疗机构管理规定进行事项报告、集体决策，采取相关措施或介入法律手段，提前预防风险或解决风险，避免违约、造成损失、合同目的无法实现等

五、合同变更、终止
1. 法定变更：如法规变化、不可抗力、客观情势变更（政策调整、经济危机）；约定变更，如合同各方协商一致变更/达到合同约定的变更条件
2. 法定终止：如合同履行完毕、达到《民法典》法定解除条件、不可抗力导致合同目的无法实现；约定终止，如协商一致终止、约定解除条件达成
3. 对策：变更、终止前审查合法性、评估违约责任，进行书面变更或终止
4. 风险防范建议：（1）合同起草阶段，明确变更/终止条款；（2）定期评估审查履约风险及外部环境变化；（3）专业咨询，及时咨询律师，确保合法性/保障最大权益

六、合同归档、评价
1. 建立归档机制：实施合同全流程管理产生的法律文件和审批文件的归档
2. 评价：通过专项审计、风险梳理和典型案例分析等方式对合同签署及履行情况进行梳理和评价，对发现的问题进行整改，总结经验教训，提升合同合规管理

图 6-1　合同合规管理流程

表 6-1 合同审查要素

序号	审查要素	主要审查内容
1	合同标题及编号	标题准确，符合合同类型及内容 编号规范、唯一，符合本单位编号规则
2	合同主体资格	合同主体的名称、住所及法定代表人等信息是否完整、准确 合同主体是否依法存续，是否具备法规要求的相应资质、许可，合同业务是否在登记、许可的范围内，所涉工作人员是否具备必需的操作证或资格证 通过了解合同主体的资信、资金、纠纷、行政处罚、信誉、重大舆论信息，审查其是否具备相应的民事行为能力和履约能力
3	合同内容合法性	合同目的和内容是否符合法律法规规定，避免非法行为。例如，非法承包科室、将捐赠与采购挂钩等 是否存在《民法典》规定的导致合同无效、可撤销的条款。例如，格式合同中存在显失公平的霸王条款 是否存在违背政策及上级文件精神的条款。例如，招标文件要求或者标明特定的供应商，或者含有倾向性、排斥潜在投标人的其他内容 是否存在违反医院制度及合规管理的条款。例如，"三重一大"事项未经党政会议集体决策
4	权利义务	合同主体的权利义务约定是否明确、对等、清晰，是否能满足合同目的，是否具备合理性、可行性。例如，采购合同中验收标准、支付条款等关键内容是否约定明确 不存在单方面加重对方责任或排除对方主要权利的条款
5	违约责任	违约责任或赔偿责任是否合法、合理，避免过高、过低或显失公平
6	争议解决	争议解决方式（诉讼、仲裁）是否明确、合法、合适。例如，是否属于可仲裁的范围，所涉及的成本、效率是否满足本单位管理要求及所涉合同需求 选择的管辖法院或管辖地是否符合法律规定，选择的仲裁机构或仲裁规则是否有利于本单位
7	合同履行期限与终止条件	合同的起止时间、生效及续签条件明确，符合业务开展及审计要求，避免倒签 合同终止条款清晰、公平，避免单方终止的风险
8	知识产权条款	知识产权方面的权利归属和使用范围明确
9	保密条款	确定保密义务的具体内容、期限及泄密责任
10	付款与结算方式	详细规定了付款金额、时间、条件、方式及相关单据要求 制定了逾期付款的处理措施，明确违约金或利息计算方法

续表

序号	审查要素	主要审查内容
11	其他特殊条款	不涉及商业贿赂或不正当竞争 不违反行风管理规定和廉洁纪律 不违反伦理规定
12	签字盖章	合同生效条件约定明确 合同签字盖章部分完整，盖章类型符合合同约定，签字人具有权限
13	附件	核对附件（如技术规格、图纸、报价单）等是否齐全、准确，与合同正文无冲突
14	合同语言与格式	语言清晰、准确，无歧义或模糊表达 格式规范，条款编号明确，便于查阅和理解
15	合同份数	合同份数约定符合合同主体需要

第七章　医疗机构人力资源合规管理

医务人员及医疗机构内其他工作人员是医疗服务的核心要素，只有依法依规加强医疗机构工作人员的管理，保障其合法权益，最大限度地调动其积极性，才能保证医疗服务质量，保障患者安全。本章围绕医疗机构人力资源合规管理展开，深入探讨公立与非公立医疗机构在人力资源管理中面临的共性与差异问题。鉴于医疗机构用工形式多样、法律关系复杂，本章着重剖析聘用关系、劳动关系、劳务用工及特殊人员管理中的法律风险，并结合具体场景提供合规指引。通过系统梳理用工形式、法律适用及政策衔接等关键环节，构建全面的人力资源合规管理框架，为医疗机构规范用工行为、防范法律风险、妥善处理劳动人事争议提供理论支持与实践指导。

第一节　医疗机构人力资源管理概述

一、医疗机构人力资源管理的多元特征

（一）用工形式的多元化生态

1. 编制内聘用制

编制内聘用制以"事业编制"为核心要素，是公立医疗机构人力资源管理的重要组成部分。

2. 编制外合同制

当前公立医疗机构面临着服务需求与编制限制之间的矛盾，编制外合同制用工规模不断扩大，在部分三甲医院中，编制外合同制人员的占比已超过50%。

3. 劳务用工

在医疗机构的用工形式中，劳务用工主要包括退休医护返聘、医师多点执业、特聘专家等群体。这些人员与医疗机构形成劳务关系，双方通过签订协议的方式，对各自的权利和义务进行明确约定。

4. 非直接劳动关系

除上述用工形式外，劳务派遣、劳务外包（如保洁、食堂外包）、规培生、实习生、进修生等群体构成了医疗机构的非直接劳动关系。

（二）法律法规适用的交叉困境

公立医院在人力资源管理过程中，需同时遵循编制内人事法律法规、编制外劳动法律法规和民事法律规范三套法律体系。这种法律适用的交叉性导致管理难度显著增加。

（三）法律与政策的深度融合困境

公立医院的用工管理不仅是法律层面的问题，更与医药卫生体制改革政策紧密交织，如编制政策改革、薪酬绩效改革，同时还受到行业准入机制约束，形成了法律与政策深度融合的复杂局面。

二、医疗机构人力资源合规管理的重要性

医疗机构特别是公立医院人力资源管理多元特征中蕴含的复杂性，决定了合规管理是保障医疗机构稳健运行、维护医患权益、适应政策变革的核心环节。其重要性体现在以下维度：

第一，平衡多元法律适用，筑牢用工安全底线。医疗机构用工横跨"编制内人事法规+编制外劳动法规+民事法律规范"三重体系，法律适用的交叉性极易引发风险。通过建立分层级的法律适用指引（如编制内"人事法规优先"、编制外"劳动合同法全覆盖"、劳务关系"协议约定优先"），系统性梳理各用工形式的法律边界，避免因法律混淆导致的程序违法与责任兜底。

第二，适配行业特性，防控医疗安全与人才流失风险。医疗行业的专业性与高风险性，对人力资源管理提出特殊合规要求：多元用工形式下，员工权益保障是管理的核心目标。例如，编制外人员"同工同酬"原则的落实，直接关系到其职业归属感与工作积极性。

第三，公立医院用工管理深度融入医药卫生体制改革政策，合规管理可

助力医院在政策框架内优化人力资源配置。例如，医师多点执业、规培生管理等需符合《医师执业注册管理办法》《住院医师规范化培训管理办法（试行）》等行业规定。

第四，针对不同用工形式制定专项制度，借助信息技术手段对各类用工合同及招聘、考核、薪酬、离职等关键节点实施动态管理，有利于提升管理效能，不仅能降低管理成本与合规风险，还可助力医疗机构构建专业化、可持续的人力资源体系，为医院实现高质量发展提供坚实支撑。

三、医疗机构人力资源合规管理的核心准则

面对多元用工带来的管理复杂挑战，医疗机构需确立三大核心原则，构建系统化、规范化的合规管理体系。

1. 分类管理，精准适配用工形式

针对编制内、编制外、劳务关系、非直接劳动关系等不同用工形式，医疗机构应建立差异化管理体系，适用不同的法律、法规、规范性文件，全面明确各类特殊群体的权利义务与管理责任，实现分类精准且规范的管理。

2. 技术赋能，提升管理效率

引入智能化人力资源管理系统，是提升医疗机构合规管理效能的重要手段。可打造数据统一归集、流程可控、风险预警的现代化管理模式。

3. 强化学习，规避法律风险

人力资源管理人员作为医疗机构人力资源管理的直接执行者，其法律知识储备和应用能力直接影响着合规管理水平。鉴于公立医院在医疗机构人力资源管理中的特殊性，其涉及多套法律体系与政策规定，人力资源管理人员必须持续加强法律知识学习。

第二节　医疗机构人力资源合规核心依据

一、医疗机构人力资源合规核心依据概览

（一）法律

1. 《民法典》；
2. 《劳动合同法》；
3. 《劳动法》；
4. 《劳动争议调解仲裁法》；
5. 《就业促进法》。

（二）行政法规

1. 《事业单位人事管理条例》；
2. 《医疗机构管理条例》；
3. 《职工带薪年休假条例》；
4. 《工伤保险条例》；
5. 《劳动合同法实施条例》。

（三）部门规章

1. 《事业单位公开招聘人员暂行规定》；
2. 《劳务派遣暂行规定》；
3. 《医师执业注册管理办法》；
4. 《工资支付暂行规定》。

（四）规范性文件

1. 《关于在事业单位试行人员聘用制度意见的通知》；
2. 《关于确立劳动关系有关事项的通知》；
3. 《住院医师规范化培训管理办法（试行）》；
4. 《医学教育临床实践管理暂行规定》；

5.《关于贯彻执行〈中华人民共和国劳动法〉若干问题的意见的通知》；

6.《事业单位试行人员聘用制度有关问题的解释》；

7.《关于深化公立医院薪酬制度改革的指导意见》；

8.《事业单位岗位设置管理试行办法》；

9.《事业单位工作人员考核规定》；

10.《事业单位工作人员申诉规定》；

11.《关于建立现代医院管理制度的指导意见》。

（五）政策文件及党内法规

1.《关于加强公立医院党的建设工作的意见》；

2.《关于进一步深化事业单位人事制度改革的意见》；

3.《关于进一步规范事业单位公开招聘工作的通知》；

4.《人事争议处理规定》。

（六）司法解释

1.《最高人民法院关于审理劳动争议案件适用法律问题的解释（一）》；

2.《最高人民法院关于人民法院审理事业单位人事争议案件若干问题的规定》；

3.《最高人民法院关于事业单位人事争议案件适用法律等问题的答复》。

二、核心依据解读

（一）编制内人员管理依据解读

1. 核心法规

对于公立医院编制内人员的管理，《事业单位人事管理条例》奠定了极为重要的基础，构建起从人员招聘入职直至解聘离职的全流程规范体系。

2. 配套文件指引

除《事业单位人事管理条例》外，还有一系列部门规章与规范性文件进一步细化了相关操作细则，使医疗机构在人员聘用管理方面更具可操作性。《关于在事业单位试行人员聘用制度意见的通知》第 6 条明确指出，在试用期内解除聘用关系，试用期解除需双重证明（不符合岗位要求+不同意调岗），倒逼单位明确岗位标准、强化过程考核。《事业单位公开招聘人员暂行规定》

第 2 条及第 5 条则着重强化了"凡进必考"的原则，严格规范了事业单位的招聘流程，确保选拔过程的公平、公正、公开。

3. 关联法律补充适用

《劳动法》《劳动合同法》并非专门针对事业单位人事管理，但在工作时间、休息休假、劳动保护等方面的一般性规定，同样适用于医疗机构中的聘用人员，以确保聘用人员的基本权益得到保障。

(二) 编制外人员管理依据解读

1. 核心法规

编制外合同制员工适用《劳动法》《劳动合同法》，这两部法律为医疗机构与劳动合同制员工的劳动关系确立了基础性法律框架。医疗机构在劳动合同的订立、履行、变更、解除和终止等全流程管理中，均需严格遵循这两部法律规定，确保劳动关系的合法合规运行。比如，《劳动合同法》第 19 条对不同期限劳动合同的试用期时长作出严格限定；第 22 条对服务期与违约金方面有明确规定；第 39 条赋予用人单位单方解除权等。

2. 配套法规细化执行

《关于确立劳动关系有关事项的通知》对构成事实劳动关系的证据链作出规定，明确了用人单位未与劳动者签订劳动合同，认定双方存在劳动关系时可参照下列凭证：(1) 工资支付凭证或记录（职工工资发放花名册）、缴纳各项社会保险费的记录；(2) 用人单位向劳动者发放的"工作证""服务证"等能够证明身份的证件；(3) 劳动者填写的用人单位招工招聘"登记表""报名表"等招用记录；(4) 考勤记录；(5) 其他劳动者的证言等。其中，(1)、(3)、(4) 项的有关凭证由用人单位负举证责任。此外，《工资支付暂行规定》对工资支付的时间、形式、特殊情况下的工资支付等作出详细规定；《职工带薪年休假条例》保障劳动者依法享受带薪年休假的权利；《工伤保险条例》明确工伤认定、劳动能力鉴定及工伤保险待遇等内容。

(三) 劳务用工管理依据解读

1. 核心法规

《民法典》合同编通则明确了合同形式、当事人义务、违约责任等；典型合同中委托合同、服务合同适用于特聘专家顾问服务等；侵权责任编则规定了用人单位责任，劳务人员因过错致他人损害时，医疗机构需承担替代责任。

2. 医疗卫生行业特别规定

《医师执业注册管理办法》规定，医师多点执业需备案，兼职医疗机构应与医师签订协议；《医疗机构管理条例》要求医疗机构聘用卫生技术人员需核查资格，劳务用工人员亦需具备相应执业资质。

3. 司法解释规定

《最高人民法院关于审理劳动争议案件适用法律问题的解释（一）》明确，用人单位与其招用的已经依法享受养老保险待遇或领取退休金的人员发生用工争议的，按劳务关系处理；强调劳务人员受伤不适用《工伤保险条例》，应按《民法典》侵权责任规定处理。

（四）特殊人员管理依据解读

对于劳务派遣、劳务外包、规培生、实习生、进修生等特殊人员，有相应的管理依据。

第三节 医疗机构聘用关系合规管理

一、医疗机构聘用关系合规的基本要求

《事业单位人事管理条例》规定，事业单位应当根据职责任务和工作需要，按照国家有关规定设置岗位。因此，公立医疗机构通常受到严格的编制管理限制，需在核定的编制数额内进行人员聘用工作。医疗机构要做到三点：一是人员聘用与岗位需求相匹配；二是聘用程序合规（体现在招考公告的发布、资格审查与考试考核、公示与聘用合同的签订上）；三是聘用合同管理合规（体现在聘用合同内容合规、聘用合同变更与解除合规上）。

在针对聘用关系的法律适用规则上，根据《劳动合同法》第 96 条规定："事业单位与实行聘用制的工作人员订立、履行、变更、解除或者终止劳动合同，法律、行政法规或者国务院另有规定的，依照其规定；未作规定的，依

照本法有关规定执行。"因此，在处理事业单位与在编人员的人事关系争议时，遵循"人事法规优先，劳动法规补充"的原则。在实体问题的处理上，优先适用《事业单位人事管理条例》《人事争议处理规定》等专门的人事法规。只有在人事法规未对相关问题作出明确规定时，才可参照《劳动合同法》等劳动法规进行处理。

然而，需要特别注意的是，人事争议的受案范围存在一定限制。例如，像考核结果、职称评审等争议，不属于人事仲裁和法院受理范畴。这是由于考核结果和职称评审涉及事业单位内部的专业评价体系、行政管理权限因素，通过司法途径解决可能无法充分考虑这些特殊情况，也不利于维护事业单位内部管理的稳定性和专业性。因此，此类争议应通过复核、申诉等行政程序解决。

二、医疗机构聘用关系合规常见问题

（一）试用期考核合规风险

在医院人事管理中，试用期考核是一项关键环节，它关系到医院能否选拔到合适的人才，也涉及员工的切身权益。若试用期考核管理不善，极易引发人事争议。试用期考核存在以下三大合规风险：

1. 考核标准模糊化

依据《事业单位人事管理条例》第 20 条之规定，事业单位应当根据聘用合同规定的岗位职责任务，全面考核工作人员的表现。但在实际操作中，部分医院仅以"工作态度不端正""工作效率低下"等主观、笼统的表述作为考核结果，未将考核指标细化为可衡量的具体标准，导致在解除合同时，无法清晰证明员工不符合聘用条件。

2. 考核程序存在瑕疵

《事业单位公开招聘人员暂行规定》第 26 条明确规定，试用期包含在聘用合同期限内，解除需在试用期满前完成。部分医院人力资源管理流程不规范，未能及时完成考核流程，导致在试用期满后才通知员工考核结果及解除合同。

3. 考核证据缺失

根据《最高人民法院关于审理劳动争议案件适用法律问题的解释（一）》

第44条规定，因用人单位作出的开除、除名、辞退、解除劳动合同、减少劳动报酬、计算劳动者工作年限等决定而发生的劳动争议，用人单位负举证责任。部分医院在试用期考核过程中，忽视证据留存工作，仅以口头形式告知员工考核结果，未形成书面记录，或者虽有书面记录但缺少员工签字确认。

【典型案例07-01】 肖某与某妇产科医院聘用合同纠纷案[①]

2019年4月，肖某与某妇产科医院签订《事业单位聘用合同》，约定聘用其从事医生岗位，聘期自2019年4月至2024年12月，试用期至2019年6月，并明确若肖某在试用期内被证明不符合聘用条件，医院可随时单方面解除合同。在试用期期间，肖某在科室岗前培训中有多项考核不合格；医院相关人员多次与肖某谈话，指出其工作问题并告知试用期考核及不合格的后果；2019年6月，肖某在宫腔镜检查及手术考核中，三名考官评分均在50分以下，同日医院出具《新员工试用期满考核表》，认定其多项考核未通过，不同意其转正，肖某亦签字确认知情。医院告知肖某考核不合格并解除聘用合同。此后，肖某申请仲裁被驳回，遂向法院起诉请求确认解除合同无效并继续履行合同。

一审法院经审理认为，医院已告知其考核要求，肖某在考核表签字且未通过复核、申诉推翻结果，同时法律未强制要求事业单位解除合同需通知工会，故判决驳回肖某的全部诉讼请求。肖某不服提起上诉。二审法院经审理认为，双方合同及相关规定已明确试用期考核要求，考核结果争议不属于法院受理范围，且事业单位解除合同无强制通知工会的义务，故驳回上诉，维持原判。

(二) 服务期管理合规风险

服务期管理在医院人才培养与队伍稳定方面起着重要作用，合规风险主要体现在以下两个方面：

1. 违约金/补偿约定不当

《关于在事业单位试行人员聘用制度意见的通知》第6条赋予事业单位对出资培训的受聘人员，在解除聘用合同时可约定培训费用补偿的权利。但实践中部分医院存在不当约定情形，如将员工培训期间的工资、社保、福利等

[①] 杭州市中级人民法院（2019）浙01民终9829号民事判决书。

与培训无直接关联的常规劳动待遇纳入违约金范畴。

2. 协议条款不完善

服务期协议是明确医院与员工双方权利义务的重要文件，但许多医院的服务期协议存在条款模糊、内容不完整的问题。例如，未明确服务期的起始时间，导致双方对服务期的计算产生分歧；未清晰约定违约金的计算方式，使得违约金的数额确定缺乏依据；对双方的权利义务规定不平衡等。

【典型案例07-02】胡某与某医院服务期违约金纠纷案[①]

2011年2月，胡某与某医院签订《事业单位聘用合同》，约定合同期至2016年2月，后两次续签至2024年6月。2018年，双方先后签订《出国（境）访学协议书》及两份《专业技术人员派出进修合同书》，约定胡某进修回来后需在医院工作满五年，否则应返还进修期间的全部费用（包括学费、住宿费、往返一次交通费、工资、补助、福利、绩效及各类社保费用），并赔偿违约金10万元。胡某进修期间，医院承担了进修费、差旅费等共计82112.5元，并发放了基本工资、缴纳五险一金。2021年3月，胡某自动离职，某医院向法院起诉，要求胡某支付违约金332500元、返还费用222011.56元及资金占用利息。

法院经审理认为，《关于在事业单位试行人员聘用制度意见的通知》规定："受聘人员经聘用单位出资培训后解除聘用合同，对培训费用的补偿在聘用合同中有约定的，按照合同的约定补偿。"《劳动合同法实施条例》第16条规定："劳动合同法第二十二条第二款规定的培训费用，包括用人单位为了对劳动者进行专业技术培训而支付的有凭证的培训费用、培训期间的差旅费用以及因培训产生的用于该劳动者的其他直接费用。"胡某未履行服务期约定构成违约，应返还进修报账费用82112.5元；进修协议中约定返还工资福利待遇，是基于人事关系而产生的，与职工是否参加培训并无关联，无法律依据，违约金的计算应以胡某承担的进修期间的费用为限，按未服务期限所应分摊的培训费用予以计算，应按未服务期限分摊培训费用计算违约金；资金占用费无依据不予支持。最终判决胡某返还进修费等82112.5元、支付违约金45091.63元，驳回某医院的其他诉讼请求。

[①] 郴州市北湖区人民法院（2022）湘1002民初2026号民事判决书。

(三) 聘用合同解除合规风险

聘用合同的解除涉及医院和员工双方的重大权益，解除聘用合同时需要关注以下合规风险：

1. "铁饭碗"认知

长期以来，人们认为编制内人员端的是"铁饭碗"，不会被辞退。但依据《事业单位人事管理条例》，在特定条件下，编制内人员同样可被依法解除合同。例如，该条例第 16 条规定："事业单位工作人员年度考核不合格且不同意调整工作岗位，或者连续两年年度考核不合格的，事业单位提前 30 日书面通知，可以解除聘用合同。"医院应定期开展政策培训，纠正管理层与员工的这一认知。

2. 调岗程序缺失

《事业单位人事管理条例》第 16 条明确规定，事业单位工作人员年度考核不合格且不同意调整工作岗位，或者连续两年年度考核不合格的，事业单位可以解除聘用合同，其中调岗是一次考核不合格解除的前置程序。但部分医院在员工年度考核不合格后，未按照规定履行调岗程序，直接解除合同。

3. 解除程序瑕疵

根据《事业单位人事管理条例》第 16 条规定，事业单位解除聘用合同需提前 30 日书面通知工作人员。在实际操作中，部分医院存在通知不规范的问题，如通知内容不完整，未载明考核结果、解除依据及申诉渠道等关键信息；或通知方式不符合要求，未采用书面形式通知；或未将解除合同事宜报上级主管部门备案等。

【典型案例 07-03】陈某与某医院聘用合同解除纠纷案[①]

陈某于 1991 年 7 月入职 A 医院，2000 年 5 月分流至该市 B 医院，2008 年 3 月起任药师，双方签订多份《事业单位聘用合同》，最后一份合同续签至退休。2018 年陈某被评定为年度考核不合格，2019 年 B 医院以其考核不合格为由调整岗位，陈某拒绝到岗。2020 年 9 月，B 医院依据《事业单位人事管理条例》第 16 条之规定，以陈某年度考核不合格且不同意调岗为由解除聘用合同，并支付经济补偿金。陈某认为考核结果无效、调岗违法，主张某医院

[①] 广州市中级人民法院（2021）粤 01 民终 29907 号民事判决书。

克扣工资奖金、违法解除合同，要求补发工资奖金、支付赔偿金及未休年假工资。

一审法院认定 B 医院考核及调岗合法，判决其支付经济补偿金、未休年假工资及部分年终奖、全勤奖，驳回陈某的其他诉讼请求。陈某不服，提起上诉。二审法院维持原判，认定考核结果有效、调岗合理，某医院解除合同合法，无须支付赔偿金。

（四）订立无固定期限合同的合规风险

医疗机构在与员工签订无固定期限劳动合同时，可能存在以下两个方面的合规风险：

1. 签约条件审查疏漏

《事业单位人事管理条例》第 14 条规定，事业单位工作人员在本单位连续工作满 10 年且距法定退休年龄不足 10 年，提出订立聘用至退休的合同的，事业单位应当与其订立聘用至退休的合同。部分医院未建立完善的员工工龄及退休年龄台账，或者对政策理解不准确，未能准确审查员工是否符合"双 10 年"条件，导致错误签订固定期限合同或未及时签订聘用至退休的合同。

2. 主动管理缺失

医院应在合同到期前，向符合条件的员工发送《签订至退休年龄聘用合同通知书》，通知书中要明确引用《事业单位人事管理条例》第 14 条规定。若员工拒绝签订，医院需留存员工拒绝的书面证据，积极履行主动管理职责，规范无固定期限合同签订流程。

【典型案例07-04】包某与某医院无固定期限合同纠纷案[①]

包某于 2007 年 10 月入职某医院，双方签订过四份固定期限聘用合同（最后一份合同期限至 2022 年 9 月 30 日）。2020 年 3 月 31 日，包某提交辞职申请后工作至 4 月 30 日自行离职。因某医院不同意其辞职，包某提出劳动仲裁。仲裁裁决，某医院需在 30 日内为其办理劳动关系解除及档案转移手续。某医院遂于 6 月 23 日完成办理。包某同时向某医院交纳 2020 年 5 月和 6 月社保和公积金个人部分及预支的 5 月工资共计 6946.33 元。后包某再次申请仲裁，要求某医院返还其离职时缴纳的费用 6946.33 元，并声称某医院未与其

[①] 锦州市中级人民法院（2021）辽 07 民终 1917 号民事判决书。

签订无固定期限合同违法，要求某医院支付 2013 年 10 月至 2020 年 6 月二倍工资差额，仲裁未支持。包某不服又诉至法院，某医院辩称包某不符合签订无固定期限合同条件，且其 5 月和 6 月未工作，不应支付工资及返还费用。

一审法院经审理认为，事业单位聘用合同纠纷应优先适用《事业单位人事管理条例》。该条例第 14 条明确规定签订无固定期限合同需满足"明确规定签 10 年且距法定退休年龄不足 10 年"，包某不符合该条件，某医院签订固定期限合同不违法。此外，包某 5 月、6 月未提供劳动，无权主张工资，法院驳回包某的全部诉讼请求，二审维持原判。

三、医疗机构聘用关系合规的难点问题

（一）法律适用复杂性

事业单位聘用关系优先适用《事业单位人事管理条例》，与《劳动合同法》存在差异（如服务期违约金范围、无固定期限合同条件），需精准区分专项培训与普通培训、编制内与编制外人员规则。

（二）聘用关系中的人才流动与服务期冲突

在医疗行业竞争日益激烈的今天，人才流动频繁。一些医疗机构为吸引和留住人才，会在聘用合同中约定较长的服务期，并提供相应的培训、安家费、住房等福利支持。然而，当员工在服务期内因个人发展、更好的职业机会等原因想要离职时，就会与服务期约定产生冲突。因此，在保障医院人才培养投入回报的同时，如何合理尊重员工的职业发展选择权，是合规管理中的一大难点。

（三）程序合规性要求严格

试用期解除需在期满前完成考核并书面通知；考核不合格解除需先调岗，调岗需明确岗位说明书并留存签收记录；解除合同需提前 30 日书面通知并备案。

（四）证据举证责任倒置

用人单位需承担考核、培训、调岗等全过程的举证责任，口头通知、模糊标准易导致证据不足（如无员工签字的考核表、无凭证的培训费用）。

四、医疗机构聘用关系合规建议及指引

医疗机构需以"标准量化、程序留痕、证据完整"为核心，结合事业单

位管理规则，对试用期考核、服务期约定、合同解除及无固定期限合同签订实施全流程动态管控。通过完善制度、规范程序、强化证据管理，系统性降低人事争议风险。

（一）完善聘用合同条款

聘用合同条款应全面、详细、明确，避免模糊不清或存在歧义。对于薪酬待遇、工作时间、休息休假、服务期、竞业限制、违约责任等重要条款，要根据法律法规和医院实际情况进行合理约定。

（二）试用期考核合规指引

1. 明确考核标准

医院应组织各科室根据岗位说明书，制定详细的《试用期考核标准细则》。对于医疗及医技岗位，可设定量化指标；对于行政后勤岗位，可明确工作任务完成率、服务满意度等标准。将这些量化指标作为聘用合同的附件，并要求员工签字确认。

2. 规范考核程序

建立完善的《试用期考核管理办法》，明确考核流程和时间节点。在员工试用期开始时，人力资源部门应向员工发放《试用期考核通知书》，告知考核的时间安排、考核内容和方式。在试用期间，定期组织阶段性考核，及时发现员工存在的问题，并给予指导和反馈。在试用期满前完成综合考核工作，考核结果经考核小组审核后，在试用期满前向员工书面告知。

3. 强化证据留存

医院应建立电子档案管理系统，对试用期考核的全过程进行证据留存。培训记录应包括培训计划、培训内容、培训讲师、培训时间、员工签到表等信息；考核评分表应包含评分标准、考官签字、员工成绩等内容；与员工的沟通记录，无论是面谈还是电话沟通都应进行详细记录，并保存相关凭证。对于重要的考核文件和通知，应采用书面形式送达员工，并要求员工签字确认。

（三）服务期管理合规指引

1. 专项培训界定

医院应结合医院实际业务需求和发展战略，制定《专项培训目录》，并定期对目录进行评估和更新，确保其符合医院发展和法律法规的要求。明确将出国进修、参加专业领域的高级研修班、攻读专业学位等培训项目纳入专项培训范畴，并在目录中详细说明每个培训项目的适用岗位、培训目标、培训内容和培训方式等。

2. 福利返还约定

医疗机构为了吸引人才，会提供住房、安家费等福利并约定服务期。医院可通过书面协议与聘用人员约定服务期及福利返还条款，但需确保约定内容清晰、合法。具体而言，协议中应明确界定住房、安家费等福利的性质与金额，详细列举触发返还义务的具体情形，如提前离职、未完成约定工作任务等。同时，应合理设定返还比例。在费用支付方面，需通过银行转账等可追溯方式支付款项，并备注款项用途。此外，条款设计应避免与法律法规相抵触，不得将正常工资、社保等劳动报酬纳入返还范围，以确保约定公平合理。

3. 规范违约金约定

依据《劳动合同法实施条例》的规定，明确培训费用的范围，包括培训学费、培训期间的差旅费（如交通费、住宿费、餐饮费）、为培训购置的专用教材和设备费用等直接与培训相关的费用。在员工参加培训前，人力资源部门应与财务部门共同核算预计的培训费用，并向员工告知费用明细。在培训结束后，及时收集和整理培训费用的相关凭证，如发票、收据、报销单等，按照实际发生的费用进行核算。在计算违约金时，应严格按照未服务期限分摊培训费用的方式进行计算，确保违约金约定的合法性和合理性。

4. 完善协议条款

设计标准化的《培训服务协议模板》，明确双方的权利义务。协议中应明确服务期的起始时间；详细约定违约金的计算方式，如按照未服务期限占约定服务期的比例分摊培训费用；明确医院应提供的培训资源和保障；规定员工在培训期间和服务期内的义务等。在员工参加培训前，由人力资源部门与员工签订培训服务协议。同时，将协议作为员工人事档案的重要组成部分进行保存。

（四）聘用合同解除合规指引

1. 执行调岗前置程序

当员工年度考核不合格时，医院应严格按照《事业单位人事管理条例》

的规定，履行调岗前置程序。在考核结果确定后，人力资源部门应向员工发送附有新岗位说明书的《岗位调整通知书》。新岗位说明书应详细说明新岗位的工作内容、职责要求、工作地点、薪酬待遇、工作条件等信息，并明确告知员工调岗的原因和依据。调岗完成后，应留存员工签收《岗位调整通知书》的记录，以及与员工沟通的相关证据。

2. 规范解除程序

若员工年度考核不合格且不同意调岗，或者连续两年年度考核不合格，医院决定解除聘用合同时，应严格按照法定程序操作。应提前30日以书面形式向员工送达《解除聘用合同通知书》，通知书应明确载明员工的考核结果、调岗情况（若有）、解除合同所依据的具体条款、经济补偿金的计算方式及支付时间、申诉渠道等关键信息。在解除合同后将解除合同事宜报上级主管部门备案，同时，按照相关规定为员工办理档案和社会保险关系转移手续。

（五）签订符合"双10年"条件员工无固定期限合同的合规指引

根据《劳动合同法》第14条第1款和第2款、《事业单位人事管理条例》第14条之规定，无固定期限劳动合同，是指用人单位与劳动者约定无确定终止时间的劳动合同。对于"用人单位初次实行劳动合同制度或者国有企业改制重新订立劳动合同时，劳动者在该用人单位连续工作满10年且距法定退休年龄不足10年的"情形，劳动者提出或者同意续订、订立劳动合同的，除劳动者提出订立固定期限劳动合同外，还应当订立聘用至退休的无固定期限合同。

1. 建立动态审查机制

医院应建立《编内员工工龄及退休年龄台账》，利用信息化管理系统，对员工的工龄和退休年龄进行动态管理。每年年初，由人力资源部门对台账进行更新，自动标记出符合"双10年"条件的员工。对于接近符合条件的员工，提前进行预警，以便人力资源部门有足够的时间进行审查和准备工作。

2. 主动履行管理职责

在员工合同到期前，对于符合"双10年"条件的员工，医院应向其发送《签订至退休年龄聘用合同通知书》。通知书中应明确引用《劳动合同法》第14条、《事业单位人事管理条例》第14条，告知员工其具备签订无固定期限劳动合同的资格，以及签订合同的时间、地点和所需材料等信息。若员工拒绝签订，则要求员工以书面形式提出申请，并详细说明拒绝的原因，医院应留存员工的书面申请作为证据。

第四节 医疗机构劳动关系合规管理

一、医疗机构劳动关系合规的基本要求

医疗机构的劳动关系管理要严格遵守《劳动合同法》等法律法规。其核心要求包括：在劳动合同签订方面，要注意签订主体适格、及时签订合同、合同内容完备；在劳动报酬与支付方面，要注意薪酬制度合理和按时足额支付；在工作时间与休息休假方面，要遵守工时制度和保障休息休假权利；在社会保险与劳动保护方面，还要注意依法缴纳社会保险并提供必要的劳动保护与福利。

二、医疗机构劳动关系合规常见问题

（一）试用期解除劳动合同的合规风险

医疗机构在试用期解除劳动合同存在以下三个方面的合规风险：

1. 解除合同标准缺失

部分医院未依据《劳动合同法》第39条第1项规定，将录用条件书面化、量化。在实际操作中，录用条件模糊不清，没有明确的评判标准，导致解除劳动合同时无法证明劳动者不符合录用条件。同时，未将考核标准作为劳动合同附件或通过员工手册公示，使得解除劳动合同的依据缺乏合法性，极易引发劳动争议。

2. 解除合同程序瑕疵

在试用期解除程序中，医院常忽视法定流程。根据《劳动合同法》相关规定，解除劳动合同前应履行告知义务，部分医院未将考核结果书面送达员工，也未听取员工解释说明。同时，未严格执行工会参与程序，违反《劳动合同法》第43条的规定，导致解除程序存在重大瑕疵。

3. 解除合同认知误区

部分医疗机构将试用期视为"自由解雇期",忽视法定解除情形的严格要件。法律规定试用期解除需符合特定情形,并满足证据要求和程序规范,若仅凭主观判断或口头通知解除,极易引发劳动争议,承担违法解除责任。

【典型案例07-05】肖某与某医院试用期解除劳动合同纠纷案①

肖某于2016年1月入职某医院,双方签订为期4年11个月的劳动合同,约定试用期为6个月。试用期内,肖某在烧伤科和肝胆胰血管外科轮转实习,其间因穿刺失败、误丢药物等问题被记录在案,并未通过出科考试。肖某在致医院的信件中自认"问题被记录在案,并未通过出科考试"等问题。2016年4月6日,医院以肖某试用期考核不合格、不符合录用条件为由,解除劳动合同。肖某主张医院规章制度未公示、考核标准不合法,主张撤销解除决定,继续履行劳动合同。

一审法院经审理认为,医院提供的培训记录、会议记录等材料与肖某自认未通过多次出科考试的内容相互印证,足以证明其考核不合格,且医院规章制度已通过内部网公示,医院解除劳动合同符合法律规定。肖某不服,提起上诉,二审维持原判。

(二)服务期违约金约定的合规风险

医疗机构在处理员工服务期违约金方面存在诸多合规风险。

1. 培训性质界定不清

《劳动合同法》第22条明确,用人单位在为劳动者提供专项培训费用,对其进行专项技术培训时,可以与劳动者约定服务期。若劳动者违反服务期约定,应当向用人单位支付违约金。此处的专业技能培训是指为了提升劳动者专业知识和特定职业技能而进行的培训。

2. 培训费用认定违规

在违约金计算方面,医院常出现违规行为,常把工资、社保公积金、福利待遇等非培训费用纳入计算,且缺乏充分证据证明实际支出的培训费用,影响违约金主张。

---

① 厦门市中级人民法院(2017)闽02民终5308号民事判决书。

3. 条款内容存在瑕疵

培训协议重要条款不完善。许多医院的培训协议未明确服务期起算时间，导致双方对服务期计算产生分歧；未清晰约定培训费用构成，使得在计算违约金时缺乏明确依据；对双方权利义务规定不平衡，过度强调劳动者违约责任，忽视医院应提供的培训资源保障、职业发展支持等义务。

【典型案例07-06】桂某与某医院服务期违约金劳动争议案①

2021年8月1日，桂某与某医院签订聘用期限为8年的《聘用合同》，约定桂某在针灸岗位工作，随后桂某被医院选派至某某市某医院（以下简称医院）进行中医专业规范化培训，三方签订规培协议，医院与桂某还单独约定规培期满需回单位服务8年，否则需承担违约责任。2024年7月，桂某规培结束回单位上班，次月提交辞职申请后擅自离职。医院认为桂某违约，诉请其赔偿已发工资、社保公积金、各项补助等损失。

法院经审理认定，住院医师规范化培训属专业技术培训，医院有权与桂某约定服务期，桂某未履行8年服务期约定构成违约；根据法律规定，培训费用不包括单位依法应缴纳的社保公积金、工会福利及财政补贴的规培补贴，桂某培训期间领取工资超出当地最低工资标准部分应认定为培训费用。经计算，桂某应按服务期未履行部分分摊培训费用，需支付医院违约金173379.3元，故判决桂某给付医院违约金，并驳回医院的其他诉讼请求。

【典型案例07-07】王某与某医院服务期违约金劳动争议案②

2023年10月，王某入职某医院担任护士，双方签订劳动合同与《专项培训协议》，约定某医院为其提供专业技术培训，王某培训后需服务3年，否则退还相关费用。王某于2023年10月至2024年1月前往外院培训，结束返岗后于2024年3月以个人原因离职。某医院申请仲裁要求王某返还费用，仲裁裁决其返还培训费用25176.35元。王某不服，提起上诉，认为培训属岗前培训，服务期约定无效。

法院经审理认定，医院向外院支付培训费少，且无证据表明王某接受专业技术培训，其试用期培训更符合岗前培训性质，属于医院对新员工的基本

---

① 江苏省涟水县人民法院（2024）苏0826民初11605号民事判决书。
② 宁波市鄞州区人民法院（2024）浙0212民初19725号民事判决书。

义务，不符合约定服务期的条件，所支付款项不应认定为培训费，遂判决王某无须返还25176.35元。

(三) 劳动合同解除的合规风险

医疗机构与劳动者在解除劳动合同过程中存在以下三个方面的合规风险：

1. 涉及劳动合同解除的规章制度与相关法律法规冲突

用人单位制定合法有效的规章制度是解除劳动合同的重要前提。部分医院的规章制度未经民主程序制定，违反《劳动合同法》第4条第2款"用人单位在制定、修改或者决定有关劳动报酬、工作时间、休息休假、劳动安全卫生、保险福利、职工培训、劳动纪律以及劳动定额管理等直接涉及劳动者切身利益的规章制度或者重大事项时，应当经职工代表大会或者全体职工讨论，提出方案和意见，与工会或者职工代表平等协商确定"的规定。同时，规章制度内容不符合法律规定，对"严重失职""重大损害"等概念界定模糊，导致在解除劳动合同时缺乏明确的法律依据。

2. 解除合同证据不足

以考核不合格解除劳动合同时，医院需证明劳动者失职行为与损害后果的因果关系。部分医院仅以口头说明或简单书面记录作为证据，未形成完整的证据链，如缺少事故调查报告、人员证言、损失计算依据等，导致无法证明解除行为合法。

3. 解除程序存在瑕疵

对于劳动者不能胜任工作的非过失性解除，医院需履行培训或调岗前置程序。根据《劳动合同法》第40条第2项，劳动者不能胜任工作，经培训或调岗仍不能胜任的，用人单位应提前30日书面通知或额外支付1个月工资后可解除合同。部分医院未执行该程序，直接解除构成违法。

【典型案例07-08】谢某与某医院劳动合同解除纠纷案[1]

谢某自2018年7月起与某医院建立劳动关系，签订三次劳动合同，最后一次合同期限至2025年11月。2024年12月，医院以谢某2021年8月2日作为闵某工伤申请经办人签名、私用公章违反《公章使用管理制度》为由，作出《解除劳动关系通知书》。谢某申请仲裁，某县劳动人事争议仲裁委员会

---

[1] 开封市中级人民法院（2025）豫02民终1800号民事判决书。

以"没有明确的仲裁请求和事实"为由不予受理，谢某遂诉至法院。

一审法院经审理认为，医院提供的印章使用登记表显示闵某工伤认定经办人为王某，无法确认谢某使用印章，即便使用也无证据证明属非法及造成重大损失，且医院未提交通知工会的证明材料，解除劳动关系决定事实不清、证据不足，判决撤销解除通知书，继续履行劳动合同。医院不服，提起上诉，二审法院经审理认为，医院未提交充分证据证明谢某严重违反规章制度，且未事先通知工会，构成违法解除劳动合同，一审判决无误，遂驳回上诉，维持原判。

（四）劳动合同签订的合规风险

医疗机构与劳动者在签订劳动合同的过程中存在以下三个方面的合规风险：

1. 书面合同缺失

《劳动合同法》第10条规定，建立劳动关系应订立书面合同，且需在用工之日起一个月内完成。未签订书面合同，医院不仅面临支付双倍工资的法律风险，还可能导致劳动关系不明确，在工资支付、工作内容、劳动期限等方面引发争议，增加管理成本和法律纠纷风险。

2. 无固定期限劳动合同不注意法律的特别规定

部分医院未正确执行《劳动合同法》关于无固定期限劳动合同的规定。如当劳动者符合连续订立二次固定期限劳动合同，且无第39条和第40条第1项、第2项规定情形时，除劳动者提出订立固定期限劳动合同外，用人单位还应当订立无固定期限劳动合同。若拒绝续签，将被认定为违法解除，并承担支付赔偿金等责任。

3. 合同文本存在瑕疵

劳动合同文本常存在内容不完整、条款不明确问题，未包含《劳动合同法》第17条规定的必备条款，如劳动合同期限、工作内容和工作地点、工作时间和休息休假、劳动报酬、社会保险等。对试用期、服务期、竞业限制等特殊条款约定不清晰，导致履行合同过程中双方权利义务不明确，易引发纠纷。

【典型案例07-09】汪某与某医院未签订书面劳动合同争议案[①]

汪某于2010年1月29日进入某医院检验科工作，双方口头约定试用期

---

① 杭州市萧山区人民法院（2011）杭萧民初字第3946号民事判决书。

工资为 2300 元/月，转正后为 2500 元/月，但未签订书面劳动合同。2010 年 7 月 3 日，汪某在工作期间突然昏倒，被诊断为重度药物中毒等病症。后，汪某申请仲裁及起诉，要求医院支付未签订劳动合同的双倍工资等多项诉求。

法院经审理认为，根据《劳动合同法》规定，用人单位自用工之日起超过 1 个月不满 1 年未与劳动者订立书面劳动合同，应向劳动者每月支付 2 倍工资。汪某自 2010 年 1 月 29 日入职，医院未依法签订合同，应支付汪某未签订书面劳动合同的双倍工资 27100 元（2300 元/月×2 个月+2500 元/月×9 个月）。

【典型案例07-10】廖某与某医院未签订无固定期限劳动合同争议案[1]

自 2012 年 1 月 3 日起，廖某在某县医院从事保安工作，双方多次签订固定期限劳动合同，最后一次合同期限至 2020 年 1 月 2 日。合同期满后，廖某继续工作，医院未表示异议。医院因安保工作外包，于 2020 年 6 月 29 日通知廖某解除劳动合同。廖某实际工作至 8 月 1 日，并主张未签无固定期限劳动合同的双倍工资。

法院经审理认为，双方已连续订立二次固定期限劳动合同，被告本应自 2020 年 1 月 3 日起 1 个月内与原告订立无固定期限劳动合同，却未订立，应支付 2020 年 2 月 3 日至 8 月 1 日的双倍工资差额 27889.50 元（4648.25 元/月×6 个月）。

三、医疗机构劳动关系合规难点问题

（一）法律适用与程序复杂性

试用期解除需同时满足"录用条件明确""考核程序合法""通知工会"等多重要件，举证责任严格；涉及劳动者重大利益的制度需经职工代表大会讨论通过并公示，否则可能被认定为无效；符合无固定期限签订条件时，员工享有续签无固定期限合同的选择权，医院若未主动审查或通知，易引发违法终止争议。

（二）法律诉讼及行政处罚风险

劳动合同签订不规范、劳动报酬纠纷、休息休假保障不足等问题，容易

---

[1] 贵州省望谟县人民法院（2021）黔 2326 民初 2125 号民事判决书。

引发劳动争议，导致医疗机构面临法律诉讼。对于未依法缴纳社会保险、违反工时制度等违法行为，劳动行政部门有权责令限期改正，逾期不改正的，将面临罚款等行政处罚。

四、医疗机构劳动关系合规建议及指引

医疗机构劳动关系合规需以"程序合法、标准量化、证据闭环"为核心，覆盖合同签订、试用期、服务期及解除全流程，动态适配劳动法规要求，系统性降低违法成本与争议风险。

（一）书面及无固定期限劳动合同签订规范

1. 书面合同签订及管理规范

公立医院应在用工之日起 1 个月内与劳动者签订书面劳动合同，明确双方权利义务。合同签订后，需由双方签字盖章，并各自留存文本，以此避免因未签订书面合同引发双倍工资支付风险。建立《劳动合同管理台账》，运用信息化手段动态管理合同签订、履行等情况。设置入职及合同到期预警机制，及时办理签订和续签。

2. 无固定期限合同签订及管理规范

对于无固定期限劳动合同，根据《劳动合同法》之规定，连续订立二次固定期限劳动合同，且劳动者没有本法第 39 条和第 40 条第 1 项、第 2 项规定的情形，续订劳动合同的，除劳动者提出订立固定期限劳动合同外，用人单位应当与其订立无固定期限劳动合同。每年更新《员工工龄及退休年龄台账》，标记符合签订无固定期限劳动合同条件的员工。对符合条件者，合同到期前发出《签订无固定期限劳动合同通知书》，明确权利义务。若员工拒绝，留存书面申请，避免未履行告知义务引发风险。

（二）试用期管理合规指引

1. 考核标准明确

依据《劳动合同法》第 39 条第 1 项规定，结合岗位需求制定《岗位试用期考核细则》，将任职要求细化为量化指标。将细则作为劳动合同附件，员工入职时完成告知并签字确认。

2. 流程规范管理

构建"岗前培训—月度考核—期满评估"三级考核机制，如岗前培训技能，每月考核跟进工作表现，试用期满前综合评估。考核结果书面送达。解除劳动合同时按《劳动合同法》第 43 条通知工会，留存《工会意见征询单》。

3. 证据留存制度

运用电子档案系统留存试用期考核全过程证据。包括培训记录（内容、时间、讲师等）、考核评分表（标准、考官签字、成绩）、沟通记录（面谈、邮件等），保存期限不少于员工离职后 2 年，确保发生劳动争议时充分举证。

（三）服务期管理合规指引

1. 培训分类管理

根据《劳动合同法》第 22 条制定《专项培训目录》，明确出国进修、高端设备培训等专项培训项目，详细说明适用岗位、目标、内容、方式和费用。建立"一事一核算"机制，培训前签订《费用预算确认书》明确双方责任。

2. 违约金规范

严格按法律规定约定违约金，仅针对专项培训费用且不超过实际支出，按未履行服务期分摊计算。

3. 协议标准化

使用统一《培训服务协议》模板，明确服务期起算时间（培训结束次日）、费用构成、双方权利义务。医院保障培训资源，员工遵守纪律完成任务并履行服务期，同时清晰约定违约责任和争议解决方式。

（四）劳动合同解除合规指引

1. 规章制度完善

依据《劳动合同法》第 4 条规定，通过职工代表大会制定《员工违纪处理办法》，明确违纪行为界定标准，解释"严重失职""重大损害"等概念并举例。采用线上线下双重公示，保留员工签收记录，确保规章制度有效告知。

2. 程序规范

当劳动者出现严重失职等情形时，医疗机构要收集严重失职事实说明、视频、证言、损失依据等完整证据链，提前 3 日书面通知解除，告知劳动者陈述申辩权利。对于非过失性解除：劳动者不能胜任工作时，严格履行培训或调岗程序，制订计划或方案并留存记录。

3. 档案管理

建立解除劳动合同专项档案，归档违纪调查报告、规章制度条款、工会意见、解除通知书、送达凭证、经济补偿记录等材料，确保完整准确。

第五节　医疗机构劳务用工合规管理

一、医疗机构劳务用工合规的基本要求

劳务用工作为医疗机构弹性用人的重要补充，是医疗机构基于业务需求，与特定人员建立的非劳动关系用工形式。其核心特征是双方通过平等协商约定权利义务，受《民法典》合同编调整，而非《劳动合同法》约束。具体适用于以下三类人员：

1. 退休返聘人员

已达到法定退休年龄并依法享受基本养老保险待遇的人员，如退休医生等。此类人员与医疗机构形成劳务关系，其工作性质多为技术指导、专家门诊、学科建设等，具有专业性强、工作时间灵活的特点。

2. 多点执业医师（兼职）

根据《医师执业注册管理办法》，医师在主要执业机构以外的其他医疗机构执业时形成的兼职关系。此类人员与兼职医疗机构之间为劳务合作关系，需取得主执业机构同意并办理备案。

3. 特聘专家（顾问性质）

医疗机构为特定项目或技术支持聘请的外部专家，如学科建设顾问、医院管理咨询师、科研项目指导专家等。此类人员不纳入编制或劳动合同管理，工作形式多为短期项目制或定期咨询。

二、医疗机构劳务用工合规常见问题

（一）退休返聘人员工作中受伤赔偿责任界定不清风险

退休返聘人员在劳务关系中，其因工作受伤的赔偿责任认定复杂。依据

《最高人民法院关于审理劳动争议案件适用法律问题的解释（一）》第 32 条之规定，用人单位与已享受养老保险待遇或领取退休金的人员发生用工争议按劳务关系处理。在劳务关系下，退休返聘人员受伤不能简单适用工伤保险制度。一旦发生在工作中受到伤害或突发疾病因素，若用人单位未在劳务合同中明确责任承担方式，未购买相应商业保险，依据《民法典》关于劳务关系中侵权责任的规定，可能需承担高额赔偿责任。例如，若返聘人员在工作中受伤，因未明确责任，用人单位可能被判定承担全部或大部分医疗费用、误工费等赔偿费用，给医疗机构带来经济负担。

（二）多点执业医生劳动关系认定风险

多点执业医生与医疗机构的关系易引发争议。按照 2014 年原国家卫生计生委等发布的《关于推进和规范医师多点执业的若干意见》，医师与第一执业地点医疗机构签订聘用（劳动）合同，与拟多点执业的其他医疗机构分别签订劳务协议。然而，实践中可能因工作安排、管理方式等因素，使多点执业医生与非第一执业地点的医疗机构产生劳动关系认定纠纷。例如，在上海市长宁区人民法院审理的一起案件中，虽医生与医疗机构签订劳务协议且主要执业机构非该医疗机构，但医生却主张存在劳动关系并要求支付未签订劳动合同双倍工资和解除劳动合同违约金。[①] 一旦劳动关系认定错误，医疗机构可能面临支付双倍工资、经济补偿金等法律责任，扰乱正常用工秩序。

（三）劳务协议权利义务模糊引发争议的风险

医疗机构在与特聘专家、退休返聘人员签订劳务协议时，若对工作任务、报酬支付等关键条款约定模糊，极易引发报酬争议。《民法典》第 510 条规定，合同内容不明确的，可协议补充；不能达成补充协议的，按交易习惯或相关条款确定。在劳务报酬支付条款的拟定中，诸如"按成效支付"这类弹性表述，极易在劳务关系履行过程中产生分歧。当医疗机构提出报酬扣减时，如果缺乏清晰的扣减依据，争议随之产生。司法实践中，法院通常倾向于保护提供劳务方，要求医疗机构就报酬扣减承担举证责任。若医疗机构无法举证，将面临承担不利法律后果的风险。

---

① 上海市长宁区人民法院（2023）沪 0105 民初 158 号民事判决书。

（四）劳务人员保密义务缺失引发数据泄露风险

与医疗机构建立劳务关系的专家在工作中会接触到患者诊疗数据等敏感信息，若劳务协议未约定保密义务，医疗机构存在管理过失，可能因劳务人员侵权行为承担连带责任，损害医院声誉并面临经济赔偿。

三、医疗机构劳务用工合规难点问题

（一）劳动关系与劳务关系的模糊界定

对于多点执业医生这类特殊群体，尽管从法律规定上应与兼职医疗机构建立劳务关系，但在实际管理中，若医疗机构对其实施实质性管理，如进行统一排班、考勤打卡、奖惩考核等，极易与劳动关系产生混淆。判断用工关系属性需从工作自主性、报酬结构、管理模式等多维度综合考量，缺乏明确、单一的判定标准，导致实践中界定难度较大。

（二）退休人员工伤责任的替代机制缺失

由于退休返聘人员无法通过工伤保险覆盖工作中的受伤风险，只能依赖商业保险（如意外险）或在劳务协议中约定责任承担比例。然而，当前法律对于此类情形下的责任分担标准缺乏明确指引，不同地区的司法实践存在差异，协商过程中双方利益诉求难以平衡，争议风险高，一旦出现纠纷，医疗机构可能面临高额赔偿责任。

（三）弹性工作模式下的履约监管困境

针对特聘专家这类以远程或不定期服务为主的劳务人员，其工作成效难以进行量化评估。劳务协议中诸如"按成效支付"等弹性条款，因缺乏具体的、具有可操作性的考核标准，在实际执行过程中极易引发争议。如何科学制定考核指标、留存有效履约证据，成为保障协议顺利履行的关键难题。

四、医疗机构劳务用工合规建议及指引

医疗机构劳务用工需以"协议条款精细化、责任划分清晰化、过程管理证据化"为核心，针对退休返聘、多点执业、特聘专家等不同场景设计个性化合同模板，强化从签约到终止的全流程管控，平衡用工灵活性与合规风险。

（一）劳务合同要明确权责边界

1. 明确主体信息与关系性质

详细记载劳务人员身份信息，对退休返聘人员需注明养老保险享受情况，依此界定用工关系属性，为后续权益保障和责任划分提供依据，避免因关系混淆引发法律纠纷。

2. 细化核心权利义务条款

将工作任务分解为可量化、可考核的具体指标，如明确专家技术指导的病例数量、培训课时；约定清晰的报酬结构，包含金额、支付周期、税费承担方式；界定工作条件，涵盖设备设施标准、工作时间安排，从源头上减少履约争议。

3. 强化风险防范条款

针对劳务期间劳务人员的受伤风险，依据《民法典》规定，明确不同情形下的责任承担比例。

4. 设置保密条款

明确保密范围（如患者信息、医院运营数据、科研成果等）、保密期限、违约金，防止劳务人员泄露敏感信息。

5. 明确合同期限

对于多点执业医师，注明备案有效期，确保医师在合法执业期限内提供服务，同时便于医疗机构管理。

6. 约定报酬相关事项

明确报酬金额、支付方式（如按月支付、按项目支付等）、税费承担方式，避免报酬支付环节出现争议。

（二）合同履行阶段要动态考核并留痕

在劳务合同履行阶段，医疗机构要建立工作成效量化考核机制：为特聘专家、多点执业医师等制定配套的"工作成效量化表"，将学术成果、医疗服务质量等指标与报酬挂钩，定期开展考核，确保协议约定有效落实。

（三）合同终止条件要明确，防范后续风险

劳务合同要明确约定协议解除条件，区分医疗机构和劳务人员单方解除、协商解除的情形，避免因解除劳务协议约定不明确而产生法律风险，还要注

意保密义务延续，确保敏感信息持续受保护。对于特殊岗位人员，还要有竞业限制条款，并在合同解除时履行手续。

第六节　医疗机构非直接用工关系人员合规管理

一、医疗机构非直接用工关系人员合规的基本要求

非直接用工关系特殊人员的合规管理是医疗机构人力资源管理的重要组成部分，此类人员与医疗机构不存在传统劳动关系或人事关系，但通过特定协议、政策或制度形成用工联系，包括劳务派遣用工、劳务外包、实习生、规培生、进修生。此类人员管理具有显著特殊性，具体为：一是法律关系复杂，如劳务派遣涉及三方主体，需遵守"三性"岗位界定和用工比例限制；劳务外包需明确责任边界。二是政策依赖度高，如实习生、规培生的管理高度依赖行业政策，政策变动易引发管理风险。三是在权益保障和责任划分上，需结合不同法律规范和行业规定进行差异化管理，如劳务外包中，若外包人员发生工伤，需区分医疗机构与外包公司的责任边界；规培生在培训期间造成医疗损害，需明确培训基地与原单位的责任分担比例。

二、医疗机构非直接用工关系人员合规常见问题

（一）劳务派遣用工的合规风险

在劳务派遣用工方面，存在超范围用工与同工不同酬的风险。部分医院将临床护理等核心业务岗位纳入劳务派遣范畴，违背《劳务派遣暂行规定》中"临时性、辅助性、替代性"的岗位要求。同时，劳务派遣用工比例若超过法定10%，会导致用工结构失衡。此外，派遣员工与正式员工在薪酬待遇上存在非常明显的差异，如医院违规使用劳务派遣用工，将会面临整改及处罚，同时损害医院的声誉及长远发展。

（二）劳务外包管理合规风险

劳务外包中，责任划分不清晰是主要风险。医院将保洁、安保等服务外

包时，与外包公司签订的协议若未明确双方在人员管理、安全保障等方面的责任，一旦外包人员发生工伤、意外或对患者造成损害，医院可能因对作业环境安全隐患未尽到合理提示或管理义务，承担相应补充责任，增加运营成本与法律风险。

（三）实习生管理合规风险

实习生管理存在操作违规风险。实习生临床经验不足，若医院未建立完善的管理制度，未明确实习范围与操作规范，或带教医师未严格履行全程指导职责，实习生擅自独立从事临床活动，极易引发医疗损害，不仅会对患者造成伤害，医院也将因监管缺位而面临法律诉讼与赔偿责任，影响医院声誉。

（四）规培生管理合规风险

规培生管理风险主要体现在待遇落实与责任承担方面。规培基地若未按规定足额发放中央财政补贴及基本工资低于当地最低工资标准，违反《住院医师规范化培训管理办法（试行）》，会损害规培生权益。此外，培训过程中若未明确各方责任，一旦发生医疗损害，责任划分不清，将会给培训基地带来法律与经济风险。

三、医疗机构非直接用工关系人员合规难点问题

（一）劳务派遣用工的责任边界模糊

在实际操作中，劳务派遣三方主体（医疗机构、劳务派遣单位、被派遣劳动者）之间的责任划分存在诸多模糊地带。例如，当被派遣劳动者在工作中因操作失误导致医疗纠纷、侵权纠纷，医疗机构可能认为是劳务派遣单位培训不到位，而劳务派遣单位则强调医疗机构未尽到现场管理职责。此外，《劳务派遣暂行规定》虽明确了用工单位对被派遣劳动者的部分义务，但在诸如职业健康监护、劳动保护设施配备等具体事项上，双方责任界定缺乏清晰标准，容易引发推诿扯皮现象。

（二）劳务外包服务质量监管难

劳务外包服务的专业性和复杂性使得医疗机构难以进行有效监管。以医疗设备维护外包为例，外包公司技术人员的服务质量直接影响设备正常运行和医疗安全。然而，医疗机构往往缺乏专业的技术评估团队和有效的监管手

段，难以准确判断外包服务是否达到合同约定标准。

（三）规培生法律身份定位争议

规培生的法律身份在现行法律体系中尚未有明确统一的界定，这导致在权益保障和责任承担方面存在诸多争议。虽然有相关行业规定，但在司法实践中，其与培训基地之间的关系性质认定不一，有的被视为劳动关系，有的则被认定为培训合同关系。这使得在处理劳动报酬、社会保险等纠纷时缺乏明确的法律依据。

（四）政策变动与管理衔接困难

实习生、规培生的管理高度依赖行业政策，而政策的频繁变动给医疗机构带来巨大挑战。例如，国家对住院医师规范化培训政策进行调整，新增培训内容和考核标准，医疗机构需要在短时间内对培训计划、师资配备、考核机制等进行全面调整。若政策解读不及时、执行不到位，不仅会影响培训质量，还可能引发规培生投诉，甚至面临上级主管部门的问责。此外，政策变动后，新旧管理模式的衔接也容易出现漏洞，增加合规风险。

四、医疗机构非直接用工关系人员的合规指引

医疗机构需针对非直接用工人员的特性，构建"分类管理、权责清晰、动态监控"的合规体系，通过细化协议条款、强化过程监督、明确责任边界，系统性防范法律与运营风险。

（一）劳务派遣用工合规指引

1. 岗位与比例管控

医疗机构应依据《劳务派遣暂行规定》，建立清晰的"三性"岗位清单，明确界定可使用劳务派遣的岗位，如短期行政文员、临时护工等非核心业务岗位。同时，建立劳务派遣用工比例统计与核查机制，每季度进行核查，确保劳务派遣用工比例不超过10%。

2. 劳务派遣协议的签订

与劳务派遣公司签订协议时，医疗机构需严格遵循《劳动合同法》《劳务派遣暂行规定》等，全方位明确合作细节。首先，合同标的需清晰界定派遣岗位、人数、工作内容及专业资质要求。在薪酬支付上，约定派遣员工薪

资标准、发放周期，以及医疗机构向派遣公司的付费方式与时间。双方权利义务方面，医疗机构有权监督员工工作、要求更换不合格人员，同时需提供工作条件；派遣公司则需负责员工招聘、培训及保障其专业性。违约责任条款应针对费用拖欠、员工资质不符等违约情形，明确违约金金额与赔偿方式；鉴于医疗行业特殊性，必须添加保密条款，对患者隐私、医疗数据等信息的保密范围、期限及责任作出明确规定，以此保障双方的合法权益，规避法律风险。

(二) 劳务外包全流程规范的合规指引

1. 外包公司选择与外包协议签订

医疗机构在选择保洁、食堂服务等外包公司时，严格审查其资质，包括营业执照、劳务派遣许可证、安全生产许可证等，以确保其具备合法合规的经营能力。在签订合同过程中，明确双方权利义务，依据《民法典》等相关法律，详细约定人员管理责任、安全保障条款、违约责任等内容。

2. 过程监督与风险隔离

建立健全外包人员作业监督机制，对外包人员作业进行定期检查，建立安全培训记录、隐患整改台账等，确保外包服务符合安全标准。在管理过程中，依据相关法律规定，避免直接指挥外包人员工作，防止被认定为"事实用工"，明确划分双方责任，实现风险隔离。

(三) 医疗机构实习生管理的合规指引

1. 制度建设与协议完善

制定《实习生管理办法》，明确实习范围、考核标准、安全责任等内容，为实习生管理提供制度依据。与学校、实习生签订三方协议，约定意外伤害处理流程、实习报酬（如有）及保密义务等事项，保障各方权益，明确责任归属。

2. 安全培训与带教监管

开展全面的岗前安全培训，内容涵盖医疗操作规范、患者隐私保护、应急处理流程等关键领域，提升实习生安全意识与操作技能。实行"一对一"带教制度，要求带教医师全程陪同高风险操作，每日记录实习日志，确保实习过程规范、安全。

(四) 医疗机构规培生管理的合规指引

1. 待遇保障与协议履行

设立专项账户管理财政补贴，确保资金专款专用，按时足额发放给规培生。在培训协议中明确规培生权利义务，包括培训目标、考勤制度、违约责任等，保障规培生权益，规范培训管理。

2. 风险防控与责任分担

为规培生购买医疗责任险，转移培训期间的医疗损害风险。与规培生原单位签订《委托培训协议》，约定事故责任分担比例明确各方责任，降低基地风险。

医疗机构与编制内外人员、劳务、劳务派遣、规培生、实习生之间的法律关系对比见表7-1；医疗机构聘用关系与劳动关系在关键节点上的差异对比见表7-2；医疗机构各种用工形式风险及合规提示见表7-3。

表7-1 医疗机构与编制内外人员、劳务、劳务派遣、规培生、实习生之间的法律关系对比

用工形式	法律依据	人员属性	合同类型	合同解除条件	社会保险	争议解决途径
编制内聘用制人员	《事业单位人事管理条例》等人事法规	纳入事业单位编制管理，具有事业身份	聘用合同	需符合考核不合格、违法违纪等法定事由，程序上需履行提前通知、内部审批等	机关事业单位养老保险（部分地区已并轨）、职业年金等	人事仲裁→民事诉讼
劳动合同制人员	《劳动合同法》《劳动法》	市场化用工，无事业单位编制	劳动合同	符合法定情形（如协商一致、劳动者过错）解除，需支付经济补偿或赔偿金	企业职工社会保险（五险）	劳动仲裁→民事诉讼
劳务用工（退休返聘、多点执业医师、特聘专家）	《民法典》	劳动者无年龄限制（退休人员可参与），与医疗机构为劳务关系	劳务协议	按合同约定履行	由双方自由约定，无强制社保、年假等	民事诉讼程序，不经过劳动仲裁

续表

用工形式	法律依据	人员属性	合同类型	合同解除条件	社会保险	争议解决途径
劳务派遣人员	《劳动合同法》《劳务派遣暂行规定》	与劳务派遣单位建立劳动关系，被派遣至医疗机构工作	劳动合同（与派遣单位）、劳务派遣协议（三方）	符合《劳动合同法》规定的解除情形，用工单位可将其退回派遣单位	由劳务派遣单位缴纳社会保险	劳动仲裁→民事诉讼
规培生	《住院医师规范化培训管理办法（试行）》等政策	与培训基地通过培训协议建立关系，与原单位保留人事关系或与基地签订培训协议	培训协议	按培训协议约定及行业政策执行	按政策规定享受相应待遇	根据争议性质，可能通过人事仲裁或民事诉讼解决
实习生	《医学教育临床实践管理暂行规定》等	医学院校在校生、职业院校学生，通过实习协议开展实践学习	实习协议（三方：学校、实习生、医院）	按实习协议约定解除	无强制社会保险，可购买意外伤害保险	民事诉讼程序

表7-2 医疗机构聘用关系与劳动关系在关键节点上的差异对比

差异点	劳动关系	聘用关系
员工单方解除约定	劳动者提前30日以书面形式通知用人单位，可以解除劳动合同	事业单位工作人员提前30日书面通知事业单位，可以解除聘用合同。但是，双方对解除聘用合同另有约定的除外
员工单方解除限制	—	受聘人员提出解除聘用合同未能与聘用单位协商一致的，受聘人员应当坚持正常工作，继续履行聘用合同；6个月后再次提出解除聘用合同，仍未能与聘用单位协商一致的，受聘人员即可单方面解除聘用合同。但在涉及国家秘密岗位上工作，承担国家和地方重点项目的主要技术负责人和技术骨干不适用此项规定

续表

差异点	劳动关系	聘用关系
医疗机构单方解除实质条件	劳动者不能胜任工作，经过培训或调岗仍不能胜任工作	年度考核不合格且不同意调整岗位的或连续两年年度考核不合格的
医疗机构单方解除形式条件	提前30日书面通知、支付1个月通知金	提前30日书面通知
培训是否可代替调岗	可以	不可以
是否排除医疗期、三期等特殊人群	是	是，未作规定的，依据本法有关规定执行《劳动合同法》第42条规定，劳动者属于医疗期、三期等特殊人群的，用人单位不能以不胜任工作解除劳动合同。对此，从法律适用角度，我们理解，以考核不合格单方解除聘用合同的，亦需排除特殊人群
是否支付经济补偿金	是	是
档案转移	用人单位应当在解除或者终止劳动合同时出具解除或者终止劳动合同的证明，并在15日内为劳动者办理档案和社会保险关系转移手续	聘用合同解除后，单位和个人应当在3个月内办理人事档案转移手续。单位不得以任何理由扣留无聘用关系职工的人事档案；个人不得无故不办理档案转移手续

表7-3 医疗机构各种用工形式风险及合规提示

用工形式	关键风险点	合规建议
聘用合同制	试用期约定不当、服务期超限、岗位调整违法、合同解除程序瑕疵	严格遵循《事业单位人事管理条例》，明确试用期、服务期、岗位调整及合同解除的条件和程序，加强培训和法律审核
劳动合同制	试用期工资过低、违法解除劳动合同、连续固定期限合同续签争议、服务期约定超限	依据《劳动合同法》设定试用期和工资标准，建立规范的考核和解除流程，准确把握无固定期限合同续签条件，区分强制性规培与专项培训
劳务用工	合同形式不明确、资质审查不严、权利义务模糊、保密义务缺失	签订书面劳务协议，明确双方权利义务，审查劳务人员资质，约定保密条款和违约责任

续表

用工形式	关键风险点	合规建议
劳务派遣	超范围用工、用工比例超限、同工不同酬	建立"三性"岗位清单，控制用工比例，落实同工同酬，加强对劳务派遣单位的监督
劳务外包	责任划分不清、过程监管缺失	选择合格的外包供应商，明确合同责任，加强对作业过程的监督，避免事实用工
实习生、规培生、进修生	违规操作、待遇未落实、资质审核不严	制定专项管理办法，签订三方协议，落实带教制度，保障待遇，严格资质审核

第八章 医疗机构财务管理合规

财务管理是确保医疗机构日常运营高效运转和可持续发展的关键环节，本章聚焦公立医疗机构[①]财务管理合规，系统梳理预决算管理、收支管理、资产管理、会计核算、税务管理以及会计档案管理等制度要求，阐述财务管理合规路径，保障医疗机构合法合规运营，实现可持续发展。

第一节 医疗机构财务管理合规概述

一、医疗机构财务管理合规的重要性

《事业单位财务规则》规定，事业单位财务管理的主要任务是：合理编制单位预算，严格预算执行，完整、准确编制单位决算报告和财务报告，真实反映单位预算执行情况、财务状况和运行情况；依法组织收入，努力节约支出；建立健全财务制度，加强经济核算，全面实施绩效管理，提高资金使用效益；加强资产管理，合理配置并有效利用资产，防止资产流失；加强对单位经济活动的财务控制和监督，防范财务风险。

在全面从严治党的战略布局下，财务管理合规是筑牢党风廉政建设和反腐败斗争的重要防线。一体推进不敢腐、不能腐、不想腐的体制机制，必须将财务监管嵌入权力运行全过程，确保资金使用规范透明、权力运行廉洁高效，为推进全面从严治党向纵深发展提供坚实保障。

[①] 根据我国现行法律法规及政策规定，公立医疗机构是指由各级人民政府、卫生健康行政部门、中医药主管部门、其他政府部门以及国有企事业单位等利用国有资产创办，以提供公益性医疗服务为主要任务的各级各类医疗机构。具体包括政府办医院和其他公立医院。如无特殊标注，本章所述"医疗机构"或"医院"特指公立医疗机构以及参照公立医院管理的国有企业医疗机构。

随着我国医疗卫生体制改革的深入推进，国家对医疗机构提出了更高标准的规范化要求，医疗机构管理合规也面临着前所未有的机遇与挑战。财务管理作为医疗机构管理体系的核心部分，其合规性建设直接影响着医疗机构的经济运行效率、服务质量以及可持续发展能力。

二、财务管理合规的范围

1. 预决算合规

医疗机构在预算编制时应科学合理，充分考虑业务发展需求与实际资源状况，确保预算方案具有前瞻性和可操作性；在预算执行过程中严格把控，强化预算刚性约束，确保资金使用符合预算安排，防范超预算支出和资金浪费；在决算环节真实准确地反映预算执行结果，通过全面分析为医疗机构财务决策提供可靠依据，并不断优化预算管理机制；将预算执行结果与绩效目标挂钩，开展预算执行效果评估，并将评价结果作为下一年度预算安排的重要依据。

2. 收支合规

严格规范收入管理，确保各项收入合法、足额入账，严禁设立"小金库"或账外资金；同时，优化支出管理，完善审批流程，严格控制成本费用，杜绝不合理开支，保障医疗机构资金的合理使用，实现收支平衡与可持续发展。

3. 资产合规

建立健全资产管理制度，合理配置资产，提高资产使用效率；加强资产的日常维护与盘点清查，确保国有资产安全完整；严格规范资产处置流程，通过评估、审批、公开处置等程序，防止国有资产流失，保障医疗机构资产的保值增值。

4. 会计核算合规

医疗机构必须根据实际发生的经济业务事项进行会计核算，填制会计凭证，记入会计账簿，编制财务会计报告。应该按照医疗机构财务制度、政府会计准则、政府会计制度等相关规定执行。

5. 税务合规

医疗机构作为纳税主体，必须严格遵守国家税收法律法规，按时足额申报纳税，合理利用税收优惠政策，防范税务风险。

6. 会计档案合规

会计档案是医疗机构经济活动的重要凭证，医疗机构需建立完善的档案管理制度，确保会计凭证、账簿、报表等资料的完整性、准确性和安全性；规范档案的收集、整理、归档、保管流程，落实电子档案备份机制；严格管理档案查阅权限，为审计监督、巡视检查等工作提供有力支持。

三、财务管理合规的总体要求

构建系统完备、运行高效的财务管理合规体系，已成为新医改背景下医疗机构实现高质量发展的重要基础和关键抓手。

《关于建立现代医院管理制度的指导意见》明确了推动各级各类医院管理规范化、精细化、科学化，基本建立权责清晰、管理科学、治理完善、运行高效、监督有力的现代医院管理制度的目标。《关于推动公立医疗机构高质量发展的意见》明确提出力争5年内努力实现公立医院"三个转变"的发展目标，即发展方式从规模扩张转向提质增效，运行模式从粗放管理转向精细化管理，资源配置从注重物质要素转向注重人才技术要素。

国家卫生健康委会同国家中医药局联合印发《公立医院内部控制管理办法》，强调公立医院要保证医院经济活动合法合规、资产安全和使用效益、财务信息真实完整，有效防范舞弊和预防腐败、提高资源配置和使用效益。

财会监督作为党和国家监督体系的重要组成部分，在推进全面从严治党、维护中央政令畅通、规范财经秩序、促进经济社会健康发展等方面发挥了重要作用。2023年中共中央办公厅、国务院办公厅印发《关于进一步加强财会监督工作的意见》，要求进一步加强单位内部监督，结合自身实际建立权责清晰、约束有力的内部财会监督机制和控制体系。

第二节　医疗机构财务管理合规核心依据

一、医疗机构财务管理合规核心依据概览

（一）综合类

1. 《民法典》；
2. 《会计法》；
3. 《促进科技成果转化法》；
4. 《专利法》；
5. 《关于深化医药卫生体制改革的意见》；
6. 《关于建立现代医院管理制度的指导意见》；
7. 《关于推动公立医院高质量发展的意见》；
8. 《人类遗传资源管理条例》；
9. 《关于加强公立医院党的建设工作的意见》；
10. 《行政事业单位内部控制规范（试行）》；
11. 《关于加强公立医院运营管理的指导意见》；
12. 《公立医院内部控制管理办法》；
13. 《公立医院运营管理信息化功能指引》；
14. 《关于进一步加强公立医院内部控制建设的指导意见》；
15. 《关于加强三级公立医院绩效考核工作的意见》；
16. 《关于加强对"一把手"和领导班子监督的意见》；
17. 《关于进一步加强财会监督工作的意见》；
18. 《医院巡查工作管理办法（试行）》；
19. 《大型医院巡查工作方案（2023—2026年度）的通知》；
20. 《事业单位财务规则》；
21. 《医院财务制度》；
22. 《卫生计生系统内部审计工作规定》；

23. 《关于内部审计工作的规定》；
24. 《进一步加强卫生健康行业内部审计工作的若干意见》；
25. 《卫生健康行业内部审计基本指引（试行）等7个工作指引》；
26. 《会计信息化工作规范》；
27. 《关于建立住院医师规范化培训制度的指导意见》；
28. 《住院医师规范化培训管理办法（试行）》；
29. 《关于进一步完善中央财政科研项目资金管理等政策的若干意见》；
30. 《关于改革完善中央财政科研经费管理的若干意见》；
31. 《互联网诊疗管理办法（试行）等3个文件》；
32. 《促进"互联网+医疗健康"发展的意见》；
33. 《关于印发互联网诊疗监管细则（试行）》；
34. 《关于推进医疗联合体建设和发展的指导意见》；
35. 《医疗联合体管理办法（试行）》。

（二）预决算类

1. 《预算法》；
2. 《预算法实施条例》；
3. 《关于进一步做好预算执行工作的指导意见》；
4. 《关于深化预算管理制度改革的决定》；
5. 《公立医院预决算报告制度暂行规定》；
6. 《关于加强公立医院财务和预算管理的指导意见》；
7. 《关于全面实施预算绩效管理的意见》；
8. 《中央财政预算执行动态监控管理办法》；
9. 《公立医院全面预算管理制度实施办法》；
10. 《卫生健康领域全面实施预算绩效管理实施方案》；
11. 《中央对地方卫生健康转移支付项目预算绩效管理暂行办法》；
12. 《关于进一步深化预算管理制度改革的意见》；
13. 《部门预算绩效管理暂行办法》；
14. 《项目支出绩效评价管理办法》；
15. 《中央财政预算管理一体化资金支付管理办法（试行）》。

（三）收支类

1. 《保障中小企业款项支付条例》；

2. 《党政机关厉行节约反对浪费条例》；
3. 《因公临时出国经费管理办法》；
4. 《中央和国家机关差旅费管理办法》；
5. 《中央和国家机关外宾接待经费管理办法》；
6. 《中央和国家机关差旅费管理办法有关问题的解答》；
7. 《单位公务卡管理办法（试行）》；
8. 《政府非税收入管理办法》（已被修改）；
9. 《关于调整中央和国家机关差旅住宿费标准等有关问题的通知》；
10. 《中央和国家机关工作人员赴地方差旅住宿费标准明细表》；
11. 《中央和国家机关会议费管理办法》；
12. 《关于〈中央和国家机关会议费管理办法〉的补充通知》；
13. 《中央和国家机关培训费管理办法》；
14. 《党政机关公务用车管理办法》；
15. 《关于中央国家机关2021—2022年车辆维修定点有关事宜的通知》；
16. 《公立医院开展网络支付业务的指导意见》；
17. 《医疗机构内部价格行为管理规定的通知》；
18. 《行政事业单位资金往来结算票据使用管理办法》。

（四）资产类

1. 《数据安全法》；
2. 《行政事业性国有资产管理条例》；
3. 《事业单位国有资产管理暂行办法》；
4. 《卫生计生单位接受公益事业捐赠管理办法（试行）》；
5. 《预算管理单位国有资产使用管理办法》；
6. 《进一步加强委预算单位所办企业国有资产管理》；
7. 《关于进一步加强财政部门和预算单位资金存放管理的指导意见》；
8. 《中央预算单位资金存放管理实施办法》；
9. 《中央行政事业单位国有资产配置管理办法》；
10. 《关于进一步加强和改进行政事业单位国有资产管理工作的通知》；
11. 《医疗机构医用耗材管理办法（试行）》；
12. 《中央行政事业单位国有资产处置管理办法》；

13. 《关于盘活行政事业单位国有资产的指导意见》；

14. 《预算单位国有资产处置管理办法》；

15. 《关于提高中央行政事业单位国有资产管理效能坚持勤俭办一切事业的实施意见》；

16. 《中央国家机关所属事业单位公务用车管理办法（试行）》；

17. 《中央行政事业单位国有资产使用管理办法》；

18. 《关于加强数据资产管理的指导意见》。

（五）政府会计准则类

1. 《政府会计准则——基本准则》；

2. 《政府会计准则第 1 号——存货》；

3. 《政府会计准则第 2 号——投资》；

4. 《政府会计准则第 3 号——固定资产》；

5. 《〈政府会计准则第 3 号——固定资产〉应用指南》；

6. 《政府会计准则第 4 号——无形资产》；

7. 《政府会计准则第 5 号——公共基础设施》；

8. 《政府会计准则第 6 号——政府储备物资》；

9. 《政府会计准则第 7 号——会计调整》；

10. 《政府会计准则第 8 号——负债》；

11. 《政府会计制度——行政事业单位会计科目和报表》；

12. 《关于贯彻实施政府会计准则制度的通知》；

13. 《关于印发医院执行〈政府会计制度——行政事业单位会计科目和报表〉的补充规定和衔接规定的通知》；

14. 《政府会计准则第 9 号——财务报表编制和列报》；

15. 《政府会计准则制度解释第 1 号》；

16. 《政府会计准则制度解释第 2 号》；

17. 《政府会计准则制度解释第 3 号》；

18. 《政府会计准则制度解释第 4 号》；

19. 《关于修订 2022 年政府收支分类科目的通知》。

（六）税务类

1. 《税收征收管理法》；

2. 《个人所得税法》；

3. 《企业所得税法》；

4. 《环境保护税法》；

5. 《车辆购置税法》；

6. 《车船税法》；

7. 《契税法》；

8. 《城市维护建设税法》；

9. 《印花税法》；

10. 《税收征收管理法实施细则》；

11. 《环境保护税法实施条例》；

12. 《个人所得税法实施条例》；

13. 《车船税法实施条例》；

14. 《企业所得税法实施条例》；

15. 《增值税暂行条例》；

16. 《关于医疗卫生机构有关税收政策的通知》（财税〔2000〕42号，部分失效）。

（七）会计档案类

1. 《档案法》；

2. 《财政票据管理办法》；

3. 《全面推行医疗收费电子票据管理改革》；

4. 《关于规范电子会计凭证报销入账归档的通知》；

5. 《电子会计档案管理规范》（中华人民共和国档案行业标准 DA/T 94—2022）；

6. 《关于推广应用电子凭证会计数据标准的通知》。

二、医疗机构财务管理合规核心依据解读

（一）全面预算管理

依据《公立医院全面预算管理制度实施办法》第7条、第8条、第12条、第13条、第14条、第15条，以及《公立医院内部控制管理办法》第28条之规定开展医疗机构的预算管理工作。

1. 建立健全制度

建立健全预算管理制度，涵盖预算编制、审批、执行、调整、决算和绩效评价等内容。

2. 建立健全预算管理组织机构

医疗机构应当建立健全预算管理组织机构，建立由全面预算管理委员会、全面预算管理办公室、预算归口管理部门和预算科室组成的全面预算管理组织体系，确保医疗机构所有部门、所有科室纳入预算管理体系，确保预算责任能够分解落实到各级预算责任单元。

3. 全面预算管理委员会

全面预算管理委员会是医疗机构全面预算管理工作的领导机构，主要负责人任主任，总会计师或分管财务工作的院领导任副主任，相关职能部门负责人任委员。全面预算管理委员会的主要职责包括：审议医疗机构预算管理制度、预算方案和预算调整方案、预算编制和执行中的重大问题、预算执行报告、决算报告等预算管理工作中的重大事项。

4. 全面预算管理内容

（1）按照部门预决算管理规定统一编制的部门预算和部门决算。医疗机构按照部门预决算管理规定的编报格式和规范编制中期规划、年度部门预算和年度部门决算。医疗机构所有收支全部纳入部门预算和部门决算。

（2）按照《医院财务制度》和《关于医院执行政府会计制度——行政事业单位会计科目和报表的补充规定》（以下简称《补充规定》）编制的财务预决算，综合反映医疗机构收入费用、资产负债、筹资投资、现金流量等全面财务信息；按照《医院财务制度》《补充规定》编制财务预算，包括业务预算、收入费用预算、筹资投资预算及年度预算报告等；按照《医院财务制度》《补充规定》编制权责发生制财务决算，包括收入费用决算、筹资投资决算、财务运行决算及年度决算报告等。

（3）强化对医疗、教学、科研、预防、基本建设等活动的预算约束，使预算管理贯穿医疗机构业务活动全过程。强化预算绩效管理，建立"预算编制有目标、预算执行有监控、预算完成有评价、评价结果有反馈、反馈结果有应用"的全过程预算绩效管理机制。

5. 关键岗位

合理设置预算业务关键岗位，配备相关人员，明确岗位的职责权限，确保经济业务活动的预算编制与预算审批，预算审批与预算执行，预算执行与预算考核，决算编制与审核，决算审核与审批，财务报告的编制、审核与审批等不相容岗位相互分离。

6. 业务流程与重点环节

建立预算编制、审批、执行、调整、决算的分析考核工作流程及业务规范；加强预算论证、编制、审批、下达、执行等关键环节的管控。

（二）收支管理

依据《公立医院内部控制管理办法》第29条之规定，开展医疗机构的收支管理工作。

1. 建立健全制度

建立健全收入、支出业务管理制度。收入管理制度应当涵盖价格确定、价格执行、票据管理、款项收缴、收入核算等内容；支出管理制度应当涵盖预算与计划、支出范围与标准确定、审批权限与审批流程、支出核算等内容。

2. 归口管理部门及职责

医疗机构收入、支出业务活动应当实行归口管理。明确各类收入的归口管理部门及职责，各项收入必须纳入医疗机构统一核算、统一管理，严禁设立账外账；支出业务应当实行分类管理，明确各类业务事项的归口管理部门及职责；设立收入、支出业务的分类审批权限，履行审批程序，重大经济活动及大额资金支付须经集体决策。

3. 关键岗位

合理设置收入、支出业务关键岗位，配备相关人员，明确其职责权限，确保医疗服务价格的确认和执行、收入款项的收取与会计核算、支出事项申请与审批、支出事项审批与付款、付款审批与付款执行、业务经办与会计核算等不相容岗位相互分离。

4. 业务流程与重点环节

规范收入管理、票据管理、支出管理、公务卡管理等业务工作流程，加强医疗服务价格管理、医疗收费、退费、结算、票据、支出业务审核、款项支付等重点环节的控制。

5. 收入管理

医疗机构应当依法组织各类收入。严格执行诊疗规范、价格政策和医保政策，定期核查医疗行为规范及物价收费的相符性；定期核查收入合同的履行情况；加强票据管理，建立票据台账，由专人管理。

6. 支出管理

医疗机构应当严格支出管理。明确经济活动各项支出标准和范围，规范报销流程，加强支出审核和支付控制；实行国库集中支付的，应当按照财政管理制度有关规定执行。

（三）资产管理

依据《公立医院内部控制管理办法》第31条及《关于加强数据资产管理的指导意见》之规定，开展医疗机构的资产管理工作。

1. 建立健全制度

建立健全资产管理制度，涵盖资产购置、保管、使用、核算和处置等内容。资产业务的种类包括货币资金、存货、固定资产、无形资产、对外投资、在建工程等。完善所属企业的监管制度。

2. 归口管理部门及职责

医疗机构资产应当实行归口管理，明确归口管理的部门和职责，明确资产配置、使用和处置国有资产的审批权限，履行审批程序。

3. 关键岗位

合理设置各类资产管理业务关键岗位，明确岗位职责及权限，确保增减资产执行与审批、资产保管与登记、资产实物管理与会计记录、资产保管与清查等不相容岗位相互分离。

4. 业务流程与重点环节

建立流动资产、非流动资产和对外投资等各类资产工作流程及业务规范，加强各类资产核查盘点、债权和对外投资项目跟踪管理等重点环节控制。

5. 流动资产管理

医疗机构应当加强流动资产管理。加强银行账户管理、货币资金核查；定期分析、及时清理应收及预付款项；合理确定库存，加快资金周转，定期盘点。

6. 非流动资产管理

医疗机构应当加强房屋、设备、无形资产等非流动资产的管理，严禁举债建设；按规定配置大型医用设备并开展使用评价，推进资产共享共用，提高资产使用效率；依法依规出租出借处置资产；建立健全"三账一卡"制度，做到账账相符、账卡相符、账实相符，定期盘点清查。

7. 对外投资管理

医疗机构应当加强对外投资管理。对外投资应当进行可行性论证，按照规定报送相关主管及财政部门审核审批；加强项目和投资管理，开展投资效益分析并建立责任追究制度。

8. 数据安全管理

依法合规管理数据资产。保护各类主体在依法收集、生成、存储、管理数据资产过程中的相关权益。鼓励各级党政机关、企事业单位等经依法授权具有公共事务管理和公共服务职能的组织（以下简称公共管理和服务机构），将其依法履职或提供公共服务过程中持有或控制的、预期能够产生管理服务潜力或带来经济利益流入的公共数据资源，作为公共数据资产纳入资产管理范畴。明晰数据资产权责关系、完善数据资产相关标准、加强数据资产使用管理、稳妥推动数据资产开发利用、健全数据资产价值评估体系、畅通数据资产收益分配机制、规范数据资产销毁处置、强化数据资产过程监测、加强数据资产应急管理、完善数据资产信息披露和报告、严防数据资产价值应用风险。

（四）会计核算

依据《政府会计制度——行政事业单位会计科目和报表》和《政府会计准则——基本准则》第6条、第7条、第8条、第9条、第10条之规定，开展医疗机构的会计核算工作。

1. 会计核算

政府会计主体应当对其自身发生的经济业务或者事项进行会计核算。政府会计核算应当以政府会计主体持续运行为前提。单位会计核算应当具备财务会计与预算会计双重功能，实现财务会计与预算会计适度分离并相互衔接，全面、清晰地反映单位财务信息和预算执行信息。单位财务会计核算实行权责发生制；单位预算会计核算实行收付实现制，国务院另有规定的，依照其规定。单位对于纳入部门预算管理的现金收支业务，在采用财务会计核算的同时应当进行预算会计核算；对于其他业务，仅需进行财务会计核算。

2. 会计要素

单位会计要素包括财务会计要素和预算会计要素。财务会计要素包括资产、负债、净资产、收入和费用。预算会计要素包括预算收入、预算支出和预算结余。

3. 会计期间

政府会计核算应当划分会计期间，分期结算账目，按规定编制决算报告和财务报告。会计期间至少分为年度和月度。年度、月度等会计期间的起讫日期采用公历日期。

4. 会计计量

政府会计核算应当以人民币作为记账本位币。发生外币业务时，应当将有关外币金额折算为人民币金额计量，同时登记外币金额。

5. 记账方法

政府会计核算应当采用借贷记账法记账。

6. 会计科目

单位应当按照《政府会计制度——行政事业单位会计科目和报表》规定设置和使用会计科目。单位应当使用《政府会计制度——行政事业单位会计科目和报表》统一规定的会计科目编号。单位在填制会计凭证、登记会计账簿时，应当填列会计科目的名称，或者同时填列会计科目的名称和编号，不得只填列会计科目编号、不填列会计科目名称。

（五）税务管理

依据《关于医疗卫生机构有关税收政策的通知》（部分失效）的规定，开展非营利性医疗机构税务合规管理工作。

第一，对非营利性医疗机构按照国家规定的价格取得的医疗服务[①]收入，免征各项税收。不按照国家规定价格取得的医疗服务收入不得享受这项政策。

---

① 医疗服务是指医疗机构对患者进行检查、诊断、治疗、康复和提供预防保健、接生的服务，以及与这些服务有关的为患者提供药品、医用材料器具、救护车、病房住宿和伙食的业务。

第二，对非营利性医疗机构从事非医疗服务取得的收入，如租赁收入、财产转让收入、培训收入、对外投资收入等应按规定征收各项税收。非营利性医疗机构将取得的非医疗服务收入，直接用于改善医疗卫生服务条件的部分，经税务部门审核批准可抵扣其应纳税额，就其余额征收企业所得税。

第三，对非营利性医疗机构自产自用的制剂，免征增值税。

第四，若非营利性医疗机构的药房分离为独立的药品零售企业，应按规定征收各项税收。

第五，对非营利性医疗机构自用的房产、土地、车船，免征房产税、城镇土地使用税和车船使用税。

(六) 会计档案管理

依据《会计档案管理办法》第5条、第6条、第7条、第10条、第11条、第12条、第14条，以及《关于规范电子会计凭证报销入账归档的通知》《电子会计档案管理规范》之规定，开展医疗机构的会计档案管理工作。

1. 建立健全制度

单位应当加强会计档案管理工作，建立和完善会计档案的收集、整理、保管、利用和鉴定销毁等管理制度，采取可靠的安全防护技术和措施，保证会计档案的真实、完整、可用、安全。

2. 档案管理机构及职责

单位的档案机构或者档案工作人员所属机构（以下简称单位档案管理机构）负责管理本单位的会计档案。单位也可以委托具备档案管理条件的机构代为管理会计档案。

单位的会计机构或会计人员所属机构（以下简称单位会计管理机构）按照归档范围和归档要求，负责定期将应归档的会计资料整理立卷，编制会计档案保管清册。

3. 归档材料

会计凭证，包括原始凭证、记账凭证。电子会计凭证，是指单位从外部接收的电子形式的各类会计凭证，包括电子发票、财政电子票据、电子客票、电子行程单、电子海关专用缴款书、银行电子回单等电子会计凭证。会计账簿，包括总账、明细账、日记账、固定资产卡片及其他辅助性账簿。财务会计报告，包括月度、季度、半年度、年度财务会计报告。其他会计资料，包括银行存款余额调节表、银行对账单、纳税申报表、会计档案移交清册、会计档案保管清册、会计档案销毁清册、会计档案鉴定意见书及其他具有保存价值的会计资料。

4. 管理手段

单位可以利用计算机、网络通信等信息技术手段管理会计档案。单位应将电子会计档案管理工作纳入会计人员、档案人员、相关业务人员岗位职责和绩效考核。

5. 保管年限

当年形成的会计档案,在会计年度终了后,可由单位会计管理机构临时保管 1 年,再移交单位档案管理机构保管。因工作需要确需推迟移交的,应当经单位档案管理机构同意。单位会计管理机构临时保管会计档案最长不超过 3 年。临时保管期间,会计档案的保管应当符合国家档案管理的有关规定,且出纳人员不得兼管会计档案。

会计档案的保管期限分为永久、定期两类。定期保管期限一般分为 10 年和 30 年。会计档案的保管期限,从会计年度终了后的第一天起算。

6. 档案移交

单位会计管理机构在办理会计档案移交时,应当编制会计档案移交清册,并按照国家档案管理的有关规定办理移交手续。

纸质会计档案移交时应当保持原卷的封装。电子会计档案移交时应当将电子会计档案及其元数据一并移交,且文件格式应当符合国家档案管理的有关规定。特殊格式的电子会计档案应当与其读取平台一并移交。

单位档案管理机构接收电子会计档案时,应当对电子会计档案的准确性、完整性、可用性、安全性进行检测,符合要求的才能接收。

7. 保密管理

单位应加强电子会计档案的安全保密管理,涉密电子会计资料和电子会计档案管理按照国家有关规定执行。

(七) 监督管理

1. 财会监督

依据《事业单位财务规则》第 60 条、第 61 条、第 62 条、第 63 条及《关于进一步加强财会监督工作的意见》之规定,开展医疗机构财会监督工作。

事业单位财务监督主要包括对预算管理、收入管理、支出管理、结转和结余管理、专用基金管理、资产管理、负债管理等的监督。各单位要加强对本单位经济业务、财务管理、会计行为的日常监督。

2. 审计监督

依据《卫生计生系统内部审计工作规定》第6条及《进一步加强卫生健康行业内部审计工作的若干意见》之规定，开展医疗机构的内部审计工作。内部审计工作应坚持全面覆盖、应审尽审；实事求是、客观公正；凡审必严、防微杜渐；促进管理、推动改革的工作原则。要坚持依法依规审计，建立健全本单位内部审计制度。

第三节 医疗机构财务管理合规风险分析

一、预决算管理中的合规风险

（一）预算编制中的合规风险

《预算法》第32条规定，各级预算应当根据年度经济社会发展目标、国家宏观调控总体要求和跨年度预算平衡的需要，参考上一年预算执行情况、有关支出绩效评价结果和本年度收支预测，按照规定程序征求各方面意见后，进行编制。《公立医院全面预算管理制度实施办法》第3条也规定，本办法所称全面预算管理，是指医院对所有经济活动实行全面管理，全部纳入预算管理范围。包含两方面内容：一是业务主管部门对医疗机构预算和财务实行全面管理，医院作为预算单位，所有收支全部纳入预算范围；二是医院内部建立健全全面预算管理制度，以医院战略发展规划和年度计划目标为依据，充分运用预算手段开展医院内部各类经济资源的分配、使用、控制和考核等各项管理活动。具体包括收入、支出、成本费用、筹资投资、业务等预算。

医疗机构应依托全面预算管理委员会，由下设的预算管理办公室牵头落实各项工作职责；业务部门需根据战略制订培训计划明确资金需求，经充分论证后报预算管理办公室审核；预算管理办公室加强全面预算过程管控，在编制阶段统一模板、初审草案，在执行阶段督导进度并开展绩效考核，将预算绩效情况纳入各部门年度考核，同时落实拟定制度、预算调整、编制决算，并定期向预算管理委员会汇报。

根据《公立医院全面预算管理制度实施办法》，全面预算管理委员会下设全面预算管理办公室，牵头负责全面预算管理日常工作。办公室设在预算管理部门或财务部门，部门负责人任办公室主任。医院根据规模和业务量大小，明确负责预算管理工作人员（至少1名），各归口部门、各预算科室要设立兼职预算员。全面预算管理办公室的主要职责包括：拟定各项预算管理制度，组织、指导预算归口管理部门和相关预算科室编制预算，对预算草案进行初步审查、协调和平衡，汇总编制医院全面预算方案，检查预算执行情况并编制报告，组织编制医院决算报告，开展预算绩效考核评价及编制报告等。

【典型案例08-01】某单位预算收入与实际收入存在显著偏差的案例[①]

某医疗机构编制预算收入时将培训收入编制为0.00万元，实际当年培训收入达450万元，预算与实际存在差异。

某医疗机构预算收入与实际偏差较大，主要原因包括：（1）未结合医疗机构实际培训业务规划和发展潜力编制预算；（2）医疗机构负责培训业务的部门与财务部门在预算编制过程中缺乏有效沟通；（3）预算管理办公室未履行指导、检查等职责。

（二）预算执行中的合规风险

《预算法实施条例》第60条规定，各级政府、各部门、各单位应当加强对预算支出的管理，严格执行预算，遵守财政制度，强化预算约束，不得擅自扩大支出范围、提高开支标准；严格按照预算规定的支出用途使用资金，合理安排支出进度。

【典型案例08-02】某医院基建项目自有资金执行率低的案例

某医院门诊修建项目批复资金500万元，其中财政拨款400万元，自筹配套资金100万元。在实际执行中，财政拨款全部执行完成，自筹配套资金仅执行7.2万元，执行率为7.20%。

---

① 本章中列举的案例，均为笔者在实际工作中遇到或者在业务学习中通报的案例。

某医院门诊修建项目批复资金（含财政拨款与自筹资金）均应纳入全口径预算管理，须严格遵守预算规定的支出用途，合理规划资金使用进度。医院应建立"预算编制有目标、预算执行有监控、预算完成有评价、评价结果有反馈、反馈结果有应用"的全过程预算绩效管理体系，动态跟踪预算执行，及时识别并纠正执行率低等问题；建立常态化资金监管机制，定期分析项目进展与资金使用情况，形成预算编制、执行监控、绩效评价、结果应用的闭环管理，确保资金规范高效运转，提升使用效益。

（三）政府采购预算中的合规风险

《国家卫生健康委员会政府采购管理暂行办法》第15条规定，各单位应当严格按照财政部批复的政府采购预算开展政府采购活动，未列入政府采购预算的，不得采购。

医疗机构应严格遵循政府采购规定，无论资金来源，凡属集中采购目录内或限额标准以上的项目均须纳入预算申报，完善采购流程及内部监督机制，加强政策培训以杜绝类似问题。

根据《政府采购法》规定，政府采购是指各级国家机关、事业单位和团体组织，使用财政性资金采购依法制定的集中采购目录以内的或者采购限额标准以上的货物、工程和服务的行为。根据《政府采购法实施条例》规定，《政府采购法》第2条所称财政性资金是指纳入预算管理的资金。

【典型案例08-03】某医院未按规定编报政府采购预算的案例

某医院使用自有资金直接与某公司签订了一年期300万元的服务合同，因未将该服务列入政府采购预算申报范围，无法履行采购程序。

某医院在执行服务采购项目时存在两个方面的问题：一是相关人员对政府采购政策理解存在明显偏差，误认为使用医疗机构自有资金采购服务项目无须申报，导致未纳入年度政府采购预算申报范围及履行程序；二是大额采购缺乏内部监督，事前合规性审查和事中过程监督缺失，存在决策与管理漏洞。

（四）预算绩效自评结果中的合规风险

《项目支出绩效评价管理办法》第21条规定，部门本级和所属单位按照要求具体负责自评工作，对自评结果的真实性和准确性负责，自评中发现的问题要及时进行整改。第 25 条规定，单位自评结果主要通过项目支出绩效自评表的形式反映，做到内容完整、权重合理、数据真实、结果客观。

医疗机构应高度重视绩效管理工作，明确部门职责分工，加强财务与业务部门协作；定期开展培训，提升人员绩效管理能力；完善评价结果应用，强化绩效约束，确保评价工作客观反映项目效益，为预算安排和管理改进提供依据。对未达标项目需分析原因、提出整改措施，发挥绩效评价作用。

根据《项目支出绩效评价管理办法》，绩效评价应当遵循科学公正、统筹兼顾、激励约束、公开透明的基本原则。单位自评的内容主要包括项目总体绩效目标、各项绩效指标完成情况以及预算执行情况。对未完成绩效目标或偏离绩效目标较大的项目要分析并说明原因，研究提出改进措施。应切实加强自评结果的整理、分析，将自评结果作为本单位完善政策和改进管理的重要依据。对预算执行率偏低、自评结果较差的项目，要单独说明原因，提出整改措施。

【典型案例 08-04】某医院预算绩效自评结果不真实、不准确的案例

某医院医疗设备体系建设项目的支出绩效自评指标结果不真实。在"新增专用设备数量""装机完成率""按期完成率"等核心指标实际未达标的情况下，计划新增设备 15 台仅完成 10 台，装机完成率 66.7%，仍以 100% 完成值填列自评报告。

某医院未如实填报绩效自评指标，导致评价结果与实际不符，反映出对预算绩效管理工作重视不足，且缺乏有效的数据审核机制和问责机制，使绩效自评流于形式。

二、收支管理中的合规风险

（一）财政拨款收入管理中的合规风险

《事业单位财务规则》第 18 条规定，事业单位应当将各项收入全部纳入单位预算，统一核算，统一管理，未纳入预算的收入不得安排支出。《政府会计制度——行政事业单位会计科目和报表》"6601 非同级财政拨款预算收入"亦要求，本科目核算单位从非同级政府财政部门取得的财政拨款，包括本级横向转拨财政款和非本级财政拨款。

根据《公立医院内部控制管理办法》第 29 条的规定，医院收入、支出业

务活动应当实行归口管理。明确各类收入的归口管理部门及职责,各项收入必须纳入医院统一核算,统一管理,严禁设立账外账;支出业务应当实行分类管理,明确各类业务事项的归口管理部门及职责;设立收入、支出业务的分类审批权限,履行审批程序,重大经济活动及大额资金支付须经集体决策。

【典型案例 08-05】某医院未及时确认收入的案例

某医院收到上级行政机构委托项目款 600 万元,长期在往来款"其他应付款"科目核算,未计入"非同级财政拨款收入"科目。

某医院未按照《政府会计制度》规定使用会计科目,导致收入确认不准确,财务报表数据失真,影响会计信息的可靠性。医院应加强财务人员业务培训,确保同类业务的核算规范。

(二) 差旅费报销中的合规风险

《中央和国家机关差旅费管理办法》第 7 条规定,出差人员应当按规定等级乘坐交通工具。未按规定等级乘坐交通工具的,超支部分由个人自理。第 17 条规定,财政部分地区制定伙食补助费标准……由财政部统一发布作为中央单位工作人员到相关地区出差的伙食补助费标准。第 25 条规定,财务部门应当严格按规定审核差旅费开支,对未经批准出差以及超范围、超标准开支的费用不予报销。

医疗机构应加强相关人员差旅费报销标准的培训,在审核时要严格把关,防范类似问题。

【典型案例 08-06】某医院管理人员超标准列支差旅费报销的案例

某医院管理人员于 2020 年 11 月 26 日赴长沙出差,27 日离开长沙。其中 3 人应付住宿费 1 天共 1050 元,实际报销 1530 元,超标准 480 元。

某医院差旅费报销存在两个方面的问题:一是未严格执行国家及地方差旅费管理规定;二是财务审核不严,未发现住宿费超标。

(三) 公务用车采购中的合规风险

《党政机关公务用车管理办法》第 19 条规定,党政机关应当建立公务用车管理台账。第 20 条规定,严格公务用车使用时间、事由、地点、里程、油耗、费用等信息登记和公示制度……实行公务用车保险、维修、加油政府集中采购和定点保险、定点维修、定点加油制度,健全公务用车油耗、运行费用单车核算和年度绩效评价制度。

医疗机构应完善管理制度，明确集中采购和定点要求，在日常管理中应实行单车核算，关注费用异常情况；加强《政府采购法》等法规培训，建立日常检查和监督机制，将合规要求纳入绩效考核。根据《关于中央国家机关2021—2022年车辆维修定点有关事宜的通知》，采购人择优选择维修保养企业。各单位可在中央政府采购网汽车维修栏目（http://oldpt.zycg.gov.cn/td_qcwx/list），查询各定点维修企业主修车型、地理位置、折扣率、联系方式等信息，根据本单位实际情况，择优选择维修保养企业。遵循各属地政府采购公务用车的管理要求。

【典型案例08-07】某医院未执行政府采购，存在公务用车信息登记不完整、不准确的案例

某医院选择非政府采购名录内的B汽车服务公司进行车辆维修，且后勤部门公务用车台账未记录使用时间、事由、地点、里程等关键信息。某医院公务用车管理中存在维修服务未履行政府采购程序、台账信息缺失等问题。

（四）向中小企业付款中的合规风险

《保障中小企业款项支付条例》第7条规定，机关、事业单位和大型企业不得要求中小企业接受不合理的付款期限、方式、条件和违约责任等交易条件，不得拖欠中小企业的货物、工程、服务款项。第9条规定，机关、事业单位从中小企业采购货物、工程、服务，应当自货物、工程、服务交付之日起30日内支付款项；合同另有约定的，从其约定，但付款期限最长不得超过60日。第14条规定，机关、事业单位和大型企业不得以法定代表人或者主要负责人变更，履行内部付款流程，或者在合同未作约定的情况下以等待竣工验收备案、决算审计等为由，拒绝或者迟延支付中小企业款项。

医疗机构在对合同台账管理时对中小企业予以特别关注，对每笔应付款项设置支付提醒，严格按合同节点付款；业务部门在合同台账及合同文本中标识中小企业，财务部门审核付款时严格把关；定期开展条例培训，强化合规意识。根据《保障中小企业款项支付条例》第3条和第18条之规定，中小企业与机关、事业单位、大型企业订立合同时，应当主动告知其属于中小企业。机关、事业单位应当于每年3月31日前将上一年度逾期尚未支付中小企业款项的合同数量、金额等信息通过网站、报刊等便于公众知晓的方式公开。

【典型案例08-08】某医院未按规定支付中小企业款项的案例

某医院向本地中小企业 B 公司采购 200 万元医疗设备，合同约定验收后 30 日内支付 90% 货款，即 180 万元，验收满 1 年后支付质保金 20 万元。B 公司按合同要求交付并在验收后开具发票，医院以"财政预算调整"为由逾期 127 天支付首笔货款，质保金到期后又以"内部审计未完成"为由拖延超 90 天。某医院以"预算调整""内部审计"为由延迟付款，不符合条例规定。

三、资产管理中的合规风险

（一）对外投资管理中的合规风险

《中央行政事业单位国有资产使用管理办法》第 8 条规定，除本办法第 9 条规定外，各部门所属行政事业单位（含垂直管理机构和派出机构，各部门机关本级和机关服务中心除外）、有关中央管理企业所属事业单位国有资产出租出借、对外投资等，单位价值或者批量价值（账面原值）1500 万元以上（含 1500 万元）的，应当由各部门、有关中央管理企业审核同意并出具审核意见后报财政部审批；单位价值或者批量价值 1500 万元以下的，由各部门、有关中央管理企业自行审批。《进一步加强委预算单位所办企业国有资产管理》规定，加强投资办企论证及审批……对投资或划转取得的新增股权，须按照财务会计制度要求准确、及时入账。

医疗机构应严格履行审批程序，建立健全内部投资决策机制，确保国有资产对外投资合规；依据政策法规完善财务核算流程，准确进行账务处理，建立常态化资产台账，防止国有资产流失。根据《中央行政事业单位国有资产使用管理办法》第 35 条之规定，中央事业单位利用国有资产对外投资应当有利于事业发展和实现国有资产保值增值，符合国家有关规定，经可行性研究和集体决策，按照本办法第二章规定的权限履行审批手续，未经批准不得对外投资。除有关中央管理企业所属事业单位、本办法第 9 条和国家另有规定外，中央事业单位原则上不得直接投资新设或者新入股企业；确需新设或者新入股企业的，应当经主管部门审核同意后报财政部审批。中央事业单位应当明确对外投资形成的股权及其相关权益管理责任，按照规定将对外投资形成的股权纳入经营性国有资产集中统一监管体系。

【典型案例08-09】某医院未按规定履行对外投资审批手续的案例

某医院以无形资产对外投资，未报经主管部门审批，将取得的10%股权由下属单位代持，下属单位未按规定将此资产入账。某医院以无形资产对外投资存在未履行审批程序、下属单位股权代持未按规定入账两个方面的问题。

（二）资产处置收入中的合规风险

《中央行政事业单位国有资产处置管理办法》第32条规定，除国家另有规定外，中央行政事业单位国有资产处置收入，应当在扣除相关税金、资产评估费、拍卖佣金等费用后，按照政府非税收入和国库集中收缴管理有关规定及时上缴中央国库。

医疗机构应全额上缴资金、调整账务、追究责任，并通过加强政策培训、完善内控流程等措施避免类似问题再次发生。根据《中央行政事业单位国有资产处置管理办法》第9条第2款之规定，各部门所属行政事业单位应当在规定权限内根据实际及时处置国有资产，一个月度内分散处置的国有资产原则上按同一批次汇总计算批量价值。

【典型案例08-10】未按规定将处置收入上缴国库

A医院"应缴财政款"科目贷方期末余额50万元，为历年固定资产处置收入，未按规定及时上缴国库，不符合《政府会计制度》及国有资产管理规定，存在财务处理不规范、内控缺失、合规意识淡薄等问题。

（三）处置资产程序中的合规风险

《预算单位国有资产处置管理办法》第18条规定，提前报废、损失核销、转让、无偿划转、对外捐赠、置换等国有资产处置事项，应当加强专家论证及可行性研究，必要时可聘请第三方中介机构开展相关工作，强化风险防控。对发生的提前报废、损失核销等事项，应当及时查明原因，对造成国有资产流失的，严肃追究责任。第45条规定，申请国有资产报废，应当提交有关部门、专家出具的鉴定文件及处理意见。提前报废国有资产，须由不少于5名专业技术人员（其中，外部专家不少于专家人数的三分之二）出具资产状况鉴定意见及处理意见。

因缺乏专业鉴定支撑，无法准确评估报废价值，存在资产处置随意、价值低估、国有资产流失风险，且可能导致财务核算失真，暴露出医疗机构资产管理制度执行不到位、内控流程缺失等问题。医疗机构需尽快补充鉴定材料、规范处置流程并完善资产管理机制，加强资产报废流程审核和内控措施执行。

【典型案例08-11】某医院未按规定程序和手续报批处置资产的案例

2023年12月，某医院放射科报废一台核磁设备，原值538万元，报废收入为26万元。未按规定提交有关部门、专家出具的鉴定文件及处理意见，无法准确判断资产处置价值是否合理。某医院报废设备未按规定提交部门及专家鉴定文件与处理意见，导致处置程序违规。

（四）在建工程管理中决算和固定资产登记的合规风险

《事业单位财务规则》第42条规定，在建工程是指已经发生必要支出，但尚未达到交付使用状态的建设工程。在建工程达到交付使用状态时，应当按照规定办理工程竣工财务决算和资产交付使用，期限最长不得超过1年。《政府会计准则第3号——固定资产》第10条第4款规定，已交付使用但尚未办理竣工决算手续的固定资产，应当按照估计价值入账，待办理竣工决算后再按实际成本调整原来的暂估价值。

医疗机构应加强部门间协作沟通，在规定时间内完成暂估入账，完善工程转固流程与跨部门协作机制，明确费用化与资本化标准及流程，避免不合规问题。

【典型案例08-12】某医院"转固"不及时的案例

某医院某项工程改造项目已完成竣工验收，在建工程科目余额379.59万元未按规定暂估转固。某医院工程改造项目未按规定暂估转固，导致资产账实不符，固定资产账面价值低估，影响财务报表的真实性和经济运行关键指标的准确性。同时暴露出医院工程管理与财务衔接的漏洞、内控执行不力等问题。

（五）资产出租出借中的合规风险

《中央行政事业单位国有资产使用管理办法》第8条规定，各部门所属行政事业单位（含垂直管理机构和派出机构，各部门机关本级和机关服务中心除外）、有关中央管理企业所属事业单位国有资产出租出借、对外投资等，单位价值或者批量价值（账面原值）1500万元以上（含1500万元）的，应当由各部门、有关中央管理企业审核同意并出具审核意见后报财政部审批；单位价值或者批量价值1500万元以下的，由各部门、有关中央管理企业自行审批。《预算管理单位国有资产使用管理办法》第10条规定，各单位负责对本单位占有、使用的国有资产实施管理。主要职责是：……（4）加强对外投资和出租、出借的资产管理，强化风险控制和收益管理，按照规定权限办理相关审批（审核）或备案手续，并在国有资产年度决算报告中披露相关信息。

医疗机构应高度重视所有房产的使用管理，特别是对所属企业使用的医疗机构房产，应遵循事企分开、权属清晰、权责分明、安全完整、风险控制、注重效益的原则。《预算管理单位国有资产使用管理办法》第32条规定，国有资产对外出租、出借，应当符合国家有关法律、行政法规的规定，遵循权属清晰、安全完整、风险控制、注重绩效和跟踪管理的原则，加强可行性论证，按照规定程序履行审批手续。未经批准，不得擅自对外出租、出借。不得将国有资产出租、出借给个人。第34条规定，各单位国有资产对外出租、出借，原则上应当采取公开招租的形式确定出租的价格，必要时可采取评审或者资产评估的办法确定出租的价格。国有资产出租、出借时间一般不得超过5年。对合同到期需续租的出租、出借事项，应当按照有关规定重新办理审批手续。

【典型案例08-13】某医院违规出租出借资产的案例

某医院下属公司无偿使用医院房产，作为公司经营用房。某医院下属公司无偿使用某医院房产存在两个方面的问题：一是未履行可行性论证、集体决策、分级审批等程序，不符合管理办法规定；二是某医院下属公司作为独立的法人主体，其使用行为需遵循国有资产保值增值原则，不能无偿使用某医院房产。某医院应按规定权限补办审批手续，需参照市场价格签订有偿租赁协议，同时完善内部资产管理制度，强化风险控制与收益管理，确保国有资产使用合法合规。

四、财务管理与会计核算中的合规风险

（一）往来款项长期挂账中的合规风险

《医院财务制度》第42条规定，医院对应收及预付款项要加强管理，定

期分析、及时清理。对账龄超过三年、确认无法收回的应收医疗款和其他应收款可作为坏账损失处理。《关于贯彻实施政府会计准则制度的通知》规定，各部门、各单位应当在 2016 年资产清查核实的基础上，根据政府会计准则制度的要求，进一步清理核实和归类统计固定资产、无形资产、库存物品、对外投资等资产数据，为准确计提折旧、摊销费用、确定权益等提供基础信息；进一步规范和加强往来款项的管理，全面开展往来款项专项清理和账龄分析，做好坏账准备计提的相关工作。

医疗机构需从制度建设、流程优化、监督机制入手，建立常态化往来账管理体系，及时化解存量风险，防范增量问题。

【典型案例 08-14】某医院往来款项清理不及时的案例

某医院"其他应收款——以前年度未还款"科目余额 101.45 万元，账龄均超 3 年未清理，且未建立账务清理管理制度。某医院往来款项长期挂账问题主要是因为内部管理机制欠缺、未明确对账周期、缺乏监督和责任追究机制。长期挂账易引发资金管理、运营效率和合规性风险。

(二) 货币资金管理中的合规风险

《政府会计准则制度解释第 1 号》规定，单位通过支付宝、微信等方式取得相关收入的，对于尚未转入银行存款的支付宝、微信收付款等第三方支付平台账户的余额，应当通过"其他货币资金"科目核算。

医疗机构应加强会计科目核算内容的学习，确保科目使用规范，准确反映资金状态。

【典型案例 08-15】某医院会计核算不正确的案例

某医院将通过支付宝、微信等第三方支付方式取得的收入计入"应收账款"科目，未作为"其他货币资金"管理。某医院因对会计科目核算范围理解不准确，误将第三方支付收入计入"应收账款"，导致财务报表信息失真，无法真实反映资金状况。

(三) 定期存款期限中的合规风险

《中央预算单位资金存放管理实施办法》第 17 条规定，中央预算单位在开户银行办理定期存款或将资金转出开户银行进行定期存款，应当在预测资金流量的基础上，合理确定定期存款的资金规模和期限，确保资金支付需要。

除按照国家规定开展保值增值管理的资金外,定期存款期限一般控制在1年以内(含1年)。

医疗机构应加强财经政策培训,及时掌握最新制度要求,定期开展资金存放业务专项检查,严格执行存款期限规定,提升财务管理规范性和准确性。《中央预算单位资金存放管理实施办法》第6条规定,中央预算单位选择资金存放银行,应当采取竞争性方式或集体决策方式。第14条规定,中央预算单位银行结算账户资金转存定期存款,一般在开户银行办理。中央预算单位银行结算账户内的事业收入、经营收入等除同级财政拨款收入以外的资金,在扣除日常资金支付需要后有较大规模余额的,可以转出开户银行进行定期存款,单次操作金额不少于1000万元。

【典型案例08-16】某医院未按规定期限办理定期存款的案例

某医院经院党委会集体决策,在确保日常运营资金需求的前提下,将6000万元闲置资金在基本账户开户银行办理了3年期定期存款。某医院办理3年期定期存款的行为,不符合《中央预算单位资金存放管理实施办法》第17条关于"定期存款期限一般控制在1年以内(含1年)"的规定。

五、税务管理中的合规风险

(一) 代扣代缴个人所得税中的合规风险

《税收征收管理法》第4条规定,法律、行政法规规定负有纳税义务的单位和个人为纳税人。法律、行政法规规定负有代扣代缴、代收代缴税款义务的单位和个人为扣缴义务人。纳税人、扣缴义务人必须依照法律、行政法规的规定缴纳税款、代扣代缴、代收代缴税款。《增值税暂行条例》第1条规定,在中华人民共和国境内销售货物或者加工、修理修配劳务,销售服务、无形资产、不动产以及进口货物的单位和个人,为增值税的纳税人,应当依照本条例缴纳增值税。

医疗机构应完善税务内控管理,建立税务管理制度,明确业务流程,定期开展税务政策培训,强化税务责任意识,确保依法履行纳税义务,维护税收秩序。

【典型案例08-17】 某医院未按规定缴纳税款的案例

某医院在发放职工补贴、值班费时未合并计算个人所得税；收取进修培训收入、租金收入、复印费收入等应税项目时未按规定计提并缴纳增值税。某医院作为个税扣缴义务人和增值税纳税人，应高度重视税务合规管理，切实履行法定纳税义务。

（二）缴纳环境保护税中的合规风险

《环境保护税法》第2条规定，在中华人民共和国领域和中华人民共和国管辖的其他海域，直接向环境排放应税污染物的企业事业单位和其他生产经营者为环境保护税的纳税人，应当依照本法规定缴纳环境保护税。

根据税法要求，应税污染物是指《环境保护税税目税额表》《应税污染物和当量值表》规定的大气污染物、水污染物、固体废物和噪声。环境保护税应当按月计算、按季申报缴纳，不能按固定期限计算缴纳的，可以按次申报缴纳。医疗机构应加强税法培训，明确应税污染物范围、排放监测要求及申报流程；建立税务合规长效机制，定期梳理税种要求，避免因违规产生滞纳金、罚款等。

【典型案例08-18】 两家医疗机构未按规定缴纳税款的案例

2024年，经税务检查发现A、B两家医院存在未按规定缴纳环境保护税的问题。

A医院因大型锅炉运行导致排放应税污染物。但A医院相关人员对环保税政策掌握不足，在全年税务申报时，遗漏了锅炉使用产生的环保税。经税务部门查实后，立即向A医院下达责令限期改正通知书，要求其补缴税款、加收滞纳金。

B医院因改造工程施工导致扬尘污染。医院相关人员对环保税政策了解不足，认为小型工程无须纳税，在施工期间未采取有效降尘措施，也未将该项目纳入纳税申报范畴。经税务部门认定此行为属于未按规定缴纳税款，遂向医院下达责令限期改正通知书，并根据应纳税额和逾期天数，依法加收滞纳金。

A、B两家医院因对政策理解不到位未履行纳税义务。

六、落实中央八项规定精神中的合规风险

（一）公务用车中的合规风险

《党政机关公务用车管理办法》第6条规定，党政机关公务用车实行编制管理。车辆编制根据机构设置、人员编制和工作需要等因素确定。机要通信用车、应急保障用车和其他按照规定配备的公务用车编制由公务用车主管部门会同有关部门确定。第7条规定：应急保障用车和其他按照规定配备的公务用车配备价格18万元以内、排气量1.8升（含）以下的轿车或者其他小型客车。确因情况特殊，可以适当配备价格25万元以内、排气量3.0升（含）以下的其他小型客车、中型客车或者价格45万元以内的大型客车。《党政机关厉行节约反对浪费条例》第29条规定，公务用车实行政府集中采购，应当选用国产汽车，优先选用新能源汽车。公务用车严格按照规定年限更新，达到更新年限仍能继续使用的应当继续使用，不得因领导干部职务晋升、调动等原因提前更新。公务用车保险、维修、加油等实行政府集中采购，降低运行成本。

医疗机构应严格落实公务用车编制管理，组织政策学习，健全购置决策机制，强化预算约束与内部审计监督，严肃追究相关人员责任。根据《党政机关公务用车管理办法》规定，公务用车应实行编制管理。车辆编制根据机构设置、人员编制和工作需要等因素确定。根据《关于全面推进公务用车制度改革的指导意见》规定，党政机关不得以特殊用途等理由变相超编制、超标准配备公务用车，不得以任何方式换用、借用、占用下属单位或其他单位和个人的车辆，不得接受企事业单位和个人赠送的车辆，不得以任何理由违反用途使用或固定给个人使用执法执勤、机要通信等公务用车，不得以公务交通补贴名义变相发放福利。

【典型案例08-19】某医院违规购置公务用车的案例

某医院经审批公务用车为5辆，却以特殊用途为由，未经审批擅自购置价值45万元的7座商务车1辆。某医院公务用车管理存在擅自突破编制、超标准配置车辆、决策程序三个方面的违规行为。

（二）因公临时出国的合规风险

《因公临时出国经费管理办法》第5条第3项规定，各级外事部门应当加

强因公临时出国计划的审核审批管理，严格把关，对违反规定、不适合成行的团组予以调整或者取消。驻外使馆答复国内因公临时出国征求意见时，应当严格履行把关职责。第 16 条规定，出国人员回国报销费用时，须凭有效票据填报有团组负责人审核签字的国外费用报销单。各单位财务部门应当对因公临时出国团组提交的出国任务批件、护照（包括签证和出入境记录）复印件及有效费用明细票据进行认真审核，严格按照批准的出国团组人员、天数、路线、经费预算及开支标准核销经费，不得核销与出访任务无关的开支。

医疗机构应组织全体人员深入学习《因公临时出国经费管理办法》《会计基础工作规范》《会计法》以及中央八项规定精神等制度规定，完善审批及报销流程，财务部门严格审核凭证，内部审计定期开展专项检查，建立事前审批、事中监督、事后审计的全过程管控。根据《因公临时出国经费管理办法》规定，因公临时出国购买机票，须经本单位外事和财务部门审批同意。机票款由本单位通过公务卡、银行转账方式支付，不得以现金支付。出国人员根据出访任务需要在一个国家城市间往来，应当事先在出国计划中列明，并报本单位外事和财务部门批准。出访用餐应当勤俭节约，不上高档菜肴和酒水，自助餐也要注意节俭。出访团组原则上不对外赠送礼品。出访团组与我国驻外使领馆等外交机构和其他中资机构、企业之间一律不得以任何名义、任何方式互赠礼品或纪念品。

【典型案例 08-20】某医院负责人违规公务出国的案例

某医院某负责人未经审批擅自出国，报销差旅费 9.8 万元，会计凭证中未附护照复印件、出国批件等原始单据。某医院存在未经审批擅自出国、违规报销差旅费、会计凭证缺失关键单据等违规问题。

（三）公务接待中的合规风险

根据《党政机关厉行节约反对浪费条例》规定，接待单位应当严格按照标准安排接待对象的住宿用房，协助安排用餐、用车的按照标准收取伙食费、交通费。工作餐不得提供高档菜肴，不得提供香烟，不上酒。不得在接待费中列支应当由接待对象承担的费用，不得以举办会议、培训等名义列支、转移、隐匿接待费开支。

医疗机构需开展公务接待等政策培训，建立接待清单与公函联审机制，财务部门拒绝报销违规费用，完善内控流程，堵塞漏洞，通过典型警示案例教育，确保公务接待合规透明、厉行节约。根据《党政机关厉行节约反对浪费条例》规定，接待单位应当建立国内公务接待审批控制制度，严格执行公函制度，对无公函的公务活动一律不予接待，严禁将非公务活动纳入接待范围。接待单位应当严格执行国内公务接待清单制度，如实反映接待对象、公务活动、接待费、陪同和相关工作保障人员等情况。接待清单作为财务报销的凭证之一并接受审计。

【典型案例08-21】某医院违规公务接待的案例

某医院在内部食堂接待来访5人，陪餐5人，消费0.8万元，人均餐费800元，超过医院规定的45元/人标准，且陪餐人数超标。

某医院公务接待活动中存在陪餐人数超标、餐费标准超标两项违规行为，背离了公务接待厉行节约、反对浪费的基本原则，反映制度执行不力、审核不严格等问题。

第四节　医疗机构财务管理合规指引

一、医疗机构财务管理合规的制度建设

医疗机构财务管理合规建设是规范经济运行、防范财务风险的重要保障，通过建立健全全面预算管理、收入管理、支出管理、资产管理、税务管理和会计档案管理等制度体系，能够有效规范财务行为，优化资源配置，提升管理效能，为医疗机构高质量发展提供坚实的财务支撑。

财务管理合规的制度建设应明确落实到具体财务岗位及相关责任人，要求相关人员持续关注国家政策动态，包括国务院、财政部、国家卫生健康委员会及国家中医药管理局等部门发布的最新政策与制度，确保及时统筹修订医疗机构内部相关制度，严格与上位法保持一致并贯彻执行。同时，需定期组织针对新政策、新制度的专项培训，确保财务及相关人员准确掌握并落实最新管理要求。

医疗机构财务管理各项制度应结合国家财经法规及行业监管要求动态调

整，形成科学、规范、高效的财务管理合规制度体系。财务管理合规的制度建设应包含以下几个方面：（1）建立全面预算管理制度，覆盖预算编制、审批、执行、调整、决算及绩效评价全流程，强化预算刚性约束；（2）建立收入业务管理制度，规范价格核定、价格执行、票据管理、款项收缴及收入核算等内容，保障收入的真实性和完整性；（3）建立支出业务管理制度，明确预算与计划、支出范围与标准确定、审批权限、审批流程及支出核算等内容，防止超支与不合理支出，确保支出的合规性；（4）建立资产全生命周期管理制度，涵盖购置论证、保管使用、会计核算及处置报废等内容，并加强对所属企业的资产监管，防止资产流失与浪费，保障资产安全；（5）建立会计档案管理制度，规范收集、整理、保管、利用及销毁流程，并采取加密存储、备份容灾等技术措施，保障档案的真实性、完整性、可用性和安全性。

二、医疗机构财务管理合规的运行机制

（一）全面预算管理

医疗机构需建立健全预算管理组织架构，形成由全面预算管理委员会、全面预算管理办公室、预算归口管理部门和预算科室组成的全面预算管理组织体系。该体系覆盖医疗机构所有的部门和科室，确保预算责任逐级分解与落实，使预算管理贯穿医疗机构业务活动的全过程。全面预算管理委员会作为领导机构，由医疗机构主要负责人担任主任，总会计师或分管财务工作的院领导担任副主任，相关职能部门负责人担任委员，其职责包括审议预算管理制度、预算方案、预算调整方案，以及预算编制和执行中的重大问题、预算执行报告和决算报告等重大事项。

构建涵盖预算编制、审批、执行、调整及决算的全流程分析与考核机制，并制定相应的业务规范。在此基础上，强化对预算论证、编制、审批、下达以及执行等核心环节的管控力度，以确保预算管理的科学性、规范性和有效性。对预算执行情况进行动态监控和分析，及时发现并纠正偏差。强化预算绩效管理，建立"预算编制有目标、预算执行有监控、预算完成有评价、评价结果有反馈、反馈结果有应用"的全过程预算绩效管理机制，通过绩效管理提高预算执行的效率和效果，为医疗机构的可持续发展提供有力保障。

（二）收支管理

规范医疗机构财务活动，需依据归口管理原则，明确各类收入的管理职

责，确保所有收入纳入统一核算体系，防止账外账的出现。支出业务应按分类管理要求，明确各业务事项的管理部门及职责，并根据业务性质和金额设定审批权限，严格执行审批流程。重大经济活动及大额资金支付需遵循集体决策机制，保障决策的科学性与民主性，确保资金使用的合规性与安全性。合理设置收支关键岗位，明确各岗位职责与权限，确保不相容岗位相互分离。

严格遵循相关法律法规及政策要求，规范组织各类收入活动。医疗机构需秉持严谨态度，落实价格政策与医保政策，定期开展医疗行为规范与物价收费相符性的核查工作，确保收入来源的合法性与准确性。定期审查收入合同的执行情况，优化票据管理流程，建立健全票据台账制度，并安排专人负责票据的领取、使用及核销工作，保障票据管理的规范性与安全性。

在支出管理方面，需加大管控力度，明确各类经济活动支出的标准与范围，优化报销流程，严格把控支出审核与支付环节。对于采用国库集中支付的医疗机构，必须严格遵循财政管理相关制度要求，确保资金支付的合规性与安全性。

(三) 资产管理

医疗机构需明确归口管理部门及职责，制定资产管理制度，规范资产配置、使用和处置的流程与审批权限，合理设置资产管理的关键岗位，明确各岗位职责与权限，确保不相容岗位相互分离。

强化资产核查盘点、债权及对外投资项目跟踪管理等重点环节的控制。加强银行账户管理与货币资金核查，定期分析并及时清理应收及预付款项，合理控制存货库存，定期盘点，确保账实相符。加强对房屋、设备、无形资产等的管理，严禁举债建设，按规定配置大型医用设备并开展使用评价，推进资产共享共用，提高资产使用效率。依法依规进行资产的出租、出借及处置，建立健全三账一卡制度，确保账账相符、账卡相符、账实相符，定期盘点清查。加强对外投资的可行性论证，按照规定向相关主管及财政部门报送审核审批材料，强化投资项目管理，开展投资效益分析，建立责任追究制度，确保对外投资活动的合规性与效益性。

(四) 税务管理

医疗机构按照国家规定的价格取得的医疗服务收入，免征各项税收。医疗机构从事非医疗服务取得的收入，如租赁收入、财产转让收入、培训收入、对外投资收入等应按规定征收各项税收。

医疗机构以提供医疗服务为主，其主要涉及的税种包括个人所得税、增值税、印花税、企业所得税、环境保护税等。(1) 在个人所得税方面，医疗机构作为员工个人所得税代扣代缴的主要责任主体，应关注个人所得税的应税范围、免征范围、税率、汇算清缴等内容；(2) 在增值税方面，除了应税范围、免征范围、税率、税收优惠等内容以外，还应注意医疗机构自产自用的制剂，免征增值税；(3) 印花税作为一种小税种，在医疗机构缴纳税款时容易被忽略，主要涉及各类应税合同（如购销合同、租赁合同、借款合同等），需根据合同类型和金额按规定税率申报缴纳；(4) 在企业所得税方面，医疗机构将取得的非医疗服务收入，直接用于改善医疗卫生服务条件的部分，经税务部门审核批准可抵扣其应纳税所得额，就其余额征收企业所得税；(5) 《环境保护法》规定，直接向环境排放应税污染物的企业事业单位和其他生产经营者为环境保护税的纳税人；医疗机构应缴纳环境保护税；(6) 应注意医疗机构自用的房产、土地、车船，免征房产税、城镇土地使用税和车船使用税。

（五）会计档案管理

建立健全会计档案管理体系，确保会计档案的真实、完整、可用与安全。医疗机构需明确档案管理机构的职责，由档案管理机构或指定机构负责会计档案的全面管理，也可委托具备条件的外部机构代管。

会计档案的内容管理要全面覆盖会计凭证、会计账簿、财务会计报告等各类财务资料，制定详细的归档范围和保管期限表。档案的收集与整理要建立标准化流程，明确归档时限和质量要求，实行定期归档制度。严格借阅审批制度，控制档案的外借范围和期限，做好使用登记。档案鉴定与销毁要按规定程序进行，到期档案要编制销毁清册，履行审批手续后方可销毁。要定期开展档案管理情况的监督检查，及时发现和整改问题。

三、医疗机构财务管理合规的文化建设

文化建设是财务管理合规建设的重要组成部分。有效的合规文化建设能够通过价值引导和行为塑造，将合规意识内化为每位员工的职业自觉，培育全员主动合规的文化氛围，促进医疗机构的高质量发展。

(一) 财务管理合规培训

财务管理合规培训的对象包括医疗机构全体成员及有合作关系的第三方人员。可以联合多部门定期共同组织合规系列培训，形成多部门联动机制。财务管理合规培训的内容重点围绕预决算、收入、支出、资产、税务、会计档案管理等，可案例教学，剖析典型违规案例，配套建立培训考勤、考核测评等机制，促进全员提升财务管理合规意识。

(二) 财务管理合规承诺

医疗机构所有工作人员都具有合规义务，包括但不限于医疗机构负责人、管理层、员工及相关方，都应作出财务管理合规承诺。

四、医疗机构财务管理合规的信息化建设

结合医疗机构发展战略和信息化建设规划，按照"管理制度化、制度流程化、流程表单化、表单信息化、信息智能化"的递进式管理路径，将财务管理中的岗位职责、业务流程、审批权限等嵌入信息系统，以信息化手段固化财务管理要求。

推进医疗机构信息系统的平台化、集成化整合，构建统一的数据交换标准和系统接口规范，消除原有各业务系统间的数据壁垒，实现财务管理系统、物资管理系统、医疗业务系统等的信息共享与业务协同，确保经济活动中资金流动、物资流转和信息传递的实时匹配与动态监控。建立完善的信息安全防护体系，加强患者隐私数据在采集、传输、存储和使用等的安全防护，防范信息泄露风险。

五、医疗机构财务管理合规的监督管理

医疗机构通过构建业务部门管理和监督、财务、法务等职能部门监督、内部审计、纪检监察再监督三位一体、协同贯通的三级监督体系，实现对业务活动的全面、动态、精准监督。在财务管理的合规监督管理中，财会监督与审计监督是确保财务活动合法、合规、高效运行的关键环节。

(一) 财会监督

财会监督是事业单位规范财务管理、防范经济风险的重要保障机制。其监督范围涵盖预算管理、收支管理、结转结余、专用基金、资产、负债等全

流程经济活动。需构建权责明确、制衡有效的内部财会监督体系，科学界定监督主体权责、监督范围及工作程序。要设立专职监督机构或人员，对经济业务和会计资料实施常态化监督。应采取事前预防、事中控制与事后检查相结合，日常监督与专项检查相补充的监督模式。遵纪守法，依法接受主管部门和财政、审计部门的监督。财会人员应坚持职业操守，对违规行为行使拒绝权和纠正权，并依法履行检举义务，切实提升内部监督实效。

(二) 审计监督

审计监督是事业单位内部治理体系的重要组成部分，应当坚持全面覆盖、应审尽审的原则，秉持客观公正、防微杜渐的工作态度，充分发挥审计在促进管理、推动改革中的重要作用。应当依法依规开展审计工作，重点聚焦关键业务和重点环节，深入揭示经济运行中的风险隐患。在审计实施过程中，要统筹安排审计项目和组织方式，重点开展经济责任审计、预算执行和财务收支审计等专项审计，同时积极推进重大政策落实审计、重大建设项目全过程跟踪审计等专项监督。加强对大型医用设备绩效、医用耗材管理、政府采购、内部控制及合同管理等重要领域的专项审计，充分发挥内部审计"离得近""看得清"的优势，构建全方位、多层次的审计监督体系，为医疗机构规范运行和高质量发展提供有力保障。

第九章　医疗机构信息安全与数据合规

自"健康中国2030"战略实施以来，我国医疗体系正加速向数字化、智能化转型。在转型过程中，医疗机构应当如何面对越来越高的信息安全要求？如何对健康医疗数据合规使用，并转化为数据资产给予使用？本章将梳理医疗信息安全和数据合规领域的核心法律作为切入点，明晰该领域所应当遵循的"规"，明确医疗机构的信息安全保障义务，聚焦医疗数据的本质属性，从医疗数据的收集、传输、管理、存储与使用等多维度展开讨论，为医疗机构的数据合规处理提供参考建议。

第一节　信息安全与数据合规概述

随着信息技术的迅猛发展，我国的医药卫生行业正在经历着前所未有的变革，从传统的纸质病历和手动操作，到如今的电子病历应用和互联网诊疗的推广，都对医疗机构提出了新的要求和挑战。医院信息化不仅成为提升医疗服务质量的关键工具，更是实现医疗资源优化配置的核心抓手。2023年度至2024年度《中国医院信息化状况调查报告》显示，我国医院的信息化覆盖率显著提升，人工智能（AI）技术开始在临床决策、运营管理等环节崭露头角[1]。信息技术与医疗数据不断地融合和迭代，推动医药健康产业向智能化、数字化转型升级，加速医疗健康行业新质生产力的形成。

---

[1] 中国医院协会信息专业委员会：《2023—2024年度中国医院信息化建设状况调查报告》，载"中国医院协会网"，https：//www.chima.org.cn/Html/News/Articles/17294.html，最后访问日期：2025年5月30日。

一、信息安全与数据合规的重要性

医疗机构不仅承载着为民众生命健康保驾护航的作用，而且负担着对患者诊疗信息及健康相关数据安全与合规使用的责任。如果由于制度欠缺或措施不力导致患者个人信息、机构的健康医疗数据泄露，医疗机构可能根据《民法典》的规定承担民事侵权或赔偿责任，也可能因违反《医师法》和《护士条例》而面临行政处罚，情节严重的还可能构成犯罪，被追究刑事责任。

有关数据的合规使用不仅是法律的要求，更是维护患者信任的基础。一旦患者个人信息被泄露或滥用，损害的不仅是患者的个人权益，而且可能损及医疗机构的声誉和公信力。因此，在确保信息安全的基础上，加强数据的合规处理，也是医疗机构提升患者信任度的重要手段。

健康医疗数据包括患者的个人属性数据、健康状况数据、医疗应用数据、医疗支付数据、卫生资源数据及公共卫生数据等[①]。随着数据资产化发展，医疗机构所掌握的健康医疗数据日益具有资产属性，合规使用可以促进临床科研的发展，还可以为医疗机构的可持续发展提供保障。

二、医疗信息安全与数据合规所涉范围

（一）医疗信息系统的安全保障

医疗机构的信息安全，应当包括硬件设施的保障、软件系统的配套，以及信息安全相关的规则制定与落实。信息安全可以通过防火墙、堡垒机、数据库审计、入侵检测、网闸和漏洞扫描、VPN 设备、用户网络行为审计、终端接入控制和态势感知等网络安全防护设备及措施，确保信息系统的安全。这些都是硬件设备和软件技术上的要求，有相对客观的考评标准。同时，使用正版的文字处理或其他应用软件，也是医疗机构信息安全需要注意的事项。

（二）医疗数据处理的合规

根据《数据安全法》等相关法律法规，数据处理包括数据的收集、整理、存储、传输、提供、公开、删除等各个环节，覆盖数据的全生命周期。

[①] 《医疗健康数据资产化面临的问题以及解决方案》，载"天津大数据协会"公众号，https://mp.weixin.qq.com/s/xXA5Dqbiu-_COQgN64Yj9g，最后访问日期：2025 年 5 月 30 日。

医疗机构只有依法有效处理健康医疗数据，才可以实现数据的有效利用，并与其他医疗机构、医药研发商、医疗设备制造商、医疗系统技术方等数据处理者展开合作，获得科研和经济方面的收益。

医疗数据处理的合规，包括明晰健康医疗大数据的定义，做好分类与分级管理。对医疗数据的直接采集和间接获取、存储和管理、传输和使用、与第三方的合作等，制定管理规范和处理标准，确保数据处理的依法依规，尊重患者的知情权，把患者个人信息和隐私保护贯穿数据处理的全生命周期。

三、医疗信息安全与数据合规的总体要求

（一）建立完善的合规管理体系

医疗机构需建立完善的合规管理体系，明确各部门和人员在数据合规中的职责和义务。这包括制定数据合规政策、建立数据合规流程、开展数据合规培训等，确保全体员工对数据合规的重要性有清晰的认识，并能够在日常工作中严格遵守合规要求。

（二）强化技术保障措施

医疗机构需采取先进的技术手段，确保数据的安全性和隐私性。这包括防火墙、数据库审计、入侵检测、加密技术等网络安全防护措施，以及数据备份、恢复等技术手段。通过技术手段的保障，医疗机构可以有效防范数据安全风险，确保数据的完整性和可用性。

（三）加强数据合规培训与教育

医疗机构需定期开展数据合规培训与教育，提升员工的数据合规意识和能力。这包括对法律法规的学习、数据安全管理的培训、隐私保护的教育等，确保员工在日常工作中能够正确处理数据，避免因操作不当导致的数据合规问题。

（四）定期开展数据合规审计与评估

医疗机构需定期开展数据合规审计与评估，及时发现和纠正数据合规中的问题。这包括对数据采集、存储、传输、使用等环节的全面审计，以及对数据安全措施的有效性评估。通过定期审计与评估，医疗机构可以及时发现潜在风险，采取有效措施加以改进，确保数据合规的持续性。

第二节　医疗信息安全与数据合规核心依据

一、医疗信息安全与数据合规核心依据概览

（一）法律

1. 《民法典》；
2. 《刑法》；
3. 《个人信息保护法》；
4. 《数据安全法》；
5. 《网络安全法》；
6. 《生物安全法》；
7. 《基本医疗卫生与健康促进法》；
8. 《医师法》；
9. 《密码法》。

（二）行政法规

1. 《关键信息基础设施安全保护条例》；
2. 《医疗机构管理条例》；
3. 《人类遗传资源管理条例》；
4. 《医疗保障基金使用监督管理条例》；
5. 《网络数据安全管理条例》；
6. 《互联网信息服务管理办法》；
7. 《计算机信息系统安全保护条例》；
8. 《计算机信息网络国际联网安全保护管理办法》；
9. 《公共安全视频图像信息系统管理条例》。

（三）部门规章

1. 《人类遗传资源管理条例实施细则》；
2. 《个人信息出境标准合同办法》；

3. 《医疗器械说明书和标签管理规定》；

4. 《互联网信息服务深度合成管理规定》；

5. 《互联网用户账号信息管理规定》；

6. 《数据出境安全评估办法》；

7. 《网络安全审查办法》。

（四）规范性文件

1. 《关于促进和规范健康医疗大数据应用发展的指导意见》；
2. 《人口健康信息管理办法（试行）》；
3. 《国家健康医疗大数据标准、安全和服务管理办法（试行）》；
4. 《医疗器械临床试验质量管理规范》；
5. 《医疗机构病历管理规定》；
6. 《电子病历系统功能规范（试行）》；
7. 《电子病历应用管理规范（试行）》；
8. 《医疗卫生机构网络安全管理办法》；
9. 《远程医疗信息系统建设技术指南》；
10. 《医疗器械网络安全注册技术审查指导原则》；
11. 《人工智能医用软件产品分类界定指导原则》；
12. 《涉及人的生命科学和医学研究伦理审查办法》；
13. 《电子病历共享文档规范》系列标准；
14. 《药品记录与数据管理要求（试行）》；
15. 《药物临床试验质量管理规范》；
16. 《互联网诊疗管理办法（试行）》；
17. 《互联网医院管理办法（试行）》；
18. 《互联网医院基本标准（试行）》；
19. 《远程医疗服务管理规范（试行）》；
20. 《真实世界数据用于医疗器械临床评价技术指导原则（试行）》；
21. 《用于产生真实世界证据的真实世界数据指导原则（试行）》；
22. 《深化医药卫生体制改革 2024 年重点工作任务》；
23. 《关于促进"互联网+医疗健康"发展的意见》；
24. 《关于促进和规范健康医疗大数据应用发展的指导意见》。

(五) 政策文件及党内法规

1.《信息化标准建设行动计划（2024—2027年）》；
2.《关于进一步完善医疗卫生服务体系的意见》；
3.《"十四五"全民健康信息化规划》；
4.《关于推进医疗机构远程医疗服务的意见》；
5.《卫生行业信息安全等级保护工作的指导意见》；
6.《关于做好卫生健康系统软件正版化工作的通知》；
7.《全国人民代表大会常务委员会关于加强网络信息保护的决定》；
8.《"十四五"国家信息化规划》。

(六) 国家标准

1.《信息安全技术 信息系统通用安全技术要求》（GB/T 20271—2006）；
2.《信息技术 安全技术 信息安全管理体系要求》（GB/T 22080—2016）；
3.《信息安全技术 网络安全等级保护基本要求》（GB/T 22239—2019）；
4.《信息安全技术 个人信息安全影响评估指南》（GB/T 39335—2020）；
5.《信息安全技术 个人信息安全规范》（GB/T 35273—2020）；
6.《信息安全技术 健康医疗数据安全指南》（GB/T 39725—2020）；
7.《信息安全技术 基因识别数据安全要求》（GB/T 41806—2022）；
8.《医疗器械 质量管理体系 用于法规的要求》（GB/T 42061—2022）；
9.《数据安全技术 数据分类分级规则》（GB/T 43697—2024）。

(七) 行业标准

1.《卫生健康行业数据分类分级指南（试行）》；
2.《面向互联网应用的健康医疗数据应用脱敏技术要求》（YD/T 6184—2024）；
3.《医疗器械软件 软件生存周期过程》（YY/T 0664—2020）；
4.《远程医疗信息系统基本功能规范》（WS/T 529—2016）；
5.《基于人工智能的多中心医疗数据协同分析平台参考架构》（YD/T 4043—2022）。

二、医疗信息安全与数据合规的核心依据解读

医疗机构的信息安全与数据合规是两个同样重要的问题，但侧重点略有

不同。信息安全偏重技术措施，需要通过软硬件的合规采购、正确使用以及技术的应用来实现。数据合规与患者隐私保护，直接会对信息处理构成影响，是医疗机构从运营管理到诊疗技术发展、医学科学研究的基础。

（一）医疗机构信息安全的合规要求

2022年，为加强医疗卫生机构网络安全管理，防范网络安全事件发生，国家卫生健康委、国家中医药局、国家疾控局发布《医疗卫生机构网络安全管理办法》。这是第一个保障医疗机构网络安全的管理办法，成为医院及公共卫生机构网络安全建设的重要参考，医疗机构需要从管理体系、技术防护、数据安全、应急响应等多方面入手，确保信息安全合规，保障医疗服务的正常运行和患者隐私。具体包括：（1）完善网络安全管理体系；（2）网络安全等级保护与测评；（3）数据安全与隐私保护；（4）安全监测与应急响应；（5）技术防护与运维管理；（6）监督管理与合规整改；（7）资源保障与考核评价。

（二）个人信息与隐私保护的相关规定

早在2012年《全国人民代表大会常务委员会关于加强网络信息保护的决定》就明确强调"国家保护能够识别公民个人身份和涉及公民个人隐私的电子信息"[1]，2017年的《民法总则》（现已失效）和《网络安全法》，2021年的《数据安全法》和《个人信息保护法》，对《全国人民代表大会常务委员会关于加强网络信息保护的决定》中个人信息保护的各项条款分别作了细化规定。

2020年6月1日开始施行的《基本医疗卫生与健康促进法》强调国家保护公民个人健康信息，确保公民个人健康信息安全。任何组织或者个人不得非法收集、使用、加工、传输公民个人健康信息，不得非法买卖、提供或者公开公民个人健康信息。[2]2021年1月1日施行的《民法典》更是明确强调了医疗机构及其医务人员对患者的隐私和个人信息的保密义务，若出现泄露患者的隐私和个人信息，或者未经患者同意公开其病历资料的，应当承担侵权责任[3]。《医师法》同样明确了医师在执业活动中对患者隐私和个人信息的保

---

[1] 《全国人民代表大会常务委员会关于加强网络信息保护的决定》第1条。
[2] 《基本医疗卫生与健康促进法》第92条。
[3] 《民法典》第1226条。

障义务。[1]

(三) 医疗实践中产生的医疗数据的属性

1. 个人敏感信息，隐私权属性

除《个人信息保护法》对个人信息以及敏感个人信息的定义外，《民法典》第111条规定自然人的个人信息受法律保护，第1032条规定自然人享有隐私权。隐私是自然人的私人生活安宁和不愿为他人知晓的私密空间、私密活动、私密信息。

在医疗机构为患者服务过程中形成的数据，既包括患者的姓名、性别、年龄、职业、家庭住址等个人数据，也包括健康状况、医疗应用、资金支付等个人信息。个人在诊疗过程中所形成的健康状况信息、医学诊疗信息、资金支付信息等，不仅属于敏感个人信息，而且可能构成个人的隐私信息。因此，医疗机构在面对个人信息的时候，应当要求工作人员严格尊重并保护患者的隐私信息，不得在非必要的场合讨论患者疾病，更不得散播有关患者疾病和诊疗等的个人信息。同时，医疗机构处理所掌握的患者个人信息，应当根据《个人信息保护法》的要求，取得个人的单独同意，必要时应当经个人书面的同意。

2. 公共卫生数据，战略资源属性

公共数据是指具有管理公共事务职能的组织和提供公共服务的运营单位，在依法履行职责或者提供公共服务过程中收集、产生的数据。公共数据具有公共产品性质。[2]

医疗机构的诊疗活动具有履行公共服务职能的属性。在2025年4月30日颁布的《传染病防治法》中明确提出"国家建立临床医疗、疾病预防控制信息的互通共享制度，加强医防协同，推动医疗机构等的信息系统与传染病监测系统互联互通，建立健全传染病诊断、病原体检测数据等的自动获取机制"[3]，明确以法律的形式确定了医疗机构形成的数据对公共卫生防控政策的制定、医疗资源配置的决策的重要作用。

---

[1] 《医师法》第23条规定："医师在执业活动中履行下列义务：……（三）尊重、关心、爱护患者，依法保护患者隐私和个人信息；……"

[2] 黄朝椿：《论基于供给侧的数据要素市场建设》，载《中国科学院院刊》2022年第10期。

[3] 《传染病防治法》第44条第2款。

医疗机构在生产经营中形成的人口健康数据、疾病监测数据、疫苗接种数据、医疗机构运营数据、药品耗材使用数据、医疗费用统计数据等，都具有公共属性。这些数据可以反映出区域乃至全国医疗技术水平，对各级政府乃至国家卫生健康委对于卫生政策的制定和资源的分配等起到重要参考作用。

3. 重要核心数据，国家安全属性

根据《数据安全技术 数据分类分级规则》（GB/T 43697—2024）的级别确定规则，重要数据是指特定领域、特定群体、特定区域或达到一定精度和规模的，一旦泄露或篡改、损毁，可能直接危害国家安全、经济运行、社会稳定、公共健康和安全的数据。核心数据是指对领域、群体、区域具有较高覆盖度或达到较高精度、较大规模、一定深度的，一旦被非法使用或共享，可能直接影响政治安全的重要数据。[①]

存在下述情形的，原则上应当按照重要数据进行管理：（1）涉及100万人及以上个人信息或10万人及以上敏感个人信息。（2）全国性的业务数据，如涉及10万人的群体健康生理状况数据；涉及1万人的族群生物特征数据、医疗资源数据；涉及10万人的诊疗数据、医疗救援保障数据、特定药品实验数据等。（3）经评估的其他数据。若存在下列情形的，原则上应纳入核心数据的建议范围：（1）1000万人以上个人信息或100万人以上敏感个人信息；（2）覆盖某一重要群体全部个体的数据，特定时期特定区域的群体数据；（3）涉及1000万人及以上，经过计算加工生成的，对数据描述对象有较深刻画程度，且影响国家安全的衍生数据；（4）经评估的其他数据。

（四）健康医疗数据的分类分级

1. 健康医疗数据的分类

根据国家市场监督管理总局、国家标准化管理委员会联合发布，2021年7月1日开始实施的《信息安全技术 健康医疗数据安全指南》（GB/T 39725—2020）明确"健康医疗数据"，指包括个人健康医疗数据以及由个人健康医疗数据加工处理之后得到的健康医疗相关数据（见表9-1）。

[①] 《数据安全技术 数据分类分级规则（GB/T 43697—2024）》3.2、3.3。

表 9-1　医疗数据类别、定义及范围

数据类别	定义及范围
个人属性数据	定义：指单独或者与其他信息结合能够识别特定自然人的数据
	范围： 1. 人口统计信息，包括姓名、出生日期、性别、民族、国籍、职业、住址、工作单位、家庭成员信息、联系人信息、收入、婚姻状态等 2. 个人身份信息，包括姓名、身份证、工作证、居住证、社保卡、可识别个人的影像图像、健康卡号、住院号、各类检查检验相关单号等 3. 个人通信信息，包括个人电话号码、邮箱、账号及关联信息等 4. 个人生物识别信息，包括基因、指纹、声纹、掌纹、耳廓、虹膜、面部特征等 5. 个人健康监测传感设备 ID 等
健康状况数据	定义：指能反映个人健康情况或同个人健康情况有着密切关系的数据
	范围：主诉、现病史、既往病史、体格检查（体征）、家族史、症状、检验检查数据、遗传咨询数据、可穿戴设备采集的健康相关数据、生活方式、基因测序、转录产物测序、蛋白质分析测定、代谢小分子检测、人体微生物检测等
医疗应用数据	定义：指能反映医疗保健、门诊、住院、出院和其他医疗服务情况的数据
	范围：门（急）诊病历、住院医嘱、检查检验报告、用药信息、病程记录、手术记录、麻醉记录、输血记录、护理记录、入院记录、出院小结、转诊（院）记录、知情告知信息等
医疗支付数据	定义：指医疗或保险等服务中所涉及的与费用相关的数据
	范围： 1. 医疗交易信息，包括医保支付信息、交易金额、交易记录等 2. 保险信息，包括保险状态、保险金额等
卫生资源数据	定义：指那些可以反映卫生服务人员、卫生计划和卫生体系的能力与特征的数据
	范围：医院基本数据、医院运营数据等
公共卫生数据	定义：指关系到国家或地区大众健康的公共事业相关数据
	范围：环境卫生数据、传染病疫情数据、疾病监测数据、疾病预防数据、出生死亡数据等

2. 健康医疗数据的分级管理

《数据安全法》确立了数据分类分级保护制度，要求数据处理者按照规定采取相应的技术措施和其他必要措施，保障数据的安全。明确了开展数据处理活动应当依照法律、法规的规定，建立健全全流程数据安全管理制度，组织开展数据安全教育培训等。

以《数据安全法》确定的原则,《信息安全技术 健康医疗数据安全指南》(GB/T 39725—2020)根据数据重要程度、风险级别以及对个人健康医疗数据主体可能造成的损害和影响的级别,将健康医疗数据划分为5个级别(见表9-2)。

表9-2 健康医疗数据的级别划分

数据级别	级别定义	包括范围或应用场景
1级	可完全公开使用的数据	可通过公开途径获取的数据以及直接在互联网上向公众公开的数据
2级	可在较大范围内供访问使用的数据	不能标识个人身份的数据,可用于行政管理、科研、教育、统计分析等场景
3级	可在中等范围内供访问使用的数据	经过部分去标识化处理,但仍可能重标识的数据;仅限于获得授权后在限定范围内使用
4级	在较小范围内供访问使用的数据,若未经授权披露,可能对数据主体造成较高程度的伤害	特指可直接标识个人身份的数据,仅限参与诊疗活动的医护人员访问使用,如患者病历、随访记录等
5级	仅在极小范围内且在严格控制条件下供访问使用的数据。若未经授权披露,可能会对数据主体造成严重程度的损害	特殊疾病(如艾滋病、性病)的诊疗,仅限主治医护人员访问且需要严格管控

(五)其他有关健康医疗数据的合规依据

《人类遗传资源管理条例》及其实施细则作为配套《生物安全法》的行政法规,细化了人类遗传资源管理规范,对涉及人类遗传资源的数据和信息管理提出要求。

《关键信息基础设施安全保护条例》明确了关键信息基础设施的范围和保护要求,医疗卫生机构的相关信息系统如果属于关键信息基础设施,需按照该条例要求加强安全保护。

《医疗机构病历管理规定》规范了病历的书写、保管、使用、复制等环节,要求医疗机构建立健全病历管理制度,保护患者隐私。

《医疗卫生机构网络安全管理办法》从网络安全和数据安全两个角度对医疗卫生机构进行规范,要求建立健全网络安全管理制度,加强数据全生命周期安全管理。

《人口健康信息管理办法（试行）》规范了人口健康信息的采集、存储、利用、共享等环节，明确了各级卫生健康行政部门和医疗卫生机构在人口健康信息管理中的职责。

《国家健康医疗大数据标准、安全和服务管理办法（试行）》明确了健康医疗大数据的定义、管理原则、责任单位等，要求责任单位依法依规使用健康医疗大数据，建立严格的数据访问控制和安全管理机制。

第三节　医疗信息安全与数据合规风险分析

医疗机构作为承载着海量患者信息与关键医疗数据的核心场所，信息安全与数据合规的重要性越发凸显。一方面，患者的生命健康与隐私权益紧密依赖于医疗机构对信息的严格保护；另一方面，随着医疗信息化的飞速发展，数据的收集、存储、传输与使用越发复杂，面临着诸多挑战。从网络攻击风险到数据泄露隐患、从法律法规的严格监管到内部管理的漏洞排查，医疗机构在信息安全与数据合规方面面临着诸多常见的难点与重点问题。

一、信息网络安全保障义务

（一）医疗机构是网络安全与数据安全的责任主体

《网络安全法》明确"网络，是指由计算机或者其他信息终端及相关设备组成的按照一定的规则和程序对信息进行收集、存储、传输、交换、处理的系统"[1]，网络的所有者、管理者和网络服务提供者均为网络运营者。网络安全保护义务是网络运营者开展经营和服务活动所必须履行的[2]，即应当通过采取必要措施，防范对网络的攻击、侵入、干扰、破坏和非法使用以及意外事故，使网络处于稳定可靠运行的状态，以及保障网络数据的完整性、保

---

[1] 《网络安全法》第76条。
[2] 《网络安全法》第9条。

密性、可用性的能力①。

《国家健康医疗大数据标准、安全和服务管理办法（试行）》第6条第2款明确，各级各类医疗卫生机构和相关企事业单位是健康医疗大数据安全和应用管理的责任单位。第19条明确要求，责任单位应当按照国家网络安全等级保护制度要求，构建可信的网络安全环境，加强健康医疗大数据相关系统安全保障体系建设，提升关键信息基础设施和重要信息系统的安全防护能力，确保健康医疗大数据关键信息基础设施和核心系统安全可控。存储医疗数据要履行网络安全保护义务，制定网络安全管理制度，确定网络安全负责人，采取保障网络与数据安全、监测网络风险的技术措施。

【典型案例09-01】重庆某医院因未履行网络安全保护义务被处罚②

2019年5月，重庆某医院服务器突然陷入瘫痪，某医院业务全面"停摆"。重庆永川公安组织网安刑侦、勘验、管理民警和技术支持专家赶赴现场对该案件进行调查核实。经过民警和技术专家调查核实，该医院因未按照网络安全等级保护制度的要求履行安全保护义务，未安装边界防护设备、未安装日志行为审计设备，未设置数据安全备份策略等其他网络安全技术措施，使其业务在互联网上长期处于"裸奔"状态。黑客通过互联网攻破医院系统后植入勒索病毒，导致某医院业务全面"停摆"。针对此案，永川公安按照公安部"一案双查"工作要求和《网络安全法》第59条之规定，对医院处以罚款1万元，对直接负责的主管人员处以罚款5000元的行政处罚。

（二）医疗机构不重视网络安全保护会增加运营成本

IBM与波耐蒙研究所联合发布的《2024年数据泄露成本报告》显示，2024年全球数据泄露平均成本达到488万美元，其中医疗保健行业连续13年位居损失榜首，高达977万美元。泄露后响应成本呈现出更加复杂的构成，除了应用于建立客户服务中心和信用监控系统之外，行政监管罚款，以及法律诉讼与和解费用也不容小觑。根据该报告，医疗记录的"黑市溢价"最为显著，每条可达普通信用卡信息的20倍，这解释了为何医疗行业虽仅占研究

---

① 《网络安全法》第76条。
② 参见《"净网2019"重庆网安发布一批不履行网络安全保护义务典型案例》，载"陇南网警"，https://baijiahao.baidu.com/s?id=1648868113075991588&wfr=spider&for=pc，最后访问日期：2025年5月30日。

样本的 8%，却贡献了 15% 的最高额泄露事件（超过 5000 万美元）。[1] IBM 的这份报告涉及 16 个国家/地区，虽然未包括我国，但是其结论对于我国的健康医疗行业同样适用。

【典型案例 09-02】美国某健康服务公司遭勒索软件攻击大规模瘫痪[2]

美国某健康服务公司是美国大型医疗服务提供商之一。公司总部位于宾夕法尼亚州，业务遍及美国、波多黎各和英国，包括 26 家急诊医院、328 家医疗机构和 42 家门诊医院。2020 年一场全国性的网络攻击导致其信息系统瘫痪。其医院的电脑系统从某个周末开始出现故障，医院紧急将危重病人派救护车送往附近的其他医院，医护人员开始用纸笔记录病情。在随后的周一上午，公司网站发布最新情况，称由于"IT 安全问题"，所有设施都处于网络离线状态。该公司在声明中表示，属于患者或员工的数据"似乎没有被访问、复制或滥用"，并声称，"我们正在与我们的 IT 安全合作伙伴共同努力，以尽快恢复 IT 操作""我们的设备正在使用已建立的备份流程，包括离线文件处理方法，将继续安全有效地为患者提供护理"。但是勒索软件阻止用户访问医院 IT 系统和患者数据，直接导致医院无法为患者提供有效的诊疗服务。据科技网站 TechCrunch 报道，这场始于周末凌晨的网络攻击被认为使用了 Ryuk 勒索软件。此类勒索软件（恶意软件），通常会使计算机系统瘫痪，医疗机构最终按照要求支付赎金，才能恢复访问其系统及其数据的权限。

（三）信息安全是医疗机构的生存底线

医疗机构之所以会成为黑客的"靶子"，主要与技术防护缺失、合规意识淡漠直接相关。医疗机构负责人视"等保测评"为形式主义，不能按照有关法律法规及规范文件的要求进行备案和整改，运营团队缺乏专业培训，不具备识别高危漏洞的能力。因此，医疗机构的信息化建设经常会出现这几种情况：未部署有效的入侵检测系统，防火墙形同虚设，黑客可以通过公网端口长驱直入；对核心业务系统无容灾备份，导致被攻击后数据丢失无法恢复；弱密码泛滥（管理员账号采用"admin123"之类的简单密码）；权限管理混

---

[1] 《2024 年数据泄露成本报告》，载"IBM 网"，https://www.ibm.com/cn-zh/reports/data-breach?lnk=hmhmhm，最后访问日期：2025 年 5 月 30 日。

[2] 《美国连锁医院系统疑遭勒索软件攻击大规模瘫痪，400 多家医院受影响》，载"环球网"，https://3w.huanqiu.com/a/9eda3d/4057wv3acOB？agt=11，最后访问日期：2025 年 5 月 30 日。

乱等问题。

根据《网络安全法》第 21 条、第 59 条之规定，关键信息基础设施的运营者必须履行本法相关规定的保护义务，违者最高可罚款 100 万元，直接负责的主管人员可面临最高 10 万元的罚款。我国《刑法》第 286 条之一对拒不履行信息网络安全管理义务罪作出规定。根据该规定，医疗机构不履行法律、行政法规规定的信息网络安全管理义务，经监管部门责令采取改正措施而拒不改正，出现用户信息泄露造成严重后果等情形的，可能构成单位犯罪，除单位被判罚金外，其直接负责的主管人员和其他直接责任人员可能被处以 3 年以下有期徒刑、拘役或者管制，并处或者单处罚金。

【典型案例09-03】南昌市某医疗机构疑似被黑客攻击，被网信办行政处罚①

2023 年，南昌市某医疗机构所属 IP 遭遇黑客远程控制，并频繁对外发起网络攻击。2023 年 2 月 6 日，南昌市网信办接到上级网信部门通报后立即立案调查。经过现场勘验、远程勘验（采样技术分析）、笔录问询等，最终查明：(1) 该医疗机构未履行网络安全保护义务，未对运营的网络开展网络安全等级保护测评等相关工作，运营的网络处于"裸奔"状态；(2) 该医疗机构所属的服务器和部分办公终端感染了新型"蠕虫"式勒索病毒，运营的网络持续对内对外发起网络攻击，导致产生危害网络安全的后果。3 月 3 日，南昌市网信办认定该机构的相关行为违反了《网络安全法》第 21 条、第 25 条的规定，并根据该法第 59 条的规定，对该医疗机构作出罚款 5 万元、对直接负责的主管人员作出罚款 1 万元的行政处罚。

二、信息系统软件采购与应用的合规

（一）医疗机构及医疗场所软件正版化的合规要求

为了节约成本，部分医疗机构在公用电脑或实际使用的服务器中安装并使用盗版软件。这种情况下，医疗机构作为直接责任人，可能会被著作权人追究民事侵权责任，也可能被行政执法机关追究行政责任。

---

① 《以案说法｜南昌市某医疗机构违反〈网络安全法〉被处罚》，载"健康西吉"公众号，https://mp.weixin.qq.com/s/Kp-DoPfJpA64aGZECF7nMA，最后访问日期：2025 年 5 月 30 日。

医疗机构在对自身的公用电脑、医疗器械进行软件正版监管的同时，还应当对其医务人员使用个人电脑中的盗版软件处理工作事项的情形进行监管，加强对医务人员的法治教育，提升其使用正版软件的意识、养成良好行为习惯，避免因个人的行为不当而给机构带来侵权风险，进而构成信息安全的隐患。

医疗机构安装并使用盗版软件的行为，不仅构成对著作权人合法权利的侵犯，而且可能因关联到医疗设备或器械触犯其他的法律规范，遭受行政处罚。2025年4月，国家卫生健康委发布《关于做好卫生健康系统软件正版化工作的通知》，对医疗机构信息系统的软件使用乱象明确提出了规范性的要求。

【典型案例09-04】天津某医院因使用安装盗版软件的医疗器械被行政处罚[1]

2024年7月8日，天津市某市场监管局接南京某科技有限公司电话举报，称天津某医院正在使用的医疗器械《××医学影像工作站系统软件》非该公司的正版软件，涉嫌使用无医疗器械注册证的医疗器械，要求进行处理。该局接到举报后立案调查，查明：该医疗机构从天津市某医疗器械销售公司购进了一台超声彩色多普勒诊断仪（粤械注准20182230197），该诊断仪生产厂家深圳某生物医疗科技公司的工作人员为其进行安装，并免费安装名为《××医学影像工作站系统软件》的配套软件。该医院一直将该软件配合超声彩色多普勒诊断仪用于临床诊疗，在取得上述《××医学影像工作站系统软件》时未查验供货者的资质和医疗器械的合格证明文件。

2024年7月22日，《××医学影像工作站系统软件》医疗器械注册人出具辨认结论书称："该软件界面显示我司相关信息，界面排版布局与我司产品一致，但该程序不使用我司授权软件加密锁即可打开使用。而我司出厂的产品需要使用我司授权软件加密锁，软件加密锁均有唯一编号，可根据编码追溯产品的生产、原料等全过程，与我公司出厂产品不一致，可据此判断该产品非我公司产品。"

市场监督管理局最终认定该医疗机构的行为属于使用未依法注册的医疗器械。因该医学影像工作站系统软件V1.0（SEEKER-200）价格为2000元/

---

[1] 天津市宝坻区市场监督管理局行政处罚决定书（津宝药市监处罚〔2024〕1号）。

套，故本案认定货值金额 2000 元。因医疗器械购进时间为 2019 年 12 月，违法行为在二年内未被发现且未发现有危害后果，因此根据《行政处罚法》第 36 条第 1 款的规定，对于医疗机构未查验供货者的资质和医疗器械的合格证明文件的行为不再给予行政处罚。基于医疗机构违反了《医疗器械监督管理条例》第 55 条规定的行为，依据《医疗器械监督管理条例》第 86 条第 3 项给予 20000 元的行政处罚。

(二) 医疗机构合作开发计算机应用系统的合规要求

医疗机构多采用与第三方合作的方式实现自身的信息化系统的开发建设。受限于资金支付问题，医疗机构在寻找供应商的过程中，价格低廉会成为一个重要的参考因素。但从供应商的角度而言，获取合理的商业回报是企业生存与发展的必需。因此，供应商或者通过降低成本（甚至以牺牲安全为代价）获取利益回报，使用非正规授权的软件等进行信息系统平台的整合，给医疗机构造成安全隐患；或者通过对医疗数据的违规出售、使用等方式实现收入增加。因此，这种第三方的系统合作协议往往存在极大的信息安全和数据合规风险，医疗机构应当对此类协议给予特别关注，特别是对于信息安全和数据的存储、传输、使用等作出明确且具体的约定。

1. 医疗机构委托第三方进行软件开发时，应明确约定权属

医疗机构委托第三方进行信息系统开发或应用软件设计的过程中，需要对委托开发后系统或软件的权属作出明确约定，包括：(1) 委托开发的系统或软件成果所有权，软件著作权或专利权利的归属，源代码的交付等；(2) 如涉及专用技术或技术秘密，那么应当明确交付事项；(3) 如涉及已有在先软件著作权或专利权产品的使用，那么应当明确可以继续使用或开发升级的边界；(4) 新开发软件或系统的后续开发升级、转让、许可等权利的归属以及收益的分配等；(5) 明确要求第三方公司不得有侵犯他人在先合法权利的情形等；(6) 符合国家标准的要求，技术接口的预留，停止合作后服务器上的电子数据的归属、保存、移送以及合作方的禁止使用。

2. 医疗机构对第三方公司应当明确数据安全保障义务

安全保障始终是医疗机构信息建设的重中之重，在委托第三方公司完成系统或应用的技术开发时，必须明确无论是在开发过程中还是在后续应用过程中，都必须严格落实相关要求。同时，医疗机构也应当对第三方公司的开

发行为尽到审查和监督的义务。

3. 医疗机构对第三方技术开发的其他要求

（1）确保信息系统自身的操作安全，符合基本的安全保障技术要求；（2）确保数据传输的保密性、完整性，宜采用密码技术保证通信过程中敏感信息或整个数据集不被窃取、篡改；（3）明确医疗健康数据的权属性质，非经医疗机构的有效授权，供应商不得对医疗数据享有所有权，亦无权处理使用；（4）供应商所提供的系统，应当能够确保医疗数据的完整性、有效性和正确性，具备端口控制和访问控制功能；（5）根据医疗机构所在地卫生行政部门的要求，实现医疗数据可信数据空间的建立或政务云系统的数据上传，尽可能避免数据点对点的直接交易或传输；（6）供应商欲对医疗数据的二次开发和利用的，应当预先明确所需数据的类型和范畴、交易方式和处理目的、数据到期的销毁等，医疗机构可以根据供应商的需求情况，就数据提供的方式、处理方式、处理权限、使用期限等作出约定；（7）应当严格限制供应商下载医疗数据的权限，非经单独的特别授权，不得从其为医疗机构制作的系统中下载、存储机构的健康医疗数据。

【典型案例09-05】浙江省多家医院诊疗服务系统被诉侵权案[①]

浙江省卫生信息中心代表省卫生厅牵头建设该省医院预约诊疗服务系统，由省移动公司负责，其全资子公司RT公司具体实施。该RT公司委托原告杭州某公司开发了该系统软件，于2010年9月27日上线试运行。2011年9月底，因原告与省移动及RT公司就系统运行后的合作发生争议，省移动及RT公司于同年10月9日起停用原告开发的软件，转用由该RT公司利用原告所开发软件的部分源代码重新开发的软件。原告认为包括省移动、RT公司、省卫生厅、信息中心在内的四被告，未经其许可，复制、剽窃并使用涉案软件的行为，构成对其享有的软件著作权的侵害，起诉请求判令四被告停止侵权，公开道歉、消除影响，共同赔偿经济损失50万元，并互负连带责任。

案件审理中，一审法院认为，在对使用作品范围未作约定的情况下，委托人可以在委托创作的特定目的范围内免费使用该作品，现被告RT公司利用原告所开发软件的部分源代码开发新软件，未超出原使用范围，且未向第

[①] 余建华、孟焕良：《省多家医院预约诊疗服务系统被诉侵权 浙江高院判决"力挺"著作权兼顾民生》，载《人民法院报》2015年4月17日，第3版。

三人提供，属合法的免费使用范畴，遂驳回原告的诉讼请求。省高院二审审理认为，原告享有涉案软件著作权，省移动、RT公司作为委托人，仅可基于将该软件用于实际计算机应用环境或者改进其功能、性能的目的，进行必要的修改，且应在软件作品委托创作的原有目的范围内继续使用，而不能对程序源代码随意修改使用或作重新开发利用，否则会使受托人享有的软件著作权形同虚设。故，RT公司受省移动指派，擅自利用原告所开发软件的部分源代码开发新软件，不属于免费使用范畴，构成著作权侵权。由于被诉侵权软件具有明确的公益属性，不宜停止使用，故对赔偿数额作相应提高。2014年4月，法院二审判决省移动、RT公司共同赔偿聚合公司20万元。

【典型案例09-06】 某公司为政府部门开发系统时造成数据泄露被罚100万元①

2023年，浙江省温州市公安网安部门在查处一起涉数据安全违法案件时发现，某公司在为省内某县级政府部门开发运维信息管理系统的过程中，在未经建设单位同意的情况下，将建设单位采集的敏感业务数据擅自上传至租用的公有云服务器上，且未采取安全保护措施，造成了严重的数据泄露。公安机关根据《数据安全法》第45条的规定，对公司及项目主管人员、直接责任人员分别作出罚款100万元、8万元、6万元的行政处罚。针对建设单位失管失察、未履行数据安全保护职责的情况，当地纪委监委依照《温州市党委（党组）网络安全工作责任制实施细则》之规定，对建设单位主要负责同志、部门负责人等4人分别作出批评教育、诫勉谈话和政务立案调查等追究问责决定。

三、确认病历的公益属性，促进健康医疗数据的合理使用

（一）个人就诊信息不完全等同于个人信息

《个人信息保护法》第4条明确规定，个人信息是以电子或者其他方式记录的与已识别或者可识别的自然人有关的各种信息，不包括匿名化处理后的信息。同时，第28条更是直接将"医疗健康"列为敏感个人信息。在这样一个大的趋势下，社会上形成了"病历数据应当归医疗机构还是归患者个人"

---

① 《浙江一公司为政府部门开发系统是造成数据泄露，被罚一百万》，载"上观网"，https://export.shobserver.com/baijiahao/html/623326.html，最后访问日期：2025年5月30日。

的广泛讨论,"病历数据应当归患者个人所有"的观点似乎得到了更为广泛的认可。

根据国家卫生健康委员会《病历书写基本规范》的相关定义,病历是指医务人员在医疗活动过程中形成的文字、符号、图表、影像、切片等纸质或电子资料的总和。病历书写是医务人员通过问诊、查体、辅助检查、诊断、治疗、护理等医疗活动获得的患者疾病、健康等有关信息,并进行归纳、分析、整理形成医疗活动记录的行为。因此,病历是包含个人敏感信息的医学文书,不仅对患者后续诊断治疗有重要的参考意义、在发生医疗纠纷的时候是重要的证据,而且是医务人员对临床实践工作的总结。病历的保存、研究和使用,对探索疾病规律、提升医院管理、促进医学进步都有极其重要的作用。

(二)个人就诊信息(病历)具有公益属性

从医学的临床研究来看,无论是长期的临床观察和患者随访、大病流调,还是临床试验、药物和医疗器械研发,都离不开对患者个人数据的使用。患者的年龄、性别、居住地、检验检查数据、临床用药观察等,这些被《个人信息保护法》定义的"敏感个人信息"都可能成为医学研究中的重要影响因子。因此,如果脱离开医疗数据的公益属性,那么医学科研的发展将无法推进。分析个人就诊信息的公益属性,并非对患者个人权利的否定,而是力求找到个人权利的保护和医学科技的发展之间的平衡点。

(三)健康医疗大数据的定义和分类

虽然病历资料数据被视为健康医疗大数据的基础,但在实践中,健康医疗大数据还包括药品和医疗器械的数据、医疗机构的财务数据、医疗机构的管理数据、人类生物样本库的数据、卫生行政机关行政监管形成的人口健康信息数据以及其他政务数据等。《信息安全技术 健康医疗数据安全指南》(GB/T 39725—2020)对健康医疗数据做了分类,但具体到医疗数据的定义和监管要求,不同的法律法规也有着各自关注的重点。

开展健康医疗数据处理活动需要严守伦理道德的底线和国家安全的红线,应当遵守法律、法规,尊重社会公德,遵守商业道德和职业道德,履行数据安全保护义务,承担社会责任,不得危害国家安全、公共利益,不得损害个人、组织的合法权益。处理个人信息应当注意保障个人的知情权、决定权、查阅权、复制权、可携带权、更正权、补充权、删除权、要求解释说明权等民事权利，还应当遵守合法、正当、必要和诚信原则，目的明确和最小化处理原则，公开透明原则、质量原则、责任原则和安全保障原则。

四、医疗数据采集的合规

（一）医疗数据的直接采集

1. 应当遵循最小必要的基本原则

医务人员在为患者提供诊疗服务过程中，必然需要患者提供一般个人信息和与疾病相关的诊疗信息，包括但不限于现病史、既往史、家族史、查体和辅助检查化验的结果等信息。患者向医务人员提供这些信息，是基于疾病诊疗的需要而提供。当医务人员向患者提出这些问题或要求，患者进行回答或配合完成检查检验时，就视为患者对医疗机构及其医务人员直接采集其数据信息的授权与认可。医务人员在采集过程中，应当具有特定目的并严格遵守最小必要性原则，仅收集与诊疗直接相关的必要数据。

【典型案例09-07】某医疗机构大模型数字人的宣传片中的不当情形

2024年，某医疗机构在推出其大模型数字人的宣传片中，出现了这样一个场景：患者因腹痛前往门诊就诊，医生要求"查看患者近期的检查记录"，数字人在未经患者明示同意的情况下，直接将患者近期包括头部CT在内的检查记录提供接诊医生。

在患者一般性的腹痛、未对患者进行体格检查、未做腹部B超等基本检查的情况下，医务人员直接将包括头部CT的结果进行调取，显然超出了最小必要性原则。虽然这个场景只是宣传片对其大模型数字人的推介，不能全面真实地反映实际操作情况，但也在一定程度上反映出医疗机构在数据采集及调取使用合规意识的不足。

2. 泛知情同意的使用

在医药研究领域，无论是对健康医疗数据的处理还是对生物样本的使用，都需要严格遵守知情同意的基本原则。但是，在实践操作中，患者的临床诊疗或研究的剩余样本可能会被用于现有或未来的研究，临床诊疗或研究过程中形成的健康医疗数据可能会被用于现有或未来的研究。由于现有其他研究和未来可能形成的研究具有不确定性，如果严格按照传统的知情同意方式，不仅可能造成大量时间、人力和财力成本投入，而且可能因无法与患者个人取得有效联系，导致无法获得有效的同意书。如何有效平衡患者生物样本和健康医疗数据的合法使用与个人知情同意权保障之间的关系，是摆在医疗机构及其科研人员面前的一个重要问题。

因此，在采集患者诊疗数据之初，便引入泛知情同意的方式，在充分尊重个人自主决定权的前提下，在法律允许的范畴下，对二次使用已有生物样本和健康医疗数据获得同意使用的明确授权。根据《医疗卫生机构泛知情同意实施指南》，泛知情同意书应告知患者泛知情同意使用的范围、可能的研究目的、可能与多家研究机构共享、隐私保护申明与措施等，同时应当明确告知患者，无论是否同意都不影响其正常的诊疗活动以及与医务人员的关系、患者有权随时提出终止或撤回捐献等①。

泛知情同意的实施，是对现有知情同意方式的有利补充。需要特别注意的是，不是所有研究都适用泛知情同意，必须明确规定泛知情同意在医疗机构实施使用的范围。"采集或收集、储存可识别身份的生物材料或医疗数据时，已经明确材料和数据的特定用途的研究项目，应采用特定的知情同意，不适用泛知情同意。"②

【典型案例09-08】广州医科大学附属肿瘤医院泛知情同意的应用③

广州医科大学附属肿瘤医院2024年9月在生物样本利用领域开启了电子泛知情告知的新模式。患者在网上预约挂号的同时，就会有一个"是否同意您检验后的剩余样本用于医学研究"的提示选项。点击详情查询，可以看到文中明确说明，医院会利用患者在门急诊、住院、手术、随访等诊疗期间的实体样本（如血液、唾液、痰液、尿液、粪便、手术切除物、活检组织和细胞等）进行必要的医学检查与病理诊断。完成常规检验或诊断后，一般会剩余少量样本并形成相关的医疗信息数据，如果患者同意捐赠，医院或将暂时不销毁这些样本和数据，而是将其临时存储起来，用于将来的医学研究。

---

① 陈晓云等：《医疗卫生机构泛知情同意实施指南》，载《中国医学伦理学》2020年第10期，第1203—1209页。
② 余建华、孟焕良：《省多家医院预约诊疗服务系统被诉侵权 浙江高院判决"力挺"著作权兼顾民生》，载《人民法院报》2015年4月17日，第3版。
③ 《强化患者权益保障，规范生物样本利用——广州医科大学附属肿瘤医院推行泛之情新模式》，载"广州医科大学附属肿瘤医院网"，https://www.gzcancer.com/info/1381/41141.htm，最后访问日期：2025年5月30日。

（二）医疗数据的间接获取

医疗机构所获得的健康医疗数据，除了自己直接采集之外，还可能来自其他医疗机构，或者是区域卫生信息平台、医联体平台、学术平台等；也有可能来自可穿戴设备或监测仪器形成的健康传感数据[1]。医疗机构通过授权、共享及委托等间接方式取得的这些健康医疗数据，可应用于诊疗或科研需要的二次开发利用，但面临的数据合规风险更加复合化。

医疗机构的间接健康医疗数据，除区域卫生信息平台具有行政属性外，主要是通过与其他法律主体的民事合作获得的。医疗机构需要与数据提供方通过协议的方式，对数据本身（数据类型、内容、质量、数量等）、法律责任等内容进行明确的约定。数据来源合法是数据处理的基础。数据接收方有必要审查数据提供方的医疗数据来源的合法性，包括取得数据提供方对自行生产、公开收集、间接获取等数据来源的说明及对数据权属的合法性承诺函等。作为数据接收方，尤其应当确保数据授权使用范围满足实际处理的需要。同时，在签署数据处理协议后，双方均须严格按照协议约定处理数据。

对于健康传感数据的采集，医疗机构还可要求设备生产的供应商和/或运营服务保障的系统服务商，确保其设备可支持用户认证，可采取控制措施由用户开启或关闭数据采集等，信息系统的服务方应确保设备通过网络向终端应用传输支持节点认证机制、数据加密功能等，确保数据传输安全。

（三）医疗数据采集的特殊规定

部分医疗数据可能涉及重要数据或受行政特别监管等，需要遵循有关特别规定。以人类遗传资源为例，《人类遗传资源管理条例》强调了采集个人遗传资源的准入审批与特殊告知同意义务。采集人类遗传资源的，需满足具有法人资格；采集目的明确、合法；采集方案合理；通过伦理审查；具有负责人类遗传资源管理的部门和管理制度；具有与采集活动相适应的场所、设施、设备和人员等条件，经国务院科学技术行政部门批准，在采集人类遗传资源前，无论该种采集是否需要行政许可，均应全面、完整、真实、准确地

---

[1] 健康传感数据是指通过健康传感器采集，在相应软件支持下感知、记录、分析与被采集者健康状况相关的信息，应用于诊疗服务提供或健康生活指导的数据。当前的健康传感数据涉及：监测诊疗数据（血压、血糖、血氧饱和度、心率、睡眠等），行为运动数据（运动类别及参数、能量消耗、锻炼时长、行动轨迹等），以及环境数据（包括紫外线指数、空气污染指数等）。

告知人类遗传资源提供者采集目的、采集用途、对健康可能产生的影响、个人隐私保护措施及其享有的自愿参与和随时无条件退出的权利，征得人类遗传资源提供者书面同意。

五、医疗数据存储的合规

（一）医疗数据存储的空间要求

医疗机构涉及存储的数据包括纸质文档数据以及电子信息数据。纸质文档数据包括计算机打印病历的文档、特定情形下的知情同意书以及以纸质形式记录的患者代码索引等。无论是纸质文档数据的保存场地，还是电子信息数据对应的物理服务器的存储空间，在场地安全方面都有着同样的基本要求，包括：配备门锁或电子门禁系统、防盗报警系统和电子监控系统，设置方便查找的文件索引、严格调取或归还的登记流程，采取防水、防火、防霉技术措施等。电子信息数据物理服务器的存储空间还需要注意：机房区域划分为主机房和监控区两个部分，机房不应有窗户，配备气体灭火及备用发电机，配备防电磁泄漏等技术措施，服务器机柜根据情况可独立上锁等。

电子信息数据的存储空间具有额外的注意事项，最为重要的一项就是应当存储在我国境内。根据《国家健康医疗大数据标准、安全和服务管理办法（试行）》第30条之规定，健康医疗大数据应当存储在境内安全可信的服务器上，因业务需要确需向境外提供的，应当按照相关法律法规及有关要求进行安全评估审核。这里需要特别指出的是，医疗机构应当对自身的健康医疗数据统一存储并管理，禁止任何科室或部门自行在办公室内设置服务器、脱离监管地存储患者的医疗数据和科室的运营数据。

【典型案例09-09】某科室主任自设服务器存储本科室患者病历数据严重违规[①]

某三甲医院的传统特色科室，其主任为了科研使用方便，满足科室发展需要，自行在办公室内安装服务器，存储本科室的患者病历信息、各类医疗数据。这种行为严重超出了法律合规的范畴，给数据安全造成极大隐患。医疗机构应当加强对医务人员，特别是科室负责人的数据安全和法治教育，辅

---

① 本案例源自笔者日常工作中遇到的真实事件。

以技术手段，杜绝医务人员私设服务器、擅自复制存储医疗数据的情形。

(二) 医疗数据存储的技术要求

医疗数据存储时即按照数据分级的要求，分类分级存储。根据医疗应用场景对数据进行标注，按照颗粒度进行划分，加密存储同时建立访问控制机制，并将加密数据和密钥分别存储。电子信息数据的存储还应当注意建立定期审查机制，对不需要继续保存的数据进行匿名化或删除处理。定期对匿名化技术的有效性进行评估，确保匿名化数据在多重分析背景下，不再具有可识别性。

确保数据可用性。对数据进行完整性验证，保证数据的完整性和不被篡改。制定数据备份及恢复策略，定期进行数据备份；建立介质存取、验证和转储管理制度。

医疗机构在涉及公有云的使用和存储信息的问题上，同样宜对信息采取必要的验证和加密处理，要对传输、存储到公有云的信息进行加密存储，同时要确保有关数据的灾备。对于院内私有云存储的数据，要通过网闸、网络隔离等方式，确保院内网络环境与公网环境的隔离，并限制移动存储设备（如U盘、光盘）的使用。

(三) 医疗数据存储时间的限制

不同法律对不同的数据有具体的存储要求，数据存储除一般性规定外，还应当依照法律的特别规定执行（见表9-3）。

表9-3 数据存储时间要求的汇总表

法律法规	数据存储时间要求
《医疗机构病历管理规定》	门（急）诊病历由医疗机构保管的，保存时间自患者最后一次就诊之日起不少于15年；住院病历保存时间自患者最后一次住院出院之日起不少于30年
《互联网诊疗监管细则（试行）》	互联网诊疗病历记录按照门诊电子病历的有关规定进行管理，保存时间不得少于15年。诊疗中的图文对话、音视频资料等过程记录保存时间不得少于3年
《处方管理办法》	普通处方、急诊处方、儿科处方保存期限为1年，医疗用毒性药品、第二类精神药品处方保存期限为2年，麻醉药品和第一类精神药品处方保存期限为3年。处方保存期满后，经医疗机构主要负责人批准、登记备案，方可销毁

续表

法律法规	数据存储时间要求
《药品网络销售监督管理办法》	药品网络销售企业应当完整保存供货企业资质文件、电子交易等记录。销售处方药的药品网络零售企业还应当保存处方、在线药学服务等记录。相关记录保存期限不少于 5 年，且不少于药品有效期满后 1 年
《医疗器械网络销售监督管理办法》	从事医疗器械网络销售的企业应当记录医疗器械销售信息，记录应当保存至医疗器械有效期后 2 年；无有效期的，保存时间不得少于 5 年；植入类医疗器械的销售信息应当永久保存。相关记录应当真实、完整、可追溯

（四）医疗数据存储的质量控制

数据质量的优劣通常通过数据质量"六性"进行判断，包括：（1）准确性（数据是否真实反映客观事实）；（2）完整性（数据在创建、传输过程中无缺失和遗漏）；（3）一致性（多源数据逻辑一致）；（4）有效性（数据的值、格式符合业务标准）；（5）唯一性（同一数据只能有唯一的标识符）；（6）时效性（数据是否按预期时间更新）。

在数据存储时，可以设置统一的编码体系对数据进行分类，确保数据跨系统的一致性；对患者数据进行存储时，严格实现患者身份标识唯一化，避免重复等。医疗数据存储还应当考虑适当的颗粒度，提升存储医疗数据的清晰度和可用性。匿名化数据的存储，需要确保匿名化处理符合相关法律法规，避免个人信息的被重新识别。

六、医疗数据传输与使用的合规

（一）患者调取自身数据的权利保障和安全规制

患者可以在医疗机构移动端实现挂号、检查检验结果查询、住院/门诊病历查询、支付信息查询等功能。医疗数据向患者传输自身数据时，应当重点采取身份识别和权限控制。

1. 身份识别

患者登录医疗机构移动端查询自身健康医疗数据的，需要预先完成注册，通过实名制手机和关联手机的验证码登录。在身份识别方面，不宜过度要求人脸识别。在进行登记注册的时候，患方提交的实名制手机号码应当视为患者本人对该手机号码使用人的授权，允许该号码使用人代其进行医疗机构移动端的结果查询、数据获取等操作。针对高度敏感的医疗健康数据，如《信息安全技术 健康医疗数据安全指南》（GB/T 39725—2020）中列为 5 级的健康医疗数据，应当更加严格规范查询流程，引入人脸识别等系统，避免患者数据被泄露。若患者为无/限制民事行为能力人，其手机移动端操作能力不足，确需监护人或其授权的人员代为操作的，则应当上传能够证明患者与被授权人身份关系的证明文件（如户口本、出生证明等）、被授权人身份证、能够证明监护或代理关系的其他文件等。

2. 查询和操作权限

患者个人完成医疗机构移动端的注册后，应当设置账号和密码，或选择通过手机认证码登录等方式，尽可能避免出现账户被他人冒用或个人信息泄露。使用账户和密码登录的，系统可以要求密码设置具有一定的复杂度，必要时可提示患者定期修改密码。同时，还可以对可查询的数据期限作出必要限制。

系统还应对个人查询健康医疗数据的操作权限作出合理设置，对于需要进行另存、下载、复制、打印等操作的，应当对操作的人员身份进行核对，也可通过动态验证码等方式确保系真实患方的操作。同时，在操作页面上对患方进行风险提示：下载等操作后医疗数据的信息安全保障义务转为由患方自行负担。

（二）医疗机构内数据的传输和使用

1. 医务人员调阅数据的范畴与安全规制

医务人员作为医疗服务提供的主体，只有能够调取患者有效的健康医疗数据，才能为患者提供更为精准的诊疗服务。因此，必须赋予医务人员对患者医疗数据调阅的权利。同时，医务人员调取患者数据应当以其职责范围和使用目的，对权限或可调阅的数据级别进行划分，通过访问控制的方式规范调阅。

根据表 9-2，第 2 级至第 5 级应当纳入医疗机构访问控制的范畴。其中，第 2 级应为不能识别个人身份的数据（如匿名化数据），这些可以列为"默认级"，允许在较大范围内供医务人员访问和使用；第 3 级和第 4 级可列为"授权级"，医务人员可根据授权范围访问并使用；第 5 级可列为"审批级"，此类数据仅在极小范围内、严格审批限制下才可访问和使用。

【典型案例09-10】 医生对患者病历数据的调阅权利[①]

对某个住院的患者，住院有关的医疗数据属于第4级健康医疗数据，只有其诊疗医师（管床的住院医师、主治医师、副主任/主任医师）有权利调取并使用。患者以往的住院信息，则应当以其是否与本次诊疗疾病相关，来判定是否对诊疗医师开放授权。如果患者本次系因肺炎住院，那么此前该患者有关内分泌疾病的诊疗信息或者心血管类疾病的诊疗信息，可能会影响临床用药和注意事项的，就可以经授权向诊疗医师开放；如果患者此前存在白内障手术，那么此次诊疗医师只需要了解既往诊断即可，是否有必要调取进一步数据，应当以患者诊疗需要再行决定。同时，本科室非直接诊疗医师，则无权随意调取患者病历数据，只有在值班、紧急情况下才可开放授权。非科室的医务人员（含医疗技术人员和行政管理人员等），只有在其行为与患者密切相关时，才可根据需要放开数据接口。对于护士也应当根据其与患者的护理是否相关进行分别授权，至少外科室护士不能调取查阅本科室患者的诊疗信息，除非为了科研需要且经过严格的审批流程。

另外，在本科室内部，为了患者安全和开展诊疗活动的需要，医生有权根据其职责范围来分配可调取的病人医疗数据的权限。上级医生可以调取查阅其团队下级医生管理的病人的诊疗数据，病房主任有权调阅本病房所有患者的诊疗信息和病历数据。但如果医务人员是为了科研需要来调取使用患者医疗数据，则应当将患者的诊疗数据从诊疗活动中的第4级降为去标识化的第3级医疗数据后，再行使用。

2. 医疗机构互联互通场景下的传输和使用

根据国家各法律规定和文件要求，医疗机构数据的互联互通、检查结果互认已经成为必然趋势。随着医联体、医共体、国家/区域医疗中心的建设，患者的健康医疗数据在不同医疗机构间的传输、调取和使用成为新常态。

国家卫生健康委等7部门联合发布《关于进一步推进医疗机构检查检验结果互认的指导意见》（国卫医政发〔2024〕37号），为医疗检查检验结果的互认制定了明确的时间表和路线图，提出到2025年年底，紧密型医联体内

[①] 本案例系根据笔者在工作中遇到的咨询案例以及笔者提供的解决方案编写而成。

的医疗机构实现全部项目互认，各地市域内医疗机构间互认项目超 200 项。然而，"医检互认"在实际落实中面临诸多挑战。

国家数据局正式印发《可信数据空间发展行动计划（2024—2028 年）》，首次从国家层面系统布局这一新型数据基础设施的建设。文件明确提出，通过区块链、隐私计算等技术实现数据"可用不可见"，促进数据的高效、安全流通。这一政策可被视为破解医疗数据"不敢共享、不愿共享、不能共享"困局的关键突破口。

【典型案例 09-11】江苏省《推进可信数据空间发展工作方案》①

江苏省在长三角地区构建"影像云"平台，采用"区块链存证+差分隐私"双重保障，医生可调阅患者在他院的 CT 图像，但无法下载原始数据。

【典型案例 09-12】医联体科研数据沙箱（北京协和模式)②

北京协和医院牵头 20 家基层医院搭建科研数据空间，通过数据脱敏（通过 K-匿名算法确保单条病历无法关联到具体个人）、贡献证明（采用智能合约自动记录各机构的数据贡献，后续论文发表、专利申报按照贡献权重分配数名），最终形成全球首个基于 10 万例甲状腺结节数据的 AI 诊断系统。

（三）医疗数据与第三方的传输和使用

1. 对数据接收者的身份判断，接收方的审查

医疗机构通常同时兼具医疗数据的控制者、处理者、使用者等多重身份。除已经提及的医疗机构内部的数据使用、向患者提供的数据，向政务云平台上传的数据外，还存在与其他第三方（主要为企业和科研机构）基于软件开发、科研合作等原因而展开的对医疗数据的二次开发利用。当下最为火爆的人工智能软件的开发、大模型训练的语料提供，都是对医疗数据二次开发利用的形式。远程诊断技术的应用（如利用计算机软件/手机 APP 在电脑端或手机端为患者出具影像检查报告），同样涉及向第三方平台公司进行患者医疗数据的传输的流程。

医疗机构与第三方对数据的传输和使用，应当在双方合作事项合法合规

---

① 《破局丨医疗数据"孤岛"：可信数据空间如何重构万亿级健康产业生态?》，载"数据资产网"，http://www.databanker.cn/thrilling/362104.html，最后访问日期：2025 年 6 月 30 日。
② 《破局丨医疗数据"孤岛"：可信数据空间如何重构万亿级健康产业生态?》，载"数据资产网"，http://www.databanker.cn/thrilling/362104.html，最后访问日期：2025 年 6 月 30 日。

的前提下，对数据接收方的主体资格、数据安全能力进行审查。虽然医疗机构可以通过签署数据处理协议的方式，对第三方的数据安全保障和数据规范合理使用进行约定，但是协议的签署并不等同于免除医疗机构前期的基本核查义务。一方面，医疗机构应当初步核实数据接收方所需数据的合法性与必要性、双方合作路径的安全性与合规性、接收方数据安全保障水平及技术措施及其内部的安全保障制度等；另一方面，医疗机构应就拟开展的数据二次利用事项，进行内部的数据安全评估、个人信息保护影响评估等。

【典型案例09-13】 健康证办理系统采购合规案件[①]

某医疗机构为了满足办理健康证的需要，购置了一个软件系统。办理健康证需要将办理人员个人身份信息、体检化验信息等数据上传至系统，系统在办理人员满足条件的情况下出具健康证。这个上传信息出具健康证的过程，包含个人的姓名、性别、年龄、身份证号等信息，可以直接通过这些信息追踪到个人。因此，医疗机构在与该软件公司建立合作前，需对系统的安全性、可靠性等进行基本审查，确保系统在获取办理人员个人数据后，严格按照法律法规的规定进行存储，不得未经许可擅自转让出售，更不得在获得办理人的其他检查数据信息后进行传播或非经授权的使用。如果医疗机构采购前，明知该系统存在无数据备份、删除后无法恢复、未设定访问控制等情况，仍继续采购该系统的，那么即便存在合同约定，医疗机构也存在明显的过错，极有可能因采购不符合要求的系统而面临行政处罚或民事赔偿。

2. 医疗机构开展数据二次利用的前期准备

医疗机构应当做好数据准备，对数据集进行分类分级并做好标注，建立明确数据资源目录，并提供数据描述，展示可供二次利用的数据资源级申请信息，包括数据信息（变量、样本量、年份）、申请条件与范围、数据清洗处理成本、数据使用要求与责任，并提供少量样本数据或修饰后数据下载。根据《信息安全技术 健康医疗数据安全指南》（GB/T 39725—2020）的规定，生物组学数据应根据组学类型的不同，制作不同的数据包。医疗机构宜对数据进行去标识化准备，应当制定保护患者隐私的去标识化规则。

医疗机构对患者数据进行去标识化处理时，可以定义姓名等为标识符，

[①] 本案例源自笔者工作中遇到的真实案例。

同时规定去标识化后满足相同描述的人数不少于5个。但是，某个疾病在该机构的患者数据，按照规定进行去标识化处理后，某个年度确定诊断的人数仅有4人，则此时该数据需泛化处理，即通过数据加密、数据扰乱、数据脱敏等，对原始数据进行一系列的转换和加工，使得最终的数据不再能够被识别和还原出个体的真实信息。

3. 数据处理者的变更等情形的特殊处置

数据处理者发生更名、收购、破产、注销等变更的情形属于数据提供的特殊情形。《信息安全技术 个人信息安全规范》（GB/T 35273—2017）指出，变更后的个人信息控制者应继续履行原个人信息控制者的责任和义务，如破产且无承接方的，可对数据做删除处理。除个人信息外，医疗数据处理者掌握的其他医疗数据还可能受到相关领域的法律法规规定限制。例如，《互联网诊疗监管细则（试行）》第20条规定，互联网医院变更名称时，所保管的病历等数据信息应当由变更后的互联网医院继续保管。互联网医院注销后，所保管的病历等数据信息由依托的实体医疗机构继续保管。所依托的实体医疗机构注销后，可以由省级卫生健康主管部门或者省级卫生健康主管部门指定的机构按照规定妥善保管。

第四节　医疗信息安全与数据合规的操作建议

一、贯彻运营理念，落实考核指标

医疗机构信息系统的建设和维护应当设定整体的规划，明晰需要解决的问题和分步推进的目标，将运营的理念融入信息系统管理和发展之中。扭转当前信息系统被动应对突发问题、临床需求、政府要求等工作模式，变被动为主动，提升信息系统的工作效率，从而真正实现信息安全的降本增效。

（一）信息系统的建设和运维

信息系统的建设除技术要符合规范外，在运维服务中还要做到"事前有计划、事中有控制、事后有保障"，从而最大限度预防问题发生、及时执行应急响应、事后进行根因分析和持续改进。信息部门应当定期对信息系统进行风险评估和监测，落实系统整体运维的理念，将基础硬件、业务软件、配套系统等多方面统筹协调，同步推进安全监测和风险预警。医疗机构的信息部门，不仅要对自身工程技术人员提出风险防范和安全要求，而且要联系协调机构各个系统供应商、软硬件合作方等的工作人员，定期开展机房巡检、安全演练等，及时发现问题。对巡检内容和演练标准不断优化，及时总结常见且易被忽视的问题，加强人员责任心和巡检技能培训等。医疗机构应当将运维计划具体化，列出运维的内容、执行时间、输出文档、责任人、检查人等，确保执行无误，避免纰漏。

故障分析也是信息部门的重要工作。虽然故障的发生不可避免，但信息部门可以通过设立业务系统故障清单，详细记录故障事件，对持续时间、影响范围、解决方法、根因分析等进行记录，尽可能避免故障的再发生。信息部门定期梳理在用系统，对检出的口令漏洞对供应商提出整改要求。对于不符合要求的供应商坚决拒绝再次合作，多方位确保系统的安全和业务的连续性。

（二）医疗软件应用的细化与保障

当前各家医疗机构所应用的医疗软件数量庞杂，建议各医疗机构从产品可用性、系统使用率、用户满意度等角度出发，从应用层面对软件作出评价。根据陈金雄教授[1]观点，可以将医疗机构正在使用的软件分为：（1）刚性应用，如挂号、收费、医嘱、摆药等，"不用业务走不下去"的基本配置；（2）辅助性应用，如360视图、临床决策持系统（CDSS）等，是医院为了提高诊疗效率、改进质量安全而建，对于医生来说是"可以用也可以不用"，即便不用也不严重影响业务；（3）创新型应用，如移动医生站、AI辅助诊断等，应用后可能提升诊疗效率或服务能力。

医疗机构的软件交付不能只以"按照合同条款完成功能点交付"为判断标准，而应当回溯实际建设效果，按照三类不同的应用进行分析、判断总结，从而让软件真正发挥应用价值，匹配业务需求，让用户体验良好。具体而言，对刚性应用应当更加重视，切忌出现"都在用、离不开、都在抱怨"的局面，及时发现软件中的问题或风险。确保软件"真好用"，提升用户满意度，才能让业务流程走得更顺畅。

---

[1] 中国研究型医院学会信息化专委会副会长。

二、加强网络防护，确保信息安全

（一）建立健全网络安全管理体系

1. 完善制度建设

制定涵盖网络安全策略、操作规范、应急响应等内容的内部安全管理制度和操作规程，落实网络安全保护责任，确保网络安全工作的有序进行。

2. 加强人员管理

无论是医疗机构的内部工作人员还是第三方合作机构的人员，均应当进行全流程的网络安全教育和管理，对入职培训、在岗考核、离岗审查等环节均应给予重视。关键岗位人员正式起用前，应通过适宜的方式进行背景调查，防止因人员资质问题引发安全风险。

3. 落实责任到人

确定网络安全负责人，明确各部门和各岗位人员的安全责任，确保网络安全保障工作有章可循。

（二）网络安全登记保护与测评

1. 等级保护定级、备案

医疗机构需对网络进行等级保护定级、备案、测评和整改。第三级或第四级网络应每年至少开展一次网络安全等级测评，第二级网络根据涉及个人信息的规模定期开展测评。

2. 新建网络的安全性测试

新建网络在上线运行前需进行安全性测试，确保符合安全要求。

（三）依照规定，强化技术防护措施

1. 优化网络架构

将医院网络分为外网区、内网区和外联区，分别部署防火墙、入侵检测系统、网闸等设备，实现不同区域之间的安全隔离和数据交换。

2. 制定多层次防御策略

采取防范计算机病毒和网络攻击、网络入侵等危害网络安全行为的技术措施，部署防火墙、入侵检测系统、入侵防御系统、反病毒软件等多层次安全防护措施，形成纵深防御体系。

3. 监测留存网络日志

采取监测、记录网络运行状态、网络安全事件的技术措施，按照规定留存相关的网络日志不少于六个月。出现网络安全事件后查明起因经过、事实结果、影响范围、补救措施，为日后的网络安全监督和防范起到参考作用。

4. 重要数据加密与备份

根据数据分级分类标准，对数据实行分级分类保护，对传输和存储的数据进行加密，防止数据被窃取或篡改。建立数据备份机制，确保关键数据在遭受攻击时能快速恢复。

5. 制订网络安全事件应急预案

针对可能发生的网络安全事件，保证及时、有序、高效开展应急与救援行动，最大限度降低事件带来的损失伤害。同时应当注意应急实践演习，加强人员应急能力的同时，对预案查漏补缺、及时完善。

6. 及时补救和主动上报

在发生危害网络安全的事件时，立即启动应急预案并采取相应的补救措施，按照规定及时主动向有关部门报告，多方协同应对突发事件，尽可能把损失降到最低。

（四）使用正版软件，加强对医务人员个人的教育和规范性要求。

第一，医疗机构无论是工作电脑还是医疗设备，均应注意使用正版软件，避免出现侵犯著作权或软件漏洞给信息系统造成损害的情形出现。

第二，加强对医务人员使用正版软件的法律培训和规范要求，避免因医务人员个人使用非正版软件完成工作任务，而导致医疗机构承担侵权的法律责任，同时避免增加医疗机构的数据泄露风险。特别是医务人员在使用云空间或云存储的过程中，极有可能增加数据泄露风险，可以通过定期培训和技术规范等方式，降低此类风险的发生。

三、数据应用合规，强化保障措施

（一）数据合规的技术保障

1. 加密与隐私计算技术

采用量子加密、隐私计算（如安全多方计算、联邦学习）等技术，实现数据"可用不可见",提升数据安全性。

2. 访问控制技术

基于角色的访问控制（RBAC）结合动态权限调整,适应复杂场景需求。

3. 数据存储与备份

采用本地化与异地混合存储模式,核心业务数据优先本地存储,非敏感数据可依托合规云服务。

（二）数据合规的管理保障

1. 建立数据安全管理体系

制定包括数据分类分级、访问控制、安全评估、应急预案等制度。

2. 人员培训与安全意识提升

定期开展数据安全培训,提升员工的安全意识和技能。

3. 数据资产化管理

建立数据资产目录,明确数据资产的分类、评估和应用价值。

（三）监管与评估

1. 定期安全评估与审计

通过漏洞扫描、渗透测试等手段,定期检查系统安全漏洞并及时整改。

2. 合规审查与监督

在数据产品发布前完成安全性、质量性和隐私保护三重合规审查。

（四）建立应急响应机制

制订数据安全事件应急预案,明确应急响应流程和责任分工。一旦发生数据安全事件,能够迅速启动应急预案,采取有效措施控制事态发展,降低损失。预案应当定期演习,及时发现问题,不断提升技能,完善预案。

四、规范他方合作,加强合同管理

无论是信息化的建设还是数据的合规处理,医疗机构都不可避免地需要与第三方展开合作。在与第三方的合作事项上,医疗机构应当严格审查第三方的信息和数据安全能力,签订数据安全协议,明确双方在数据保护方面的权利和义务。在合作过程中,要加强对第三方的监督,确保其合规使用患者数据。同时,需要加强对成果归属、应用升级、保密义务等事项作出明确规定。

第十章　医疗机构科研与成果转化合规

在医疗技术革新与产业升级的时代浪潮中，科研与成果转化已成为医疗机构提升核心竞争力的关键引擎。然而，随着诸多前沿领域的快速发展，科研活动面临着伦理争议、数据安全、知识产权纠纷等多重合规挑战。从人类遗传资源管理到临床试验数据合规，从职务发明权属认定到跨境数据流动，每一个环节的疏漏都可能引发法律风险、损害公众信任，甚至阻碍技术转化进程。本章聚焦医疗机构科研与成果转化的全生命周期，以"合规"为主线，解析法律框架、风险场景与实践路径。科研的价值不仅在于突破边界，更在于以负责任的方式造福社会。期望本章内容能够为医疗机构科研管理提供借鉴，推动合规要求从制度文本转化为实践自觉，让每一项科研成果都经得起伦理推敲、法律检验与时间沉淀，为医疗行业的创新发展筑牢合规根基，助力医疗机构在创新探索与合规底线之间找到平衡点。本章的相关内容在第六章"医疗机构合同管理合规"和第十五章"医疗机构合规管理前沿与挑战"中也有涉及。

第一节　科研与成果转化合规概述

一、科研与成果转化合规的重要性

(一) 规避法律风险，维护机构法律安全

在医疗科研与成果转化领域，法律风险贯穿始终。从科研项目申报到成果转化应用，任何环节的违规操作都可能引发法律纠纷，使医疗机构面临行政处罚、民事赔偿，甚至刑事责任。《促进科技成果转化法》第 47 条明确规定，在科技成果转化活动中弄虚作假，采用欺骗手段，骗取奖励和荣誉称号、诈骗钱财、非法牟利的，由相关部门依照管理职责责令改正，取消其奖励和荣誉称号，没收违法所得，并处以罚款；给他人造成经济损失的，依法承担民事赔偿责任；构成犯罪的，依法追究刑事责任。医疗机构在科研项目申报环节，若虚构科研条件、伪造科研数据等，将面临项目撤销、追回已拨经费、禁止一定期限内申报国家科技计划项目等处罚。在科研成果转化环节，若夸大成果疗效，误导企业投资，不仅构成民事欺诈而被要求赔偿，情节严重的还可能因涉嫌虚假宣传而被追究行政或刑事责任。

【典型案例10-01】科研项目申报伪造数据案[①]

2024年，海南省卫生健康委员会在组织开展的科研项目结题评审工作中，发现海口市某医院某职工，申请2024年海南省卫生健康行业科研项目结题时，论文存在编造研究过程、伪造研究结果、伪造实验数据和结论，以及提供虚假信息等问题。他将发表在假刊上的论文用于项目结题，无法提供研究原始数据，问卷调查表不规范且无法溯源。最终被全省公开通报，取消5年内申请或申报科技奖励等资格，禁止承担或参与科技计划项目等财政性资金支持的科技活动5年等多项处罚。

（二）防范伦理风险，守护医学人文底线

医疗科研往往涉及人体试验、生命健康等敏感领域，伦理风险不容忽视。违背伦理准则的科研行为，不仅会损害受试者权益，还会引发公众对医疗行业的信任危机。《涉及人的生物医学研究伦理审查办法》规定，涉及人的生物医学研究应当以保障受试者的权益为出发点，遵循伦理审查原则，充分尊重受试者的自主性、隐私权和知情同意权。若医疗机构在人体试验中，未充分履行知情同意程序，或强迫、诱骗受试者参与试验，将严重违背伦理道德，引发社会舆论谴责。在科研成果转化中，若忽视伦理问题，将未经充分验证、存在安全隐患的医疗技术或产品推向市场，可能导致患者健康受损，破坏医疗行业的公信力。

[①] 海南省卫生健康委员会：《关于对廖军违反医学科研诚信案件情况的通报》，载"海南省卫健委网"，https：//wst.hainan.gov.cn/swjw/ywdt/tzgg/202501/t20250120_3805609.html，最后访问日期：2025年6月1日。

【典型案例10-02】塔斯基吉梅毒实验[①]

美国研究人员为获取梅毒自然病程数据，在未告知受试者真实情况且不给予其有效治疗的情况下，对黑人患者进行长达40年的观察，这场实验带来的后果极其惨重。实验结束时，28人直接死于梅毒，100人死于并发症，40名参与者的妻子被感染，19名儿童一出生就患有先天梅毒。这种严重违背伦理的行为，给受试者及其家庭带来了巨大伤害，也成为医学史上的耻辱。

(三) 降低转化风险，保障机构可持续发展

科技成果转化包括成果作价投资、职务成果赋权、成果转化收益等多维度的操作，如果医疗机构能够就科研成果转化建立起一整套的合规体系和管理机制，那么成果转化形成的收入，就能够成为医疗机构及其医务人员收入增加的重要方式之一。如果不重视法律合规，难免会导致成果权属混乱、转化后纠纷不断、医疗机构前期投入难以回收等多种问题。医疗机构可能因此陷入法律纠纷，导致经济损失、被追究行政责任，情节严重的还可能被追究刑事责任。

二、科研合规所涉核心范围

(一) 科研项目立项合规

科研项目立项是科研活动的起点，其合规性决定了整个科研项目的发展方向。立项时，项目选题必须符合国家医疗卫生政策导向与社会需求。国家卫生健康委员会等部门发布的政策文件，对医疗卫生领域的科研重点方向进行了明确指引，如鼓励开展重大疾病防治、公共卫生应急、中医药创新等方面的研究。医疗机构在选题时，应紧密围绕这些政策方向，确保项目的社会价值与政策契合度。同时，严格遵循科研项目申报的相关规定与程序至关重要。申报材料必须真实、准确、完整，如实填写研究基础、研究方案、预期成果等内容，杜绝虚假申报。例如，在申报国家自然科学基金项目时，需按照《国家自然科学基金项目管理规定（试行）》的要求，准确提交项目申请书、研究团队成员信息、依托单位承诺等材料，任何虚假信息都可能导致项

[①] 参见《对非裔做不道德医学实验，美国种族迫害的又一铁证》，载"中国网"，http://www.china.com.cn/opinion/2022-10/10/content_78457633.html，最后访问日期：2025年6月1日。

目申请失败，甚至影响依托单位的信誉。

(二) 科研项目实施过程合规

科研项目实施过程是确保科研成果真实性与可靠性的关键阶段，其合规管理涵盖多个方面。科研经费的规范使用是重中之重。根据《关于进一步完善中央财政科研项目资金管理等政策的若干意见》，科研经费支出应严格按照预算执行，确保经费用于科研项目的直接费用（如设备费、材料费、测试化验加工费等）和间接费用（如管理费、绩效支出等），加强事中事后监管，严肃查处违法违纪问题。医疗机构应建立健全科研经费管理制度，加强对经费支出的审核与监督，确保每一笔经费使用合理合规。实验操作与数据采集必须严格遵循科研伦理准则与相关技术规范。在涉及动物实验时，需遵循《实验动物管理条例》的规定，从事实验动物工作的人员对实验动物必须爱护，不得戏弄或虐待[1]，保障实验动物福利，确保实验设计科学合理；在数据采集过程中，要保证数据的原始性、真实性和完整性，严禁篡改、伪造数据。对于涉及人体试验的科研项目，必须严格履行知情同意程序，遵循《涉及人的生物医学研究伦理审查办法》，充分尊重受试者的意愿和权益，确保试验风险可控且符合伦理道德要求[2]。

(三) 科研成果管理与保护合规

科研成果是医疗机构科研活动的重要产出，对其进行有效的管理与保护是合规的重要内容。医疗机构应建立健全科研成果管理制度，明确成果归属。根据《促进科技成果转化法》，利用财政资金设立的科学技术项目所形成的科技成果，除涉及国家安全、国家利益和重大社会公共利益的外，项目承担单位可以依法自主决定转让、许可或者作价投资，并取得相应的收益。同时，加强知识产权保护意识，及时对科研成果进行专利申请、商标注册、著作权登记等，防止科研成果被非法窃取或滥用。在科研成果管理过程中，还需建立成果档案管理制度，对成果的研发过程、实验数据、知识产权证明等资料进行妥善保存，为成果的后续转化、评估和维权提供依据。

(四) 科研成果转化合规

科研成果转化是将科研成果应用于实际生产和医疗服务的关键环节，其

---

[1] 《实验动物管理条例》第 27 条。
[2] 《涉及人的生物医学研究伦理审查办法》第 18 条。

合规性直接关系到成果转化的效果与社会价值。在转化模式的选择上，医疗机构应根据成果特点和市场需求，合法合规地选择转让、许可、作价投资等转化方式，并遵循相关法律法规和政策要求。转化合同的签订与履行是成果转化合规的重要环节。合同内容应明确双方的权利义务，包括成果的技术内容、转让或许可费用、知识产权归属、保密条款、违约责任等。合同签订需遵循《民法典》中关于合同订立的规定，确保合同合法有效。在合同履行过程中，双方应严格按照合同约定履行各自义务，避免因违约引发纠纷。同时，在成果转化过程中，还需注意保护商业秘密，防止技术泄露，维护自身的合法权益。

三、科研与成果转化合规的总体要求

（一）合法性要求

合法性是科研与成果转化合规的首要原则。医疗机构的科研与成果转化活动必须严格遵守国家法律法规和政策规定，从项目立项、实施到成果转化的每一个环节，都要确保行为合法。在科研项目申报时，遵循科研项目管理相关法规；在科研经费使用上，符合财政资金管理规定；在成果转化过程中，依据《促进科技成果转化法》《民法典》等法律法规开展活动。同时，密切关注法律法规和政策的更新变化，及时调整科研与成果转化活动的策略和方法，确保始终符合最新的法律要求。例如，随着《数据安全法》《个人信息保护法》的出台，医疗机构在科研数据处理和成果转化过程中，需加强对患者个人信息和医疗数据的保护，确保数据处理活动合法合规。

（二）伦理性要求

伦理性是医疗科研与成果转化的重要准则。医疗机构应将伦理考量贯穿于科研与成果转化的全过程，以保障受试者权益、维护医学伦理道德为出发点和落脚点。在涉及人的生物医学研究中，严格遵循伦理审查原则，确保研究方案经过伦理委员会的严格审查和批准。加强对科研人员的伦理培训，提高其伦理意识和责任感，使其在科研活动中能够自觉遵守伦理准则。在成果转化过程中，同样要坚守伦理底线。对于新的医疗技术和产品，需充分评估其对患者健康和社会伦理的影响，避免将存在伦理争议或安全隐患的成果推向市场。建立健全伦理监督机制，对科研与成果转化活动进行全程监督，及

时发现和纠正违反伦理的行为。

(三) 系统性要求

科研与成果转化合规管理是一项系统性工程，需要医疗机构从整体上进行规划和布局。建立健全科研与成果转化合规管理体系，明确各部门、各岗位在科研与成果转化活动中的职责与权限，形成权责清晰、分工明确、协同配合的工作机制。加强部门之间的沟通与协作，打破信息壁垒，确保科研与成果转化活动的各个环节紧密衔接、有序推进。加强对科研人员与相关工作人员的合规培训，提高其合规意识与业务水平。培训内容应涵盖法律法规、伦理准则、科研规范、成果转化流程等方面，通过定期培训、案例分析、模拟演练等方式，使工作人员熟悉并严格遵守科研与成果转化相关的各项规定与操作规范。同时，建立科研与成果转化合规风险预警机制，运用信息化手段对科研活动进行实时监测，及时发现并识别潜在的合规风险，制定相应的风险应对措施，将风险化解在萌芽状态。

第二节　科研与成果转化合规核心依据

一、科研与成果转化合规核心依据概览

(一) 法律

1.《科学技术进步法》；

2.《民法典》；

3.《基本医疗卫生与健康促进法》；

4.《促进科技成果转化法》；

5.《生物安全法》；

6.《个人信息保护法》；

7.《数据安全法》；

8.《药品管理法》；

9.《反垄断法》。

（二）行政法规

1.《人类遗传资源管理条例》；

2.《实验动物管理条例》；

3.《专利法实施细则》；

4.《实施〈中华人民共和国促进科技成果转化法〉若干规定》；

5.《知识产权海关保护条例》；

6.《技术进出口管理条例》；

7.《国有资产评估管理办法》。

（三）部门规章

1.《涉及人的生物医学研究伦理审查办法》；

2.《促进和规范数据跨境流动规定》；

3.《专利实施许可合同备案办法》。

（四）规范性文件

1.《生物技术研究开发安全管理办法》；

2.《国家自然科学基金项目管理规定（试行）》；

3.《国家科技计划项目承担人员管理的暂行办法》；

4.《科技伦理审查办法（试行）》；

5.《关于扩大高校和科研院所科研相关自主权的若干意见》；

6.《关于深化项目评审、人才评价、机构评估改革的意见》；

7.《关于加强科技伦理治理的意见》；

8.《国家知识产权保护示范区建设方案》；

9.《"十四五"技术要素市场专项规划》；

10.《关于促进科技成果转化若干规定的通知》；

11.《关于促进科技成果转化有关税收政策的通知》；

12.《关于促进科技成果转化有关个人所得税问题的通知》；

13.《关于事业单位科研人员职务科技成果转化现金奖励纳入绩效工资管理有关问题的通知》。

（五）其他文件

1.《关于进一步完善中央财政科研项目资金管理等政策的若干意见》；

2.《人体生物医学研究国际伦理指南》;

3.《推动知识产权高质量发展年度工作指引(2022)》。

二、关键条款解读与适用场景

(一)伦理审查的合规指引

1. 伦理审查委员会的合规风险

开展涉及人的生命科学和医学研究的二级以上医疗机构和设区的市级以上卫生机构(包括疾病预防控制、妇幼保健、采供血机构等)、高等学校、科研院所等机构是伦理审查工作的管理责任主体,应当设立伦理审查委员会。伦理审查委员会的委员应当从生命科学、医学、生命伦理学、法学等领域的专家和非本机构的社会人士中遴选产生,人数不得少于7人,并且应当有不同性别的委员,民族地区应当考虑少数民族委员。特别需要注意的是,在医疗机构人体器官移植伦理委员会中,医疗机构移植临床学科负责人、器官获取组织负责人不得在人体器官移植伦理委员会中担任副主任委员及以上职务。

未设立伦理审查委员会或伦理审查委员会能力不足的医疗机构,在开展涉及人的生命科学和医学研究前,应当委托不低于其等级的医疗卫生机构的伦理审查委员会或者区域伦理审查委员会开展伦理审查。

伦理审查委员会委员应当具备相应的伦理审查能力,定期接受生命科学和医学研究伦理知识及相关法律法规知识培训。机构应当在伦理审查委员会设立之日起3个月内进行备案,医疗卫生机构向本机构的执业登记机关备案。若医疗机构未按规定完成备案,那么伦理审查委员会本身的设立就不合规,其所审查的科研项目也必然丧失合规基础。

2. 伦理审查原则的合规

《涉及人的生物医学研究伦理审查办法》明确规定,研究项目未获得伦理委员会审查批准的,不得开展项目研究工作。[①] 伦理审查应当遵循:(1)控制风险,使研究参与者可能受到的风险最小化;(2)知情同意,尊重和保障研究参与者及其监护人的知情权和自主决定权,允许其在任何阶段无条件退出研究;(3)公平合理选择研究参与者,合理分配研究收益、风险和负担;

---

① 《涉及人的生物医学研究伦理审查办法》第24条。

(4) 不得向研究参与者收取任何相关费用，对研究参与者参与研究所支出的合理费用应给予补偿，对受到的损害给予赔偿；(5) 保护隐私及个人信息；(6) 对儿童、孕产妇、老年人、智力障碍者，精神障碍者等特定人群应特别保护，对涉及受精卵、胚胎、胎儿等受辅助生殖技术影响的，应特别关注。

对已经批准实施的研究，伦理审查委员会也应当根据规定跟踪审查。研究过程中发生严重不良事件的，应当立即向伦理委员会报告。研究相关内容发生实质性变化、风险实质性提高或增加、研究参与者民事行为能力等级提高的，必须再次获得研究参与者的知情同意。

3. 特殊情况例外条款

《涉及人的生命科学和医学研究伦理审查办法》第 32 条规定了可免除伦理审查的几种特殊情形：(1) 利用合法获得的公开数据，或者通过观察且不干扰公共行为产生的数据进行研究的；(2) 使用匿名化的信息数据开展研究的；(3) 使用已有的人的生物样本开展研究，所使用的生物样本来源符合相关法规和伦理原则，研究相关内容和目的在规范的知情同意范围内，且不涉及使用人的生殖细胞、胚胎和生殖性克隆、嵌合、可遗传的基因操作等活动的；(4) 使用生物样本库来源的人源细胞株或者细胞系等开展研究，研究相关内容和目的在提供方授权范围内，且不涉及人胚胎和生殖性克隆、嵌合、可遗传的基因操作等活动的。

4. 利益冲突的合规风险

在科研从立项到推进的过程中，申办者、研究者、合同外包组织之间已经构成了复杂的利益共生网络，导致利益冲突如同附着在伦理审查体系上的寄生体，稍有不慎就可能转变为商业贿赂行为。申办方的资助，可能导致伦理审查委员会因资金的不独立，而不能践行独立审查的职责。如果伦理审查委员会主席同时担任申办方的医学顾问，又未能有效地回避表决，那么极有可能导致伦理审查的独立性丧失。因此，法律明确规定的伦理审查委员会的独立审查原则[①]，需要从人员、资金等各方面给予落实。

知识型利益交换是利益冲突的新型表现形式。合同外包组织（CRO）以"科研合作"的名义，为伦理委员提供论文署名并发表的机会，从而换取高风险试验方案的放行。这种隐蔽的利益冲突现象，也极易导致伦理审查委员

---

① 《涉及人的生物医学研究伦理审查办法》第 7 条。

会独立性的丧失，需要建立更精细化的监测体系，确保伦理审查的合规推进。

（二）人类遗传资源的合规指引

我国人类遗传资源关系到公众健康和国家安全，其采集、保藏、利用、对外提供都必须严格依照法律法规的规定执行。人类遗传资源包括人类遗传资源材料和人类遗传资源信息。人类遗传资源材料是指含有人体基因组、基因等遗传物质的器官、组织、细胞等遗传材料。人类遗传资源信息是指利用人类遗传资源材料产生的数据等信息资料。

一般而言，我国的行政法规名称直接体现规范的内容，如《医疗机构管理条例》《护士条例》等，而《中华人民共和国人类遗传资源管理条例》，是医疗领域唯一在名称中包含"中华人民共和国"字样的条例，这彰显了人类遗传资源管理对国家安全重之又重的地位，各医疗机构必须充分重视。采集、保藏、利用、对外提供我国人类遗传资源，应当符合伦理原则，应当尊重提供者的隐私权并取得其事先知情同意，应遵循有关技术规范，且禁止买卖行为。

在国际合作科学研究过程中，我国人类遗传资源的安全问题也需要各医疗机构充分重视。利用我国人类遗传资源开展国际合作科学研究的，必须严格做到事先审批，批准后方可开展；研究过程中重大事项发生变更的，应当办理变更登记；结束后6个月内及时提交合作研究情况报告。在研究过程中，境外的机构、个人或其实际控制的机构均不得直接采集、保藏我国人类遗传资源。若涉及人类遗传资源出境，医疗机构必须履行严格的审批流程。

【典型案例10-03】某医院违规开展人类遗传资源国际合作研究案[①]

湘西自治州科学技术局在《未经批准利用我国人类遗传资源开展国际合作科学研究》一文中提到，某医院未经批准与英国某大学开展中国人类遗传资源国际合作研究，未经批准将部分人类遗传资源信息从网上传递出境。国务院科学技术行政部门对其作出处罚，包括停止该研究工作的执行，没收违法采集保藏的人类遗传资源，处50万元罚款等。

---

① 《以案释法丨未经批准利用我国人类遗传资源开展国际合作科学研究》，载"湘西自治州科学技术局网"，https://kjj.xxz.gov.cn/kjxx_166/kjzx/202111/t20211105_1839370.html，最后访问日期：2025年6月1日。

(三) 科技成果转化的合规指引

1999年《关于促进科技成果转化的若干规定》，明确鼓励科研机构及科研人员可以采取多种方式转化高新技术成果。如今，科技成果转化已经包括自行投资实施转化、向他人转让、许可他人使用、作价入股、共同转化等多种形式。但是，成果归属的认定、转化资金的投入、转化收益的分配等问题，也越来越成为转化过程中的矛盾焦点。成果转化后的权属和利益分配争议，可能发生在研发团队与医疗机构之间、研发团队内部成员之间，以及科研机构和人员与商业合作伙伴之间。医疗机构可以通过内设的专门机构或委托独立的服务机构，开展技术转移转化。

医疗机构对持有的科技成果可以自主决定转让、许可或作价投资，但应当通过协议定价、挂牌交易、拍卖等方式确定价格。协议定价的应当在本单位公示成果名称和拟交易价格。医疗机构内部劳动关系的处理，科研合作协议的合规，成果转化协议的管理，都是转化合规的重要环节。

第三节 科研与成果转化合规风险分析

一、合规基本要求落地障碍

（一）伦理审查委员会设置与审查质量合规障碍

伦理审查委员会设置存在的问题：（1）人员数量的合规风险，除应不少于7人的强制性规定外，人员数量过多会导致召开会议困难，决定因无法得到1/2以上全体委员的同意而不能通过；（2）人员组成中缺少伦理学、法学、社会学等领域的专家和非本机构的社会人士，导致伦理委员会构成存在不合规；（3）伦理审查委员会未依规完成备案引发合规风险；（4）伦理委员会主任身份风险，医疗机构负责人不能担任该职务。

【典型案例 10-04】 贺某奎基因编辑婴儿案[①]

2018 年 11 月 26 日,《世界首例免疫艾滋病的基因编辑婴儿在中国诞生》的新闻引发了全球对科学研究安全性和伦理性的广泛讨论。虽然主要涉事的贺某奎等 3 人最终被以非法行医罪追究刑事责任,但是该案所揭示的伦理问题依然存在。此项目预先经过深圳某妇儿科医院医学伦理委员会的讨论通过,但经查,该伦理委员会并没有按照《涉及人的生物医学研究伦理审查办法》规定完成备案,这就导致项目从立项即违规。最终导致 2 名志愿者怀孕,其中 1 人生下双胞胎女婴。该行为严重违背伦理道德和科研诚信。2019 年 12 月,深圳市南山区人民法院以非法行医罪判处贺某奎等 3 人有期徒刑并处罚金。

在实际操作中,伦理审查形式化问题较为突出。部分医疗机构为追求科研项目进度,压缩伦理审查时间,导致审查流程流于形式,未能对研究项目的伦理风险进行充分评估,成为科研合规管理的重大隐患。

(二) 知情同意书的合规缺陷

知情同意书作为保障受试者权益的重要文件,在实际应用中存在诸多缺陷。一方面,知情同意书使用大量专业术语,晦涩难懂,导致受试者难以理解其中内容,知情告知流于形式;另一方面,在应当再次获取受试者签署知情同意书的情形发生时,未能取得有效的知情同意文件。在研究过程中,出现研究方案、范围、内容等发生变化的,研究者通常可以联络到受试者并取得再次书面同意。但若要利用过去用于诊断、治疗的有身份标识的样本进行研究,或生物样本数据库中有身份标识的人体生物学样本或相关临床病史资料再次研究的,研究者就可能面对受试者联系困难等问题,而难以取得再次有效的书面同意。

有两种特殊情形经伦理委员会审查批准后,可以免除签署知情同意书:(1) 利用可识别身份信息的人体材料或者数据进行研究,已无法找到该受试者,且研究项目不涉及个人隐私和商业利益的;(2) 生物样本捐献者已经签署了知情同意书,同意所捐献样本及相关信息可用于所有医学研究的。[②] 然

[①] 《深圳某妇儿科医院医学伦理委员会未按要求进行备案》,载"澎湃新闻网",https://www.thepaper.cn/newsDetail_forward_2672900,最后访问日期:2025 年 6 月 1 日;何雪娜:《南山法院对"基因编辑婴儿"案作出一审宣判》,载"广东法院网",https://www.gdcourts.gov.cn/xwzx/fayuanxinmeiti/content/post_1046261.html,最后访问日期:2025 年 6 月 1 日。

[②] 《涉及人的生物医学研究伦理审查办法》第 39 条。

而，根据《个人信息保护法》①的规定，涉及生物样本和医疗数据都是敏感个人信息，处理时应当取得个人的单独同意②。因此，"泛知情同意书"③是否符合该法条的规定，在医疗科研领域存在极大争议。

二、高频法律风险问题

(一) 研究实施环节的合规风险

1. 人类遗传资源非法采集或出境

人类遗传资源的非法采集和出境是研究实施环节的高发法律风险。如果医疗机构或医务人员在与国外科研机构开展跨国合作研究项目前，未经审批擅自开展研究，或将患者的人类遗传资源向境外提供的，那么参与的机构或个人不仅构成行政违法，甚至可能因触碰到国家安全的红线而被追究刑事责任。

2. 临床试验数据造假

临床试验数据造假性质恶劣，不仅严重损害受试者权益，还会误导医疗行业发展，破坏科研诚信体系。医疗机构在与临床试验机构合作过程中，应当重视对临床试验数据的管理，确保自身提供的数据是真实的、可溯源的，避免因临床试验机构数据造假而给自身造成民事赔偿、行政追责，甚至刑事问责。

【典型案例10-05】2015年多家医院临床试验数据造假案④

山某大学某医院、华某科技大学某医学院附属医院、蚌某医学院附属医院、广州市某病医院、辽宁某大学附属某医院5家医院，在承担海南某联合制药工业股份有限公司等8家企业11个药品注册申请的临床试验中，存在擅自修改数据、瞒报数据以及数据不可溯源等问题。国家食品药品监督管理总局对相关企业的注册申请不予批准，对涉事医院进行立案调查。广州市某医

---

① 《涉及人的生物医学研究伦理审查办法》颁布并施行于2016年，属于部门规章。2021年颁布并施行的《个人信息保护法》，无论是从法律位阶还是颁布时间上看，其规定都更应当优先适用。

② 《个人信息保护法》第28条、第29条。

③ "泛知情同意书"是知情同意的一种特殊形式，旨在告知参与者关于某项研究、项目或技术使用的相关信息，并得到其自愿参与的同意。"泛知情同意书"主要被用于生物样本入库前、临床诊疗或研究剩余样本、临床诊疗或研究中产生的医疗数据等场景。

④ 《三甲医院临床试验造假，首入药监黑名单》，载"新京报客户端"，http://m.bjnews.com.cn/detail/155149851014109.html，最后访问日期：2025年7月18日。

院和辽宁某大学附属某医院直接被立案调查，对其开展的其他药品的临床试验数据延伸检查；华某科技大学某医学院附属某医院、蚌某医学院附属医院、山某大学某医院3家临床试验机构分别由其所在省食品药品监管局立案调查。

3. 科研经费违规使用

科研经费管理漏洞易滋生虚报冒领、挪用挤占等违规行为。《关于进一步完善中央财政科研项目资金管理等政策的若干意见》明确规定，科研经费应专款专用，应加强事中事后监管，严肃查处违法违纪问题。《国务院关于2022年度中央预算执行和其他财政收支的审计工作报告》[①]中指出，部分科研成果涉嫌造假。部分项目存在成果发表时间早于项目开始时间的问题，成果验收流于形式。部分资金被骗取套取或挤占挪用，15家项目单位以虚假合同、虚报任务量或投资额等方式骗取套取1.39亿元，86家列支福利、装修等无关支出2864.73万元，还有9家将应由自身承担的1227.15万元科研任务违规外包。17个地区和单位挤占挪用科研资金、违规培训收费等1.19亿元，用于发放工资福利、弥补办公经费等。

4. 实验动物管理违规

实验动物使用不合规同样存在诸多法律风险。《实验动物管理条例》规定，实验动物的生产、使用需具备相应资质，且应保障动物福利。部分科研单位因未严格审查实验动物供应方资质，使用了来源不明的实验动物，导致实验结果不可靠，研究工作受阻。更严重的是，若存在虐待实验动物等违反动物福利的行为，不仅可能面临行业通报批评，情节严重的还可能引发公众舆论危机，影响机构声誉。

【典型案例10-06】东北某大学实验感染事件[②]

2010年，东北某大学动物医学学院有关教师未按规定从无资质养殖场购入4只山羊作为实验动物，且在实验前未对山羊进行现场检疫，在指导学生实验过程中也未要求学生遵守操作规程、进行有效防护。2011年3月至5月，学校27名学生及1名教师陆续确诊感染布病。这是一起重大教学责任事故，

---

① 《国务院关于2022年度中央预算执行和其他财政收支的审计工作报告》，载"中华人民共和国审计署网"，https：//www.audit.gov.cn/n5/n26/c10338025/content.html，最后访问日期：2025年6月1日。

② 《东北农大实验感染引疑问高校实验室安全谁监管》，载"中国新闻网"，https：//www.chinanews.com.cn/gn/2011/09-06/3308923.shtml，最后访问日期：2025年7月17日。

学校对事故承担全部责任，相关责任人受到严肃处理，包括给予教师降级、记过等处分，免去学院院长和党总支书记职务等。

（二）成果转化环节的合规风险

1. 成果权属认定的合规风险

医疗机构科研人员在工作期间、利用单位的物质技术条件完成的技术创新，应当属于职务发明，其所在的医疗机构应当作为权利主体，科研人员/团队享有署名权和获得奖励或其他合法经济收益的权利。但在实践中，机构科研制度管理不规范、缺少对科研人员的法规和制度宣教等，导致很多科研人员为了避免单位监管，将职务研发成果以自己的名义申请专利，并作价入股参与社会资本设立的公司，进行成果转化。但这种操作方式，极有可能导致科研人员与医疗机构利益双输的客观结果。因此，医疗机构应建立公开透明的成果转化机制、合理公正的收益分配制度是成果转化的有效推广的基础。同时，还需要加强对医务人员的制度宣教和法律培训，提升医务人员对医疗机构的信任度，认识到机构可以对其成果转化提供合法保障，真正实现权益的兑现。

【典型案例10-07】某公司因科技成果权属不清而面临融资失败风险①

某科研人员（老师）在研发过程中，将其所在的科研院所（学校）与某公司签署了一系列合同，涉及多个专利的许可实施、临床研究、专利转让等。后因公司在进行上市前合规过程中，要求学校出具证明公司的科研成果与老师的职务行为无关。学校经调查，发现该公司自成立至今，其实际控制人均为该老师。虽然老师在学校并无行政任职，其开设公司、持有股份的行为并不违反相关法律规定，但其专利转让和许可实施的合同签署近乎自我交易，存在合规瑕疵。又由于其公司开展的业务与老师在学校的科研工作高度重合，且专利转化过程中，大量的临床前研究依旧是该老师利用其在学校的职务便利完成。因此，该公司产品的初始专利权和专有技术与该科研人员的职务发明严重混同，无法给出清晰的界定。

实践中，每个科研项目都不可能由团队负责人一人完成，还会涉及其团队其他机构在编科研人员、带教学生或其他实验室技术人员等，如何有效进

---

① 本案例系根据笔者在工作中被咨询的真实案件编写而成。

行团队的收益分配也是可能影响权属确定的重要因素。建议机构制定科研团队权属确定和收益分配的指导建议，供各个科研负责人参考使用，避免出现科研文章发表或成果转化上市后，因曾经的团队成员的质疑而形成经济和名誉的损失。项目负责人也应当提升法律意识，主动向机构或法律专业人士寻求帮助。

【典型案例10-08】 两个因曾经的团队成员提出异议导致项目受影响的案例[①]

某三甲医院医务人员在海外专业杂志发表文章后，曾经的团队学生向编辑部致函，称已经发表的文章涉嫌剽窃，其本人实际负责该课题并完成相关研究，应当是第一作者，并提供了大量的试验原始数据和资料。这个函件不仅可能导致已发表文章被撤，而且会导致我国医务人员科研诚信的国际评价降低。后经专业律师帮助项目负责人完成材料整理，并与杂志编辑部进行了两轮邮件沟通，最终顺利化解了危机。

某研究所科技成果转化成功获得高额回报，研发团队按照研究所的政策进行了收益分配，但被曾经的团队助理投诉，称分配不公。该投诉人称，虽然其已从团队离职，但是也曾经付出过劳动，理应参与分配。这个投诉给研究所和团队负责人都造成了时间和经济上的损失。

2. 转化制度建设的合规指引

在科技成果转化领域，专利成果不等于转化上市。从专利形成，到试验室的专利转化，再到大规模的生产上市，需要一个较长的周期。在这个过程中，既需要大量资金的投入，又需要技术研发的持续跟进，还需要临床试验、市场推广等多团队的合作。但由于科技成果转化成功的高额回报，也吸引了众多资本、机构和个人的参与热情。因此，医疗机构的负责人应当提升对科技成果转化合规的重视，通过政策支持与制度规范，让科技成果转化成为医疗机构收入增长的新引擎。

在科技成果转化过程中，医疗机构需要转变理念，通过政策保障和制度创新，鼓励广大医务人员参与到科技成果转化的活动中。在单位对职务科技成果转化"有权利无动力"，科研人员"有动力无权利"的情况下，应当积

[①] 源自笔者工作中遇到的真实案例。

极探索建立完善赋权管理制度,实现医疗机构与医务人员的合作共赢。

【典型案例 10-09】 北京积水潭医院完成北京首例职务科技成果所有权赋权改革[①]

2021年年初,北京市积水潭医院制定了《科技成果赋权改革实施方案(试行)》,以及包括申请书、合作转化意向书、赋予所有权/长期使用权协议、转化实施方案、关联交易承诺函等配套文件,为科技成果转化提供了制度保障。同时,建立了完善的尽职免责机制、年度报告和审查认定制度,还聘请专业法律团队全程参与试点方案制订、赋权方案论证和赋权协议签署等工作。制度确定后,医院和选定的成果转化团队共同规划转化路径,参与了与项目承接对象的洽谈,配合法务团队完成尽调。在医院全程"护航"之下,科研团队最终成功被赋权,并获得成果转化70%的收益保障。

有的医疗机构,科技成果转化制度不透明,导致医务人员对自身机构信任缺失;有的机构存在限制医务人员科技成果转化的行为,医务人员出现个人单枪匹马与资本合作谈判的情况,进而出现因对法律的不熟悉、对资本市场属性的认识不足,无法有效实现成果转化的个人收益。这种局面客观上是医疗机构与医务人员的双输。

【典型案例 10-10】 某医务人员以个人名义参与公司科技成果转化失败[②]

某医务人员将自己的职务发明成果的专利申请权以及成果转化权,在未告知所在医疗机构的情况下,自行作价入股转让给第三方公司。第三方公司以风险防范为由,将该医务人员设为"隐名股东",其股东权益由他人代持。在获得全部技术资料后,第三方公司以其显名股东作为发明人提起专利申请。至此,该医务人员的名字既未体现在专利的发明人中,也未出现在公司股东名册中,其对成果转化的收益权难以得到有效实现。

3. 财务与税收管理的合规风险

2024年3月的《我国支持科技创新主要税费优惠政策指引》,按照科技创新活动环节,从创业投资、研究与试验开发、成果转化、重点产业发展、

[①] 《北京市贯彻落实〈中华人民共和国促进科技成果转化法〉〈北京市促进科技成果转化条例〉典型案例集》,北京市促进科技成果转化议事协调联席会办公室印刷发布,2021年9月。

[②] 本案例系根据笔者在工作中被咨询的真实案件编写而成。

全产业链等方面对政策进行了分类，并详细列明了每项优惠的政策类型、涉及税种、优惠内容、享受主体、申请条件、申报时点、申报方式、办理材料、政策依据等内容。1999 年的《关于促进科技成果转化有关税收政策的通知》及《关于促进科技成果转化有关个人所得税问题的通知》，2021 年的《关于事业单位科研人员职务科技成果转化现金奖励纳入绩效工资管理有关问题的通知》等规范性文件，均为科技人员成果转化的减税增收提供了保障。医疗机构需要结合相关法律法规和文件规定，做好财务管理，主动与税务机关就有关税费问题及时沟通，避免因扣税比例、扣税金额的问题与科研人员发生争议，进而引发纷争。

【典型案例 10-11】徐某与北京某研究所技术转化合同纠纷案[①]

徐某系北京某研究所的科研项目负责人。在项目实现成果转化后，该研究所理应按照约定向徐某支付 35% 的奖励费用。徐某与该研究所对于应付 35%（对应 350 万元）费用的事实均表示认可，但双方对徐某的纳税额形成争议。直至纠纷发生，研究所仍未能向徐某完成奖励费的支付。最终法院认定，双方对此均有过错。但是研究所作为全额拨款事业单位，与国家税务部门咨询、沟通的渠道及能力均强于作为个人的徐某；且其作为个人所得税扣缴义务人，对于为单位科研工作作出贡献的职务发明人及时获得相关报酬应采取更为积极的方式。虽然法院认为徐某在款项未能支付上也存在过错，但最终仍然判决研究所应付清全部 350 万元款项，并支付自 2012 年 10 月 1 日起至款项付清之日止的利息。同时，徐某因退休后获得返聘，继续进行科技成果转化的相关工作，徐某还为此提起了劳务纠纷的诉讼。该劳务纠纷的诉讼请求最终被法院驳回。

4. 成果转化成功后上市推广的合规风险

力争实现科技成果的成功转化，让医疗机构和科研人员都能从中获得收益，是每个科技成果转化参与者的共同目标。但是，如果在科研过程中有医药企业的资金参与、转化过程中医务人员参与项目公司的持股，那么产品上市后的销售，是否会构成该医药企业对医务人员的商业贿赂行为？医务人员

[①] 最高人民法院（2019）最高法知民终 279 号民事判决书，以及北京市第二中级人民法院（2023）京 02 民终 3237 号民事判决书。

所在医疗机构使用该医药产品，是否构成关联交易的不正当竞争情形？这些都给成果转化后上市的合规提出了更高的要求。无论是医疗机构还是医务人员，都需要加强对从科研立项到成果转化的全流程合规意识，严格把关，从而最终确保成果转化的有序推进，各方利益能够真正实现。

第四节　科研与成果转化合规建议及指引

一、合规体系构建

（一）事前预防

1. 建立科研项目法律风险评估清单

建立科研项目法律风险评估清单是科研合规管理的重要事前预防措施。在项目启动前，需结合科研全流程，系统梳理潜在法律风险，形成动态更新的评估清单。该清单应涵盖项目立项、实施、成果转化等核心阶段。在立项阶段，需警惕虚构科研条件骗取立项的风险，严格遵守《国家科技计划项目管理暂行办法》中对于项目申报真实性的要求[1]，可建立申报材料三级审核机制；研究实施阶段，加强对人类遗传资源采集和处理、医疗健康数据安全等高风险问题的重点关注；成果转化阶段，关注职务发明权属管理、分配机制的约定等。通过建立该清单，帮助医疗机构提前识别风险，将合规管理前置，避免因法律风险导致项目停滞、经济损失或声誉受损，为科研项目顺利开展筑牢合规防线。

2. 设立跨境研究合规官

医疗领域的跨境科研合作已经成为全球医学技术发展的趋势，这也对科研合规提出了更高的要求。医疗健康数据、人类遗传资源都具有社会公共利益与国家安全的双重属性，处理稍有不慎，就可能引发行政违法，甚至被刑事追责。因此，建议医疗机构在科研合规环节，充分重视跨境合规研究，可

---

[1]　《国家科技计划项目管理暂行办法》第43条、第44条。

以与其他部门联合就跨境合作中的数据合规、生物遗传样本处理合规等展开监测和评估,避免不必要的风险。

(二)事中管控

1. 动态化伦理审查:年度复审+重大变更即时审查

突破传统"一次性审查"模式,建立动态化伦理审查机制。对于周期较长的科研项目,实施年度伦理复审,重新评估研究进展中的风险—受益比、受试者权益保护措施有效性;若研究方案出现重大变更(如样本量调整、干预措施改变),须立即启动即时审查程序。比如,某肿瘤免疫治疗临床试验,在研究中期因疗效数据异常需调整剂量方案,通过即时伦理审查,及时补充受试者风险告知内容,保障研究合规性。

2. 数据安全审计:加密存储、权限分级、操作留痕

构建全流程数据安全审计体系。在数据存储环节,采用国密算法加密技术,确保健康医疗数据存储安全;权限管理实行分级授权,依据人员职责分配数据访问权限,如仅允许研究负责人查看完整原始数据,普通研究人员仅能获取脱敏统计数据;操作日志系统自动记录数据访问、修改、导出等行为,便于追溯核查。例如,某医疗机构通过部署数据安全审计系统,成功拦截多起内部人员非法访问患者敏感数据的行为。

(三)事后追溯

1. 科研成果转化台账管理

建立科研成果转化电子台账,实现从成果权属确认、许可协议签订到收益分配的全链条留痕管理。台账需包含成果名称、知识产权证书编号、转化方式、合作方信息、合同关键条款、收益到账记录等核心字段,并定期与财务、法务部门数据进行交叉核对。例如,某高校附属医院通过台账管理系统,清晰追溯一项专利从授权到作价入股企业的全过程,在后续股权纠纷中凭借完整台账证据链胜诉。

2. 第三方尽职调查

在成果转化合作前,委托专业第三方机构对合作企业开展尽职调查。调查内容涵盖企业主体资格、财务状况、知识产权纠纷记录、行政处罚历史等维度。例如,某医疗机构在与一家生物科技公司合作转化创新医疗器械时,

通过尽职调查发现对方存在未了结的专利侵权诉讼，及时终止合作，避免潜在法律风险。

二、重点场景操作建议

（一）知情同意书优化方案

1. 模块化设计

将知情同意书拆分为三个独立模块：基础治疗模块说明常规医疗操作及风险；研究模块详细阐述科研项目目的、流程、潜在风险与收益；未来使用授权模块明确数据二次利用、样本留存等事项。以基因检测项目为例，模块化设计使受试者能够分步骤阅读核心信息，显著提升理解效率。同时，每个模块配备通俗化解释说明，关键术语采用"专业表述+示例说明"形式呈现。

2. 视频见证签署流程

针对低识字率或老年受试者，推行视频见证签署流程。由独立见证人通过视频通话，向受试者逐条解释知情同意书内容，并同步录制签署过程。视频文件作为知情同意的有效凭证存档。医疗机构在开展研究时，采用视频见证签署流程，能够有效提升知情同意签署率，减少因理解偏差导致的纠纷。

（二）成果转化避雷策略

1. 权属约定"三步法"

在科研项目启动时，签署《科研成果权属协议》，明确单位与研究人员的权利义务；研究过程中，要求研究人员定期提交《发明披露表》，记录阶段性成果；成果转化前，开展权属专项清理，通过法律意见书、专利检索等方式消除权属争议隐患。比如，某科研团队运用该方法，成功解决一项联合研发成果的三方权属纠纷，保障转化顺利进行。

2. 利益分配"双轨制"

在满足《促进科技成果转化法》规定的不低于50%奖励比例的基础上，建立阶梯式奖励机制。当成果转化收益处于不同区间时，实施差异化奖励：收益100万元以内按15%保底发放；100万元至500万元部分提升至20%；超500万元的高额收益段，奖励比例进一步提高至25%。这种"保底+阶梯激励"模式，既保障了科研人员基础权益，又通过超额奖励激发了创新转化积极性。

三、长效监督机制

(一) 合规考核指标

将伦理审查通过率、数据泄露事件数、成果转化纠纷量等核心指标纳入医疗机构绩效考核体系。设定伦理审查通过率、数据泄露事件零发生、成果转化纠纷发生率等量化目标，定期通报考核结果。

(二) 吹哨人制度

建立内部吹哨人制度，开通匿名举报热线与电子信箱，明确规定对举报人信息严格保密，并制定反报复条款。对经核实的违规行为举报人，给予物质奖励与精神表彰。收集关于科研经费挪用、数据篡改等有效举报线索，及时查处违规行为，维护科研生态健康。

四、应急预案

(一) 遗传资源违规出境处置流程

制定《人类遗传资源违规出境应急处置预案》，明确事件分级（一般、重大、特别重大）及响应机制。一旦发现违规迹象，立即启动应急程序：停止相关出境行为，封存剩余样本；48小时内向省级科技主管部门报告，同步开展内部调查；配合监管部门追溯样本流向，采取补救措施。例如，某医疗机构因合作方擅自转移人类遗传资源样本，通过快速启动预案，在监管部门介入前追回大部分样本，减轻处罚后果。

(二) 受试者重大损害事件危机公关手册

编制《受试者重大损害事件危机应对手册》，规范事件报告、医疗救治、家属沟通、媒体应对等流程。事件发生后，第一时间成立应急小组，2小时内向上级主管部门报告；启动绿色通道保障受试者救治；安排专业人员与家属沟通，每日通报救治进展；统一对外信息发布口径，避免不实舆论扩散。某临床试验中受试者出现严重不良反应，医疗机构依据手册妥善处理，未引发群体性纠纷与负面舆情。

第十一章　医疗机构防范商业贿赂风险合规管理

随着我国医疗卫生行业规范化发展的持续推进，防范商业贿赂风险已逐步成为医疗机构合规管理的重要内容。近年来，国家对医疗卫生领域商业贿赂行为的监管持续强化，如何防范商业贿赂是医疗机构面临的重大合规风险之一。医疗卫生领域商业贿赂行为不仅扰乱市场公平竞争秩序、损害患者合法权益，还可能侵蚀医疗行业的公信力，甚至引发法律责任与声誉危机。

本章围绕医疗机构防范商业贿赂风险合规管理的核心议题展开，系统阐释以下内容：其一，从当前形势、法律框架及行业特点出发，剖析医疗机构防范商业贿赂的重要性与紧迫性、合规风险管理的范围与总体要求；其二，医疗机构合规管理的法律依据及核心依据解读；其三，结合典型案例剖析医疗机构在医药产品采购、挂名领薪、违规兼职、捐赠资助、咨询服务、学术交流等环节中的主要风险表现；其四，结合法律法规要求及实务实操，总结医疗机构商业贿赂的合规风险规避与管理指引，强调全流程、多维度的风险防控举措。

通过本章内容，读者可以全面了解商业贿赂对医疗机构的危害性、相应的风险识别和风险防控举措，为构建廉洁、透明、可持续的医疗生态环境提供理论依据与实践参考。

第一节　防范商业贿赂风险合规概述

一、防范商业贿赂合规管理的重要性

在党的二十届中央纪委四次全会上，习近平总书记指出，当前反腐败斗

争形势仍然严峻复杂。当前，医药卫生领域反腐败斗争形势同样严峻复杂。医疗机构商业贿赂是指医疗机构及其工作人员在采购、管理及提供医疗服务过程中，为获取不正当利益，索取或收受医药企业等单位或个人金钱或其他利益的行为。贿赂的方式可以是现金、实物、具有现金利益的卡券、支付应由单位或个人承担的费用，也可以是提供免费旅游、住宿等非直接财产性利益。

医疗机构商业贿赂行为危害性强、影响恶劣。医疗机构商业贿赂的危害主要体现在以下几个方面：一是损害了患者利益，商业贿赂在一定程度上导致医药服务价格攀升，患者需要支付更高的费用。同时，一些医务人员为了获得回扣和提成，可能会滥用某些药品和高值耗材，这不仅损害了患者的健康，还加重了患者的经济负担。二是影响了医疗质量和患者安全，一些医务人员为获得回扣和提成，可能会推荐使用质次价高甚至假冒伪劣的药品和医疗器械，这不仅损害了患者的健康，还可能引发严重的医疗事故。三是引发社会矛盾，医疗机构商业贿赂行为腐蚀了医疗机构从业人员，一些医务人员成为不法企业的代言人，滋生腐败问题和经济犯罪，不仅损害了医疗行业的形象，也破坏了社会的公平和正义，引起医患矛盾甚至引发医患冲突。

二、防范商业贿赂合规管理的范围

近年来，医药领域反腐持续成为舆论焦点。医疗机构商业贿赂问题引发广泛关注，国家也越来越重视医疗机构腐败问题的治理和防范合规风险研究。公开数据显示，2024年12月22日国家监察委员会关于整治群众身边不正之风和腐败问题的报告中提到，2024年全国医疗反腐行动已立案5.2万人，凸显了医药领域腐败问题的整治力度。[①] 为整治医药领域腐败问题，规范行业行为，保障人民群众的健康权益。2023年，国家卫生健康委会同教育部、公安部、审计署、国务院国资委、市场监管总局、国家医保局、国家中医药局、国家疾控局、国家药监局9部门共同启动了为期1年的全国医药领域腐败问

---

① 《国家监察委员会关于整治群众身边不正之风和腐败问题工作情况的报告》，载"中国人大网"，https://www.ccdi.gov.cn/toutiaon/202412/t20241225_396429_m.html，最后访问日期：2025年6月1日。

题集中整治工作。① 2025年，党的二十届中央纪委四次全会公报强调，要深化拓展金融、国企、能源、烟草、医药、体育、纪检工程和招投标等重点领域反腐。② 加强医疗机构商业贿赂问题治理已在行业内形成广泛共识，如何防范商业贿赂风险是医疗机构面临和亟待解决的问题。在医药产品采购、医疗服务提供、医院管理、学术活动等环节强化医疗机构商业贿赂风险的防范识别意识，防范商业贿赂风险合规管理势在必行。

三、防范商业贿赂合规管理的总体要求

医疗机构防范商业贿赂合规管理的总体要求是构建一套系统化、制度化、常态化的管理体系，旨在从源头上预防、识别和遏制商业贿赂行为，确保医疗机构的廉洁性、公益性，维护正常医疗秩序和患者权益，保障医疗质量和安全。具体来说，包括以下几个方面：一是建立健全合规管理制度，禁止任何形式的商业贿赂行为，明确医疗机构工作人员在与供应商、医疗代表、合作企业交往中的底线红线；二是加强医疗机构工作人员的教育与培训，有针对性地开展警示教育，组织参加反商业贿赂相关培训，提高工作人员对商业贿赂危害性的认识，筑牢思想防线；三是强化风险评估与应对，运用大数据等信息化手段，及时识别、评估医疗机构在日常运行中的商业贿赂风险，并加强关键岗位轮岗等内控机制管控；四是加强对重点环节的监管，对医药产品采购、挂名领薪、违规兼职、捐赠资助、咨询服务、学术交流、合作投资、临床研究、成果转化等工作中的重点环节、关键人员采取有针对性的相关举措，如在成果转化中引入第三方价格评估机制等；五是加强监督考核，纪检、审计等部门对商业贿赂风险较高的部门和环节经常性开展监督检查和经济审计，防止权力滥用和利益勾连；六是畅通举报渠道，鼓励工作人员、患者及其他相关人员对商业贿赂行为进行监督举报，并确保问题线索及时、妥善，依法依规严肃处理等。

---

① 《国家卫生健康委发布〈全国医药领域腐败问题集中整治工作有关问答〉》，载"央广网"，https://baijiahao.baidu.com/s?id=1774274920743101559&wfr=spider&for=pc，最后访问日期：2025年6月1日。

② 《中国共产党第二十届中央纪律检查委员会第四次全体会议公报》，载"中央纪委国家监委网站"，https://www.ccdi.gov.cn/toutiaon/202501/t20250108_399245.html，最后访问日期：2025年6月1日。

第二节　防范商业贿赂合规管理的核心依据

一、防范商业贿赂合规管理核心依据概览

（一）法律

1.《刑法》；

2.《监察法》；

3.《公职人员政务处分法》；

4.《民法典》；

5.《医师法》；

6.《药品管理法》；

7.《反不正当竞争法》；

8.《反垄断法》；

9.《政府采购法》；

10.《招标投标法》。

（二）行政法规

1.《监察法实施条例》；

2.《药品管理法实施条例》；

3.《医疗器械监督管理条例》；

4.《招标投标法实施条例》。

（三）部门规章

1.《关于禁止商业贿赂行为的暂行规定》；

2.《医疗器械经营监督管理办法》；

3.《市场监督管理行政处罚程序规定》。

（四）党内法规

1.《中国共产党纪律处分条例》；

2.《十八届中央政治局关于改进工作作风、密切联系群众的八项规定》。

（五）其他

1.《医疗机构工作人员廉洁从业九项准则》；

2.《市场监管总局关于规范市监督管理行政处罚裁量权的指导意见》（国市监法规〔2022〕2号）；

3.《最高人民法院、最高人民检察院关于办理商业贿赂刑事案件适用法律若干问题的意见》。

此外，还有地方政府制定的地方性法规、地方政府规章、民族自治法规、经济特区的规范性文件等，在此仅对国家层面在全国生效的主要法律法规进行列举，地方性法规不再赘述。

二、核心依据解读

（一）防范商业贿赂合规管理的基本原则

1. 合法合规原则

医疗机构必须严格遵守相关法律法规和政策要求，确保所有医疗活动和经营行为都在法律框架内进行，如上述所列相关法律法规和行业准则的规定和要求。

2. 公开透明原则

要求医疗机构和医药公司明示入账，如支付折扣、佣金等必须如实入账，接受方也需如实入账。账外暗中收受回扣（如"小金库"）、虚开发票套取资金等均属商业贿赂。因此，区分合法与非法回扣的一个原则是："账内明示"的回扣（如折扣、佣金）合法；账外给付或收受即构成商业贿赂。

3. 公平竞争原则

医疗机构在与医药企业等合作过程中，应坚持公平竞争，不得利用职权或影响力为特定企业谋取不正当利益或优先竞争条件。

4. 患者至上原则

始终将患者利益放在首位，确保医疗服务的公正性和透明度，避免因商业贿赂影响患者的治疗方案和用药选择等，损害患者利益。

(二) 防范商业贿赂合规管理的重点事项

1. 规范财务管理

（1）如实记录收支，所有佣金、折扣必须在财务账簿中明确记载，接受方也需入账，否则视为贿赂。

（2）禁止费用套取，严禁医疗机构或工作人员接受医药公司以促销费、科研费、咨询费等名义虚报费用，用于"带金销售"或向医务人员输送利益。

2. 第三方合作管控

（1）约束合作条款，合同中需明示反商业贿赂条款，将违约方列入医疗机构"黑名单"，终止合作，并按要求上报相应主管部门。

（2）严格审查合作方，医疗机构应对经销商、代理商等第三方进行合规筛查，禁止接受第三方的商业贿赂行为或违反中央八项规定精神接受礼品礼金等行为（如宴请、送礼）。

3. 规范学术科研活动

（1）学术科研活动透明化，医药企业捐赠资助的学术会议、科研项目需真实合理，不得变相输送利益（如高价赞助、有偿发表文章等）。

（2）禁止变相利益输送，提供旅游、考察、会员服务等非财物利益，若与交易挂钩则构成商业贿赂。

4. 规范诊疗行为

禁止过度医疗牟利，不得通过大处方、重复检查、串换耗材编码等方式变相收受商业贿赂。另外，根据《最高人民法院、最高人民检察院关于办理商业贿赂刑事案件适用法律若干问题的意见》第4条的规定，医疗机构中的国家工作人员，在药品、医疗器械、医用卫生材料等医药产品采购活动中，利用职务上的便利，索取销售方财物，或者非法收受销售方财物，为销售方谋取利益，构成犯罪的，依照《刑法》第385条的规定，以受贿罪定罪处罚。医疗机构中的非国家工作人员，有前款行为，数额较大的，依照《刑法》第163条的规定，以非国家工作人员受贿罪定罪处罚。医疗机构中的医务人员，利用开处方的职务便利，以各种名义非法收受药品、医疗器械、医用卫生材料等医药产品销售方财物，为医药产品销售方谋取利益，数额较大的，依照《刑法》第163条的规定，以非国家工作人员受贿罪定罪处罚。

第三节 防范商业贿赂合规风险分析

一、采购领域中防范商业贿赂合规风险

近年来，监管力度逐步加大，但医药领域商业贿赂案件仍时有发生。从曝光的案例来看，涉及药品、医疗器械、卫生材料等多个领域。

(一) 回扣式销售

1. 直接给予回扣

供应商以现金、实物（如购物卡、奢侈品）或变相利益（如旅游、高端培训）向医疗机构采购人员或医生等使用人员支付回扣，换取药品、耗材、试剂或设备等的优先采购或高价采购。

2. 间接给予回扣

通过虚构"学术推广费""咨询费"等名义，将回扣包装为合法费用。

(二) 虚高交易

1. 虚增采购成本

通过空壳公司、关联交易虚开发票，抬高药品、耗材、试剂或设备等价格，套取医院资金用于行贿。比如，通过亲属控制的空壳公司虚增采购成本，套取医院资金等。

2. 签订阴阳合同

签订表面合规的采购合同，但实际执行中通过补充协议调整价格或数量，转移非法利益。比如，通过"高开低结"方式，按协议价开票但实际结算时给予医院折扣，差额部分用于行贿。

(三) 定制式招标

量身定制招标：设置特定技术参数或资质要求，排斥其他竞争者，确保特定供应商中标。比如，在招标文件中限定"仅接受某品牌设备"，实为内定关联企业。

(四)围标串标

供应商之间串通报价、轮流中标,或招标人泄露标底信息,形成利益共同体。比如,医疗机构工作人员与供应商合谋,通过泄露招标底价、定制评分标准,使行贿企业中标。

(五)利益冲突

医疗机构工作人员利用职务影响力,影响医疗机构向本人、近亲属或其他特定关系人实际控制或代持或持有股份、份额或任职的公司采购商品,直接或间接获取非法利益。

【典型案例11-01】格尔木市某医院医疗设备采购腐败案①

2020年3月至2025年1月,被告人杨某某被任命为格尔木市某医院设备科负责人、主任。2021年至2023年,杨某某利用职务上的便利,事先将医院心电监护仪、除颤仪采购项目和发热门诊及亚定点医院设备急采项目(包二)所需采购的设备品牌、型号、参数等项目信息告知李某某,使得李某某提前联系厂家并拿到厂家授权,顺利中标上述项目,其先后非法收受李某某给予的现金人民币2万元、10万元。2022年至2024年,其利用职务上的便利,事先将医院发热门诊及亚定点医院设备急采项目(包四和包五)及2023年、2024年医疗服务与保障能力提升项目所需采购的设备品牌、型号、参数等项目信息告知孟某某,使得孟某某提前联系厂家并拿到厂家授权,顺利中标上述项目,先后收受孟某某给予的现金人民币13万元、6万元、2万元。综上,杨某某受贿金额共计人民币33万元。

2025年2月,杨某某接受调查并被采取留置措施。经法院审理决定,杨某某犯受贿罪,判处有期徒刑一年四个月,并处罚金人民币20万元,并对其受贿违法所得予以没收、上缴国库。

二、挂名领薪、违规兼职

在医药领域,挂名领薪、违规兼职是商业贿赂的高发风险场景。这里的挂名领薪商业贿赂主要是指医疗机构工作人员及其近亲属或其他特定关系人,在工作人员业务关联的医药公司虚构职务领取报酬的行为。违规兼职商业贿

---

① 青海省格尔木市人民法院(2025)青2801刑初刑事判决书。

赂主要是指医疗机构工作人员及其近亲属或其他特定关系人违规在医药企业担任职务并领取报酬的行为。上述行为通常与销售或采购挂钩。

（一）挂名领薪

医疗机构工作人员常常通过近亲属、朋友等人员挂名担任医药公司职务，虚构劳动关系，医药企业通过支付未实际提供的劳动薪酬，向医疗机构人员输送回扣。

（二）违规兼职

医疗机构人员在职期间或离职后，违规在医药企业、CSO（合同销售组织）兼职，利用职务影响力获取商业机会，如药剂科主任退休后挂靠药企，通过原职务影响力推动该公司药品采购等行为。

【典型案例11-02】罗某通过亲属兼职医药代表套取利益案[①]

2008年至2021年，医药代表罗某与江西省某医院院长熊某达成口头协议，约定将药品销售利润的50%分给熊某。罗某安排其弟弟和弟媳担任"业务员"，实际负责跟踪医院药品采购计划、统计医生用药数据，并向医生发放回扣（比例达20%至30%）。通过虚增采购量、定制招标条件，罗某在药品、耗材采购中获利超千万元，并通过房产、车位、合作投资等方式向熊某行贿600余万元。最终，罗某因行贿罪等被追究刑事责任；熊某因受贿罪被判处有期徒刑十年以上，没收非法所得。

在本案中，违法手段主要表现为通过亲属代职接受商业贿赂。罗某亲属未实际具备医药专业背景，仅作为"影子员工"参与药品推广，实质是利益输送工具。业务员身份仅用于掩盖回扣发放链条，规避合规审查。

三、捐赠资助防范商业贿赂合规风险

在医药领域，医疗机构常常会接受医药企业的捐赠资助，包括提供资金、实物和提供服务等方式，用于学术交流、临床研究等，促进医疗卫生健康事业的发展。现实中，以捐赠为名进行的商业贿赂同样较为常见，如医疗机构接受设备捐赠后因设备绑定被迫采购高价耗材，形成排他性交易，从而为商

[①] 《院长"狮子大开口"，商人也"趋之若鹜"》，载"国家医保局"公众号，https://www.nhsa.gov.cn/art/2025/2/22/art_ 14_ 15754.html，最后访问日期：2025年6月1日。

业贿赂提供了空间。

(一)捐赠资助医疗设备与捆绑销售

假借无偿捐赠名义,通过约定采购耗材、试剂、配套设备或药品的最低数量或金额,或设定明显高于市场价的采购价格,变相获取交易机会或竞争优势。

(二)以资助科研项目或学术会议等方式进行商业贿赂

以资助科研经费或学术会议等活动为名,向医疗机构或研究者违规输送利益,换取产品推广、处方推荐等不正当优势。

(三)捐赠与知识产权或数据挂钩

通过捐赠附加条件(如要求获得科研成果、行业数据或知识产权),变相获取经济利益或市场控制权等。

(四)财务操作不透明

财务审核把关不严,对捐赠资金实际用途未严格审核,报销签字单据造假或单据用途不实。

【典型案例11-03】上海某医疗器械有限公司"无偿投放"案[1]

上海某医疗器械有限公司主要经营某品牌的电子微量泵及配套耗材。2023年1月11日,当事人以900元/台的价格从某品牌公司购买电子微量泵30台(型号:CPE301),为了获得交易机会,同年1月14日全部免费提供给涉事医院使用。2023年3月27日,上海某医疗器械有限公司以455元/个(含税)的价格,将此前以66元/个(含税)从某品牌公司购入的电子微量泵对应一次性耗材(型号:CPE301100)销售给涉事医院,共120个,销售金额共计54600元(含税),扣除税费和采购成本后,销售利润为41309.73元。

嘉定区市场监管局认定上海某品牌医疗器械有限公司的行为违反《反不正当竞争法》第7条第1款第3项,即通过贿赂"利用职权或者影响力影响交易的单位"谋取竞争优势。据此,责令上海某医疗器械有限公司立即停止违法行为,并收回免费提供的30台设备;同时,罚款10万元,没收违法所

---

[1] 《"医疗设备免费送医院",背后果然有猫腻》,载"澎湃新闻网",https://cmstop.cloud.yanews.cn/p/172806.html,最后访问日期:2025年6月1日。

得 41309.73 元，合计罚没 14.1 万元。

本案揭示了医疗器械行业"设备+耗材"捆绑销售的典型贿赂手段，通过前期无偿投放锁定后续高利润耗材市场，具有隐蔽性强、利益链条长的特点。在本案中，上海某医疗器械有限公司免费提供的医疗器械需要配备同品牌的耗材使用。上海某医疗器械有限公司利用这一特性，通过免费提供医疗器械给医院使用的手段，使医院产生购买同品牌配套耗材的需求，从而达到向医院销售同品牌配套耗材的目的，获取了交易的机会，并向医院销售了120 个配套耗材。综上，上海某医疗器械有限公司通过免费提供"福尼亚"品牌的电子微量泵的手段，获得医院购买配套耗材的交易机会、并从中获取利润的行为，违反了《反不正当竞争法》第 7 条第 1 款第 3 项的规定。

四、咨询服务防范商业贿赂风险

在医药卫生领域，提供咨询服务的核心风险在于医疗机构工作人员以为医药企业提供"咨询服务"为名，通过定期或按次收取咨询费用的形式变相接受商业贿赂。

（一）虚构咨询服务协议掩盖利益输送

医药企业与医疗机构或医生签订虚假咨询服务协议，实际未履行服务内容，仅通过支付费用换取产品推荐或采购机会。

（二）支付不合理咨询费用或变相回扣

医药企业向医生支付远高于市场标准的咨询费，或咨询费用与药品销量挂钩。若咨询费用与服务内容无实质关联，可能被认定为变相回扣。

（三）现金交易与账目造假

通过现金支付，或建立虚假服务账目，通过虚开发票或隐匿真实资金流向规避监管。

（四）利益绑定与权力寻租

通过咨询服务绑定医院关键人员（如科室主任），影响医药产品准入或处方决策等。

【典型案例 11-04】 上海某医院"疾病共同管理"协议案[①]

2018 年 5 月至 2023 年 2 月，上海某医院与来自全国 16 个省份的 130 家医院的 261 名在职医生签订《医疗服务合作协议（疾病共同管理）》，约定合作医生推荐已接诊的心血管疾病患者转至该院治疗。这些合作医生凭借对已接诊患者选择心血管疾病治疗方案的影响力，将患者优先推荐到上海某医院进行进一步治疗。协议中约定了 21 种治疗方式，大多为手术治疗，同时要求合作医生为推荐患者提供当地随访、预后咨询、康复管理等后续服务。医院则根据不同治疗方式下医生为患者付出的时间和精力，支付每例 500 元至 5953 元不等的费用。

然而，实际情况却与协议约定大相径庭。医院和合作医生未向患者告知存在合作关系以及后续服务，严重侵犯了患者的知情权和选择权。而且，医院没有对合作医生的服务情况进行记录、核对和评估，明知合作医生基本未提供协议约定的服务，仍在患者完成治疗出院后，仅依据患者接受的治疗方式就向医生给付相应费用。其间，上海某医院共给付医生推荐费用 512.05 万元，由此获得 1148 笔业务。经审计，扣除相关成本费用后，违法所得为 552.93 万元。上海市市场监管局认定，上海某医院构成商业贿赂行为，作出没收违法所得 552.93 万元、罚款 100 万元，合计罚没 652.93 万元的处罚决定。

本案中，涉案医生凭借专业知识、执医经验、对患者既往诊疗情况的熟悉以及对临床诊疗技术行情的了解，在患者选择手术治疗方式时发挥着重要的专业判断作用。上海某医院以疾病共同管理之名给付合作医生财物，获取优先推荐的交易机会，却不向患者告知推荐背景，影响了患者对治疗方案的选择，破坏了相关市场的公平竞争秩序，还可能损害患者利益和其他经营者的合法权益，构成商业贿赂行为。

五、学术交流防范商业贿赂合规风险

学术交流活动是医疗机构提升诊疗水平、促进科研合作的重要方式。然而，近年来，部分医药企业、医疗器械供应商利用学术会议形式进行隐蔽的商业贿赂，严重破坏了医疗行业的公平竞争环境，甚至可能影响医疗安全。

[①] 上海市市场监督管理局沪市监总处（2025）322024000171 号行政处罚决定书。

（一）虚假学术活动

医药企业直接或间接虚构缺乏真实学术交流内容的学术会议，伪造医疗机构人员参会记录或参会内容；或向医疗机构工作人员提供学术会议交流内容，以达到向医疗机构工作人员支付未真实发生或未付出劳务的讲课费等名义的劳务费，实现变相行贿的目的。

（二）资助学术会议与销售挂钩

医药企业向医疗机构直接举办或委托、联合学会、协会、基金会等第三方举办的学术会议资助高额费用，达到贿赂医疗机构工作人员，使资助行为与药品、耗材、设备等销售挂钩的目的。

（三）提供超标差旅、食宿费用

医药企业直接或间接为医疗机构工作人员提供超出行业标准的飞机或高铁座位、吃饭和住宿等违反中央八项规定精神的消费。

（四）学术会议期间违规赠送高价值礼品、安排旅游等

通过在学术会议期间向医疗机构工作人员赠送高价值礼品、安排旅游等活动直接或间接进行不正当利益输送。

【典型案例11-05】上海某制药公司违规捐赠资助某医院心血管内科主任案[①]

2015年，上海某制药公司与某医院心血管内科主任签署了《公益事业捐赠协议》，支付其参加"欧洲心脏病学会"会议的商务舱机票费用（5.7万元），随后该科室采购其药品金额达77.25万元。案发后，该公司被没收违法所得77.25万元，并处以罚款等行政处罚，该内科主任被免职。

此案的关键在于"捐赠资助"与"利益交换"的界限模糊。尽管形式上符合捐赠流程，但资助特定医生个人参会并直接关联药品采购，暴露了学术活动被异化为商业贿赂工具的风险。

[①] 《会务费变"贿赂费"施某宝和泰某被罚》，载"新京报"，https://baijiahao.baidu.com/s?id=1586513397623609729&wfr=spider&for=pc，最后访问日期：2025年6月1日。

【典型案例 11-06】某医疗器械有限公司捐赠资助某医师协会违规开展学术会议案[1]

2017 年 2 月，某医疗器械有限公司捐赠资助某医师协会学术会议事宜。公司自行制定了会议卫星会的具体会议日程，邀请医疗机构 8 位专家作为卫星会的主持和授课专家。为了达到宣传其产品的目的，公司在会议前帮助专家制作上述授课的讲义、PPT 等，并将××心脏起搏器产品的基本情况、数据等内容提供给专家。在卫星会举行期间（2017 年 4 月 8 日 12 点 30 分至 13 点 30 分），当事人以现金形式向实际到会的 7 位专家支付了讲课费，金额总计 24000 元。会议结束后，当事人将上述讲课费以销售费用会议费的科目计入账册。至 2018 年 2 月 27 日，当事人仍以讲课费的形式向专家给付利益，并以 A 医生、B 医生、C 医生报销会议费的形式记入账册。当事人 2018 年度支付讲课费的金额总计 8800 元。

本案中，参加学术会议的 7 位专家无须准备授课讲义，由公司为 7 位专家制作了授课讲义并植入对公司产品有利的信息，达到向参会医生宣传产品、影响参会医生专业判断的目的，从而获得竞争优势的行为，违反了《反不正当竞争法》第 7 条第 1 款第 3 项之规定，即经营者不得采用财物或者其他手段贿赂利用职权或者影响力影响交易的单位或者个人，以谋取交易机会或者竞争优势。另外，7 位专家共用 1 个小时的授课时间，人均授课时间不到 10 分钟，会后即可获得超过人民币 3400 元的讲课费。至第二个年度，即使当事人并没有开展讲课活动，依然向某些专家支付讲课费，是典型的通过虚假会议进行的商业贿赂行为。市场监督管理部门最终认定该行为构成商业贿赂，对企业处以 15 万元的罚款。

六、以借款、借用为名的商业贿赂

在医药领域，"借款"与"借用"形式（如资金拆借、设备借用、技术授权等）常被用于规避监管，是较为隐秘的商业贿赂手段。

（一）虚假借贷掩盖利益输送

以"借款"名义向医疗机构或其工作人员提供高息贷款，实际通过利息

---

[1] 上海市青浦区市场监督管理局沪监管青处字（2018）第 292018000076 号行政处罚决定书。

差额或变相抵押（如设备产权）获取不正当利益。

（二）设备借用捆绑耗材采购

以"免费借用"设备为条件，要求医院采购指定耗材、试剂或支付高额维护费。

（三）医疗机构或其工作人员违规出借资质牟利

医疗机构工作人员违规出借个人执业资质或允许医药企业以内部机构名义对外经营业务非法牟利。

七、合作投资防范商业贿赂风险

在医药企业与医疗机构合作投资项目（如合资研发、技术入股、委托生产等）中，商业贿赂风险集中于利益输送、虚假估值、资源捆绑、第三方套现等环节。医药企业合作投资中的商业贿赂风险本质是权力寻租与利益输送，医疗机构应重点关注合作方资质、资金流向、数据真实性三大核心领域。

（一）虚假投资与利益输送

医药企业直接或间接通过虚增技术价值、设备估值或虚构合作项目，向医疗机构合作方输送利益以换取药品、试剂、设备等入院采购倾斜。

（二）第三方套现与回扣支付

通过合作方控制的第三方（如CRO、咨询公司）套取资金，向医疗机构工作人员支付回扣。

（三）资源捆绑与采购挂钩

医药企业合作方以技术支持等为条件，要求医疗机构优先采购其产品或指定产品品牌。

（四）数据造假与合规性缺失

合作企业伪造合作成果数据或结果，医疗机构参与或放纵合作方造假，以获取分成方式收受商业贿赂。

八、临床研究防范商业贿赂风险

医药卫生领域利用临床研究合作（包括新药临床试验、上市后研究、研究者发起的研究等）进行商业贿赂是一种较为隐秘的新型贿赂形式，其风险集中于利益输送、数据造假、第三方服务滥用等领域。

(一) 利益输送与加速审批

医药企业通过向研究者支付回扣、赠送股权或提供其他利益，要求其加快临床试验进程、降低入组标准或操纵数据以缩短审批周期。

(二) 数据造假与虚假记录

研究者帮助医药企业篡改试验数据（如夸大疗效、隐瞒副作用）以符合药企预期，谋取金钱利益等。

(三) 第三方服务滥用

通过合同研究组织（Contract Research Organization，CRO）、合同销售组织（Contract Sales Organization，CSO）等第三方服务商套取资金，向研究者支付"顾问费""讲课费"等名义的回扣。

(四) 虚假项目与变相推广

医药企业以临床研究名义设立虚假项目，向医疗机构或研究者输送利益，获取药品入院、推广资格等竞争优势。

(五) 资源捆绑与利益冲突

这里指的是研究者持有临床合作企业股权或参与股权激励，影响研究客观性；医药企业通过亲属代持研究者股份，换取数据造假或优先审批等。

【典型案例11-07】假借"顾问费"名义支付回扣案[①]

某药企为提升神经类药物销量，与医院科室主任（甲某）签订虚假"临床研究外聘劳务协议"，约定以"顾问费"名义支付甲某费用。实际甲某未参与任何研究工作，药企通过虚构会议签到表、调研文章等虚假材料报销费用，累计支付其20余万元。甲某将资金用于个人消费。本案以虚假劳务协议掩盖利益输送，甲某构成非国家工作人员受贿罪；药企通过财务造假支付回扣，构成单位行贿罪。

在该案中，存在如下主要合规风险点：(1) 不存在或未留存真实服务记录（如会议纪要、工作成果）；(2) 未对"顾问费"支付对象进行背景调查。

[①] 参见《药品临床试验如何成为医药腐败中的隐秘角落？》，载"界面新闻网"，https://www.jiemian.com/article/11221554.html，最后访问日期：2025年6月1日。

九、成果转化合作防范商业贿赂风险

医药卫生领域成果转化（如技术转让、许可、联合研发、委托开发等）中出现的商业贿赂问题越发引起人们重视，且形式多样，隐秘性、专业性更强。

（一）抬高或压低技术估值

在技术评估与定价阶段，医疗机构工作人员（如技术转移办公室成员等）与外部企业串通，通过刻意隐瞒技术缺陷或市场潜力等方式，抬高或压低技术估值，谋取个人利益。

（二）虚假协议风险

医药企业向医疗机构工作人员以"技术咨询费""预付款"等名义提前支付费用，换取未来合作优先权或回扣。

（三）利益分成不透明

医药企业与医疗机构签订的成果转化合同中隐含"附加条件"（如企业承诺向医院支付"成果转化成功费"、未明确付款节点），为利益输送留下空间和基础。

（四）知识产权归属不明确

协议不明确约定知识产权归属，通过模糊条款将医疗机构与合作企业共有知识产权转移至企业，或企业通过"代持"方式规避医疗机构合法权益，预留商业贿赂空间。

（五）数据与成果造假

为谋取商业利益，企业或企业与医疗机构共谋对科研数据或成果造假，从而符合企业商业化需求。

（六）样品与设备违规流转

为逃避监管，企业或医疗机构与企业共谋以成果转化合作名义向企业转移管制类药品或医疗器械等样本，逃避监管。

（七）故意违约与利润造假

企业不按合同约定支付销售分成，或故意通过利润造假隐藏成果转化收益，给予医疗机构工作人员商业贿赂。

（八）隐性股权交易

医疗机构工作人员通过代持股份、成立空壳公司等方式间接持有合作企业股权，通过商业贿赂获取技术转化优先权或损公肥私获取个人利益。

第四节　防范商业贿赂风险规避与合规指引

不同类型商业贿赂的合规举措既具有共性也具有个性，共性部分包括：各部将合规表现纳入绩效考核，与晋升、评优挂钩；建立"黑名单"制度，将存在商业贿赂行为的医药企业列入"黑名单"，限制其参与招投标等资格；签订《反商业贿赂承诺书》，并定期提交服务记录；培育廉洁文化，通过正反两方面教育引导、廉洁承诺书签订等方式强化自律意识；加强反商业贿赂培训，常态化开展专题培训，结合典型案例解析法律风险；建立举报与问责机制，畅通举报渠道，保护举报人隐私，并视情节对涉事人员实施"一案双查"，既追究直接责任，也问责管理层失职等。下面针对不同类型商业贿赂的特点阐述个性化的合规指引，以期为医疗机构开展商业贿赂风险合规提供有益参考。

一、采购领域防范商业贿赂风险规避与合规指引

（一）制度建设与流程管控

1. 供应商准入管理

建立供应商黑名单制度，对存在商业贿赂记录的医药公司永久或限期禁入。

2. 实行供应商资质动态审查

要求提供无行贿犯罪记录证明，并通过"信用中国"等平台核查信用状况。

3. 采购流程透明化

推行电子化采购平台，实现招标信息、评标过程、合同签订全流程公开，减少线下操作与人为干预。强制要求采购合同与招标文件实质性条款一致，

禁止签订"阴阳合同"。

(二) 建立信息化风险预警机制

建立药品、试剂、耗材、设备采购，医生处方等数据的实时监控系统，识别异常交易（如短期内某药品销量激增、同一 IP 地址多次投标等）。

(三) 财务审计风险监控

穿透式财务审查，核查药品、耗材、试剂和设备采购价与市场价差异，对异常高价采购启动专项审计。要求供应商提供费用明细及服务证明，严查虚假发票、虚开发票。

(四) 人员管理与行为约束

利益冲突申报，要求医疗机构工作人员申报本人及亲属在医药企业等利益关联单位的任职或持股等情况，审核是否涉嫌利益冲突。对离职人员兼职行为进行备案审查，防止其利用原职务影响力牟利。

二、防范以挂名领薪、违规兼职为名的商业贿赂指引

(一) 制度建设与流程管控

完善内控制度，明确禁止医疗机构工作人员挂名领薪、违规兼职，明文规定按兼职审批的条件及流程，并对符合条件的申请人进行公示；建立厂商、供应商黑名单制度，对存在商业贿赂记录的企业限制兼职。

(二) 强化采购与人事管理

推行药品、耗材、试剂、设备等集中采购，尽可能减少人为干预空间；对离职人员兼职行为进行备案审查，防范利用原职务影响力违规牟利。

(三) 加强财务与审计监督

核查薪酬发放、劳务发生的真实性，对异常高薪、亲属代领薪酬等行为重点调查；要求医疗机构工作人员兼职所在企业提供工资明细及提供劳动服务的相关材料。

三、捐赠资助防范商业贿赂风险规避与合规指引

(一) 明确捐赠的合理用途

捐赠或无偿投放设备需基于合理目的，如收集产品反馈、协助医疗机构

评估性能、提升医务人员使用技能等。捐赠协议明确禁止将捐赠与采购行为挂钩，并明确权属关系。

（二）严格捐赠资助审批

强化资助项目审批备案及签字留痕，主管部门、财务、审计、纪检等部门层层把关，确保资助项目的真实性和独立性。

（三）规范捐赠资助项目履行

捐赠资助双方须签订协议，建议明确资助费用支出明细、支付节点及应达到的标准目标或技术要求等，避免以捐赠资助项目走过场套取资金。明确禁止通过资助活动影响医务人员处方相关行为，或获取处方量等敏感信息。

（四）公开透明与合同管理

捐赠资助活动需签订书面合同，约定双方权利义务，明确为无偿捐赠，不与商品购销等挂钩及知识产权归属。医疗机构内部机构和个人不得接受捐赠资助。捐赠资金需打入被资助单位账户，合同履行应通过银行转账支付，费用支出标准需参照市场公允价格。

四、咨询服务防范商业贿赂风险规避与合规指引

（一）审核服务内容的真实性

签订咨询协议并明确咨询服务的必要性、服务内容、成果评估标准及量化指标（如服务时长、项目规模）。相关费用透明化，费用需与市场标准相符，且通过银行转账支付，并留存咨询服务协议、服务记录及付款凭证等。

（二）限制关联人员合作频率与金额

对提供咨询服务的频次与总额进行控制，对同一医生或医疗机构在一定周期内的合作次数、支付总额设定上限。

（三）利益冲突申报

要求参与咨询的医疗机构工作人员申报与企业关联关系，避免职务行为与商业利益挂钩。

（四）强化内部合规

建立合规审查机制，对每项咨询服务进行事前风险评估、事中监督及事后审计。

五、学术交流防范商业贿赂风险规避与合规指引

（一）完善制度管理

制定学术交流活动相关管理制度，明确举办或参加学术交流会议请假、报备要求及差旅食宿标准等；严格审批机制，举办学术会议应提供资金来源及协议书、承办方、参会人员、日程安排、费用预算等材料；参加学术交流会议需提供会议邀请函、大会日程等材料，并记录备案待查。

（二）强化财务监管

明确禁止现金交易，所有资助资金必须通过公对公转账，劳务费通过银行账户支付给医疗机构工作人员；进行定期审计，核查会议费用是否合理等。

（三）规范学术会议交流行为

明确学术会议交流的必要性和学术性，医疗机构及其工作人员需基于专业制作交流材料，不得使用医药公司提供的学术交流材料。不得参加由医药公司举办并支付劳务费的学术会议。

（四）规范学术拜访行为

规范医疗机构接待医药代表等学术拜访行为，明确学术拜访需提前向医疗机构行风主管部门提出申请，在单位公共区域2人以上共同接待，记录备案。对医药代表进行备案管理，禁止其进入医疗机构诊疗区域进行"一对一"推广。

六、借款、借用防范商业贿赂风险规避与合规指引

（一）借款审查

1. 资质与用途核查

对借款方资质（如信用评级）及用途进行审查，重点审核提供借款用途说明、还款计划及第三方审计报告等。禁止向存在商业贿赂前科企业以及业务关联企业借款。

2. 利率合规性审查

借款利率不得高于市场同期利率。

（二）借用物管理

1. 所有权与使用权分离

借用设备、技术等需明确借用物用途、权属、借用时限及借用条件等，重点审核有无耗材、试剂采购条款及价格是否合理，防范借用与采购挂钩。

2. 使用过程监控

建立借用台账，记录使用时间、人员及维护情况，定期核查实际用途及使用率等。

（三）资金流向追踪

禁止账外循环，借款及还款需通过医疗机构对公账户，防范私设"小金库"或体外循环。

七、合作投资防范商业贿赂风险规避与合规指引

（一）做尽职调查

医疗机构应在合作前对医药企业合作方资质、信用记录、财务真实性等进行核查，重点审查是否存在商业贿赂记录。

（二）利益冲突申报

要求医疗机构工作人员申报与医药企业合作方有无关联关系（如亲属持股、兼职），存在利益冲突的不得参与项目决策及执行等。

（三）技术合理估值

寻找权威第三方机构进行独立估值，防止技术低估或高估。

（四）收益分配透明化

合作收益需通过医院财务账户统一核算，禁止私设小金库或体外循环。

（五）动态风险评估

审计、纪检等部门定期对合作项目进行廉洁风险评估，重点关注资金流向异常、合同履行偏差等问题。

八、临床研究防范商业贿赂风险规避与合规指引

（一）严格把关研究立项

要做立项审查，医药企业在医疗机构开展的临床研究要确保临床研究项

目依法在药监等部门备案，避免虚假立项。研究者发起的研究项目，要审查项目的必要性、可行性等。

（二）加强合同管理

合同条款要明确费用明细、支付节点、数据真实性责任及反商业贿赂条款，禁止附加采购条件等。

（三）数据真实性保障

要进行数据监控，采用电子化系统真实记录研究数据，确保其不可被篡改；定期核查原始数据与报告的一致性。

（四）强化第三方服务商管控

严格第三方服务商资质审查，对合同研究组织（Contract Research Organization，CRO）、合同销售组织（Contract Sales Organization，CSO）的营业执照、信用记录进行严格审核，禁止转包或虚开发票。严格费用审计，核查支付费用是否与合同服务内容匹配，禁止第三方向研究者支付费用。

（五）防范利益冲突

签署利益冲突声明，研究者需申报与药企的关联关系（如持股、兼职），存在冲突者不得参与研究。同时，禁止以科研名义定向捐赠，不得附加采购条件。

九、成果转化防范商业贿赂风险规避与合规指引

（一）技术评估与定价阶段

1. 独立评估机制

组建由外部专家、第三方评估机构、法律代表组成的技术评估委员会，避免内部人员主导估值；明确技术价值评估标准（如专利质量、市场前景、临床支撑数据等）。

2. 定价公开透明化

公开技术转让或技术许可的定价依据并进行公示，如市场同类技术对比、成本核算等。

(二) 合同谈判与签署阶段

1. 建立标准化合同模板

使用经医疗机构或其他专业部门审核形成的成果转化合同模板，明确成果权属、付款条件及违约责任，以及数据使用范围与保密义务、知识产权后续衍生开发收益分配等重要事项。

2. 利益声明与回避

合同谈判人员需签署利益冲突声明，与外部企业存在关联关系（如持股、兼职、近亲属有相关任职等）的工作人员必须回避。

(三) 数据与成果管理

1. 数据使用授权

在合同中明确成果涉及数据的使用范围、期限及销毁机制；对数据交接过程全程留痕。

2. 样品与设备管控

管制类药品或器械等样本的转移需经伦理委员会审批，并及时、准确记录其用途、数量及流向。

(四) 收益分配与后续监管

1. 收益分配透明化

设立独立账户管理成果转化收益，按合同约定比例分配至医疗机构、科研团队、企业；定期公示收益分配明细，接受内部审计与公众监督。

2. 履约监督机制

对合作企业的付款、销售分成支付情况进行定期核查；在合同中约定企业需配合医疗机构对成果转化项目的"飞行检查"。

3. 禁止隐性利益关联

医疗机构工作人员不得通过亲属、关联公司持有合作企业股权，或参与企业股权激励计划等。

第十二章　医疗机构品牌运营与宣传合规管理

在品牌经营已经融入社会经济生活方方面面的当下，医疗机构也进入了以患者满意度、忠诚度和机构自身的知名度、美誉度为中心的品牌经营时代。"公立医院没有必要进行品牌建设和传播"的传统观念已经脱离了时代的发展。本章重点关注医疗机构在品牌运营和宣传推广[1]过程中，如何规范自身的广告行为、避免因"打擦边球"而被行政处罚，如何在网站与自媒体平台建设中避免出现违规广告情形，如何有效形成机构的品牌推广与医生个人通过互联网塑造的品牌形象（以下简称医生个人IP[2]）的融合，如何在出现突发事件时形成正向有效的媒体沟通，助力医疗机构有效完成品牌建设战略的实施和发展。

第一节　医疗机构品牌运营与宣传合规概述

全国医疗卫生机构的年诊疗量呈现逐年增长的趋势，但是医保改革、分级诊疗等医改措施的不断深化，互联网诊疗等医疗服务的多元化发展等，都给医疗机构的运营带来新的挑战。重塑经营理念，提升运营效率，实现持续发展，成为各级各类医疗机构不得不面对的现实问题。品牌运营和宣传推广也成为医疗机构可持续发展的引擎之一。

---

[1] 因本书核心聚焦医疗机构的合规体系建设，为了表述更简洁明了，本章所有"品牌运营与宣传合规"均特指与医疗机构的相关事项，不再特别说明。

[2] 医生个人IP是指医生通过互联网平台塑造的个人品牌形象，以其专业知识、临床经验和人格魅力为基础，建立与患者的信任，实现医疗职业价值放大和资源整合的新型的医生个人的专业发展模式。其核心在于通过与健康相关的专业内容输出（如科普、案例分享）和与受众的互动，形成独特的线上身份标识，区别于传统医疗场景中的角色定位。

一、品牌运营与宣传合规的重要性

2021年5月国务院办公厅印发的《关于推动公立医院高质量发展的意见》提出，建设公立医院高质量发展新文化，强化患者需求导向。这个文件为医疗机构品牌建设指明了方向。所谓品牌建设不再仅仅是"打广告"，而是由医疗机构的内聚力、公信力和扩张力支撑起来的机构文化软实力的综合体现。因此，"品牌运营和宣传推广"也不再是社会力量举办的医疗机构的专属名词，对政府举办的医疗机构同样是刚需。品牌运营和推广，可以帮助医疗机构在激烈的市场竞争中脱颖而出，与其他医疗机构形成差异化优势，提升社会辨识度和患者认可度，从而实现经济效益的增加。同时，医疗机构的品牌建设还有利于增强员工内部的凝聚力，激发医务人员的工作热情和机构自豪感，增强对机构的归属感和忠诚度，从而确保医疗服务质量的有效提升和持续改进。

在互联网时代，医疗机构总是难免与网络捆绑在一起。在互联网自媒体盛行、算法盘踞的当下，社会公众难免被陷于"信息茧房"，依赖于大众媒介制造的媒介化事实来认识自己身边的"真实世界"，并以此来形成自己的认识判断，进而得出想法并据此行动。因此，医疗机构需要加强对自身的品牌建设和宣传，才能让更多的群众了解，且在有就医需求的时候愿意选择该机构。虽然医疗机构的核心是高效优质的医疗技术水平、合理的收费价格、便捷的就医流程，但是"酒香也怕巷子深"，广告宣传和运营推广是品牌发展的重要路径。同时，在这个多元与平衡的时代，任何一个突发事件都可能会导致医疗机构成为社会公众的关注焦点，任何错误或瑕疵都可能被舆论或媒体放大，因此合规开展各项活动对医疗机构来说至关重要，品牌建设和宣传亦是如此。若医疗机构的品牌推广不当，不但不能起到提升公信力的作用，反而可能对机构的发展构成不利影响。只有医疗机构把宣传合规纳入品牌建设战略之中，才能更好地创造优势，增强核心竞争力，获得更佳的社会效益和经济效益。

二、品牌运营与宣传合规的范围

品牌运营包括了以明确核心价值、分析目标受众和差异化选择的品牌定位，以文化塑造、形象设计和故事传播为方式的品牌建设，以监测与评估、更新与创造、危机应对为保障的品牌管理，通过不断地提升服务质量、优化用户体验、建立客户反馈机制，实现品牌的推广与提升。宣传推广则是通过各种渠道和手段，将品牌信息传递到目标受众，提高品牌的知名度和影响力，具体包括多种方式。

（一）广告宣传

这是公众最为熟知的宣传推广方式。广告宣传是利用各种传统或现代数字媒体进行广告的投放，从而提高品牌曝光度和公众知晓度的宣传方式。

（二）网站、微信公众号等自媒体平台和APP应用程序

通过医疗机构自有的数字化平台或直播账户，对机构及其医务人员进行介绍，增加公众对医疗机构的了解度和辨识度。

（三）健康宣讲和义诊活动

医疗机构组织医务人员通过健康宣讲和义诊等公益活动，助力机构塑造有社会责任感的良好形象，增强公众对机构及其医务人员的信赖度。

（四）学术营销活动

以新闻发布会、学术研讨会等方式开展的营销活动，也是品牌建设的重要路径之一，可以提升机构在行业内的知晓度和专业认可度，从而吸引更多的优秀人才加盟，提升自身工作人员的职业自豪感。

（五）自媒体科普营销

医务人员个人在网络平台发表的专业或科普文章，通过社交媒体进行的直播或发布的视频/音频内容等，也会对医疗机构的品牌建设构成影响，因此个人的IP打造与机构的品牌建设有机融合，也需要充分重视合规问题。

（六）舆情危机公关

在这个自媒体盛行的时代，人人是记者，个个是编辑。因此，负面事件或意外事件发生时，优质的危机公关至关重要。

（七）口碑管理

患者满意度是品牌建设的重要反馈机制，对患者主动发起的满意度调查，可以及时发现医疗机构运营和管理中存在的问题，及时调整，从而形成正向运营机制；社交媒体互动，特别是对用户的评价管理，也是医疗机构主动开展口碑管理的重要环节。对负面评价的及时回复，有助于提升品牌形象。

三、医疗机构品牌运营与宣传合规的总体要求

(一) 明确广告与非广告的界限

医疗广告因其直接关系到群众的生命健康,始终受到市场监管部门的单独审查和特别关注。《医疗广告管理办法》对医疗广告的发布主体、内容、形式等都作了严格规定,近期市场监管总局发布了《医疗广告监管工作指南》[1],进一步对医疗广告如何监管作出明确规定。医疗广告与非广告,在要求内容、执行方式以及监管的行政部门等方面均有所不同,因此对二者的明确区分是医疗机构的品牌运营与宣传合规的基石。

对医疗广告行为,必须严格完成审批程序、依法发布、接受行政部门的监督。随着医疗机构品牌建设的多元化发展,任何一个原本不构成广告的行为,都有可能在推进过程中转化为广告行为,而落入医疗广告的监管范畴。因此,对于不被认定为广告的情形,更需要事先严审内容、事中严把流程、事后回顾评估,确保全流程没有超出应有的边界,避免因"打擦边球"而被行政处罚。

(二) 确保宣传内容真实可靠、科学专业

医疗机构在宣传过程中,所提供的信息必须真实、准确,不能有任何虚假或夸大的成分。无论是对医疗技术的介绍、医生团队的展示,还是患者案例的分享,都应基于事实,有充分的证据支持。例如,宣传某种治疗方法的成功率,必须是经过科学统计和验证的数据;介绍医生的资质和经验,应确保所提及的学历、职称、从业经历等信息真实无误。

医疗机构的宣传内容应具有科学性和专业性,避免使用模糊不清、夸大其词或误导性的语言。在介绍医疗技术、治疗方法、药品等信息时,应以科学的医学知识为基础,确保信息的准确性和权威性。例如,不能宣传未经科学验证的"特效药"或"神奇疗法",也不能随意夸大某种治疗方法的适用范围和效果。同时,宣传人员应具备一定的医学知识,能够准确、清晰地向患者传达相关信息,避免因专业知识不足而导致的宣传失误。

(三) 尊重和保护患者隐私

在品牌运营与宣传中,医疗机构必须严格保护患者的隐私。在使用患者

---

[1] 《市场监管总局关于发布〈医疗广告监管工作指南〉的公告》。

案例进行宣传时，应事先获得患者的明确同意，并对患者的个人信息进行必要的脱敏处理，避免泄露患者的姓名、身份证号、联系方式、与推广无关的病情等敏感信息。同时，在进行网络直播或视频推广时，即便得到患者的授权，也应注意保护其在诊疗过程中的隐私，避免因不当的拍摄给患者带来困扰或伤害。

（四）运用正常宣传渠道

医疗机构可以通过本机构的服务场所、门户网站、移动客户端以及自媒体线上媒介等，公开发布医疗机构概况、重点学科、医务人员信息、医疗服务内容、诊疗服务流程、健康科普宣传，以及医疗服务价格和医保收费政策、患者投诉渠道和诊疗秩序政策等。这些信息应当符合医疗机构信息公开和院务公开的有关规定。在参加新闻报道、医疗咨询服务类专题节目，或进行健康、养生知识宣讲的公益科普活动过程中，规范宣讲或展示的内容，避免变相发布广告的情形。

（五）加强内部管理与监督

医疗机构应建立健全品牌运营与宣传的内部管理机制，明确宣传流程和责任分工，加强对宣传内容的审核和监督。设立专门的宣传部门或团队，负责制定宣传策略、审核宣传文案、监督宣传效果等，确保宣传工作的规范化和专业化。同时，加强对医务人员的培训和教育，提高他们的法律意识和宣传素养，规范医务人员个人的品牌推广行为，提升其守法意识，避免因个别医务人员的不当行为或言论而对医院品牌造成负面影响。

（六）积极应对舆情

在信息快速传播的今天，医疗机构的品牌形象容易受到舆情的影响。医疗机构应建立完善的舆情监测和应对机制，及时关注社会舆论动态，对涉及本机构的舆情信息进行快速、准确的分析和判断。一旦出现负面舆情，专门的机构或人员能够迅速采取措施进行回应和处理，避免舆情的发酵和扩散。同时，要从舆情中吸取教训，不断完善品牌运营与宣传工作，提升医院的管理水平和服务质量。

第二节　医疗机构品牌建设和宣传合规核心依据

一、品牌建设和宣传合规核心依据概览

（一）法律

1.《基本医疗卫生与健康促进法》；

2.《广告法》；

3.《医师法》；

4.《行政处罚法》；

5.《电子商务法》；

6.《中医药法》。

（二）行政法规

1.《医疗机构管理条例》；

2.《互联网信息服务管理办法》。

（三）部门规章

1.《医疗广告管理办法》；

2.《互联网广告管理办法》；

3.《药品、医疗器械、保健食品、特殊医学用途配方食品广告审查管理暂行办法》。

（四）部门规范性文件

1.《医疗广告监管工作指南》；

2.《医疗美容广告执法指南》；

3.《广告绝对化用语执法指南》；

4.《医疗卫生机构信息公开管理办法》；

5.《国家卫生健康委办公厅关于印发医疗卫生机构信息公开基本目录的通知》；

6.《允许保健食品声称的保健功能目录（一）》；

7.《允许保健食品声称的保健功能目录非营养素补充剂》（2023年版）及配套文件的公告；

8.《允许保健食品声称的保健功能目录营养素补充剂》（2023年版）；

9.《互联网直播服务管理规定》。

（五）地方工作文件

1.《北京市市场监督管理局、北京市卫生健康委员会、北京市中医药管理局关于优化医疗广告管理工作的通知》；

2.《上海市卫生健康委员会、上海市爱国卫生运动委员会办公室〈互联网健康科普负面行为清单（试行）〉》；

3.《四川省互联网健康科普负面行为清单（试行）》；

4.《黑龙江省卫生健康委员会、黑龙江省科学技术协会关于印发〈健康科普知识发布与传播"十不许"（试行）〉的通知》；

5.《北京市市场监督管理局关于发布〈北京市直播带货合规指引〉的公告》。

二、核心依据解读

虽然医疗机构的品牌建设和宣传推广的方式越来越多元化，但合规的本质就是明确其是否构成广告行为。如果构成广告行为，那么就需要严格按照《广告法》《医疗广告管理办法》《医疗广告监管工作指南》的相关规定，履行审批流程并规范发布。因此，对于广告属性的判断、医疗广告的核心要求，是医疗机构品牌建设和宣传合规的核心和重点。

（一）医疗广告的概念和范畴

广告是一种商业性的活动，是商品经营者或者服务提供者通过一定媒介和形式直接或者间接地介绍自己所推销的商品或者服务的行为[1]。医疗广告则是指利用各种媒介或者形式直接或间接介绍医疗机构或医疗服务的广告[2]。前文已述，即便是肩负维护群众健康的社会公益职责的政府举办的医院，也需要面对维系自身发展和确保医务人员公平待遇的现实压力。因此，医疗广

---

[1]《广告法》第2条。
[2]《医疗广告管理办法》第2条。

告不再是社会力量举办的医疗机构的"专属名词",各级各类医疗机构都需要通过适度的广告宣传实现品牌推广,维系并提升自身的社会知晓度和公众认可度,增加机构的吸引力。市场监督管理部门通常会综合相关医疗信息的发布主体、内容、发布渠道、发布方式等多种因素认定是否构成医疗广告。

(二) 医疗机构在医疗广告中的主体地位

《医疗广告管理办法》明确规定,医疗广告仅可由医疗机构发布,非医疗机构不得发布医疗广告,医疗机构不得以内部科室名义发布医疗广告[1];未取得《医疗机构执业许可证》发布医疗广告的,按非法行医处罚[2]。根据《医疗机构管理条例》,医疗机构特指从事疾病诊断、治疗活动的医院、卫生院、疗养院、门诊部、诊所、卫生所(室)以及急救站等[3]。

在广告发布过程中,医疗机构首先的身份是广告主,是为了推销商品或服务,自行或者委托他人设计、制作、发布广告的法人[4]。如果医疗机构自行发布广告,那么也构成广告发布者,还应当履行广告发布者的注意义务。确保广告内容的真实性,是广告主和广告发布者最基本的责任。同时,医疗机构还应当注意诚实信用、公平竞争的原则,不得进行任何形式的不正当竞争。

发布医疗广告必须预先申请医疗广告审查,取得《医疗广告审查证明》后方可发布,且有效期为1年。医疗机构在本机构进行品牌宣传的过程中,需要判断发布的信息或推广的行为是否构成广告,构成广告的应当在发布前申请医疗广告审查。若未取得《医疗广告审查证明》就发布医疗广告,或者发布的内容与审查内容不一致的,医疗机构作为广告主会被追究行政责任。

(三) 医疗广告的发布内容

医疗广告的内容仅限于医疗机构第一名称、医疗机构地址、所有制形式、医疗机构类别、诊疗科目、床位数、接诊时间、联系电话。同时,除了接诊时间和联系电话之外,与机构设置相关的信息都必须与《医疗执业许可证》或其副本载明的内容一致。[5]

---

[1] 《医疗广告管理办法》第5条。
[2] 《医疗广告管理办法》第20条第2款。
[3] 《医疗机构管理条例》第2条。
[4] 《广告法》第2条第2款。
[5] 《医疗广告管理办法》第6条。

1. 医疗广告中不得包含的内容

医疗广告中不得出现的情形，受到《广告法》和《医疗广告管理办法》双重规制。

（1）不得使用或者变相使用中华人民共和国的国旗、国歌、国徽，军旗、军歌、军徽；需要注意的是，如中华人民共和国成立70周年、中国共产党成立100周年等庆祝活动的标识，同样不能用于商业广告或任何商业性质的用途。

（2）不得使用或者变相使用国家机关、国家机关工作人员的名义或者形象。比如，某机构设计制作了含有中国共产党早期领导人陈独秀肖像画的广告样图，并配以"独秀""一枝独秀"的字样，且通过微信朋友圈、新浪微博等方式传播，就被认定违反广告法的规定，被判处行政罚款76万元。[1]

（3）不得使用"国家级""最高级""最佳"等用语，根据《广告绝对化用语执法指南》，医疗广告中不得出现与疗效、治愈率、有效率等相关的绝对化用语。[2]

（4）不得出现有损国家尊严或安全、损害社会公共利益和公民个人权利、妨害民族团结或有损社会公序良俗等情形的内容。[3]

（5）不得包含涉及医疗技术、诊疗方法、疾病名称、药物的有关内容，不得保证治愈或隐含保证治愈的内容，不得宣传治愈率、有效率等诊疗效果。

（6）不得含有淫秽、迷信、荒诞的内容，不得贬低他人。

（7）不得利用患者、卫生技术人员、医学教育科研机构及人员，以及其他社会团体/组织的名义或形象做证明。

（8）不得使用解放军和武警部队的名义等。

2. 不构成医疗广告的情形

通常情况下，以下几种医疗机构按照信息公开和院务公开的相关要求进行信息发布的情形，不构成广告。

（1）医疗机构以科研为目的，发布的招募受试者、临床研究患者等信息。

---

[1] 《江苏省公布违法违规商业营销宣传典型案例（第二批）》，载"江苏市场监管"公众号，https://mp.weixin.qq.com/s/cXDb4tA0n9UukL4fnE90XQ，最后访问日期：2025年6月1日。

[2] 《广告绝对化用语执法指南》第11条。

[3] 《广告法》第9条。

（2）医疗机构对患者进行分诊或就医引导、按照互联网医疗管理有关规定，在开展互联网诊疗过程中线上解答患者咨询、指导患者接受诊疗等行为。

（3）医疗机构通过互联网平台内用户账号，以格式性的方式介绍医疗机构名称、地址、接诊时间、医务人员简介、医疗服务项目、诊疗流程、医保政策、医疗价格等患者就医必须了解的客观信息的。

（4）医疗机构在本机构服务场所内部或通过本机构门户网站、依法开通的移动客户端以及经网站平台认证资质的线上自媒体渠道，发布医疗机构及其医务人员的相关信息、与患者诊疗相关的客观信息、健康科普以及投诉方式等信息的。

（5）医疗机构及其医务人员按照健康科普有关要求，以文字、图片、短视频、直播等形式开展科普宣传的情形。

（四）医务人员个人科普要求

《国家卫生健康委办公厅、国家中医药局综合司、国家疾控局综合司关于开展全民健康素养提升三年行动（2024—2027年）的通知》，鼓励医疗卫生机构和医疗卫生人员主动投身健康教育，提升健康科普的专业性、创造性，打造清朗的健康科普信息传播环境。该通知同时要求各地用足、用好现有的健康教育和健康科普工作激励政策，让更多的医疗卫生人员享受到政策红利，更愿意投身于健康教育和健康科普工作中。

当前，越来越多的医务人员通过健康讲座、发表文章、互联网直播[①]等方式，对社会公众进行健康科普和健康教育。医务人员利用互联网进行健康科普和健康教育的时候，应当严格遵守法律的规定，避免因构成变相发布广告而涉嫌违法，遭受处罚。

1. 禁止发布虚假错误的健康科普信息，不得变相发布广告

医务人员进行健康科普应当传播正确的医学知识和健康理念，不得传播未经科学验证的观点和方法。禁止以介绍健康、养生知识等形式，变相发布医疗、药品、医疗器械、保健食品、特殊医学用途配方食品广告类信息，或对以上商品直播带货。

根据《互联网广告管理办法》第8条第2款规定，介绍健康、养生知识

---

① 互联网直播是基于互联网，以视频、音频、图文等形式向公众持续发布实时信息的活动。

的，若在同一页面或者同时出现相关医疗、药品、医疗器械、保健食品、特殊医学用途配方食品的商品经营者或者服务提供者地址、联系方式、购物链接等内容，构成变相广告。

2. 规范个人账号管理

医务人员个人开设自媒体账户、利用职务身份发布健康科普内容的，应当预先向所在医疗卫生机构申报，获得同意后方可开展。已退休、已离职的医务人员经原工作单位同意后，方可继续使用原工作单位职务信息开展互联网健康科普活动。

医务人员个人在进行自媒体账户管理时，禁止在认证环节弄虚作假，不得将个人的账号委托、转包、外包给无资质的个人或单位进行内容运营，不得将已认证的健康科普账号交由被卫生行政部门列入"不良记录名单"的网络信息内容多渠道分发服务机构（MCN 机构）运营或绑定。

3. 健康科普应当注意避免构成非法行医

在直播为患者解答咨询时，医务人员应当注意仅限于对医学知识的解释和说明，应当引导患者到医院进行检查，确诊后对症治疗，不得直接对咨询事项进行诊断或推荐治疗方案，不得对诊疗效果进行夸大或者对疗效进行承诺等。如果医务人员对患者提问直接作出诊断、开具处方或提供治疗意见，则可能构成非法行医。

4. 健康科普的其他注意事项

医务人员科普发表的内容应当符合伦理道德和公序良俗，不得侵犯个人隐私，不得侵犯他人的合法在先权利（包括但不限于姓名权、肖像权、著作权、商标权等）。发表的作品如果是人工智能生成的内容，必须添加显式标识。如果发表的内容涉及国内外时政、公共政策和社会事件，应当标注信息来源。

第三节 品牌建设和宣传合规常见问题及分析

在信息粉尘化的今天，医疗机构品牌建设和宣传推广已经脱离了简单的资讯发布，演变为立体化的品牌建设工程，需要通过传统意义的广告发布、医疗机构网站和自媒体平台的信息推送、医务人员个人的形象打造，构成品牌推广的宣传矩阵。这种品牌运营和宣传的新要求也让合规需求更加多元化。

一、医疗广告的合规常见问题及分析

医疗机构应对发布的医疗广告的合法性和内容的真实性负责，不得发布含有虚假或引人误解的虚假广告欺骗、误导患者，应当在发布前申请医疗广告审查。未取得《医疗广告审查证明》的，不得发布医疗广告。取得《医疗广告审查证明》后，医疗机构应当严格按照审查的样件内容进行发布，不得超出审批范围。非医疗机构不得发布医疗广告，医疗机构不得以内部科室名义发布医疗广告。

根据北京市广告监测中心的报告[①]，2024年7月，全市共监测电视、广播、平面等传统媒体广告33万余条次，互联网媒体平台发布的广告的总搜索量达3227万余条。其中，搜索引擎类占比40%，电商平台类占比29%，新闻门户类占比7%，短视频、论坛等媒体平台共占24%，PC端占比48%，APP端占比49%，小程序和公众号共占3%。PC端媒体发布涉嫌违法广告主要集中在电商平台、搜索引擎和门户网站；APP类移动端媒体发布涉嫌违法广告主要集中在短视频和新闻资讯。从互联网媒体涉嫌违法量来看，医疗诊疗服务以17%的占比、与招商投资类并列第一，医疗器械则以10%位居第三。涉嫌违法的医疗诊疗、医疗器械、医疗美容等类别，主要出现在PC端的广告发布中，主要涉嫌违法的表现为：广告中含有表示功效、安全性的断言或者保证。

（一）医疗广告不得使用医师形象，应严格按照成品样件发布

医疗机构发布医疗广告应当遵守《广告法》第46条和《医疗广告管理办法》第3条、第17条等的规定，依法取得《医疗广告审查证明》，并严格按照核准的广告成品样件内容和媒体类别发布广告。根据《医疗广告监管工作指南》，未经广告审查发布医疗广告，但广告内容符合《医疗广告管理办法》第6条规定情形的，可以作出不予行政处罚的决定。但若相关内容与医

[①] 《北京市广告监测报告》（2024年7月），载"北京市场监督管理局网"，https://www.cqn.com.cn/ms/content/2024-08/16/content_9061716.htm，最后访问日期：2025年6月1日。

疗机构执业许可（备案）事项不符，会对消费者、患者就医选择造成实质性误导的，则应当依据《广告法》有关规定进行查处。《医疗广告监管工作指南》第6条还规定，医疗广告内容与核准广告成品样件内容不完全一致，但仅存在下列情形的，一般不认定为"与经审查的医疗广告样件内容不符"：(1) 调整广告背景颜色；(2) 改变了字体或颜色；(3) 调整了广告图片长宽比；(4) 减少了广告内容，且不会造成误解；(5) 增加或变更了医疗机构的联系电话、地址、官方网站网址且真实无误。需要注意的是，医疗机构如果执业情况发生变化，与经审查的医疗广告成品样件内容不符的，应当重新提出审查申请。

医疗机构发布医疗广告，不得利用患者、卫生技术人员、医学教育科研机构及人员以及其他社会社团、组织的名义、形象作证明。如果在医疗广告中使用的患者、医生、医疗机构或者科研院所的名义、形象是虚构或冒用的情形，则应当按照《广告法》第55条查处，情节严重涉嫌构成犯罪的，应移送公安机关。

【典型案例12-01】晋江某医院在某APP平台发布医疗广告违规被罚[①]

2024年6月6日，晋江某医院开始自行设计制作并在其经营的某APP平台发布"晋江某医院、地址、联系方式，【两癌筛查】宫颈深度检查/乳腺检查、【排卵监测】监测卵泡大小/B超监测卵泡4次/备孕、【乳腺彩超】乳腺结节/乳腺炎/乳腺疼痛等项目及价格"及标有医师照片形象的医师团队介绍的宣传内容。2024年7月10日，市场监督执法人员根据举报线索依法对其经营场所进行检查，并立案调查。经调查，执法人员认定其在某APP平台店铺发布含医疗广告的内容，标有医师照片形象和团队介绍内容，属于利用卫生技术人员形象作证明的医疗广告，违反了《医疗广告管理办法》第7条第6项的规定。同时，该机构在某APP平台店铺发布的内容超出《医疗广告审查证明》核准的广告成品样件内容，违反了《医疗广告管理办法》第17条第1款的规定。最终，市场监督管理局对该机构作出行政处罚。

（二）广告内容应当真实可靠，不得夸大或使用绝对化的用语

医疗广告应避免《广告法》第16条的禁止性规定，不得含有绝对化用

[①] 《晋江市某医院医疗广告违法案》，载"晋江市市场监督管理局"公众号，https://mp.weixin.qq.com/s/DlcvpUTn8L8g7zUB2Ip7Fg，最后访问日期：2025年6月1日。

语，表示功效、安全性的断言或者保证，以及说明治愈率或者有效率等内容，宣传内容与实际不符等情形。若有违反，将依照《广告法》第 58 条被查处。如果有关内容涉及治疗癌症、青少年近视防控或者其他重大疑难疾病的，将会被依法从重处罚。如果广告中有关功效、安全性的断言或保证是通过虚构或者歪曲的科学理论、科研数据方式作出的，或者治愈率、有效性缺乏事实依据，会被认定为虚假广告，情节严重的会被追究刑事责任。

【典型案例 12-02】合肥某肛肠医院发布违法广告案①

2019 年，合肥某肛肠医院在多个网站发布含有"合肥市价格诚信单位""安徽省医保定点单位""361286 例康复患者见证，铸就百姓优秀口碑""治疗仅需 10 分钟，微创无痛、安全可靠、无需住院""合肥最好的肛肠医院"等内容的广告。同时，该医院通过百度、搜狗、神马搜索推广，推广费用合计为 58.41 万元。合肥市市场监督管理局责令该医院停止发布广告，在相应范围内消除影响，并罚款 300 万元，创下医疗广告行政处罚的先河。

(三) 医疗广告发布的机构信息应当与行政管理部门核准的信息一致

医疗广告发布内容中医疗机构第一名称、医疗机构地址、所有制形式、医疗机构类别、诊疗科目、床位数等信息，必须与卫生行政部门、中医药管理部门核发的《医疗机构执业许可证》或其副本载明的内容一致。广告发布内容与医院的实际性质和机构级别不相符的，属于虚假信息。若对影响患者就医选择的重要信息作虚假或引人误解的表述的，可认定为虚假广告，应依照《广告法》第 55 条规定查处。此类虚假广告情节严重可能构成犯罪的，应依法移送公安机关。

【典型案例 12-03】宁夏某中医医院发布信息与执业许可（备案）事项不一致被处罚②

2023 年 3 月 17 日，银川市市场监管局接到对宁夏某医院的投诉，称该医

---

① 《合肥某医院发布违法广告被罚 300 万元》，载"中国消费者网"，https：//www.ccn.com.cn/Content/2020/07-29/1607159259.html，最后访问日期：2025 年 6 月 1 日。
② 《宁夏这 8 家单位被实名曝光》，载"宁夏新闻广播"公众号，https：//mp.weixin.qq.com/s?__biz= MjM5NjMzNjU0MA== &mid=2650531644&idx=3&sn=436d30a069a68f0a855a09ccbf883f1d&chksm= bee581cf899208d9672d2a0a7e0f288e1ea018e90fd86d7647c71044c86d76b787ee2cc6ccce&scene=27，最后访问日期：2025 年 6 月 1 日。

院于某 APP 平台涉嫌虚假宣传。经调查，该医院自 2021 年 8 月 19 日开始在某 APP 平台发布医疗广告，其中包含"公立医院""公立二甲""妇科检查套餐"等宣传内容，直至 3 月 17 日被投诉时才停止发布。这些广告内容与经审查的医疗广告成品样件不符，且其中"公立医院"和"公立二甲"的宣传与该医院的实际性质和级别不相符，对消费者起到误导性的作用。因此，对当事人违法医疗广告行为进行查处，并依法作出罚款 22165 元的行政处罚。

二、医疗机构信息公开的合规指引

（一）规范信息公开内容，避免变相医疗广告

为方便公民、法人和其他社会组织获得医疗卫生机构的服务信息，国家卫生健康委、国家中医药局、国家疾控局联合印发《医疗卫生机构信息公开管理办法》，其中包括要求医疗卫生机构主动公开的信息与医疗广告的内容对比（见表 12-1）。

表 12-1　医疗卫生机构主动公开的信息与医疗广告的内容对比

	医疗卫生机构信息公开管理办法	医疗广告管理办法
1	机构基本概况、公共服务职能	医疗机构第一名称
2	机构科室分布、人员标识、标识导引	医疗机构地址
3	机构的服务内容、重点学科及医疗技术准入、服务流程及须知等	所有制形式
4	涉及公共卫生、疾病应急处置相关服务流程信息	医疗机构类别
5	医保、价格、收费等服务信息	诊疗科目
6	健康科普宣传教育相关信息	床位数
7	招标采购信息	接诊时间
8	行风廉政建设情况	联系电话
9	咨询及投诉方式	无
10	其他法律、法规、规章等规定的应当主动公开的内容	无

合法合规、真实准确、便民实用、及时主动是医疗机构信息公开的基本原则。2024 年 10 月 25 日，北京市市场监督管理局、北京市卫生健康委员会、北京市中医药管理局出台的《关于优化医疗广告管理工作的通知》明确规定，医疗机构按照《电子商务法》《医疗卫生机构信息公开管理办法》及国

务院卫生健康主管部门规定的内容、形式和途径，以保障公众知情权、科学研究与科普宣传为目的，主动、真实、准确公开机构基本概况、公共服务职能、重点学科、医务人员信息、诊疗服务、服务流程、环境导引、志愿者招募等信息的行为，一般不视为商业广告活动。因此，医疗机构的信息公开，没有对本机构或本机构的医疗服务主观推介，可能影响患者就医选择的，一般不会被视为构成医疗广告。但如果医疗机构在信息公开过程中出现以下情形，则可能被认定为变相医疗广告：（1）对本机构就医环境、医疗器材等硬件设备进行带有主观色彩的推介；（2）通过对本机构或者其医务人员的诊疗技术、诊疗流程、诊疗效果进行主观性评价或者保证性承诺等方式，对本机构进行推介；（3）与其他医疗机构进行比较；（4）利用新闻形式变相发布医疗广告；（5）其他以推介本医疗机构为目的发布信息的。

（二）规范健康科普行为，严防变相医疗广告

《基本医疗卫生与健康促进法》第67条第2款规定，医疗卫生、教育、体育、宣传等机构、基层群众性自治组织和社会组织应当开展健康知识的宣传和普及。医疗卫生人员在提供医疗卫生服务时，应当对患者开展健康教育。新闻媒体应当开展健康知识的公益宣传。健康知识的宣传应当科学、准确。除以文字方式推荐的健康科普文章外，医疗资讯服务类专题节目、健康养生节目等也是健康科普的重要路径。

《互联网广告管理办法》第8条明确规定，禁止以介绍健康、养生知识等形式，变相发布医疗、药品、医疗器械、保健食品、特殊医学用途配方食品广告。介绍健康、养生知识的，不得在同一页面或者同时出现相关医疗、药品、医疗器械、保健食品、特殊医学用途配方食品的商品经营者或者服务提供者地址、联系方式、购物链接等内容。

医疗机构及其医务人员在开展科普宣传时，存在下列情形之一的，有可能被认定为以科普形式变相发布医疗广告：（1）通过宣传长期诊疗技术优势、硬件设备优势以及诊疗效果等，对具体医疗机构做推介；（2）明示或暗示在具体医疗机构就医将获得更好的安全性保障、疗效或者价格优惠等；（3）推介本机构或者其他医疗机构的具体医疗服务；（4）以病例或者案例方式，对具体医疗机构或其医疗服务进行推介；（5）推介具体医疗机构或者医疗服务的其他情形。医疗机构及其医务人员按照医疗卫生健康科普有关要求，

以文字、图片、短视频、直播等形式开展科普宣传，且不存在前述情形的，不构成广告。为确保医疗卫生健康科普信息的客观真实性，可以在科普宣传中介绍作为科普宣传人员的医务人员姓名、职称、所供职的主执业机构、医疗机构名称及具体的科室名称。

2025年4月14日，市场监管总局印发《关于维护广告市场秩序 营造良好消费环境的通知》，明确将医疗广告列为重点监管领域①。新规直击行业乱象，从"神医""神药"虚假宣传到互联网变相营销，从内容审查到信用惩戒，全面重构医疗广告合规框架，对医疗机构信息公开和健康科普的合规开展提出新要求。

【典型案例12-04】青田某医院未经审查发布医疗广告被处罚②

2023年9月12日，青田县市场监督管理局接举报线索，反映青田某医院在其微信公众号发布《膝关节外科的"补牙"技术——膝关节单髁置换术》一文，涉嫌违法发布医疗广告，遂予以立案调查。

经调查，2023年8月5日当事人在未经有关部门对内容进行审查的情况下，通过该机构注册且经过微信平台企业认证的公众号发布被举报推文，文内主要含有"膝关节单髁置换术介绍""临床典型案例""膝关节单髁置换术（UKA）发展变化""单髁关节置换术假体生存率变化"等，推文内所述"临床典型案例"为当事人院内真实病例，"术者"为当事人员工。当事人发布的推文虽有对膝关节单髁置换术这一手术方法的科普介绍，但同样也介绍了其自身院内病例及施术医师，其目的是介绍自己所开展的医疗服务。最终，该机构在公众号上发表的这篇推文被认定为构成医疗广告，违反了相关法律的规定，被责令改正，并给予警告和罚款10000元的处罚。

（三）学术营销也可能构成变相广告

学术营销若偏离学术本质，可能被认定为变相广告，面临法律风险。偏离学术交流本质被认定为变相广告的行为往往具有以下特征：（1）以学术会

---

① 《市场监管总局开展广告市场秩序整治》，载"中国政府网"，https://www.gov.cn/lianbo/bumen/202504/content_7019281.htm，最后访问日期：2025年6月1日。

② 《青田县市场监督管理局行政处罚决定书（青市监处罚〔2023〕487号）》，载"中国市场监管行政处罚文书网"，https://cfws.samr.gov.cn/detail.html?docid=3325220620230900053325220070045397，最后访问日期：2025年6月1日。

议、案例分享为名，实际传播未经审核的产品推广内容（如夸大疗效、隐瞒风险），违反《广告法》对商业广告需真实、合法且经审查的要求；（2）内容脱离学术实质，将营销话术伪装成学术结论（如片面强调产品优势而弱化禁忌证），或虚构专家背书，涉嫌虚假宣传；（3）利益诱导替代专业价值，通过"学术支持"变相承诺处方收益（如暗示处方量增加可获资源倾斜），本质仍属带金销售，触碰医疗反腐红线。

【典型案例12-05】临床试验患者在学术会上介绍情况可能违规[①]

如某医药公司拟在学术交流会议上，邀请正在进行临床试验的患者到场，并就该项新技术的疗效和感受等进行分享。由于该研究尚在临床试验阶段，没有客观阳性和阴性数据比对，且缺少参与临床试验的后期观察数据。仅邀请当下试验成功的患者对疗效进行分享，极可能对参会的医务人员或与会其他同类疾病患者构成误导，进而作出错误决定。因此，该行为可能构成变相医疗广告。

三、医务人员个人推广的合规

（一）医生个人 IP 与医疗机构品牌关系密切，相互影响

医生是"单位人"，在注册的医疗机构开展执业活动，其在诊疗活动中出现过失，相应的责任由医疗机构承担。又由于大多社会公众在看病的问题上，存在"认庙不认和尚"的思维惯性，因此医生所在的医疗机构品牌，特别是一些传统三甲医院，都成为医生打造个人 IP 的背书。同时，当医生个人 IP 形成良好口碑后，必然能为其所在医疗机构的品牌运营起到推动和促进作用。因此，无论是医生还是医疗机构都应当转变观念，明确个人 IP 与机构品牌是一荣俱荣、一损俱损的关系。

2025 年 3 月 17 日，上海市发布首个《互联网健康科普负面行为清单（试行）》，随后 4 月 2 日黑龙江省卫健委协同省科协发布《健康科普知识发布与传播"十不许"（试行）》的通知，5 月四川省发布《四川省互联网健康科普负面行为清单（试行）》。这三份文件都有一个重要的内容，即禁止个人在未向所在单位申报并获得批准的情况下，擅自利用职务便利开设用于

[①] 本案例源自笔者被法律咨询的真实案例，经笔者建议，该行为最终并未实施。

发布科普内容的个人自媒体账号。这三个地方工作文件的出台，将医生个人 IP 与医疗机构品牌运营进一步捆绑，一方面是给医生开设个人自媒体账号设置了单位前置审批的流程；另一方面则是对其所在的医疗机构提出了监管责任的要求。

当前，医疗机构对医生个人的自媒体账户因存在"医生在医院外的行为均由其本人负责"的错误理念，多形成仅办理备案手续、少监管，甚至无监管的局面。虽然从法律的角度，医生在医院外的行为不是直接的诊疗行为，其引发的纠纷或处罚均由其个人承担，但是如果医生的行为引发个人社会评价的降低，那么其所在的医疗机构品牌也必然遭受冲击。因此，把医生个人 IP 管理纳入医疗机构整体品牌战略之中，是每个医疗机构的管理者需要面对和重视的。

【典型案例 12-06】某医院因医生个人直播账号违规被新闻报道[①]

某新闻记者随机进入一个拥有 120 万粉丝、认证为"北京某医院皮肤科医生@高某医生"的直播间，其账号头像为一名男性医生，但直播间出镜的却是一位女性。该人自称医生助理，通过一系列话术将直播间的用户引导至另一个无资质认证且只有 2.1 万粉丝的普通账号。该账号头像为白底红字"点开"图片，昵称为"高某先生官方助理"，助理通过该账号私信功能与用户一对一沟通。因为记者没有及时回复对方私信，则收到对方一次又一次的语音通话邀请。次日，记者联系到该医院，医院确认高某医生确为该院医生，此前也已在医院做了自媒体相关备案，"但医生在医院外的行为均由其本人负责"。

（二）规范医疗科普行为，合法依规打造个人 IP

随着短视频平台的发展，医生进行科普宣传的方式日益多样，制作视频、直播咨询被越来越多的医生使用。但是，有的医生为了追求流量，不顾医学伦理和职业道德，夸大或虚构事实，散布虚假消息，甚至采用擦边操作，把医学科普变为低俗娱乐工具。这些行为严重违背医学科普的初衷，更可能对社会公众的医学认知构成误导，是应当给予禁止的。上海、黑龙江、四川三地相继出台有关"互联网健康科普负面清单"的文件，其目的就是规范健康

[①]《网红医生科普乱象：跨专业科普、擦边软色情》，载"红星新闻网"，https://baijiahao.baidu.com/s?id=18089478876085113672&wfr=spider&for=pc，最后访问日期：2025 年 6 月 1 日。

科普中的乱象。

三地"互联网健康科普负面清单"文件都对健康科普的内容作出明确规定，不得变相发布医疗广告，不得进行直播带货等不当牟利行为，不得散布虚假错误的健康科普信息，不得夸大疾病治疗效果，禁止发布违背伦理道德、公序良俗、侵犯他人隐私的内容，禁止剽窃、抄袭、盗用他人作品或侵犯他人知识产权。上海和四川的文件均明确禁止已退休、已离职工作人员未经原单位同意沿用原单位职务信息开展健康科普宣传。四川文件则明确要求人工智能生成合成的健康科普内容必须给予显式标识。

四川文件还明确规定，不许通过互联网平台批量发布无实际健康科普价值的同质低质内容来诱导群众进行关注、点赞、收藏和分享，甚至违规导流获利。具体来说，医生科普不得通过利诱用户作出指定好评、编造用户评价等流量数据，进行虚假商业宣传；不得通过平台推荐、网络文案、"种草笔记"等方式伪造"口碑"。

(三) 与正规 MCN 机构的合作，规范账号管理

多频道网络机构（Multi-Channel Network，MCN）是一种新的网红经济运作模式。MCN 机构通常会将内容生成者联合起来，在资本的支持下，保障内容持续输出，最终实现商业稳定变现。MCN 机构提供的服务通常包括内容策划和制作、宣传推广、粉丝管理、签约代理等服务，以实现网红孵化、IP 衍生、流量变现等目的。但是在健康科普领域，MCN 机构制造的添油加醋的虚构"剧情"、"信誓旦旦"的话语、博人眼球的标题，不但不能传播正确的健康医疗知识，反而可能造成社会公众对疾病的无谓恐慌，甚至动摇对临床医务人员的信任度。

前文提及的三地发布的"互联网健康科普负面清单"文件，均对合作 MCN 机构的情形作了规定，禁止将已认证的健康科普账号交给已被列入"不良记录名单"的 MCN 机构运营或绑定，不得与不良营销团队、广告公司合作进行健康科普信息发布。

【典型案例 12-07】 网红医生摆拍造假被封禁[①]

2025 年 5 月，某 APP 安全中心发布案例，某整形机构医生陶某在多平台

---

① 《自编自导抢救过程？百万粉丝网红医生，被永久封号!》，载"环球网"，https://society.huanqiu.com/article/4HzCSnBoDx2，最后访问日期：2025 年 6 月 1 日。

发布手术室场景的视频称：一位病人与朋友喝酒、唱歌、泡澡后突发脑血管爆裂，经抢救仍未脱离危险。该视频引发大量网友关注。平台"无底线博流量"治理专项团队研判发现，陶某在过往视频中曾透露自己为安徽某整形机构医生，按常理不太可能参与此类急救，该视频高度疑似虚假摆拍。经调查，该视频是陶某"自己在家自编自导的"。陶某虚假摆拍并且未注明"演绎"的行为，违反了关于"演绎"类作品的内容创作规则，平台决定对其账号无限期封禁。

虽然陶某的案例并没有披露出背后的 MCN 机构，但是多名网红医生在自媒体上发视频或文章，讲述其在下班后为患者加号看病的故事，则离不开 MCN 的操作。一名拥有 42.7 万粉丝的儿科医生郭某，曾于 2024 年 1 月 3 日在其自媒体平台发布类似视频。后该郭医生在接受采访时表示，今后会加强对此类视频的监管，督促 MCN 机构改正这些问题。①

（四）严肃科普内容，规范粉丝管理

医疗机构在对本院医生个人自媒体账户进行备案审批的同时，还需要适度加强管理，可通过法律宣讲、内容培训等方式，引导医务人员规范视频或科普文章的内容。

当下医疗机构接到的投诉中，患者以医生的网络言论与实际诊治行为不符而进行的投诉时有发生。通常患者会以医生在自媒体账户回答咨询或发表的言论截屏为证据，来医院投诉医生的实际诊疗行为不当。这些投诉事件都是在提醒广大医务人员，在自媒体平台上打造个人 IP 固然重要，但更需要的是谨言慎行，本着真实、客观的原则进行健康科普，真正起到为公众传播正确的医学知识和健康理念的作用。

前文提及的 MCN 机构还会帮助医生进行"粉丝管理"。当下，不少医生博主的直播间内，助理们除了口头引导，还会在公屏上或画面中用"加薇""+威"等同音不同字的表述引导用户添加微信，从而进一步沟通。除此之外，还有一些已认证的医生出现在直播中多为录播画面或声音，助理在公屏中做着以上同类引导，但很少对用户关于疾病或症状的提问直接正面回复。记者随机进入某经过认证的某三甲医院主任医生的短视频平台直播间，自称

---

① 《又翻车了！多名网红医生摆拍造假网络涉医领域的乱象是该整治了》，载"基源医学在线"，https://weibo.com/ttarticle/p/show?id=2309405047279273771105，最后访问日期：2025 年 6 月 1 日。

医生助理的人在公屏中以同音字引导用户添加微信。①

实践中，有医疗机构接待患者投诉，称其在直播间内添加了医生（或其助理）微信后，被引导至其他民办医疗机构进行就诊，为诊疗及后续药品支付高昂费用。出现纠纷后，患者来到医生在自媒体平台披露的公立医院进行投诉，要求单位承担赔偿责任。患者称虽然是在外院就诊，但因为该机构是被医生（或助理）推荐的，认为该民营医疗机构与公立医院存在合作关系，出了问题公立医院理应承担责任。此类案例再次说明了医疗机构对医生自媒体账号运营管理的重要性和必要性。医生在医院外的行为引发的责任，无论其个人是否负担，都可能给医院造成负面影响。

四、患者隐私和个人信息保护

医疗机构及医务人员在开展医疗机构品牌运营与宣传的过程中，在开展线下线上健康科普宣传的活动过程中，往往会介绍真实案例。医疗机构及医务人员在使用真实病历资料时，应当将病历中患者的个人信息和隐私做必要的技术处理。这种技术处理应当遵循以匿名化处理为主要技术手段，去标识化处理为辅助手段的基本原则。另外，直播出诊也是很多医生在打造个人IP的时候采用的方式之一。医生觉得让患者入镜，通过患者对真实病历的讲解，会让科普内容更鲜活，更具有吸引力。北京某医院就曾接到过患者的投诉。该患者称其就诊时发现医生一边问诊，一边对着手机讲解，原来是在做直播。医生的做法让患者非常不舒服，认为自己不愿为他人所知晓的个人信息被医生严重侵犯，从而投诉医生侵犯了其隐私权。医生在进行科普宣教时使用患者图片，但未作必要处理的情形更是常见。因此，医疗机构对其医务人员加强法律教育是必要且重要的。

【典型案例12-08】 日照市某医生直播妇科手术事件②

2022年1月18日16时许，日照市东港分局接到群众的举报电话，称一名医生疑似在网上直播妇科手术片段。接到举报后，公安机关迅速行动并锁

---

① 《网红医生科普乱象：跨专业科普、擦边软色情》，载"红星新闻"，https://baijiahao.baidu.com/s?id=1808947887608513672&wfr=spider&for=pc，最后访问日期：2025年6月1日。

② 《医生直播妇科手术，刑拘！》，载"人民政协网"，https://baijiahao.baidu.com/s?id=17225328-66909209055&wfr=spider&for=pc，最后访问日期：2025年6月1日。

定涉事医院和医生，并于当天 18 时许将历某某抓获。1 月 21 日日照市东港区宣传部发布《关于医生历某某网上直播妇科手术有关问题处置情况》，称"经查实，已对日照市中心医院涉事医生历某某刑事拘留，提请批捕，依法依规注销执业医师资格证书、予以开除"。同时，"区纪委监委于 18 日 22 时成立调查组，进驻日照市中心医院展开调查。已对日照东港区政府、日照东港区卫健局、涉事医院负有领导责任和直接管理责任的 11 名相关人员严肃追责问责，对负有直接管理责任和重要领导责任的人员予以免职"。

在这个案件中，医生为了博眼球、增流量而随意侵犯患者隐私的行为，已经不再是普通的民事赔偿事宜，还可能构成刑事犯罪。本案中涉事医生的行为，因属于《刑法》第 237 条规定的，以暴力、胁迫或者其他方法强制猥亵他人或侮辱妇女的情形，涉嫌构成强制猥亵或侮辱罪，所以被"刑事拘留，提请批捕"。

五、突发舆情的应对

在当下信息传播极为迅速的互联网时代，更要求医疗机构能在出现舆情事件时，第一时间掌握舆论主动权，及时回应公众关切，避免谣言和猜测肆意传播，尽量不让自身陷入舆论的泥沼难以自拔。因此，当今时代更要求医疗机构建立全方位、多层次的舆情监测体系，利用大数据、人工智能等技术手段，对社交媒体、新闻媒体等各类平台进行实时监测，及时捕捉与本机构相关的舆情信息。一旦发现负面舆情，能够迅速发出预警，为机构应对争取宝贵时间。医疗机构可以通过设置关键词预警，当出现涉及员工负面行为、医疗事故等敏感词汇时，系统自动提醒舆情管理部门，做到早发现、早介入。此外，在舆情应对过程中，医疗机构切忌自说自话，要站在公众的视角思考，哪些是公众需要的，按照大众可接受的方式实现信息的有效表达。医院要与公众坦诚地沟通，如实公布事件调查进展和处理结果，不隐瞒、不歪曲事实，且医院内部各部门在舆情应对中保持统一口径，不会出现不同部门说法不一致的情况，确保了医院对外发布信息的准确性和一致性。

舆情应对还必须重视对内的信息传播。特别是在出现突发事件的情况下，医疗机构应加强内部的信息流通和交流，确保内部员工的理解和接受，凝聚人心的同时还要确保对外口径统一，以提升舆情应对的积极效果。

【典型案例 12-09】山东某医院"纱布门"事件[①]

2016 年 10 月底,潍坊某医院在给产妇徐某行剖宫产手术后,忘记取出纱布。产妇产后疼痛难忍,直到患者去另一家医院检查才知道是纱布被留存宫内引发。新闻播出后在社会上引起轩然大波。之后,众多医学专家纷纷出来进行科普,讲解了瘢痕子宫加胎盘前置的凶险,以及纱布填塞止血的操作方法和止血原理等;医院也播出了记者到医院采访时的全程录像,证明了实际播出的视频系被恶意裁剪,院长口中的"有问题"与节目试图表达的"有问题"不是一回事。

这个事件可谓医疗机构舆情应对的一个成功案例。这个应对的成功源自几方面的因素:(1)医疗机构的正面解释,理性受访,对还原真相起到积极作用;(2)微博达人、北京协和医院妇科主任医师万某润对于子宫填塞治疗的权威讲解,大大提升了医院在医学救治能力方面的公信力。

第四节　品牌运营与宣传合规建议及指引

一、严格规范品牌宣传行为,确保医疗广告发布合规

医疗机构在发布医疗广告前,应按照《医疗广告管理办法》第 8 条的规定,申请医疗广告审查并取得《医疗广告审查证明》。医疗机构应向其所在地省级卫生行政部门申请,提交《医疗广告审查申请表》《医疗机构执业许可证》副本原件和复印件、医疗广告成品样件等材料。如果是中医、中西医结合、民族医医疗机构发布医疗广告,需要向其所在地省级中医药管理部门提出审查申请。

《医疗广告审查证明》的有效期为 1 年,到期后医疗机构仍需继续发布医疗广告的,应重新提出审查申请。医疗机构品牌宣传负责人员或部门,应当做好《医疗广告审查证明》有效期的登记工作,避免出现证明过期后仍发布

[①] 参见《人民日报谈纱布门:媒体别成医患冲突"助燃剂"》,载"央视网",https://news.cctv.com/2016/11/18/ARTIxvfsd0Uq5jI2GJYIAdIu161118.shtml,最后访问日期:2025 年 6 月 10 日。

医疗广告而受到行政处罚的情况。

医疗广告的内容应当严格按照法律要求确定，不得出现法律明确禁止的情形。广告发布应当通过正规渠道，并严格按照核准的广告成品样件内容进行发布。医疗广告内容是否符合法律规定，医疗机构可参照表12-2"医疗机构广告自查表"进行自查，对发现的问题及时纠正。如果涉及广告整改的，需要对整改后的广告重新进行审核。

表 12-2　医疗机构广告自查表

重点排查领域	自查结果	是否完成整改
绝对化用语	【××广告】符合/【××广告】不符合	是/否
是否有"最好""最佳""最权威""最大程度"等带有"最"字的宣传		
是否有"行业第一""全国第一""仅此一款""独一无二"等表示唯一性用语		
是否有"国家级""国际级""世界级"等表示级别的用语		
是否有"顶级""顶尖""完美""前所未有""无双""绝版""巅峰"等表示绝对化的用语		
有损国家权威及国家利益		
是否出现人民币、中国地图、国旗、国歌、国徽、军旗、军歌、军徽		
是否直接使用或变相使用国家机关及国家机关工作人员的名义、形象		
是否出现××机关特供、专供、指定用品等用语		
不正当竞争		
是否与其他经营者商品进行对比，贬低对方或抬高己方		
是否有不符合实际情况的宣传		
是否有"独有""独创""首创""首个"等不易证实的词语		
违反未成年人保护（不满14周岁）		

续表

重点排查领域	自查结果	是否完成整改
是否向未成年人发布医疗、药品、保健食品、医疗器械、化妆品、酒类、美容广告		
是否涉及未成年人代言		
是否劝诱未成年人要求家长购买广告商品或者服务		
是否可能引发未成年人模仿不安全行为		
教育培训类广告		
是否对培训效果、获取合格证做明示或暗示保证		
是否使用了专业人士、受益者（如用户）的名义和形象做推荐		
是否明示或者暗示有相关考试机构或者其工作人员、考试命题人员参与教育、培训		
医疗用品、医疗器械、药品、保健品、食品、化妆品广告		
医疗、药品、食品、医疗器械广告是否有表示功效、安全性的断言或者保证		
医疗、药品、医疗器械广告是否说明治愈率或者有效率		
医疗、药品、医疗器械广告是否利用广告代言人作推荐、证明		
普通食品、化妆品广告是否出现疑似医疗用语（防敏、消炎等）		
医疗广告表现形式		
是否涉及医疗技术、诊疗方法、疾病名称、药物的情况		
是否包含保证治愈或者隐含保证治愈的情况		
是否存在宣传治愈率、有效率等诊疗效果的情况		
是否存在淫秽、迷信、荒诞的情况		
是否存在贬低他人的情况		
是否存在利用患者、卫生技术人员、医学教育科研机构及人员以及其他社会社团、组织的名义、形象作证明的情况		

续表

重点排查领域	自查结果	是否完成整改
是否存在利用新闻形式、医疗咨询服务类专题节（栏）目发布或变相发布医疗广告的情况		
其他禁止情形		
禁止以介绍健康、养生知识等形式，变相发布医疗、药品、医疗器械、保健食品、特殊医学用途配方食品广告 介绍健康、养生知识的，不得在同一页面或者同时出现相关医疗、药品、医疗器械、保健食品、特殊医学用途配方食品的商品经营者或者服务提供者地址、联系方式、购物链接等内容		

注：涉及整改的，应提供整改后广告再次自查审核。

医疗机构需要使用电子中国版图的，无论是广告、新闻还是网站页面，均应当从我国自然资源部的官方网站下载并标注审图号。若存在对地图内容编辑（包括放大、缩小和裁切）改动的，均需送测绘地理信息行政主管部门审核后方可使用。

二、规范医疗机构信息公开和健康科普行为，避免变相广告

严格按照《医疗卫生机构信息公开管理办法》的要求，公示医疗机构相关信息，保障公众的知情权。医疗机构应当在确保公示信息的同时，不存在对医疗机构的就医环境、医疗器械进行带有主观色彩的推荐内容，没有对本机构或者其医务人员的诊疗技术、诊疗流程、诊疗效果进行主观性评价或者保证性承诺的表述，也没有与其他医疗机构进行比较的情形。医疗机构的信息公开，应当杜绝以推介本医疗机构为目的发布信息。如果在信息公开的同时使用对本机构进行主观推介的用语，可能影响患者就医选择的，那么就可能因构成变相广告而面临被行政处罚。

医疗机构应当规范自身及自身医务人员健康科普的行为，不得出现对具体医疗机构做推介的情形，包括但不限于明示或暗示在具体医疗机构就医将获得更好的安全性保障、疗效或者价格优惠等，推介本机构或者其他医疗机构的具体医疗服务，或以病例或者案例方式，对具体医疗机构或其医疗服务进行推介等。根据《互联网广告管理办法》第 8 条之规定，在介绍健康、养

生知识的同时，在同一页面出现医疗、药品、医疗器械、保健食品、特殊医学用途配方食品的商品经营者或者服务提供者地址、联系方式、购物链接等内容的，会被视为变相发布广告。

三、充分尊重患者的知情权，不得侵犯其个人信息与隐私

医疗机构及其医务人员通过发表文章、制作视频、在线问诊或视频直播等方式进行健康科普的，如果涉及患者个人信息或病历资料的，应当特别注意对患者个人信息和隐私的保护。在需要使用到实际诊疗数据或信息时，应当尽量使用匿名化数据；无法做到匿名化的，至少应当进行去标识化处理，保护患者的个人信息不被泄露。

采用直播方式进行科普宣教的，应当严格限定直播内容，仅在与医疗教学或科普相关的范围内，避免涉及患者的隐私部位或敏感信息；直播中不应详细描述患者的个人病情，尤其是可能对患者造成心理压力或社会歧视的信息。建议由非诊疗医生的专人负责直播操作，确保医生可以专注于诊疗过程，避免因分心导致隐私泄露。加强直播过程中的实时监控与终止机制，一旦发现可能泄露患者隐私的情况，应立即终止直播。

对于可能需要使用患者个人信息且无法做到去标识化处理，或者无法避免需要暴露患者身体隐私的情况下，如医疗美容涉及面部整形手术、女性的乳腺手术等，则必须预先向患者告知并获取其明确的同意。如果邀请患者参与直播的，医务人员必须在事先向患者明确告知直播的目的、内容、形式以及隐私保护措施，确保患者充分了解并自愿参与；患者应签署知情同意书，明确同意直播行为，并知晓其隐私保护范围。患者有权随时撤回同意或拒绝参与直播，医务人员应尊重患者的决定，且无论患者是否同意参与，均不得影响患者的后续治疗等。

采用直播方式的，还应当注意选择合规平台，且具备完善的信息安全和隐私保护措施，确保直播内容不会被非法传播或存储，具有加密处理与限制访问功能，防止信息泄露。

四、正确对待医生个人 IP 推广，打造医疗机构的品牌矩阵

医疗机构应当正确看待医生个人 IP 的打造和推广。在要求本机构医务人员完成自媒体账户备案审批的同时，与医务人员协商，共同建立品牌推广机

制。医疗机构可对输出内容、合作机构、粉丝管理等统一提供支持,在宣传推介平台方面,双方相互支持。医疗机构可以主动推出一些明星医生、网红医生,让他们成为本机构的代言人。通过医生的个人魅力提升医疗机构的品牌知晓度,也可以由医疗机构为医生个人 IP 的推广提供支撑和保障。

五、加强法治宣教和培训,完善危机应对机制

对医务人员加强法治教育和培训是必不可少的,制定舆情应对机制、设定预案并定期演练等,也是危机公关不可缺少的环节。建议医疗机构设定自己的新闻发言人,积极主动与媒体联系,建立交流沟通的长效机制,也可以在出现舆情时对机构形成支持。

及时关注国家和地方关于医疗广告的政策法规变化,如《医疗广告监管工作指南》等新规的出台,并根据政策调整及时更新自身的广告策略和管理措施。

第十三章　医疗机构安全保卫及安全生产合规管理

医疗机构安全保卫和安全生产工作是医院管理工作的重要组成部分。做好医疗机构安全生产和安全保卫风险的预防和控制，有助于保护医疗机构员工和就诊人群的生命财产安全，维护医院的公共安全秩序。近年来，医疗机构安全工作面临的压力越来越大，既要为整个医疗机构的医疗、教学、科研等相关工作提供一个稳定的环境，又要应对各类人群、设施、管理上的风险点。做好安全生产和安全保卫的合规工作，切实履行医疗机构自身的安全职责，最大限度地降低并控制风险，成为当下医疗机构管理工作的热点和难点。

第一节　安全保卫及安全生产合规概述

一、安全保卫及安全生产合规建设的重要性

（一）保障患者和医护人员安全

医疗机构是人员密集场所，通过加强安全保卫，能防止各类治安事件发生（如盗窃、抢劫、暴力伤医等），为患者和医护人员营造安全的就医和工作环境。通过安全生产合规建设可确保医疗机构的医疗设备正常运行、消防设施完备、危险化学品管理规范等，减少因设备故障、火灾、化学品泄漏等事故对人员生命安全造成威胁。

（二）保证医疗服务秩序

良好的安全保卫工作能维持医疗机构的正常秩序，避免因外部干扰或内

部混乱影响医疗服务的连续性，能提升患者、家属及社会对医疗机构的信任度和满意度。安全生产方面，合规的水电暖供应系统、医疗设备维护管理等，能保障医疗活动顺利进行，防止因设施设备故障导致医疗服务中断或延误。若医疗机构频繁发生安全事故或治安问题，会对医疗机构的声誉造成严重损害，影响医疗机构的长期发展。

（三）促进社会和谐稳定

国家对医疗机构的安全保卫和安全生产有明确的法律法规和标准要求，医疗机构进行合规建设是依法执业的必然要求，可避免因违法违规行为面临处罚和法律风险。同时医疗机构作为重要的社会公共服务机构，其安全稳定关乎社会的和谐稳定。做好安全保卫及安全生产合规建设，有助于减少社会不安定因素，为构建和谐社会作出贡献。

二、安全保卫及安全生产合规建设的工作范围

（一）物理环境与设施设备安全

建筑安全：建筑结构安全、防火分隔、疏散通道、安全出口、应急照明、疏散指示标志等符合规范要求，定期检查维护。

消防设施安全：消火栓、灭火器、自动喷淋系统、火灾自动报警系统、防排烟系统等的配置、检测、维护保养及有效性。

特种设备安全：锅炉、压力容器、压力管道、电梯、起重机械等的注册登记、定期检验、操作人员持证上岗、日常维护保养。

电气安全：配电系统、用电设备、线路敷设符合规范，防止过载、短路、触电等事故，定期检测。

燃气安全：厨房、锅炉房等场所燃气管线、灶具的安全使用与管理，泄漏检测报警。

暖通空调系统安全：制冷机组、管道等的安全运行与维护。

辐射安全：X光机、CT、PET-CT、直线加速器、核医学等放射性设备及场所的安全防护、人员资质、剂量监测、放射性废物管理等。

实验室安全：病原微生物管理、实验设备安全、废弃物处理等。

（二）危险物品与材料安全管理

危险化学品：采购、储存、领用、使用、废弃全流程管理，配备应急

物资。

麻醉药品、精神药品及毒性药品：严格按照《麻醉药品和精神药品管理条例》等规定进行采购、储存、处方、调剂、使用、回收、销毁管理，严防流失和滥用。

医疗废物：严格按照《医疗废物管理条例》进行分类、收集、包装、标识、内部转运、暂存、交接和最终处置，防止感染性、病理性、损伤性、药物性、化学性废物对人员和环境造成危害。

氧气及其他医用气体：气瓶储存、搬运、使用安全（防倾倒、防火、防油），管道系统安全。

(三) 承包商与外包服务安全管理

对在医疗机构内进行施工、维修、保洁、保安、餐饮等外包服务的承包商进行资质审查和安全协议签订。

三、安全保卫及安全生产合规建设的总体要求

(一) 依法依规，强制约束

严格遵守国家及地方颁布的《安全生产法》《职业病防治法》《消防法》《特种设备安全法》等核心法律法规以及相关条例、规章、国标、行标、地标等。将法律法规要求转化为医疗机构内部具体的规章制度、操作规程和管理程序，认识到合规是底线要求，其具有强制性，违反将承担法律责任，包括行政处罚、刑事责任、民事赔偿等。

(二) 建立健全安全管理体系

风险分级管控与隐患排查治理双重预防机制：系统辨识生产经营活动中存在的各类安全风险，进行科学评估和分级，制定并落实有针对性的管控措施；建立常态化隐患排查治理制度，及时发现并消除事故隐患，实现闭环管理。

安全保卫及安全生产的标准化建设：建立并保持涵盖目标职责、制度化管理、教育培训、现场管理、安全风险管控及隐患排查治理、应急管理、事故管理等要素的安全管理体系，实现安全管理规范化、系统化、常态化。

应急管理体系：建立健全安全事故应急预案体系，配备必要的应急救援器材、设备和物资，定期组织应急演练，提升应对突发事件的能力。

(三) 保障安全投入与资源配置

确保安全生产所必需的资金投入，纳入年度预算并专款专用，用于安全设施设备更新维护、安全技术改造、劳动防护用品配备、安全教育培训、隐患排查治理、应急救援等方面。

依法设置安全管理机构或配备专（兼）职安全管理人员，特别是高危行业企业必须设置专门机构和专职人员。

配置符合国家或行业标准的安全设备设施，并定期检测、维护、保养，保证其处于良好运行状态。

(四) 建立持续改进机制

内部审核与评审：定期开展安全管理体系内部审核和管理评审，检查体系运行的有效性和符合性。

绩效监测与改进：建立安全绩效监测指标，运用监测数据、审核结果、事故分析等信息，识别改进机会，不断完善安全管理体系、制度和措施，提升医疗机构安全水平。

第二节　安全保卫及安全生产合规核心依据

一、消防安全合规核心依据

(一) 法律

1.《消防法》；
2.《安全生产法》。

(二) 部门规章

1.《机关、团体、企业、事业单位消防安全管理规定》；
2.《社会消防技术服务管理规定》；
3.《消防安全重点单位微型消防站建设标准（试行）》（部分失效）。

(三) 规范性文件

1.《医疗机构消防安全管理九项规定》；

2. 《国务院办公厅关于印发消防安全责任制实施办法的通知》。

(四) 国家标准

1. 《危险化学品仓库储存通则》(GB 15603—2022);
2. 《消防应急照明和疏散指示系统》(GB 17945—2024);
3. 《建筑消防设施的维护管理》(GB 25201—2010);
4. 《消防控制室通用技术要求》(GB 25506—2010);
5. 《重大火灾隐患判定规则》(GB 35181—2025);
6. 《建筑防火通用规范》(GB 55037—2022);
7. 《锅炉房设计规范》(GB 50041—2020);
8. 《自动喷水灭火系统设计规范》(GB 50084—2017);
9. 《火灾自动报警系统设计规范》(GB 50116—2013);
10. 《建筑灭火器配置设计规范》(GB 50140—2005);
11. 《泡沫灭火系统技术标准》(GB 50151—2021);
12. 《建筑内部装修设计防火规范》(GB 50222—2017);
13. 《气体灭火系统施工及验收规范》(GB 50263—2007);
14. 《干粉灭火系统设计规范》(GB 50347—2004);
15. 《气体灭火系统设计规范》(GB 50370—2005);
16. 《建设工程施工现场消防安全技术规范》(GB 50720—2011);
17. 《医用气体工程技术规范》(GB 50751—2012);
18. 《消防给水及消火栓系统技术规范》(GB 50974—2014);
19. 《综合医院建筑设计规范》(GB 51039—2014)[①];
20. 《建筑防烟排烟系统技术标准》(GB 51251—2017)。

(五) 行业标准

1. 《消防安全标志通用技术条件》(GA 480.2—2004);
2. 《建筑消防设施检测技术规程》(XF 503—2004);
3. 《地下建筑火灾扑救行动指南》(GA/T 1190—2014);
4. 《高层建筑火灾扑救行动指南》(GA/T 1191—2014);
5. 《火灾信息报告规定》(GA/T 1192—2014);

---

① 2024年10月25日,住房城乡建设部发布国家标准《综合医院建筑设计规范》(GB 51039—2014)局部修订的公告,自2015年2月1日起实施,标准名称改为《综合医院建筑设计标准》。

6.《人员密集场所消防安全评估导则》(GA/T 1369—2016);

7.《医疗机构消防安全管理》(WS 308—2019);

8.《医院电力系统运行管理》(WS 434—2013);

9.《可燃气体检测报警器计量检定规程》(JJG 693—2011)。

二、治安合规核心依据

(一) 核心法律依据

1.《反恐怖主义法》;

2.《突发事件应对法》;

3.《治安管理处罚法》。

(二) 主要的行政法规

《企业事业单位内部治安保卫条例》。

(三) 部门规章

《公安机关实施保安服务管理条例办法》。

(四) 规范性文件

1.《国家卫生计生委办公厅、公安部办公厅关于加强医院安全防范系统建设的指导意见》;

2.《国家卫生计生委办公厅、公安部办公厅、国家中医药管理局办公室关于印发严密防控涉医违法犯罪维护正常医疗秩序意见的通知》;

3.《卫生健康委、中央政法委、中央网信办、高法院、高检院、公安部、司法部、中医药局关于推进医院安全秩序管理工作的指导意见》;

4.《国家卫生计生委、中央综治办、公安部、司法部关于进一步做好维护医疗秩序工作的通知》。

(五) 国家标准

1.《民用闭路监视电视系统工程技术规范》(GB 50198—2011);

2.《安全防范工程技术标准》(GB 50348—2018);

3.《入侵报警系统工程设计规范》(GB 50394—2007);

4.《视频安防监控系统工程设计规范》(GB 50395—2007);

5.《出入口控制系统工程设计规范》(GB 50396—2007);

6.《建筑电气与智能化通用规范》(GB 55024—2022);

7.《安全防范工程通用规范》(GB 55029—2022);

8.《安全防范系统供电技术要求》(GB/T 15408—2011);

9.《公共安全视频监控数字视音频编解码技术要求》(GB/T 25724—2017);

10.《公共安全视频监控联网系统信息传输、交换、控制技术要求》(GB/T 28181—2022);

11.《医院安全技术防范系统要求》(GB/T 31458—2015)。

(六) 行业标准

1.《剧毒化学品、放射源存放场所治安防范要求》(GA 1002—2012);

2.《电子巡查系统技术要求》(GA/T 644—2006);

3.《停车库(场)安全管理系统技术要求》(GA/T 761—2024);

4.《安全防范系统维护保养规范》(GA/T 1081—2020)。

三、安全生产合规核心依据

(一) 核心法律依据

1.《安全生产法》;

2.《特种设备安全法》;

3.《电力法》;

4.《噪声污染防治法》;

5.《食品安全法》;

6.《建筑法》;

7.《产品质量法》。

(二) 主要的行政法规

1.《特种设备安全监察条例》;

2.《生产安全事故报告和调查处理条例》;

3.《城镇燃气管理条例》;

4.《医疗废物管理条例》;

5.《危险化学品安全管理条例》;

6.《建设工程安全生产管理条例》。

(三) 部门规章

1. 《特种作业人员安全技术培训考核管理规定》；
2. 《安全生产事故隐患排查治理暂行规定》；
3. 《生产安全事故应急预案管理办法》；
4. 《生产经营单位安全培训规定》；
5. 《道路危险货物运输管理规定》；
6. 《食品生产经营监督检查管理办法》；
7. 《建筑起重机械安全监督管理规定》；
8. 《易制爆危险化学品治安管理办法》；
9. 《危险化学品建设项目安全监督管理办法》；
10. 《危险化学品重大危险源监督管理暂行规定》；
11. 《企业落实食品安全主体责任监督管理规定》；
12. 《剧毒化学品购买和公路运输许可证件管理办法》。

(四) 规范性文件

1. 《国务院安委会办公室关于实施遏制重特大事故工作指南构建双重预防机制的意见》；
2. 《医院污水处理技术指南》；
3. 《餐饮服务食品安全操作规范》；
4. 《卫生部关于进一步规范保健食品原料管理的通知》；
5. 《建筑施工企业负责人及项目负责人施工现场带班暂行办法》；
6. 《建筑施工项目经理质量安全责任十项规定（试行）》；
7. 《建筑施工企业安全生产管理机构设置及专职安全生产管理人员配备办法》；
8. 《住房城乡建设部办公厅关于严厉打击建筑施工安全生产非法违法行为的通知》；
9. 《国家卫生健康委员会属（管）单位基本建设管理办法》。

(五) 国家标准

1. 变配电系统安全类

（1）《电气装置安装工程 爆炸和火灾危险环境 电气装置施工及验收规范》（GB 50257—2014）；

（2）《用电安全导则》（GB/T 13869—2017）；

（3）《高压电力用户用电安全》（GB/T 31989—2015）。

2. 热源系统安全类

（1）《锅炉房设计标准》（GB 50041—2020）；

（2）《锅炉安装工程施工及验收标准》（GB 50273—2022）。

3. 燃气系统安全类

（1）《燃气燃烧器具安全技术条件》（GB 16914—2023）；

（2）《建筑设计防火规范》（GB 50016—2014）（2018年修订版）；

（3）《燃气系统运行安全评价标准》（GB/T 50811—2012）。

4. 制冷及空调系统安全类

（1）《建筑通风和排烟系统用防火阀门》（GB 15930—2024）；

（2）《空调通风系统清洗规范》（GB 19210—2003）；

（3）《空调通风系统运行管理标准》（GB 50365—2019）；

（4）《制冷剂编号方法和安全性分类》（GB/T 7778—2017）；

（5）（制冷系统及热泵 安全与环境要求）（GB/T 9237—2017）（注：GB/T 9238已更新为9237）；

（6）《气瓶搬运、装卸、储存和使用安全规定》（GB/T 34525—2017）。

5. 给排水系统安全类

（1）《危险化学品仓库储存通则》（GB 15603—2022）；

（2）《医院消毒卫生标准》（GB 15982—2012）；

（3）《医疗机构水污染物排放标准》（GB 18466—2005）；

（4）《生活饮用水卫生标准》（GB 5749—2022）；

（5）《二次供水设施卫生规范》（GB 17051—1997）。

6. 电梯系统安全类

（1）《电梯制造与安装安全规范》（GB 7588—2003）；

（2）《电梯、自动扶梯和自动人行道术语》（GB/T 7024—2025）；

（3）《自动扶梯和自动人行道的制造与安装安全规范》（GB 16899—2011）；

（4）《液压电梯制造与安装安全规范》（GB 21240—2007）；

（5）《杂物电梯制造与安装安全规范》（GB 25194—2010）；

（6）《电梯、自动扶梯和自动人行道维修规范》（GB/T 18775—2009）；

（7）《火灾情况下的电梯特性》（GB/T 24479—2023）。

7. 医用气体系统安全类

（1）《深度冷冻法生产氧气及相关气体安全技术规程》（GB 16912—2008）；

（2）《压缩空气站设计规范》（GB 50029—2014）；

（3）《氧气站设计规范》（GB 50030—2013）；

（4）《医用气体工程技术规范》（GB 50751—2012）。

（六）行业标准

1. 变配电系统安全类

《电业安全工作规程（发电厂和变电所电气部分）》（DL 408—91）。

2. 热源系统安全类

（1）《城镇供热管网工程施工及验收规范》（CJJ 28—2014）；

（2）《城镇供热系统抢修技术规程》（CJJ 203—2013）；

（3）《锅炉安全技术规程》（TSG 11—2020）；

（4）《固定式压力容器安全技术监察规程》（TSG 21—2016）。

3. 燃气系统安全类

（1）《城镇燃气设施运行、维护和抢修安全技术规程》（CJJ 51—2016）；

（2）《城镇燃气报警控制系统技术规程》（CJJ/T 146—2011）。

4. 制冷及空调系统安全类

《制冷空调作业安全技术规范》（AQ 7004—2007）。

5. 给排水系统安全类

《医院污水处理设计规范》（CECS 07—2004）。

6. 医用气体系统安全类

（1）《压力管道安全技术监察规程——工业管道》（TSG D0001—2009）；

（2）《气瓶安全技术规程》（TSG 23—2021）；

（3）《医院医用气体系统运行管理》（WS 435—2013）。

第三节　医疗机构消防安全合规管理

一、医疗机构消防安全合规风险表现

(一) 医疗机构日常消防安全不重视

医疗机构要为患者提供诊疗服务，设有住院部的医疗机构还会有一定数量的行动不便的患者常年住宿于此，因此医疗机构是一个特殊的场所，且存放有易燃可燃物品。医疗机构24小时运行，从不间断。医疗场所出入人员复杂，素质参差不齐，不仅有医务人员、患者，还有患者近亲属、陪护人员、探视人员以及其他可能跟医疗机构打交道的人员。医疗机构应当加强消防安全管理，否则一旦发生火灾，将造成难以估量的损失。

【典型案例13-01】吉林省某医院配电房火灾事故[1]

2005年12月15日16时30分左右，吉林省某医院发生重大火灾，医院分为1至5个区域和一处综合楼，其中1区至4区大部分建筑过火，火灾共造成39人死亡，其中火灾现场发现24名遇难者遗体，转入其他医院的危重病人因救治无效死亡15人。

造成这起火灾的直接原因是医院配电室内供电电缆短路引燃可燃物所致。

从合规层面分析，造成此次事故的间接原因包括：(1) 医院委托纺织电器安装队在进行配电室及部分电气设备改造工程中存在施工质量不合格问题，并购置敷设了质量不合格的电缆；(2) 职工消防培训不到位，医院有关部门在火灾初起时，没有及时识别报警，错过了最佳扑救时机；(3) 没有认真落实消防安全责任制和消防安全措施；(4) 建筑物耐火等级低、建筑结构复杂；(5) 工作人员在强送电后，未查看配电设施有无异样就离开现场，未能及时断开配电设施；(6) 医院内消防设施功能不齐全，断电后，无法正常启动利用；(7) 部分疏散通道被关闭，影响患者及家属逃生疏散。

---

[1] 参见陈蕾：《医院安保风险应对指南》，四川大学出版社2024年版，第104页。

（二）医疗机构在用区域施工违反消防安全要求

医疗机构在开展日常诊疗业务的过程中，有时会对正在使用的区域建筑设施、场所、设备等进行施工、改造，但是由于医疗机构监管不到位，施工方不按照消费安全要求施工，存在引发火灾的风险，一旦引发火灾，即便启动了医疗场所火灾应急预案，也有可能造成严重后果。

【典型案例13-02】湖南省某医院电气火灾事故[①]

2022年1月8日0时27分，湖南省某医院发生火灾，共造成5人死亡、9人受伤，过火面积约300平方米，直接经济损失约780万元。

引起火灾的直接原因为：该医院三楼7号房间吊顶内电气线路故障引燃绝缘层、木龙骨等可燃物，造成火灾。

造成火势迅速蔓延和人员伤亡的主要原因为：屋顶使用泡沫夹芯彩钢板搭建，着火后产生大量有毒烟气，且吊顶空间整体贯通，加剧火势蔓延并猛烈燃烧，造成吊顶垮塌。加之病人床上有大量衣物和被子，滴落的燃烧物质引燃床铺起火，且病人自主活动能力极低，无法及时自救造成人房伤亡。

从合规层面分析，造成此次事故的间接原因包括：（1）该医院企业主体责任未落实，发生火灾的建筑第三层属于违章建筑，且未经过规划审批、消防设计及消防验收备案，未办理产权手续，顶棚违规使用泡沫夹芯彩钢板搭建，医院改造扩建部分未依法到卫健部门进行备案变更。（2）三楼康养部消防设施设置不符合要求，日常消防安全管理严重缺失：起火当日医院一楼大门上锁，无值班值守人员。（3）该医院三楼的康养部为历年来陆续违规扩建所建，其建筑结构不符合安全要求，顶棚违规使用泡沫夹芯彩钢板搭建，不符合耐火等级要求。医院电气线路敷设不规范，三楼空气开关无漏电保护功能，吊顶内电气线路直接敷设于木龙骨、木板、木架等可燃物上，三楼康养部未设置自动喷水灭火系统、火灾自动报警系统，应急照明设备未通电工作，三楼仅有1个直通室外的疏散楼梯间，不满足安全疏散条件。（4）医院管理混乱，责任意识淡薄，未制定和开展有针对性的应急预案和安全演练，未对员工开展消防安全教育培训，医院聘用的护理人员年龄偏大，火情发现晚，紧急情况下不会扑救初期火灾，发生火灾后，三楼管理人员帮助疏散逃生能

[①] 参见陈蕾：《医院安保风险应对指南》，四川大学出版社2024年版，第106页。

力弱，一楼进入医院大门被锁闭，延缓消防救援人员进场。

【典型案例13-03】北京市丰台区某医院装修施工火灾事故[①]

2023年4月18日12时50分，北京市丰台区北京某医院发生重大火灾事故，造成29人死亡、42人受伤，直接经济损失3831.82万元。

引起火灾的直接原因：医院改造工程施工现场，施工单位违规进行自流平地面施工和门框安装切割交叉作业，环氧树脂底涂材料中的易燃易爆成分挥发、形成爆炸性气体混合物，遇角磨机切割金属净化板产生的火花发生爆燃。

造成火势迅速蔓延和人员伤亡的主要原因：施工现场附近的可燃物被引燃，产生的明火及高温烟气引燃楼内木质装修材料，部分防火分隔未发挥作用，防火门闭门器损坏，致使火势扩大、大量烟气蔓延；加之初期处置不力，未能有效组织高楼层患者疏散转移，造成重大人员伤亡。

从合规层面分析，造成此次事故的间接原因包括：

（1）违反医疗机构管理规定。医院床位数量增加后未按规定向丰台区卫生健康委申请办理变更登记；每床卫生技术人员配比、护士配比均不符合《医疗机构基本标准（试行）》有关规定；住院部公共走道宽仅有1.4米，不满足规范要求。

（2）未履行建筑施工法定义务。2017年以来该医院陆续进行维修、施工改造的51个项目中需要办理相关手续的38个项目均未按规定向住房城乡建设部门申请办理施工许可或向街道乡镇申请办理开工登记手续，其中部分项目也未按规定向消防、住房城乡建设部门申请消防设计审查验收。

（3）未落实施工现场安全管理职责。该医院将工程发包给施工单位后，在未聘用工程监理的情况下，未发现并制止现场交叉作业行为，未承担工程监理法定责任和义务，对施工现场消防安全检查不到位，未及时督促施工单位清理现场可燃物；未对动用明火实行严格的消防安全管理，未及时发现施工现场的违规动火作业行为。

（4）未按规定履行消防安全主体责任。符合界定标准但未进行消防安全重点单位申报；未确定消防安全重点部位并实行每日防火巡查，未及时消除

[①] 《北京某医院重大火灾事故调查报告公布》，载"央视新闻"，http://ysxw.cctv.cn/video.html?i-tem_id=3897214019626262823，最后访问日期：2025年6月1日。

火灾隐患；未按规定落实消防控制室 24 小时双人值班制度，值班人员证书未达到相应资质等级；未对消防设施、器材定期组织维修，未对建筑消防设施检测发现的问题进行整改，火灾自动报警系统、自动喷水灭火系统、室内消火栓系统未保持完好有效；部分管道竖井未进行防火封堵且未设置丙级防火门，消防用电设备未采用专用的供电回路，东楼西侧封闭楼梯间无自然通风。

（5）未按规定开展应急准备及应急处置。灭火和应急疏散预案中，未针对无自理能力和行动不便的患者专门制订疏散、转移方案；未根据事故风险特点，组织针对失能患者疏散等关键环节的应急演练，仅组织部分医护人员开展模拟疏散演练；未对每名员工定期开展消防安全培训；火灾发生后未第一时间报警，未有效组织初期火灾扑救和人员疏散。

二、医疗机构消防安全合规指引

（一）组织建设合规指引

1. 消防安全管理委员会

医疗机构应落实消防安全责任制，成立消防安全管理委员会，由单位法定代表人或党委书记担任主任。制定消防安全管理委员会工作职责。

2. 义务（志愿）消防队

医疗机构应建立义务（志愿）消防队，义务（志愿）消防队员应掌握基本的消防安全理论知识和灭火实战技能，定期开展消防训练。

3. 微型消防站

医疗机构应以"救早、灭小"和"3 分钟到场"扑救初起火灾为目标，依托单位义务（志愿）消防队，配备必要的消防器材，建立微型消防站；配备必要的人员，并设置人员值守、器材存放等用房，可与消防控制室合用，有条件的，可单独设置。

（二）职责分工合规指引

对医疗机构负责人、分管消防安全工作的院领导、医疗机构安全主管部门负责人、医疗机构其他部门（科室）负责人、消防控制室值班员、义务（志愿）消防队员、安全员、保安人员以及一般职工等在消防安全方面的职责予以明确并形成文件，确保医疗机构内全体人员在消防安全方面人人参与，各司其职。

(三) 日常管理制度合规指引

医疗机构在消防安全的日常管理方面，应当建立以下规章制度：(1) 防火巡查、检查制度；(2) 火灾隐患整改制度；(3) 宣传教育培训制度；(4) 用火、用电安全管理制度；(5) 消防安全例会制度；(6) 消防安全工作考评和奖惩制度；(7) 档案管理。

(四) 灭火和应急疏散合规指引

医疗机构要制定发生火灾时灭火和紧急疏散方面的规章制度，包括：(1) 灭火和应急疏散预案。(2) 火灾处置人员职责分工。(3) 确认发生火灾后，医疗机构应开展的工作。(4) 在发现火灾的 1 分钟内，应开展的应急处置工作。(5) 在发现火灾的 3 分钟内，应开展的应急处置工作。(6) 在发现火灾的 5 分钟内，应开展的应急处置工作。(7) 发生火灾后，医疗机构应按下列要求开展应急疏散：①首先利用应急广播系统稳定被困人员情绪，防止惊慌拥挤。②组织疏散小组，组织病人和现场人员疏散、转移，对于能够自主行动的病人，应引导其按确定的路线疏散；对于不能自主行动或者由于病情严重不能移动的病人，由医务人员和救护组人员按既定方案疏散、转移。在疏散、转移过程中应采取必要的防护、救护措施。③在发生人流堵塞的情况下，应迅速安排人员采取有力措施进行疏散或避难。④当安全出口受到烟雾或高温的威胁时，应采用消防卷盘或水枪降温等方式，保护疏散人员安全。⑤对受伤或无法自行疏散的被困人员，应组成救护组直接抢救，或组织被困人员互救。⑥屋顶发生局部塌落时，在保证安全前提下，应迅速组织经过训练的志愿消防队员，利用水枪掩护深入火场，救助被困人员。⑦当消防队到达现场后，现场消防指挥应向消防队负责人报告火灾现场的情况，移交指挥权并服从专业指挥。

第四节　医疗机构治安合规管理

一、医疗机构治安合规风险表现

(一) 医疗纠纷风险及紧急处置不到位

因医疗纠纷引发的紧急治安事件发生时，医疗机构要快速反应，及时启动医疗纠纷应急处置预案，安抚患方的情绪，消除造成恶性后果的隐患，与相关部门和单位联系，预判发生不良后果的可能性，及时预备或者采取相应的应对措施。但如果相关工作做得不到位，医疗纠纷应急处理预案不能及时启动，判断和决策失误，可能造成严重的后果。

【典型案例13-04】一起因患者死亡引起的紧急事件的处置经过[①]

2019年11月，某医院的手术室内一患者因抢救无效不幸离世，在手术室外等待的家属情绪崩溃，部分家属拿着患者的病历、检查报告，质疑医生的治疗方案，想要找到情绪的宣泄点，同时家属也拒绝将病人的遗体送入太平间。很快，病人离世的消息在亲友中传开，更多家属的到来让现场的秩序更加混乱，矛盾一触即发。为保护现场医护人员的安全，手术室的值班人员按下了一键报警装置，并向该院医务处上报了该起事件。

针对这一突发事件，医务部首先安排纠纷调解的专业人员出面安抚家属的情绪，了解情况，告知他们尸体处理、尸体解剖、病历封存及医疗纠纷处置的相关流程。随后，在医务部的纠纷接待室，医院安排了主治医生与7名死者家属进行面对面的沟通。

为确保此次沟通的平稳进行，保障现场人员的安全，安全保卫部启动了应急处置预案。首先，安全保卫部按照"安保人员与家属的比例为2∶1"的原则，配备了足够的安保人员。每一名安保人员均接受过专业处理突发事件的培训，了解突发事件的应急处置方法与流程。其次，按照整体安排，安保

[①] 参见陈蕾：《医院安保风险应对指南》，四川大学出版社2024年版，第73页。

人员将防暴盾牌等应急防护装备准备到位。同时，考虑到可能出现的不稳定因素，保卫部门还向属地派出所进行报备，请求必要时的支援与帮助。

医生通过易懂的语言，耐心地向死者家属解释手术过程和可能出现的并发症，解释了手术过程中的每一个细节，并表示将全力配合任何需要的调查。随着双方的沟通逐渐深入，治疗细节逐渐清晰，但一名死者家属突然情绪激动起来，直接冲向主治医生，试图将其推倒，现场安保人员迅速反应，组成人墙，将主治医生与该名家属实行了物理分隔。在处置过程中，安保人员全程开启了执法记录仪，确保记录下整个过程的真实情况，并向属地派出所呼叫增援。

接报后，属地派出所警方赶到了现场，在了解基本情况后，开始对双方进行法治教育和纠纷调解。在警方的调解和医院的配合下，双方最终达成了一致意见：患方家属同意通过法律途径解决问题，不扰乱医院正常的诊疗秩序。

（二）医院周边治安秩序风险及疏于管控

医疗机构是一个特殊的场所，依赖医疗机构营生的单位和个人很多。日常工作中如果不加强摸排和管理，突发治安事件不及时处置，都可能造成严重的后果，甚至引发舆情。

【典型案例13-05】某医疗机构与有关单位共建共管周边治安的案例[①]

某三甲医院作为全国排名靠前的知名医院，单日就诊量可达2万至4万人。在庞大的人流量下，医院周边的治安秩序管理面临诸多挑战。首先，医院周边街道上聚集了大量商贩，阻塞了医院周边的通道，影响了病人的就诊体验。其次，医院周边随处可见摩的、三轮车等私人运营人员，带来了潜在的交通安全隐患。最后，医院周边还有医托、号贩子等非法从业人员，严重扰乱了正常的医疗秩序。这些人员通常以团伙形式活动，无疑增加了该三甲医院周边治安秩序管控的难度。

该医院联合属地派出所、交警大队、街道、社区等力量，共同构建"区域治理——五方联动"的治安秩序管控机制，旨在有效改善医院周边治安状况。"区域治理——五方联动"机制主要是为了维护医院周边安全有序、和

[①] 陈蕾：《医院安保风险应对指南》，四川大学出版社2024年版，第75页。

谐稳定的就诊环境，全面防控重点人群和严厉打击涉医违法犯罪活动而形成的。该管控模式涵盖医院周边3条主要的街道，由医院安全保卫部、属地派出所、属地交警大队、街道城管、社区网格员联合组成，各方单位联动抽调15名精干力量，形成3个战斗小组，采用轮值联席机制，划分网格对医院周边治安秩序进行管控。主要针对医院及周边区域的医托、号贩子、闲杂人员的违法行为、交通秩序、扒窃等治安案件、虚假广告进行综合治理。

二、医疗机构治安保卫管理的合规指引

（一）组织机构

1. 安全主管部门

作为治安重点单位，要健全安全秩序管理工作领导机制，加强专职保卫机构（保卫处、科）力量，提高专业化水平，明确工作职责，配备专职治安人员；专职保卫机构的设置和保卫人员、保安员的配备情况要报当地公安机关备案。

2. 警务室

公安机关应当在三级医疗机构和有条件的二级医疗机构设立警务室，配备必要警力；尚不具备条件的二级医疗机构根据实际情况在周边设立治安岗亭（巡逻必到点）。

3. 安保队伍

根据人流量、地域面积、建筑布局以及所在地社会治安形势等实际情况，配齐配强专职保卫人员，聘用足够的保安员，鼓励自行招聘保安员；要综合考虑保安员年龄、培训经历、服务质量等因素，经培训合格后持证上岗。

4. 安防监控中心

建立集中管理的安防监控中心并保证双人值岗，24小时运转；监控、技防等设备需24小时运转，对进入监控中心人员实行准入管理。集中统一管理治安技防设施，可根据实际需要设立安防分控中心；安防监控中心和安防分控中心应有保证自身安全的防护措施和进行内外联络的通信手段；全力提供监控视频等证据采集及保障，配合公安机关共同进行调查，并落实保障监控视频资料储存及录像保管责任，防止患者个人信息和隐私泄露。

5. 治安应急备用队伍

在公安机关指导下，建立治安应急队伍，成员应配备专业的突发事件应急处置装备，并掌握使用操作方法，在医疗机构内遇有违法、治安等事件发生时，治安应急队伍应当立即采取必要手段果断制止，迅速控制行凶者，救助受伤人员。

（二）治安管理职责

对医疗机构负责人、分管治安工作的院领导、医疗机构治安主管部门负责人、医疗机构其他部门（科室）负责人、安防监控中心值班人员、单位自聘安保队员、保安人员、警务室民警、安保服务商以及一般职工等在治安方面的职责予以明确并形成文件，确保医疗机构内全体人员在治安方面人人参与，各司其职。

（三）制度管理

医疗机构要建立治安管理方面的规章制度：（1）治安巡查制度；（2）治安隐患整改制度；（3）治安宣传教育培训和演练制度；（4）治安例会制度；（5）安保队伍管理制度；（6）治安应急队伍管理制度；（7）安防监控中心管理制度；（8）治安工作考评和奖惩制度；（9）治安信息上报制度。

（四）治安事件应急预案

医疗机构应当建立院内治安事件应急处置制度，明确治安事件的范围、上报时间、上报部门和领导范围、紧急处理的原则、紧急处理职责、紧急处理程序和善后工作等。

第五节　医疗机构安全生产合规管理

一、医疗机构安全生产合规风险表现

（一）用电安全类合规风险

医疗机构是用电大户，不仅诊疗活动要用电，医务人员及患者生活也要用电。并且依赖特殊医疗设备维系生命体征、24小时动态检测生命指标的患者不仅需要用电，还不能停电。一方面，如果医疗机构电力使用超负荷，可能面临跳闸停电的风险，严重者甚至引发火灾。另一方面，如果医疗机构突发停电，医疗机构的电梯等设备停止运行，患者被困滞电梯内；正在CT机内检查的患者滞留设备内；正在做内外循环手术的患者更是会有生命危险。

【典型案例13-06】某医院突发停电事故案例

2016年4月某日，某医院还在进行脑瘤摘除手术，在患者被开颅后，该医院先后发生两次停电。主刀医生考虑风险，决定中断手术，患者被简单处理后送往重症监护室。手术当天第一次停电，系因地下电缆施工故障造成医院大面积停电，医院启动应急预案，几分钟后电力系统供电恢复正常。然而，不久后发生第二次停电，医院立即启用发电机发电，之后电力稳定。[①]

本次事故发生的原因：(1) 大面积停电的直接原因是施工单位未按要求施工引起电缆故障；(2) 医院应急预案启动存在等待和延迟，引起第二次停电；(3) 值班人员未按照应急预案要求及时启动发电机，保障重要手术室等关键部门；(4) 人员培训和应急处置演练不到位。

（二）施工安全类合规风险

【典型案例13-07】某医院施工工人坠井事故案例

2005年，在某医院新建工程中，地基工程采用人工挖孔技术。人工挖孔桩施工是危险性较大的工程，某天施工结束后，工人在升井过程中，在快要到达井口时，不慎坠落井底，导致伤亡事故。[②]

本次事故发生的原因：施工队管理人员、专职安全管理人员教育管理不力，施工人员对国家人工挖孔桩施工安全标准认识不充分，忽视安全标准及安全规范操作，升井时没有采用乘人吊笼，井上人员安全操作有误，最终导致事故的发生。

（三）制冷系统安全类合规风险

以中央空调为主要设备的医疗机构制冷系统，其安全运行将直接影响医

[①] 陈昌贵等编：《医院后勤应急管理指南》，研究出版社2018年版，第144页。
[②] 陈昌贵等编：《医院后勤应急管理指南》，研究出版社2018年版，第126页。

院的环境安全。为加强中央空调系统管理，规范空调相关工作人员的行为，建立中央空调系统运行管理程序，一方面，防止由空调引发的医院感染和消防隐患，提高设备和系统的安全运行能力，保证人身和设备安全；另一方面，医疗机构还存在各种需要特定低温条件保存的人体器官、组织、细胞、遗体等，为了确保其安全与合规，我们必须严格遵守相关的储存标准。此外，在制冷系统中的制冷剂的日常运营中，可燃性制冷剂的储存是安全管理的关键环节。

【典型案例 13-08】某医院冷水机检修违规操作爆炸致人员伤亡事件[①]

1993 年，某市第四人民医院中央空调机房，冷水机组经检修后通电源试机，开机后即见火花冒出，随即整个机组发生强烈爆炸。现场共 4 人，1 人经抢救无效死亡，其余 3 人受重伤，气浪造成 40㎡ 两层结构的机房被毁，玻璃震碎，铝合金门全部严重变形。该医院随即启动应急预案，进行人员疏散、现场保护并向消防部门通报，及时抢救间接被伤害人员。

本次事故发生的原因：(1) 经有关部门详细调查了解，事故由不当维修操作导致；(2) 机组检修后，检修人员为排除机内空气，在无氮气情况下擅自决定充氧排气，医院纯氧是强助燃剂，与机内冷冻油接触后，大大降低冷冻油燃烧闪点，当压缩机通电启动后，传动带摩擦造成局部高温，导致整个机组爆炸；(3) 虽然现场操作人员都有上岗操作证，但缺乏专业维修抢险知识，没有经过严格培训；(4) 维修人员素质低，操作人员不懂充氧排气的极度危险性；(5) 设备陈旧得不到及时维修，应加强日常设备巡检，预防设备老化造成的危害。

（四）热源系统安全类合规风险

医疗机构的热源系统主要是为自作餐食、热水、供暖等需要的锅炉。锅炉的运行和操作有严格的技术要求，任何违规操作，都可能酿成灾难性事故。

【典型案例 13-09】某医院消毒用承压蒸汽锅炉爆炸事故[②]

2011 年 8 月 20 日，某医院发生 0.5 吨消毒用承压蒸汽锅炉爆炸，事故共

[①] 陈昌贵等编：《医院后勤应急管理指南》，研究出版社 2018 年版，第 159 页。
[②] 山西省人民检察院：《山西"8·20"锅炉爆炸案首位涉案"糊涂官"落马》，载"山西省人民检察院网"，http：//www.sx.jcy.gov.cn/daya/201109/t20110919_720035.shtml，最后访问日期：2025 年 6 月 1 日。

导致3人死亡，17人受伤。

本次事故发生的原因：该医院长期使用未取得上岗证的人员操作特种设备，并且违反《特种设备安全监察条例》的有关规定违章作业，不按国家规定程序进行特种设备的维修及检验工作，终导致"8·20锅炉爆炸事故"的发生，给国家和人民利益造成重大损失。

（五）电梯安全类合规风险

现代化的医疗机构都有高层结构的建筑物，电梯是现代医疗机构不可或缺的代步设备。电梯一旦发生故障停止运行，轻者增加患者的运动负担，导致有的患者无法在医疗机构内移动。严重的情形，重危患者困滞电梯轿厢，造成患者恐慌，加速疾病恶化，甚至耽误救治时机造成患者死亡。

（六）给排水系统安全类合规风险

医疗机构的排水系统复杂，有生活用水、有特殊仪器设备用水、有生活污水、有医疗废水等。医疗机构排水系统一旦出现故障，导致排水障碍，可能影响仪器设备运行，影响患者的疾病诊治。生活污水、医疗废水排放障碍，可能造成病菌滋生，使疾病传播蔓延。

【典型案例13-10】某医院污水处理站工作人员违规操作致人员伤亡事故[①]

2024年7月3日，巴彦淖尔市某医院污水处理站工作人员在巡查过程中发现污泥间调节池污水提升泵故障。因污泥间强制通风设备故障停运，有毒有害气体浓度较高，2人便打开调节池盖板和污泥间门窗进行自然通风。后来3名工人携带工具、配件和防水服前往现场进行维修。作业过程中，工人刘某双脚搅动污水致有毒有害气体大量逸散，因未佩戴隔绝式呼吸防护用品，有毒有害气体被吸入体内致其呼吸困难，随即向上攀爬用双肘挂于池边。看到此状况的杨某某立即叫上身边的卜某某展开救援，但此时刘某因过量吸入有毒有害气体身体瘫软掉入池内，一同事开展救援时因其未佩戴呼吸防护用品吸入有毒有害气体也晕倒于池内，导致一人死亡、一人受伤的悲剧发生。

本次事故发生的原因：(1) 直接原因是作业人员违反有限空间作业程序

[①] 《巴彦淖尔市医院"7·3"一般中毒窒息事故调查报告》，载"巴彦淖尔市临河区人民政府网"，http://www.linhe.gov.cn/html/59/25748.html，最后访问日期：2025年6月1日。

违章作业，作业现场强制通风安全设备故障，救援人员盲目施救，导致作业过程中发生生产安全事故；（2）隐患排查治理工作未落实，事故发生前污泥间强制通风设备发生故障已停止运行，到事故发生时故障仍未排除，致使作业区域含硫化氢有毒有害气体呈持续超标状态；（3）安全教育培训工作有缺失，参与事故作业的电工房工作人员从未接受过有限空间作业相关安全教育培训，致使作业人员有限空间安全知识匮乏、安全意识淡薄，作业时无知无畏，习惯性违章行为长期存在；（4）该医院未按国家规定对有限空间作业配备必要的便携式气体检测仪、三脚架、隔绝式呼吸器材等个体防护设施设备，导致作业人员违反有限空间作业"先通风、再检测、后作业"要求违章作业。

二、医疗机构安全生产管理的合规指引

（一）机构设置与职责分工的合规指引

医疗机构应成立安全生产委员会或安全生产领导小组，由本机构的主要负责人、分管安全生产的负责人、安全生产管理机构及相关业务部门负责人、安全生产管理人员、工会代表及从业人员代表组成，主要负责人担任主任委员。医疗机构党、政主要负责人按规定履行相应安全生产责任和义务，全面负责安全生产工作并履行安全生产义务。分管负责人应对各自职责范围内的安全生产工作负责，各级管理人员应按照安全生产责任制的相关要求履行其职责。

医疗机构应建立健全全员安全生产责任制，明确所有从业人员的安全生产职责，并对职责的适宜性、履行情况进行定期评估和监督考核。制定总体和年度安全生产目标，明确目标的制定、分解、实施、检查、考核等环节要求，分解年度安全生产目标，并制订实施计划和考核办法。应至少每季度对安全生产目标和指标实施计划的执行情况进行监测，并形成记录。应当按照国家规定提取和使用安全生产费用。安全生产费用应当在成本中据实列支，专项用于保障和改善安全生产条件。

医疗机构应开展安全文化建设，确立本单位的安全生产理念及行为准则，并教育、引导全体从业人员贯彻执行。安全文化建设应符合《企业安全文化建设导则》（AQ/T 9004—2022）的规定。应根据自身实际情况，利用信息化

手段加强安全生产管理工作，开展安全生产电子台账管理、职业病危害防治、应急管理、安全风险管控和隐患排查治理、安全生产统计分析等信息管理系统的建设。

（二）制度化管理的合规指引

首先，医疗机构应及时更新法规和其他要求信息，将适用的安全生产法律法规、标准规范及其他要求及时传达给从业人员和其他相关方。

其次，医疗机构应每年至少一次对安全生产法律法规、标准规范的执行情况进行合规评估，确保合法合规。

再次，医疗机构应建立健全安全生产规章制度，在制定过程中应征求工会及从业人员意见和建议。

最后，医疗机构应至少建立如下安全生产规章制度：（1）安全生产责任制管理制度；（2）特种作业人员管理制度；（3）危险作业管理制度；（4）危险化学品管理制度；（5）特种设备管理制度；（6）建设项目"三同时"管理制度；（7）安全隐患排查治理管理制度；（8）职业健康管理制度；（9）安全培训管理制度；（10）文件记录和档案管理制度；（11）安全隐患排查奖励制度；（12）安全会议制度；（13）技防系统管理制度；（14）相关方安全管理制度；（15）劳动防护用品管理制度；（16）应急管理制度；（17）安全目标管理制度；（18）事故管理制度；（19）安全绩效评定管理制度；（20）安全风险分级管控制度。

（三）操作规程的合规指引

首先，医疗机构应按照有关规定编制齐全适用的岗位安全生产操作规程，发放给相关岗位员工。

其次，医疗机构应在新技术、新材料、新工艺、新设备投入使用前，组织制定、修订相应的安全生产操作规程，确保其适宜性和有效性。

再次，实验室、餐饮作业、设备操作、设备维修及其他典型作业活动的岗位应制定安全生产操作规程，或在作业指导书等文件内列出安全作业要求。

最后，医疗机构针对医院感染危险因素应制定相应操作规程，并为医务人员职业暴露提供职业危害防护，当发生医院感染时应立即采取控制措施。

（四）文件和档案管理的合规指引

医疗机构应建立健全安全生产过程记录，并建立和保存有效的电子记录档案。

（五）教育培训的合规指引

医疗机构应制定、实施年度安全生产教育培训计划，做好安全教育培训记录，建立安全教育培训档案，并对培训效果进行评估和改进。

（六）设备设施管理的合规指引

1. 场所管理

（1）医疗机构新建、改建、扩建项目应符合有关法律法规、标准规范要求，安全设施和职业病防护设施应与建设项目主体工程同时设计、同时施工、同时投入生产和使用。

（2）医疗机构内部所有建构筑物及内部场所的设备设施配套建设应符合国家法律法规、技术规范、标准的安全要求；相应的消防设备设施需按照要求向相关主管部门申报，办理消防设计审核和消防验收手续后方可投入使用；在《特种设备目录》内的锅炉、压力容器（含医用氧舱、气瓶）、压力管道、电梯（含自动扶梯）、起重机械、场（厂）内专用机动车辆、高压灭菌锅等特种设备的采购、安装应符合国家法律法规、技术规范、标准的安全要求，并按照要求向对应的监管部门申报，办理特种设备使用登记证后方可投入使用。

（3）医疗机构人员密集场所的管理应符合《人员密集场所消防安全管理》（GB/T 40248）的要求。

2. 设备设施运行维护

（1）医疗机构设备运行维护管理应贯穿于设备的规划、设计、选型、购置、安装、使用、检测、维修、改造以及拆除报废的全生命周期。

（2）医疗机构内部安全生产设施不应随意拆除、挪用或弃置不用；确因检维修拆除的，应采取临时安全措施，检维修完毕后立即复原。

（3）医疗机构应成立消防、变配电、空调、特种设备、污水处理、医疗废物、实验室等各类系统或场所的管理领导小组，并明确运行管理部门以及各层级人员的工作职责。

（4）医疗机构应根据国家法律法规和技术标准规范设立各类设备设施的管理制度、操作规程，明确设备使用的操作程序。

（5）医疗机构内部消防设备设施、特种设备、变配电设施、防雷装置、安防技防设备等应按照有关国家法律法规、技术规范、标准的规定，委托具有专业资质的检测、检验机构进行定期检测、检验。

（6）医疗机构各类库房（普通仓库、被服仓库、药库、危险化学品仓库、医疗废弃物暂存点等）、站房的设置和使用运行应符合国家法律法规、技术规范、标准的安全要求。

3. 实验室生物安全

（1）医疗机构实验室应依法设置并取得相应资格，应成立实验室生物安全领导小组，制订实验室安全管理制度、安全操作规程和应急预案，明确责任部门和责任人员的安全职责。安全操作规程应张贴在实验室的显著位置。实验室相关人员应通过培训考核和能力评估，具备实验室管理、操作、运行保障等岗位需要的能力。

（2）医疗机构实验室布局应设置合理且符合标准，按要求张贴标识，实验室设施设备应及时更新、维护以确保正常运行，应按要求配备使用个人防护用品。

（3）医疗机构样本采集保存流程、试验活动、废弃物管理应符合国家法律法规、技术规范、标准的安全要求。

（七）作业安全的合规指引

1. 作业环境和作业过程

（1）医疗机构应制定危险作业审批制度，对动火作业、受限空间作业、盲板抽堵作业、高处作业、吊装作业、临时用电作业、动土作业、断路作业及其他危险性较大的作业活动应严格履行审批手续，安排专人进行现场监护。

（2）医疗机构应对后勤机房（含消控室、监控室、消防泵房、网络机房、供配电站、医用气体机房、锅炉房、空调机房、污水处理站、中心供应室、洗衣房、危险物品仓库等）及医疗设备用房（含放射治疗室、同位素机房、高压氧舱、影像科、实验室、检验科等）等重要部位，定期组织全面安全检查，检查标准依据国家卫生健康委员会相关标准，并对检查出的问题明确整改措施。

（3）医疗机构麻醉药品、第一类精神药品的管理应符合原卫生部《医疗机构麻醉药品、第一类精神药品管理规定》的要求。

2. 作业行为和岗位达标

（1）医疗机构应建立班组安全管理制度和台账记录，开展岗位达标活动，明确岗位达标的内容和要求。

（2）医疗机构从业人员应熟练掌握本岗位安全职责、安全操作规程，了解所在区域的危险源、安全风险及管控措施，正确使用劳动防护用品。

（3）医疗机构各班组应按照有关规定开展安全教育培训、安全操作技能训练、岗位作业危险预知、作业现场隐患排查、事故分析等工作，并做好记录。

（4）医疗机构应监督、指导从业人员遵守安全生产和职业卫生规章制度、操作规程，杜绝违章指挥、违规作业和违反劳动纪律的"三违"行为。

（5）医疗机构应为从业人员配备与岗位安全风险相适应的、符合《个体防护装备配备规范》（GB 39800.1—2020）规定的个体防护装备与用品，并监督、指导从业人员按照有关规定正确佩戴、使用、维护、保养和检查个体防护装备与用品。

3. 相关方管理

（1）医疗机构应建立相关方管理制度。明确责任部门对相关方的资质或从业条件进行审查，签订安全协议，相关方服务内容不得转包。

（2）医疗机构应建立相关方的名录和档案，根据服务作业行为，定期识别服务行为风险，并采取行之有效的控制措施。

（3）医疗机构应加强现场实习人员、进修人员、参观人员、检查人员及其他外来人员的培训，告知作业场所的危险及应急处置措施。

（八）职业健康的合规指引

首先，医疗机构应制定职业健康管理制度，明确职业健康管理机构。产生职业病危害因素的工作场所应按照《职业病防治法》和相关法律法规、技术标准采用合格有效的职业病防护设施，根据规定设置报警装置，配置现场急救用品、冲洗设备。

其次，医疗机构应为劳动者提供个人使用的职业病防护用品，建立健全职业卫生档案和健康监护档案。

最后，医疗机构对从事接触放射源、噪声、高温、烟尘等职业危害因素的作业人员，应组织上岗前、在岗期间和离岗时的职业健康检查，并建立职业健康监护档案。

（九）安全风险管控及隐患排查治理的合规指引

第一，医疗机构应建立安全风险辨识管理制度，组织全员对本单位的安全风险进行全面、系统的辨识。

第二，安全风险辨识范围应覆盖本单位的所有活动及区域，并考虑正常、异常和紧急三种状态及过去、现在和将来三种时态。安全风险辨识应采用适宜的方法和程序，且与现场实际相符。

第三，医疗机构应对安全风险辨识资料进行统计、分析、整理和归档。

第四，医疗机构应当加强对重大危险源的辨识与管理，建立重大危险源管理制度，全面辨识重大危险源，对确认的重大危险源制订安全管理技术措施和应急预案；涉及危险化学品的单位应按照《危险化学品重大危险源辨识》（GB 18218—2018）的规定，进行重大危险源辨识和管理；重大危险源安全监控系统应符合《危险化学品重大危险源安全监控通用技术规范》（AQ 3035—2010）的技术规定。

第五，医疗机构应当加强对各种安全隐患进行排查与治理，绘制风险隐患热力图，强化对隐患风险的过程管理、细节管理。

（十）事故管理的合规指引

医疗机构应建立安全生产事故报告程序，明确事故内外部报告的责任人、时限、内容等，并教育、指导从业人员严格按照有关规定的程序报告发生的事故。医疗机构应妥善保护事故现场以及相关证据。事故报告后出现新情况的，应当及时补报。

医疗机构应建立安全生产事故调查和处理制度。医疗机构发生事故后，应及时成立事故调查组，明确其职责与权限，进行事故调查。事故调查应查明事故发生的时间、经过、原因、波及范围、人员伤亡情况及直接经济损失等，形成事故调查报告。

医疗机构应建立安全生产事故档案和管理台账，将相关方在医疗机构发生的事故纳入本单位事故管理。医疗机构应按照《企业职工伤亡事故分类》（GB 6441）、《事故损害损失工作日标准》（GB/T 15499）等有关规定和国家、行业确定的事故统计指标开展事故统计分析。

医疗机构应开展事故案例警示教育活动，认真吸取事故教训，落实防范和整改措施，防止类似事故再次发生。

第十四章 医疗机构环境保护合规管理

随着环保法规的日益严格，医疗机构面临的环境保护合规压力持续增大。医疗废物非法处置、污水超标排放等问题不仅威胁生态安全，还可能引发法律风险与社会信任危机。本章聚焦医疗机构环境保护合规管理，从核心依据、常见风险、合规实践等维度展开，结合典型案例解析执法要点，并提供体系化合规指引，助力医疗机构构建全流程环保管理体系，实现医疗服务与生态保护的平衡发展。

第一节 环境保护合规概述

一、环境保护合规的重要性

医疗机构环境保护合规管理是贯彻《环境保护法》《医疗废物管理条例》等法律法规的必然要求，直接关系到公共卫生安全与生态可持续发展。从法律层面看，违规处置医疗废物、超标排放污水等行为可能触发行政处罚（《固体废物污染环境防治法》第102条提到，相关处罚最高罚款为一百万元以下，情节严重的，可以责令停业或者关闭），甚至刑事追责（如污染环境罪）；从社会层面看，医疗废物泄漏或污水超标可能导致疾病传播，威胁公众健康；从机构发展层面看，合规管理是医院等级评审、绩效考核的必备指标，更是提升公众信任、构建可持续品牌的关键要素。

二、环境保护合规所涉范围

环境保护合规适用于各类医疗机构，包括但不限于医院、卫生院、门诊部、诊所、妇幼保健院等，涵盖公立和私立不同性质的医疗机构。

1. 医疗废物全生命周期管理

覆盖感染性、病理性、损伤性、药物性、化学性废物的分类、收集、暂存、转运及处置，需遵循《医疗废物分类目录》《医疗废物管理条例》等规范。例如，感染性废物需使用专用黄色包装袋，损伤性废物需装入防锐器容器。

2. 医疗污水处理体系

包括预处理（如酸碱中和、重金属沉淀）、生化处理（如MBR膜工艺）、消毒（如次氯酸钠投加）及在线监测，需符合《医疗机构水污染物排放标准》（GB 18466—2005），确保粪大肠菌群、化学需氧量（Chemical Oxygen Demand，COD）等指标达标。

3. 辐射与化学品安全

放射诊疗设备的辐射防护（如铅防护门、个人剂量监测）、危险化学品（如甲醛、汞）的存储与废弃处理，需遵守《放射性同位素与射线装置安全和防护条例》。

4. 其他环境要素

噪声污染控制（如设备隔音）、能源资源节约（如节能灯具）、突发环境事件应急管理（如泄漏处置预案）。

三、环境保护合规的总体要求

1. 全流程制度构建

建立从污染物产生到处置的闭环管理体系，制定《环境保护合规手册》，明确医疗废物"日产日清"、污水处理设施每日巡检等操作规范，配套使用《医疗废物交接登记表》《污水监测日志》等记录表单。

2. 技术赋能与创新

引入物联网技术实现医疗废物全流程追溯（如二维码标识、智能称重），采用MBR膜工艺提升污水处理效率，安装在线监测设备实时监控水质参数，推动管理从"人工粗放"向"智能精准"转型。

3. 责任体系与能力建设

设立专职环保岗位，明确科室护士长为医疗废物分类第一责任人，定期开展全员培训（如分类标准、应急演练），将合规考核纳入科室绩效。

4. 动态适应与持续改进

跟踪环保法规更新，每年度委托第三方开展合规审计，通过自查、演练、技术升级（如污水处理提标改造）持续优化管理效能，确保合规体系与政策要求、技术发展同步迭代。

第二节　环境保护合规核心依据

一、环境保护核心依据概览

（一）法律

1.《环境保护法》；
2.《大气污染防治法》；
3.《水污染防治法》；
4.《土壤污染防治法》；
5.《固体废物污染环境防治法》；
6.《噪声污染防治法》；
7.《传染病防治法》；
8.《野生动物保护法》；
9.《森林法》；
10.《湿地保护法》；
11.《长江保护法》；
12.《黄河保护法》；
13.《循环经济促进法》；
14.《节约能源法》；
15.《环境影响评价法》。

（二）行政法规

1.《医疗废物管理条例》；

2.《排污许可管理条例》；

3.《放射性同位素与射线装置安全和防护条例》；

4.《危险废物经营许可证管理办法》。

（三）部门规章及规范文件

1.《碳排放权交易管理办法（试行）》；

2.《医疗卫生机构医疗废物管理办法》；

3.《医疗废物分类目录》。

（四）国家标准

1.《大气污染物综合排放标准》（GB 16297—1996）；

2.《锅炉大气污染物排放标准》（GB 13271—2014）；

3.《挥发性有机物无组织排放控制标准》（GB 37822—2019）；

4.《污水综合排放标准》（GB 8978—1996）；

5.《危险废物贮存污染控制标准》（GB 18597—2023）；

6.《恶臭污染物排放标准》（GB 14554—1993）；

7.《医疗机构水污染物排放标准》（GB 18466—2005）。

（五）行业技术规范标准

1.《医疗废物处理处置污染控制标准》（GB 39707—2020）；

2.《生物接触氧化法设计规程》（CECS 128：2001）；

3.《危险废物收集 贮存 运输技术规范》（HJ 2025—2012）；

4.《医院污水处理工程技术规范》（HJ 2029—2013）；

5.《城镇污水处理厂臭气处理技术规程》（CJJ/T 243—2016）；

6.《医疗废物高温蒸汽消毒集中处理工程技术规范》（HJ 276—2021）。

二、医疗机构环境保护核心依据解读

（一）医疗废物管理法律框架与操作要点

1. 分类管理的法定边界与实践难点

《医疗废物分类目录》将医疗废物划分为五大类，核心区分标准为感染性、毒性及物理危害特性。

（1）感染性废物：涵盖被患者血液、体液污染的敷料、棉球等，需使用有警示标识的黄色包装袋，手术室术后敷料需单独收集。

（2）损伤性废物：包括针头、手术刀等锐器，必须使用防穿透的硬质容器（如利器盒），禁止与其他废物混装。有的案件中，某医院将针头混入感染性废物导致后续非法处置风险，凸显出分类不精准的隐患。[1]

（3）豁免管理情形：未被污染的输液瓶（袋）不属于医疗废物，可纳入可回收物管理，但需确保无患者血液、体液残留，避免误判。

2. 处置流程的全链条法律约束

《医疗废物管理条例》构建了收集、运送、贮存、处置以及监督管理全流程规范。

（1）暂存要求：暂存间需满足"五防"（防渗漏、防鼠、防蚊蝇、防蟑螂、防盗），设置明显警示标识，医疗废物暂存时间不得超过48小时。

（2）转运联单制度：转移医疗废物需填写《危险废物转移联单》，记录种类、重量、交接人等信息，保存期限5年。有的案件中，12人因未执行联单制度被追责，反映转运环节监管缺失。[2]

（3）资质准入：处置单位必须取得《危险废物经营许可证》，医疗机构需定期核验其资质。

3. 法律责任的量化标准与典型后果

（1）行政责任：未分类收集医疗废物的可处5000元以上3万元以下罚款；非法转让医疗废物的，没收违法所得并处2—5倍罚款。

（2）刑事责任：非法处置医疗废物超3吨或造成重大环境污染的构成污染环境罪。有的案件中，被告人因处置3000余吨医疗废物被判处有期徒刑5年，并处罚金200万元。[3]

（二）医疗污水处理的技术法规与合规要点

1. 预处理与消毒的强制性技术标准

《医疗机构水污染物排放标准》（GB 18466—2005）对污水处理工艺提出

---

[1]《环保行动在身边 | 浙江杭州余杭：8人非法处置医疗废物被判有罪》，载"最高人民检察院网"，https：//www.spp.gov.cn/zdgz/201704/t20170423_188747.shtml，最后访问日期：2025年6月1日。

[2]《湖南汨罗首例非法处置医疗废物案12人获刑》，载"中国法院网"，https：//www.chinacourt.org/article/detail/2017/06/id/2895098.shtml，最后访问日期：2025年6月1日。

[3]《南京破获医疗废物污染环境案 嫌疑人收购倒卖医疗废物3000多吨》，载"中国政府网"，https：//www.gov.cn/xinwen/2016-12/21/content_5151086.htm，最后访问日期：2025年6月1日。

明确要求。

（1）传染病医院：需采用"预消毒＋二级处理＋深度处理＋消毒"工艺，接触池出口总余氯需达 6.5—10mg/L，确保杀灭肠道致病菌、病毒等。

（2）综合医院：排入管网的污水需经预处理，满足粪大肠菌群≤5000MPN/L、悬浮物≤60mg/L。东莞某医院因预处理设施故障，粪大肠菌群超标 139 倍，被从重处罚 40 万元，反映工艺运行稳定性的重要性。特殊废水处理：含氰废水需先经碱式氯化法处理，含汞废水需通过硫化钠沉淀＋活性炭吸附，达标后方可进入综合处理系统。①

2. 在线监测与排污许可的合规要点

（1）在线监测义务：医疗机构需安装 COD、氨氮、余氯等在线监测设备，数据实时联网至生态环境部门。

（2）排污许可管理：需在全国排污许可证管理信息平台申请排污许可证，明确排放浓度、总量指标，每年提交执行报告。

3. 污泥与废气的协同管控要求

（1）污泥处置：污水处理产生的污泥属于危险废物，需交由有资质单位处置，符合《医疗机构水污染物排放标准》（GB 18466—2005）中蛔虫卵死亡率>95% 的要求。

（2）废气处理：污水站废气需经除臭装置处理，氨≤1mg/m³、硫化氢≤0.03mg/m³。中国医学科学院阜外医院改造后新增废气收集系统，监测显示臭气浓度从 20 无量纲单位降至 8 无量纲单位，符合标准。②

（三）医疗辐射与化学品安全的特殊法规要求

1. 辐射安全的全周期管理规范

《放射性同位素与射线装置安全和防护条例》明确"许可—防护—退役"三阶段要求。

（1）许可制度：使用放射诊疗设备（如 CT、X 光机）需取得《辐射安全许可证》，新建项目需通过环境影响评价。

（2）防护措施：放射工作场所需设置铅防护门、警示灯，操作人员需佩

---

① 《东莞市查处某公立医院废水超标案》，载"广东省生态环境厅网"，https：//gdee.gd.gov.cn/hjzfdlb/yxal/content/post_ 3629758.html，最后访问日期：2025 年 6 月 1 日。

② 源自笔者接触的真实案例。

戴个人剂量计，每季度进行辐射剂量检测。

（3）退役管理：废弃放射源需送交指定贮源库，严禁自行丢弃。

2. 危险化学品的分类管控要点

（1）存储要求：实验室化学品（如甲醛、汞）需分类存放于防爆柜，张贴安全标签，实行"双人双锁"管理。

（2）废弃处理：过期药品、化学废液需交由有资质单位处置，禁止排入下水道。

（四）地方立法与国家标准的衔接应用

1. 地方性法规的细化补充

地方立法针对区域特点制定更为严格的标准。例如，《北京市医疗废物管理条例》要求医疗废物集中处置单位应当至少每 2 天到医疗卫生机构收集、运送一次医疗废物，并负责医疗废物的贮存、处置；广东省《水污染物排放限值》（DB 44/26—2001）第 4.1.2.2 条规定"排入一类控制区的污水执行一级标准"，该规范中一级标准对非合成氨工业的氨氮排放限值（10mg/L）严于国家标准（15mg/L），需特别关注。

2. 技术规范的实操指引

行业标准为具体操作提供技术支撑。例如，《医疗废物高温蒸汽消毒集中处理工程技术规范》（HJ 276—2021）规定，高温蒸汽处理温度需≥134℃，时间≥45 分钟，确保杀灭病原体；《医疗机构污水处理工程技术标准》（GB 51459—2024）推荐采用 MBR 膜工艺，膜组件设计通量需≤15L/（m^2·h），以保障处理效率。

（五）医疗机构环境保护法规适用与风险防控要点

1. 动态跟踪法规更新

关注《医疗废物管理条例》修订动态（如拟新增"医疗废物应急处置"条款）、《国家危险废物名录》调整（如明确基因毒性废物分类），及时修订内部制度。

2. 合规性自我评估

每半年对照《核心依据合规检查表》开展自查，重点核查联单完整性（缺失率<3%）、设施运行记录与监测数据一致性（误差<5%）。

3. 第三方技术支持

委托专业机构开展年度环境检测（如辐射水平、土壤污染），确保符合《环境保护法》"达标排放"要求。

三、环境保护主要风险提示

（一）刑事犯罪风险量化标准

医疗机构违反国家相关法律法规的规定处置医疗废物造成环境污染，将承担刑事责任和行政责任。近年来，国家加大了打击环境污染违法犯罪行为，并对行政处罚和刑事处罚的情节作了量化规定。

如果非法处置医疗废物超3吨，或者排放、倾倒处置含铅、汞、镉、铬、砷、铊、锑的污染物超过国家或者地方污染物排放标准三倍以上的，或者排放、倾倒、处置含镍、铜、锌、银、钒、锰、钴的污染物超过国家或者地方污染物排放标准十倍以上的，根据《最高人民法院、最高人民检察院关于办理环境污染刑事案件适用法律若干问题的解释》第1条规定，应当认定为"严重污染环境"的情形，按照《刑法》第338条规定处3年以下有期徒刑或拘役，并处或单处罚金；情节严重的，处三年以上七年以下有期徒刑，并处罚金等。

（二）行政合规风险分级

1. 轻微违规

根据《医疗废物管理条例》第45条的规定，未设置暂存间警示标识，处2000元以上5000元以下罚款。

2. 严重违规

根据《固体废物污染环境防治法》第112条第1款之规定，有以下情形的，由生态环境主管部门责令改正，处以罚款，没收违法所得；情节严重的，报经有批准权的人民政府批准，可以责令停业或者关闭：（1）未按照规定设置危险废物识别标志的；（2）未按照国家有关规定制定危险废物管理计划或者申报危险废物有关资料的；（3）擅自倾倒、堆放危险废物的；（4）将危险废物提供或者委托给无许可证的单位或者其他生产经营者从事经营活动的；（5）未按照国家有关规定填写、运行危险废物转移联单或者未经批准擅自转移危险废物的；（6）未按照国家环境保护标准贮存、利用、处置危险废物或者将危险废物混入非危险废物中贮存的；（7）未经安全性处置，混合收集、贮存、运输、处置具有不相容性质的危险废物的；（8）将危险废物与旅客在同一运输工具上载运的；（9）未经消除污染处理，将收集、贮存、运输、处置危险废物的场所、设施、设备和容器、包装物及其他物品转作他用的；（10）未采取相应防范措施，造成危险废物扬散、流失、渗漏或者其他环境污染的；（11）在运输过程中沿途丢弃、遗撒危险废物的；（12）未制定危险废物意外事故防范措施和应急预案的；（13）未按照国家有关规定建立危险废物管理台账并如实记录的。

（三）声誉与运营风险传导

1. 信用惩戒

根据《固体废物污染环境防治法》第28条规定，生态环境主管部门应当会同有关部门建立产生、收集、贮存、运输、利用、处置固体废物的单位和其他生产经营者信用记录制度，将相关信用记录纳入全国信用信息共享平台。因此，医疗机构如果因为违法处理医疗废物，将面临环保行政部门处罚，该环保违法信息纳入"信用中国"平台，将影响医院等级评审。

2. 诊疗限制

根据《医疗废物管理条例》第六章"法律责任"的规定，医疗机构违反该条例规定，违法处理医疗废物的行为，情节严重者暂扣或者吊销执业许可证件，可能导致被暂停部分诊疗科目，直接影响患者收治。

第三节　医疗环境保护合规风险分析

一、医疗环境保护合规基本要求

（一）分类管理精细化

医疗废物需严格按照《医疗废物分类目录》五大类区分，使用专用包装物与容器：感染性废物（如带血纱布）用黄色包装袋，损伤性废物（如针头）用防锐器穿透容器，化学性废物（如废弃消毒剂）需单独存放。

（二）资质与许可全流程核验

处置单位资质：医疗废物处置需委托持有《危险废物经营许可证》的单位，每年核验资质的有效性（如经营范围、处置能力）。

排污许可管理：污水排放需取得排污许可证，明确排放浓度（如 COD≤60mg/L）、总量指标，每季度提交监测报告。

（三）全流程记录留存

医疗废物转移联单、污水监测报告、辐射剂量记录需保存 5 年以上，确保可追溯。

二、违法处置医疗废物导致环境污染

医疗废物往往携带大量病菌、病毒，具有感染性、传染性等危害，非法处置行为不仅会对环境产生污染，也会严重威胁人民群众的身体健康。《固体废物污染环境防治法》第 90 条第 1 款规定，医疗废物按照国家危险废物名录管理。医疗机构违法处置医疗废物的行为包括：（1）违法转让、买卖医疗废物，违反《医疗废物管理条例》第 14 条的规定；（2）违反《医疗废物管理条例》第 22 条的规定，未取得经营许可证而非法处置医疗废物。

【典型案例 14-01】重庆市某医用输液瓶回收有限公司非法处置医疗废物污染环境案[1]

重庆某医用输液瓶回收有限公司经营范围为医疗机构使用后的未被病人血液、体液、排泄物污染的一次性塑料输液瓶（袋）、玻璃输液瓶的回收、运输、处置（不含医疗废物），法定代表人关某岗。2018 年 8 月，该公司从医疗机构回收玻璃输液瓶后，与北京某环保科技有限公司（另案处理）股东李某芳、陈某林共谋，以 320 元/吨的价格将约 1300 吨玻璃输液瓶出售给没有危险废物经营许可证的北京某环保科技有限公司，并由陈某林安排陈某强进行管理生产，在生产过程中，工人对其中混杂的针头、棉签、输液管等废物进行了掩埋处理。案发后，对掩埋的废物进行挖掘并转运，经鉴定，该批废物系危险废物，共计 16.27 吨。

---

[1]《人民法院依法审理固体废物污染环境典型案例》，载"中国法院网"，https://www.china-court.org/article/detail/2022/03/id/6552068.shtml，最后访问日期：2025 年 6 月 1 日。

2018年11月，关某岗明知李某芳没有危险废物经营许可证，仍介绍易某林将其存放在重庆某医用输液瓶回收有限公司的玻璃输液瓶瓶盖出售给李某芳以赚取差价。2019年1月至3月，李某芳雇用工人分离、筛选、清洗收购的瓶盖，清洗废水未经处理直排外环境，筛选出的针头、棉签等废物堆放在厂房内。案发后，经鉴定，从易某林处收购的瓶盖均系危险废物，经应急处置，转移瓶盖等废物共计72.9吨。

一审法院判决，被告单位重庆某医用输液瓶回收有限公司犯污染环境罪，判处罚金20万元；被告人关某岗、李某芳、陈某林、陈某强、易某林等犯污染环境罪，判处有期徒刑2年2个月至1年3个月不等，并处罚金。二审改判关某岗有期徒刑2年4个月，并处罚金10万元。

三、医疗废水超标导致环境污染

医疗废水主要源自医院诊疗室、化验室、病房等，含有一定量的病原微生物、化学药剂、重金属以及有机污染物。若超标排放会导致水体富营养化、病原体传播等一系列威胁公共健康安全的后果。医疗废水超标排放的根源主要有三个方面：其一，设备运维缺失，未建立"每日巡检+每周保养"制度；其二，管理体系疏漏，未将实时监测数据接入医院管理系统中，导致预警不及时；其三，环保意识缺失，主管部门未树立正确的环境保护意识，在废水处置工作中未投入足够的人力与物力。

【典型案例14-02】东莞市查处某公立医院废水超标案[①]

2020年2月，东莞市某公立医院因废水氨氮超标2倍被东莞市生态环境局处10万元罚款。2021年9月，该医院因再次超标排放水污染物被东莞市生态环境局处40万元罚款。

2021年7月21日，东莞市生态环境局执法人员到东莞市某公立医院进行随机抽查。现场检查时，该单位正在运营，配套的污染防治设施正在运转，运营期间，产生的医疗废水经配套污染防治设施处理后对外排放，广东省东莞生态环境监测站工作人员对该单位的医疗废水排放口现场采样检测。广东省东莞生态环境监测站出具的《环境监测报告》显示，该单位废水排放口排

---

① 《东莞市查处某公立医院废水超标案》，载"广东省生态环境厅网"，http://gdee.gd.gov.cn/hjzfdlb/yxal/content/post_3629758.html，最后访问日期：2025年6月1日。

放的废水粪大肠杆菌群超标139倍。

该单位的行为违反了《水污染防治法》第10条的规定。鉴于该单位两年内多次超标排放水污染物,且第二次超标情况严重,东莞市生态环境局依据《水污染防治法》第83条第2项和《东莞市生态环境局行政处罚自由裁量标准规定》第六章6.1中的规定,对其从重处罚,处40万元罚款。

四、基层医疗机构管理能力薄弱成为环境污染重灾区

基层医疗机构,包括社区卫生服务中心、乡镇卫生院、门诊部、村卫生室等。虽然这些基层医疗机构承担了老百姓的医疗卫生保健工作,但是由于资金有限、人手有限、管理能力不足,这些基层医疗机构法律意识、合规意识、风险意识较差。乡镇卫生院多由后勤人员兼任环保岗位,缺乏专业培训,如某县医院环保负责人不知悉《医疗废物分类目录》(2021年版)更新内容。客观上有的基层医疗卫生机构转运体系不健全,偏远地区医疗废物转运周期长达3—5天,暂存间超负荷运转,医疗机构暂存医疗废物空间容量有限,导致分类混乱。基层医疗卫生机构的管理人员、医务人员,抱着侥幸心理,出于方便、节约资金的考虑,不按照相关法律法规处置医疗废物,造成疾病传播、环境污染。

【典型案例14-03】巴南区某诊所将医疗废物混入其他废物案[①]

2023年9月7日,执法监督人员对巴南区某诊所现场监督检查,发现该诊所把使用后的医疗废物皮试针混入了装有输液袋外包装、安瓿瓶瓶盖、针药水包装盒等其他废物桶。

违法事实认定:该诊所把使用后的医疗废物皮试针混入了装有输液袋外包装、安瓿瓶瓶盖、针药水包装盒等其他废物桶的行为,违反了《医疗废物管理条例》第14条第2款"禁止在运送过程中丢弃医疗废物;禁止在非贮存地点倾倒、堆放医疗废物或者将医疗废物混入其他废物和生活垃圾"的规定。

处理依据及结果:依据《医疗废物管理条例》第47条第1项"医疗卫生机构、医疗废物集中处置单位有下列情形之一的,由县级以上地方人民政府

[①] 《"以案释法"典型案例(2024年宣传稿)》,载"巴南区卫生健康委网",http://www.cqbn.gov.cn/bmjz/bm/wsjkw/zwgk_88897/fdzdgknr_88899/cfqz/bljg/202412/t20241230_14031930.html,最后访问日期:2025年6月1日。

卫生行政主管部门或者环境保护行政主管部门按照各自的职责责令限期改正，给予警告，并处5000元以上1万元以下的罚款；逾期不改正的，处1万元以上3万元以下的罚款；造成传染病传播或者环境污染事故的，由原发证部门暂扣或者吊销执业许可证件或者经营许可证件；构成犯罪的，依法追究刑事责任：（一）在运送过程中丢弃医疗废物，在非贮存地点倾倒、堆放医疗废物或者将医疗废物混入其他废物和生活垃圾的"规定，并参照《重庆市卫生健康行政处罚裁量基准实施办法》（2023年版）裁量基准编码CR053A"医疗卫生机构在医疗卫生机构内运送过程中丢弃医疗废物，在非贮存地点倾倒、堆放医疗废物或者将医疗废物混入其他废物和生活垃圾，发现违法行为，且在责令改正期限内改正的，给予警告，并处5000元以上至1万元罚款"的规定，决定给予当事人警告并处罚款6000元的行政处罚。

五、违反辐射安全管理规定导致环境污染

辐射安全管理作为环境保护体系的核心板块，不仅直接关系生态环境安全，更是维护公众健康与生态平衡的重要防线。近年来，随着《环境保护法》《放射性同位素与射线装置安全和防护条例》等法规的迭代升级，生态环境部门联合多部门构建起全链条辐射安全监管体系，对放射性污染防治的违法违规行为实施"零容忍"高压态势。在放射诊疗领域，医疗机构若出现放射性废物管理不规范、辐射防护设施失效、放射源台账缺失等问题，将导致放射性物质泄漏、环境污染等严重后果，不仅面临责令整改、高额罚款、吊销辐射安全许可证等行政处罚，更可能因污染环境、危害公共安全等罪名被追究刑事责任。当前，部分医疗机构存在辐射环境监测流于形式、应急处置预案虚设、放射性废物处置不当等乱象，使得辐射安全管理的环境风险防控难度持续攀升。这些管理漏洞不仅威胁周边生态环境，更可能通过食物链循环、水体污染等途径，对区域生态系统造成不可逆转的破坏。

【典型案例14-04】铜川市中西医结合医院违规案[①]

铜川市中西医结合医院在放射场所、人员及审批管理方面存在违法现象。经铜川市卫生和计划生育局调查核实，该医院在放射诊疗管理工作中存在多项违法行为：第一，放射场所管理违规：该院DR和CT机房建设项目未依法

---

① 铜川市耀州区人民法院（2018）陕0204行审22号行政裁定书。

开展放射性职业病危害预评价和控制效果评价，在未通过建设项目竣工验收的情况下，擅自投入使用。第二，放射人员管理疏漏：存在未按规定安排 3 名放射工作人员进行岗前职业健康检查，且未建立个人剂量监测制度，违反放射工作人员职业健康管理要求。第三，审批程序缺失：在未取得《放射诊疗许可证》的情况下，擅自开展放射诊疗活动，严重违反放射诊疗机构执业许可相关规定，危害区域生态安全。

铜川市卫生和计划生育局认定该医院违反了《职业病防治法》第 17 条第 2 款、第 18 条第 3 款、第 4 款、第 25 条第 2 款、第 35 条第 2 款及《放射诊疗管理规定》第 4 条第 2 款的规定，现依据《职业病防治法》第 87 条、第 69 条第 1 项和第 5 项、第 75 条第 3 项和第 7 项，《放射诊疗管理规定》第 38 条第 1 项及《陕西省卫生行政处罚自由裁量权指导规则及实施标准（试行）》的规定，决定予以被执行人对未进行放射性职业病危害预评价、控制效果评价及建设项目竣工验收擅自投入使用给予警告、罚款 150000 元；对未安排 3 名放射工作人员进行岗前职业健康体检给予罚款 50000 元；对未安排 3 名放射工作人员进行个人剂量监测给予罚款 50000 元；对未取得《放射诊疗许可证》擅自开展放射诊疗活动给予罚款 1000 元，以上各项合并给予被执行人警告、罚款 251000 元的行政处罚，同时责令立即改正违法行为。限被执行人收到处罚决定书之日起 15 日内将罚款缴至铜川市级财政非税收入账户。逾期不缴纳罚款的，依据《行政处罚法》第 51 条第 1 项规定，每日按罚款数额的 3% 加处罚款。

被执行人未在法定期限内申请行政复议或依法提起行政诉讼。2018 年 10 月 18 日铜川市卫生和计划生育局作出铜卫放催（2018）1 号催告书，要求被执行人在收到本催告书之日起十日内，缴纳罚没款 251000 元、加处罚款 251000 元，并立即改正违法行为，次日被执行人签收。该医院未按期缴纳罚款，铜川市卫生和计划生育局依法向人民法院申请强制执行。

申请执行人作出的铜卫放罚（2018）1 号《行政处罚决定书》认定事实清楚，证据确凿，适用法律法规正确，程序合法，处罚适当。被执行人收到该处罚决定后，在法定期限内未申请行政复议或者提起行政诉讼，该决定现已发生法律效力。经申请执行人催告后，被执行人仍未完全履行缴纳罚款的义务。现申请执行人申请强制执行，符合法律规定，依法应予准许。依照《行政强制法》第 53 条、第 54 条，《行政诉讼法》第 97 条及《行政处罚法》

第 51 条第 1 项和第 3 项的规定，裁定如下：准予申请执行人铜川市卫生和计划生育局申请对被执行人铜川市中西医结合医院强制执行罚款 251000 元及加处罚款 251000 元，共计罚款 502000 元。

第四节　医疗机构环境保护合规建议及指引

一、全流程合规管理体系构建

(一) 组织架构与责任分配

1. 三级管理体系

决策层：院长牵头的环保合规委员会，每季度审定环保预算与智慧化升级、设施改造计划。

执行层：设专职环保主管（需环境工程或公共卫生背景），每周巡查并建立《合规隐患台账》，限期整改率 100%。

操作层：科室指定环保联络员（如护士长），将"分类错误率≤3%"纳入科室绩效考核，与绩效奖金挂钩。

2. 制度矩阵优化

核心制度：修订《医疗废物管理规程》《污水处理站运行手册》《辐射安全应急预案》，纳入《医疗废物处理处置污染控制标准》（GB 39707—2020）等最新法规。

配套表单：启用电子联单系统生成《医疗废物转移记录》，自动关联科室、重量、处置单位等信息，保存期限延长至 7 年。

(二) 操作规范精细化

1. 医疗废物全流程管控

分类收集：科室配置智能分类箱（感染性废物箱配红色警示灯，损伤性废物箱设锐器感应锁），通过扫码自动匹配分类规则，错误分类时语音提醒；实施"双签确认制"，异常情况实时上传管理平台。

暂存转运：暂存间安装物联网传感器监测温湿度（温度>20℃、湿度>60%自动报警）、液位高度（满溢前2小时预警），视频监控数据保存90天；与处置单位签订《电子联单协议》，48小时内完成转运，超时触发备选处置单位介入。

2. 污水处理标准化操作

工艺控制：综合医院采用"格栅+调节池+MBR膜+紫外线消毒"工艺，设定生化池溶解氧≥2mg/L、膜组件清洗周期7天，确保COD≤60mg/L、粪大肠菌群≤500MPN/L；传染病医院增加预消毒池，次氯酸钠投加量≥50mg/L，接触时间≥1.5小时，每周检测肠道致病菌、结核分枝杆菌。

监测与报告：在线监测设备每15分钟上传一次数据，异常时（如余氯<0.5mg/L）30分钟内触发三级报警（科室联络员→环保主管→分管院长）；每月委托第三方检测全指标（如总汞、总铬），检测报告同步报送生态环境部门，数据误差<5%。

3. 辐射安全规范精细化

放射源与射线装置全生命周期管理：建立放射源/射线装置电子档案，实行"一物一码"追溯（含出厂编号、活度、使用科室、责任人信息）；高风险源（如钴-60）加装GPS定位模块，位移超出5米自动报警；放射源库采用"双人双锁+生物识别门禁"，库内安装辐射剂量率传感器（阈值2.5μSv/h触发报警）；视频监控数据保存180天，与生态环境部门联网。

辐射防护标准化：按GB 18871—2002划分控制区（红区）、监督区（黄区），设置声光报警装置；辐射工作场所入口配备固定式剂量率仪（实时显示数据），张贴电离辐射警示标志及二维码（扫码可查防护规程）。放射工作人员佩戴TLD+电子个人剂量计双监测，日剂量限值≤0.1mSv；建立"剂量档案"自动分析系统，超年剂量限值1/10时预警，1/2时强制调岗。

二、技术创新与数字化赋能

（一）智慧化管理系统应用

1. 医疗废物溯源平台

功能模块：通过二维码关联每袋废物，从产生科室到处置单位全程可追溯，支持扫码查看转运路线、处置凭证；设置"收集后8小时未入库""入库

48 小时未出库"等智能预警，2 小时内未处理自动生成《整改督办单》。

硬件配置：智能收集车配备称重传感器（精度±0.1kg）、RFID 读写器，自动记录收运数据；智能地磅与暂存间系统联动，避免人工登记误差。

2. 污水智能监控系统

物联网架构：调节池、MBR 膜池、排放口设置多参数水质传感器，数据接入生态环境部门平台；风机、水泵加装振动传感器，故障时自动派发维修工单（响应时间≤4 小时）。

数据分析：建立水质预测模型（准确率≥85%），基于历史数据调整处理参数；生成《能耗分析报告》，优化设备运行功率，实现节能降耗。

3. 辐射监测与数据合规

在线监测与预警：固定式监测点每 10 秒上传数据至云平台，异常时（如剂量率突增 50%）自动推送至责任人手机；每年委托第三方进行场所辐射水平检测，检测报告误差≤10%。

数据公开与追溯：监测数据同步至医院官网及生态环境部门；建立"辐射安全区块链"存证系统，确保数据不可篡改，满足《放射性污染防治法》追溯要求。

（二）绿色技术升级路径

1. 污水处理提标改造

工艺选择：老旧设施优先升级 MBR 膜工艺（膜组件设计通量≤15L/(m^2·h)，污泥产生量减少 30%），放射性废水采用衰变池+活性炭吸附工艺（容积≥10 个最长半衰期）。

资源循环：建设中水回用系统（回用水量占比≥30%），配套雨水收集池（容积≥500m^3）。

2. 医疗废物处置技术优化

高温蒸汽处理：感染性废物 134℃处理 45 分钟，病原体杀灭率＞99.99%，残渣作一般固废处理。

化学消毒处理：化学性废物采用碱解消毒工艺（pH 调节至 12 以上，反应时间≥2 小时），有毒物质降解率＞95%。

三、能力建设与培训体系

（一）分层分类培训计划

新员工入职培训：4 学时（2 学时理论 + 2 学时实操），涵盖《医疗废物分类目录》核心条款、应急泄漏处置演练，考核笔试≥85 分、实操合格后方可上岗。

年度复训与专项培训：管理层参加法规解读会（2 学时／年），技术人员参与工艺升级培训（4 学时／年），保洁人员每季度开展分类实操培训（1 学时／季度），考核分类错误率<5%。

（二）考核指标与激励机制

科室考核：核心指标为医疗废物分类合规率（40%）、污水处理设施运行正常率（30%）、环保培训参与率（30%），年度综合评分≥90 分授"环保先进科室"，低于 70 分扣减年度绩效奖金 2%。

个人考核：环保主管考核整改完成率（50%）、应急响应速度（30%），操作人员考核设备故障处理及时率（40%）、安全事故发生率（30%），重大事故一票否决。

四、应急管理与外部协同

（一）应急预案与实战演练

预案体系：制订《突发环境事件应急预案》，涵盖医疗废物泄漏、污水溢流、辐射事故场景，明确 1 小时内启动应急响应、2 小时内上报生态环境部门；分级响应机制（一级响应 4 小时内完成处置，二级响应 24 小时内完成抢修）。

演练与评估：每半年开展综合演练（如医疗废物泄漏 + 污水超标双场景），每季度专项演练（如辐射设备故障处置），邀请第三方评估响应时间（≤30 分钟）与流程合规性。

（二）第三方合作与区域联动

合规审计与技术支持：年度委托 CMA 资质机构审计，重点核查联单完整性（缺失率<1%）、监测数据真实性（误差<3%）；与高校、环保企业共建实验室，试点新型处置技术（如微波消毒）。

区域集中处置网络：加入城市医疗废物集中处置联盟，共享运输车辆与处置产能（如"区域转运中心+卫星暂存点"模式）；中小医疗机构接入区域污水处理中心，统一运维提升达标率至95%。

五、政策适配与持续改进

（一）法规动态跟踪机制

信息收集渠道：订阅生态环境部政策公众号，设置"医疗废物""污水排放""辐射安全"等关键词提醒，48小时内获取法规更新；参与地方环保协会政策研讨会，提前评估合规影响。

制度修订流程：法规发布后1个月内组织专题会议评估，3个月内完成内部制度修订，并开展专项培训。

（二）持续改进循环

PDCA管理循环：每年制订《年度合规提升计划》（如智慧化系统覆盖率提升至80%），季度跟踪进度，年度审计评估偏差原因，形成闭环管理。

标杆学习机制：定期调研行业标杆，借鉴智慧化管理经验；参加全国医院环保合规论坛，分享实践案例并吸收前沿技术。

【典型案例14-05】中国医学科学院阜外医院智慧医疗废物管理系统[①]

1. 案例背景

随着医疗废物管理信息化的推进，全国各省市卫健委陆续发文推动医疗废物规范化、信息化管理。为建立科学有效的医疗废物全过程智慧化监管系统，替代传统书面手写签字交接方式，实现对医疗废物生命周期的实时、可视监控，提高医疗安全管理效率，杜绝医疗废物再利用隐患，阜外医院于2022年完成医疗废物管理智慧化改造并将该系统投入使用。

2. 改造前的问题分析

（1）标签填写与登记问题：医疗废物标签纸内容由人工手动填写，存在漏记或错记可能；双签登记补签漏签时有发生，文字登记时间长且模糊，难以汇总统计。

（2）数据管理与监控问题：纸质单据易修改、易丢失，无法做到过程数

[①] 源自笔者工作中的真实案例。

据信息全监控；缺乏对医疗废物在医院状态、运送过程等处理环节的控制管理和监控。

(3) 数据统计问题：所有数据需人工统计，存在较大误差。

3. 改造后的系统架构与功能

改造后的智慧化医疗废物院内闭环管理系统由医疗废物投放采集器、智能存储采集器、智能医疗废物回收车等多种物联网智能设备、业务操作软件和医疗废物管理平台组成，采用先进的 B/S 架构，依据《医疗废物管理条例》和 JCI 评审标准设计，具备以下功能：

业务操作功能：贯穿医疗废物从分类收集、交接、转运、箱袋关联到入暂存地、出暂存地、数据传输、溯源管理的全业务运转流程，实现分类管理、收集管理、交接管理、转运管理等功能，支持数据自动采集传输且不可随意更改，可通过扫码获取医疗废物全流程信息并进行溯源管理。

统计监管功能：提供数据概览、统计查询、数据预警、数据上报等功能，可实时定位回收人员及车辆并显示回收轨迹路线，具备消毒登记、监测登记、监督检查表、任务管理等其他管理功能。

系统配置管理：包括系统管理、角色管理、菜单管理、科室维护、二维码管理、日志管理、设备管理等，实现对系统用户、角色、菜单、科室、二维码、日志及设备的全面管理。

4. 改造成效

收集流程完善：通过系统监管各环节操作流程，规范医疗废物收集流程，新增六个监管环节，采用自动化、智能化称量设备，实现自动称量、打印标签、数据上报，每袋（盒）医疗废物拥有唯一编码，减少人工失误，优化并规范院内全生命周期管理工作。

医疗废物丢失控制：医疗废物物联网智能设备自动获取精确数据并实时上传，详细记录每一袋（盒）医疗废物的丢弃时间、地点、操作人员、状态、种类、重量等信息，自动产生电子报表，可实时监控查看，有效防控医疗废物丢失。

环节可控与数据分析：通过医疗废物管理信息平台可远程实时查看医疗废物管理全流程，实现内部交接单、登记单电子统计汇总并导出，管理人员可基于大数据做各项统计分析，当医疗废物异常流失时可方便追溯相关信息和责任人。

【典型案例 14-06】 中国医学科学院阜外医院污水处理站项目提标改造[①]

1. 案例背景

为应对逐渐严格的环保政策，保障医院污水稳定达标排放，同时解决医院现有污水站处理能力逐渐不足等问题，阜外医院分别对老院区污水处理站（2023 年改造完成）、新大楼污水处理站（2024 年改造完成）和放射性废水处理站（2022 年改造完成）进行提标改造。其中，老院区和新大楼污水处理站设计日处理污水均为 1000 吨，采用 MBR 处理工艺；放射性废水处理站内有两个衰变池，有效衰变容积 35 立方米，采用并联式停留衰变处理。

2. 改造前问题分析

处理能力不足：污水站处理能力小于 1000m³/d，无法满足实际需求。

处理工艺落后：采用"格栅+调节池+二级生化处理+沉淀+消毒"工艺，处理能力和水质稳定性有限。

监测与处理设施缺失：无在线监测系统、废气处理系统及降噪措施，无法实时监控水质、有效处理废气和控制噪声。

3. 改造后系统架构与功能（见表 14-1）

表 14-1　医院污水处理系统改造前后及改造成果

改造内容	改造前	改造后	改造成果
污水站处理能力	<1000 m³/d	≥1000 m³/d	污水站扩容完成，老院区和新大楼污水站处理能力均达到 1000m³/d 处理量
污水处理工艺	格栅+调节池+二级生化处理+沉淀+消毒	格栅+调节池+接触氧化池+MBR 膜+消毒	污水站改造后处理能力提高，出水水质稳定达标
在线监测系统	无	增加 COD、氨氮等在线监测系统，增加余氯、流量等水质监测仪表	新增在线监测系统符合在线监测相关规范的要求，规范化污水站排污口标识标牌
废气处理系统	无	增加废气收集、处置系统，废气达标排放	废气处理系统处理后，污水站废气达标排放，符合环保要求，同时优化了污水站作业环境
降噪措施	无	采用空浮风机	能耗低，噪声小

[①] 源自笔者工作中的真实案例。

4. 改造后成效

水质达标与处理能力提升：改造后污水站出水水质稳定达标，处理能力提升至 $1000m^3/d$，满足环保政策要求和医院污水排放需求。

智能化监控与管理：通过在线监测系统实时获取水质数据，实现对污水处理全流程的动态监控，提高管理效率和决策科学性。

环境优化：废气处理系统有效净化污水站废气，空浮风机降低噪声污染，改善了周边环境和工作人员的作业条件。

放射性废水安全处置：放射性废水通过衰变池处理后，放射性物质充分衰变，确保废水安全排放，降低环境风险。

第十五章　医疗机构合规管理前沿与挑战

医疗技术的革命性突破与全球医疗生态的深度融合，正在重塑医疗行业的合规版图。从互联网医院革新诊疗模式，到 AI 算法介入临床决策；从基因编辑引发伦理争议，到远程手术、医疗机器人落地实践，这场技术驱动的医疗变革在释放巨大产业潜能的同时，也让医疗机构面临法律、伦理与监管的多重挑战。本章聚焦医疗合规六大前沿领域，剖析规则博弈与风险图谱，试图在动态变化的监管环境中搭建"风险预警坐标"，合规管理在此已超越被动防御的范畴，转而成为医疗机构参与技术竞逐的"战略基建"。本章的探讨或许能激发更多跨界对话，在技术创新与风险防控的张力之间，寻找医疗合规的"韧性平衡点"，为行业的可持续发展明晰底线，拓宽疆界。

第一节　互联网医院合规运营

在数字化浪潮的推动下，互联网医院已成为医疗行业转型升级的重要载体。然而，其"线上化"特性打破了传统医疗的物理边界，也带来了资质准入模糊、数据安全失控、诊疗责任悬空等新型合规风险。本节以《互联网诊疗管理办法（试行）》《互联网医院管理办法（试行）》《远程医疗服务管理规范（试行）》《互联网诊疗监管细则（试行）》为核心，结合行业实践与案例，尝试构建相对全面的互联网医院合规体系，助力医疗机构在技术赋能与风险防控间实现动态平衡。

一、互联网医院的基本合规框架

(一) 主体资格合规

1. 执业许可

互联网医院包括作为实体医疗机构第二名称的互联网医院，以及依托实体医疗机构独立设置的互联网医院。[1] 开展互联网诊疗活动的医疗机构须依法取得《医疗机构执业许可证》，[2] 若以互联网医院作为第二名称，需完成省级卫生健康行政部门的审批备案，并在《医疗机构执业许可证》上进行登记备案，明确诊疗科目与服务范围，诊疗科目不得超出所依托实体医疗机构的范围。[3]

2. 名称规范

实体医疗机构独立申请，名称为"本机构名称+互联网医院"；实体医疗机构与第三方机构合作申请，名称为"本机构名称+合作方识别名称+互联网医院"；独立设置的互联网医院，名称为"申请设置方识别名称+互联网医院"。[4]

3. 校验要求

作为实体医疗机构第二名称的互联网医院，与该实体医疗机构同时校验；依托实体医疗机构单独获得《医疗机构执业许可证》的互联网医院，应每年校验1次。[5]

【典型案例 15-01】某中医诊所超范围开展互联网诊疗活动案[6]

2023年12月，某市卫生健康委员会接到举报称，某中医诊所违规开展网上诊疗活动。经查，该中医诊所在《诊所备案凭证》中未登记"互联网诊

---

[1] 《互联网医院管理办法（试行）》第2条。
[2] 《互联网诊疗管理办法（试行）》第5条。
[3] 根据《互联网医院基本标准（试行）》的规定，互联网医院根据开展业务内容确定诊疗科目，不得超出所依托的实体医疗机构诊疗科目范围。
[4] 《互联网医院管理办法（试行）》第12条。
[5] 《互联网诊疗监管细则（试行）》第7条。
[6] 《以案释法｜互联网诊疗是什么？互联网诊疗需要注意些什么？》，载"绵阳市卫生健康委员会网"，https://wjw.my.gov.cn/myswjw/c101476/202405/69389eae64434dfab5076ed-698d28b04.shtml，最后访问日期：2025年6月1日。

疗"服务方式，却在2022年11月至2023年12月，擅自在微信上通过视频连线方式为外省多位患者提供在线咨询、出具诊断意见、开具处方、邮寄中药颗粒等诊疗活动。该诊所被给予警告并处罚款人民币2.1万元的行政处罚。

（二）人员资质合规

1. 医师资质

开展互联网诊疗的医师应取得《医师资格证书》《医师执业证书》，按照执业范围执业，且具备3年以上独立临床工作经验。

2. 实名认证

开展互联网诊疗服务的医务人员应进行实名认证，信息上传至省级监管平台，包括身份证号码、照片、相关资质等。如在主执业机构以外的其他医疗机构开展互联网诊疗活动，应按当地多机构执业要求进行执业注册或备案。医师在接诊前需再次进行实名认证，确保由本人提供诊疗服务。禁止跨平台"多点执业"规避监管。

【典型案例15-02】某健康咨询服务平台侵权案[①]

北京发生多起医生起诉某健康咨询服务平台网络侵权责任纠纷案。该平台冒用北京各大三甲医院医生名义在线提供健康咨询，且问答中含有明显超出正常寻医问诊答复范围的内容，涉及对具体病症进行诊疗并给出方案。法院认定平台侵害了医生的名誉权、姓名权，判决其赔礼道歉并赔偿精神损害抚慰金。

（三）设备设施合规

医疗机构开展互联网诊疗活动，应当具备满足互联网技术要求的设备设施、信息系统、技术人员以及信息安全系统，并实施第三级信息安全等级保护。远程医疗信息系统应当满足图像、声音、文字以及诊疗所需其他医疗信息的安全、实时传输，图像清晰，数据准确，符合《远程医疗信息系统建设技术指南》，满足临床诊疗要求。重要设备和网络应当有不间断电源。远程医疗服务网络应当至少有2家网络供应商提供的网络，保障远程医疗服务信息

[①] 《警惕！你在网上咨询的专家医生，未必都是真的！》，载"北京互联网法院"公众号，https://mp.weixin.qq.com/s/x_VjR1H50F2QCnoggSYo2A，最后访问日期：2025年6月1日。

传输通畅。有条件的可以建设远程医疗专网。①

【典型案例 15-03】某医院信息系统通过网络安全等级保护测评②

某市卫生健康委员会发布信息显示，2020 年某医院根据"等级保护 2.0"标准进行了机房物理环境改造，新增空调、消防等系统，还进行了服务器升级改造和网络安全改造。2020 年 11 月，医院 HIS 系统和电子病历系统通过等级保护三级测评，LIS、PACS 等系统通过等级保护二级测评，获得了网络安全等级保护测评证书。

（四）运行管理合规

1. 制度建设

医疗机构开展互联网诊疗活动应符合医疗管理要求，应当有专门部门管理互联网诊疗的医疗质量、医疗安全等，建立医疗机构依法执业自查制度、医疗质量和安全管理制度等一系列相关制度。

2. 诊疗服务规范

与所在地省级监管平台对接，上传相关信息，接受监督；对医务人员进行电子实名认证；在线开展常见病、慢性病复诊，不得对首诊患者开展互联网诊疗活动；明确互联网诊疗的终止条件，引导不适宜线上诊疗的患者到实体医疗机构就诊。

3. 病历和处方管理

按照相关文件要求为患者建立电子病历并管理；严格遵守《处方管理办法》，严禁使用人工智能等自动生成处方，经药师审核后，可委托符合条件的第三方机构配送药品；不得开具麻醉药品、精神药品等特殊管理药品的处方。电子处方流转是互联网医院的核心业务，其合法性依赖于严格的审核机制。医师需对患者病情进行准确评估，处方药品范围需符合相关规定，通过药师在线审核后方可生效。

---

① 《远程医疗服务管理规范（试行）》第 2 条。
② 《国药北方医院信息系统通过网络安全等级保护测评》，载"包头市卫生健康委员会网"，http://wjw.baotou.gov.cn/wjdt/24766507.jhtml，最后访问日期：2025 年 6 月 1 日。

【典型案例15-04】某电商平台违规开具降糖处方药[1]

降糖处方药司某格鲁肽被某些人炒作为"减肥神药"后，在某电商平台用时不到五秒就能开出一张电子处方，某药店旗舰店月售已超1.2万盒。这违反了医师需对患者病情进行准确评估、处方需通过药师在线审核后方可生效等规定，反映出互联网诊疗中电子处方管理的不规范。

4. 医保管理

纳入医保定点的医疗机构需按规定进行医保相关管理，如组织医保基金相关培训和检查、确保医保基金支付费用合规、按要求保管资料并传送数据等。医保结算需与地方医保系统对接，确保患者身份核验、诊疗行为记录、费用明细"三统一"。医保在线支付环节，必须严格遵循各地医保部门的结算规范，禁止通过虚构问诊记录、分解或串换收费项目等方式套取医保基金，需建立异常交易实时监测系统。

（五）服务价格与收费合规

互联网诊疗的医疗服务收费项目和收费标准应当在互联网诊疗平台进行公示，方便患者查询。[2] 所有医疗服务、药品等明码标价，规范、准确、完整、醒目地公示价格信息，不得利用虚假或使人误解的价格手段诱骗交易。医保定点医疗机构应按医保政策规定进行收费和结算，向患者提供费用结算清单等。

二、数据安全与隐私保护特殊要求

（一）医疗数据采集与使用边界

数据采集需遵循"最小必要"原则，禁止强制获取与诊疗无关的个人信息（如人脸、指纹等生物信息）。严格执行信息安全和医疗数据保密相关法律法规，妥善保管患者信息，不得非法买卖、泄露。与第三方机构合作时，明确各方在信息安全、隐私保护等方面的责权利。利用健康大数据开展科研或商业合作时，必须完成匿名化处理并取得患者明示同意。医疗健康大数据的采集与使用必须遵循"最小必要"原则，明确告知患者数据用途并获得授权。

---

[1] 《电子处方绝不能乱开》，载《兰州晚报》2023年12月15日，第2版。
[2] 《互联网诊疗监管细则（试行）》第23条。

(二) 跨境数据传输限制

《个人信息保护法》规定，医疗健康数据属敏感个人信息，[1] 原则上不得向境外提供，跨境传输需通过国家网信部门的数据出境安全评估，审查数据合法性、出境数据风险等，确认风险可控方可传输。外资背景互联网医院需注意服务器本地化部署，其运营中收集大量医疗健康数据，未本地化易引发合规风险。服务器本地化便于监管、降低数据泄露风险。违反规定可能面临行政处罚，情节严重者影响机构运营和声誉。

(三) 数据留存与调取规范

在医疗数据安全管理体系中，数据留存是保障医疗服务可追溯性、维护患者权益及支持监管审查的核心环节。依据相关法规，互联网诊疗数据留存有严格的时间与技术规范。

1. 时间维度

电子病历、处方记录等核心诊疗数据需保存至少 15 年，为医疗质量评估、研究及纠纷处理提供支撑；图文对话、音视频等过程性记录保存不少于 3 年，[2] 可还原诊疗场景、辅助服务质量评估与投诉处理。

2. 技术保障

数据存储采用加密技术（如对称加密、哈希算法等），确保数据安全；建立分级权限管理机制，按岗位分配访问权限；对存储设备物理隔离并定期巡检，防止数据丢失。

3. 调取规范

内部人员调取数据需经多级审批，核查必要性与合规性；司法机关调取数据需严格审核手续合法性，曾有医院通过审核识破伪造文书骗局，保障患者信息安全。

通过全流程管理措施，互联网医院可构建数据全生命周期安全防护体系，满足监管要求并维护患者权益。

---

[1] 《个人信息保护法》第 28 条。
[2] 《互联网诊疗监管细则（试行）》第 19 条第 2 款。

三、典型违规风险点及建议

(一) 超范围开展诊疗服务

1. 风险警示

在互联网医疗发展中,部分互联网医院存在超范围开展诊疗服务的违规行为,面临法律风险并损害患者权益。常见情形包括超出备案诊疗科目提供服务,如未完成新增科目备案就上线医美整形咨询、中医问诊、心理咨询等项目,因缺乏专业配备和质量控制,易引发误诊等医疗纠纷。另外,为初诊患者提供线上诊疗也属违规,按规定互联网诊疗主要针对常见病、慢性病复诊患者,初诊需在实体医疗机构完成基础流程。但部分医院为追求业务量,通过线上简单方式为初诊患者诊断开方,违反诊疗规范,存在漏诊、误诊风险,威胁患者健康。

2. 合规提示

为防范超范围诊疗风险,互联网医院需健全合规管理体系。一是严格对照备案范围:定期比对线上服务与实体机构许可范围,制定服务清单逐项核查,新增项目需提前申请备案并获批准后上线;建立动态监测机制,跟进政策与业务调整,确保服务合法合规。二是明确区分健康咨询与诊疗服务:禁止以"健康咨询"名义变相开展诊疗活动。前者限于健康知识普及、生活建议,不涉及诊断治疗;后者包含疾病诊断、处方开具等核心医疗行为。医院需加强人员培训,确保准确区分两类服务,一旦发现患者有疾病症状,应引导其至实体机构就诊,不得越界提供诊疗。同时建立内部监督机制,定期抽查服务记录,严肃处理违规行为,维护患者权益与行业秩序。

(二) AI问诊工具责任归属争议

1. 风险场景

随着AI技术在医疗领域的应用,AI问诊工具的责任归属成为难题。技术层面,数据样本偏差、算法未及时更新医学知识、语义理解误差等,易导致诊断错误,如漏诊新型病毒感染患者、误读症状引发误诊,事后研发企业、医疗机构和执业医师常相互推诿责任。法律层面,现行法规未明确AI问诊工具责任归属,其难以套用传统医疗责任体系,研发企业因算法"黑箱"故障难举证,医疗机构和医师也缺乏责任划分清晰标准,致使纠纷处理陷入困境。

2. 应对策略

为厘清 AI 问诊工具责任边界，需从制度、技术与流程多维度施策。制度上，以立法或规范明确其"辅助诊疗工具"定位，规定 AI 结论需执业医师复核签字并担责。技术上，企业应增强工具可解释性与安全性，保留操作日志，建立异常预警机制。机构管理上，引入前委托第三方评估，使用中培训医师、制定规范。此外，建立责任保险机制，企业与机构共担费用，因 AI 故障引发纠纷时，通过保险赔付保障患者权益，通过构建权责清晰的责任体系，平衡技术创新与患者权益保障，推动 AI 医疗健康发展。

（三）药品销售与处方审核漏洞

1. 高风险行为

在互联网医疗与药品网售快速发展的背景下，药品销售与处方审核的合规风险日益显现。部分机构为逐利违规操作，"秒开处方""自动续方"问题突出。"秒开处方"中医生不充分询问病情即开方，违反了《处方管理办法》，易致药物滥用误用，如患者因"秒开"抗生素致菌群失调。"自动续方"不重新评估病情、绕过人工审核，无视病情变化，可能引发用药风险，还为处方药违规销售开方便之门，增加公共卫生风险。

根据《药品管理法》《互联网诊疗管理办法》等相关法律法规，违规销售处方药、未按规定审核处方等行为，将面临责令改正、没收违法所得、罚款等行政处罚；情节严重的，还可能吊销药品经营许可证、互联网诊疗资质，甚至追究刑事责任。

2. 合规底线

为杜绝药品销售与处方审核违规行为，需坚守合规底线。一是建立处方分级审核机制：按药品风险分级，高风险药品设人工复核强制流程，审核药师需结合患者病情、过敏史等判断处方合理性，如抗菌药物审核需确认感染指征、用药剂量等是否合规。二是严禁处方与销售利益挂钩：切断医疗机构、平台的处方与药品销量关联，可设独立审核部门或引入第三方机构，确保审核公正。同时加强人员法规与职业道德培训，通过案例分析等提升合规意识。互联网医院需融合医疗本质与数字逻辑，以"资质、数据、责任"为核心，在创新中坚守安全底线，实现合规运营。

第二节 AI 辅助诊疗的合规边界

AI 技术在医疗领域的应用从辅助诊断向全流程临床决策渗透，其"黑箱"特性与自主学习能力对传统医疗伦理和法律框架形成挑战。在第二届 GHWP 创新医疗器械报告会上，中国医疗器械监管政策与实践成果受到关注。药监局器械审评中心搭建人工智能、生物材料、高端医疗装备三大创新合作平台，已有 105 个 AI 辅助诊断软件产品获批上市。本节围绕风险防控，从分类监管、责任分配、伦理审查等维度，探索为 AI 诊疗划定合规"安全区"与"禁区"的路径。

一、AI 医疗器械的分类监管

（一）AI 医疗器械的分类

人工智能医疗器械（Artificial Intelligence Medical Device）是指基于"医疗器械数据"，采用人工智能技术实现医疗用途的医疗器械。

1. 中国（NMPA 分类）

根据《医疗器械监督管理条例》第 6 条之规定，我国对医疗器械按照风险程度实行分类管理。其中，第一类进行备案管理，第二类、第三类实行注册管理。目前三类的分类标准为：第一类是风险程度低，实行常规管理可以保证其安全、有效的医疗器械；第二类是具有中度风险，需要严格控制管理以保证其安全、有效的医疗器械；第三类是具有较高风险，需要采取特别措施严格控制管理以保证其安全、有效的医疗器械。

国家药品监督管理局（NMPA）医疗器械技术审评中心于 2022 年 3 月 7 日发布《人工智能医疗器械注册审查指导原则》。该指导原则作为数字医疗（Digital Health）指导原则体系的重要组成部分，采用和遵循医疗器械软件、医疗器械网络安全、移动医疗器械、医疗器械人因设计、医疗器械独立软件生产质量现场检查等相关指导原则的概念和要求。

该项指导原则适用于人工智能医疗器械的注册申报，包括第二类、第三类人工智能独立软件和含有人工智能软件组件的医疗器械（包括体外诊断医疗器械）；适用于自研软件的注册申报，现成软件组件参照执行，不适用于外部软件环境。本指导原则也可用作人工智能医疗器械的体系核查参考。质量管理软件若采用人工智能技术实现其功能或用途，亦可参考本指导原则的适用要求。

2025 年 2 月 17 日，《国家药监局综合司关于〈采用脑机接口技术的医疗器械用于人工智能算法的脑电数据集质量要求与评价方法〉医疗器械行业标准立项的通知》发布，中国食品药品检定研究院（中检院）负责完成相关标准的制定。这个通知书的发布足以说明，随着 AI 技术助推医疗器械高质量发展，也对医疗器械行业监管提出了更高的要求。

2. 美国（FDA 分类）

2019 年，美国发布更新后的《国家人工智能研究与发展战略计划》，[1]将医疗作为人工智能应用的重点领域。美国国家食品药品监督管理局专门组建成立人工智能与数字医疗审评部，监管人工智能相关医疗器械产品，发布《基于 AI/ML 的医疗器械软件的监管框架征求意见稿》，其为全球首个人工智能医疗器械监管框架，提出了基于人工智能技术特点开展产品全生命周期监管的具体要求。

FDA 根据风险将 AI 医疗器械分为三类［基于 510（k）、DeNovo 或 PMA 路径］:

Class Ⅰ（低风险），示例：AI 健康管理工具（如运动监测 APP）。

Class Ⅱ（中风险），示例：AI 影像辅助分析（如乳腺 X 光 CADe）。常见路径：510（k）（需证明与已上市产品等效）。

Class Ⅲ（高风险），示例：AI 驱动的自动诊断系统（如糖尿病视网膜病变诊断）。路径：PMA（需临床试验证明安全有效性）。

FDA 重点关注：（1）算法锁定（SaMD）与持续学习（LCPS）的监管差异；（2）预认证计划（Pre-Cert）试点，针对软件开发商的资质评估。

3. 欧盟（CE 认证，MDR 法规）

根据欧盟医疗器械法规（MDR），AI 医疗器械按风险分为四类。

---

[1] Select Committee on Artificial Intelligence, The National Artificial Intelligence Research and Development Strategic Plan: 2019 Update, The White House（Jun, 2019），https：//www.aise.ac.cn/filesave/web/426039/426039.pdf，最后访问日期：2025 年 7 月 1 日。

Class Ⅰ：低风险（如健康记录管理软件）。

Class Ⅱa：中低风险（如 AI 辅助病理切片标记）。

Class Ⅱb：中高风险（如 AI 心电图分析预警心律失常）。

Class Ⅲ：高风险（如 AI 驱动的癌症诊断系统）。

核心要求：（1）需符合 MDRAnnexⅧ规则，如 Rule11（决策支持软件通常归为 IIa 或更高）；（2）需提供临床证据（包括性能验证和算法可解释性）。

（二）AI 医疗器械的审批

1. 审批标准方面

AI 医疗器械审批在标准上与传统器械有差异：风险评估维度方面，除使用场景、预期用途外，重点考量算法风险，可能导致临床决策不准确。技术指标侧重方面，强调算法性能及数据质量安全。比如，人工智能医学影像软件，需评估识别准确率、数据稳定性等。临床评价要求方面，一般需临床试验资料，进口软件若有中外差异需在国内试验。使用回顾性数据的试验需控制偏倚。

2. 审批流程方面

AI 医疗器械审批与传统器械不同。资料准备除常规文件外，还需提供算法说明等技术资料；技术审评中，因其复杂性，需邀人工智能专家对算法等深入评估，软件重大更新要重新审评；审批时间上，因技术复杂，审查、评估及临床评价耗时久，如第三类 AI 医疗器械技术审评一般需 90 个工作日，[①] 外聘专家时还会延长。

3. 监管要求方面

AI 医疗器械监管与传统器械有别。除全生命周期监管覆盖生产、注册、上市各环节外，数据安全与隐私保护方面也需严格遵循法规，软件的重大更新需要严格评估审批。不同国家地区审批存在差异，美国 FDA 集中过审期为 2018 年至 2019 年，多以 510（K）形式上市，中国依据指导原则和分类目录审批。

（三）算法备案与临床验证要求

根据《人工智能医疗器械注册审查指导原则》及《人工智能辅助检测医疗器械（软件）临床评价注册审查指导原则》等规定，所有 AI 医疗产品均

[①] 《医疗器械注册与备案管理办法》第 92 条。

需提供可靠的算法设计逻辑、训练数据集特征及性能边界。临床验证需采用前瞻性研究设计，重点验证 AI 在真实场景中的泛化能力，避免实验室环境下的"过度拟合"误导审批结论。在保障医疗安全、维护公众知情权、遵循监管透明性原则等多方面因素推动下，未来 AI 医疗产品在关键信息公开及临床验证方面将面临更严格的要求，走向更透明化的发展方向。

二、临床应用中的责任划分

（一）医师最终决定权及 AI 应用场景的法律要求

根据《民法典》《医师法》《医疗机构管理条例》等规定，医疗机构执业必须遵守有关法律、法规和医疗技术规范，医疗机构是诊疗行为的责任主体。AI 结论仅作为参考，医师需独立完成诊断结论确认并签字。国家卫生健康委、国家中医药局、国家疾控局研究制定的《卫生健康行业人工智能应用场景参考指引》，将应用划分为 4 大领域，13 个类目，84 项典型应用场景，积极推进卫生健康行业"人工智能+"应用创新发展，为医疗行业人工智能应用提供了场景参考和方向指引。

（二）AI 诊断错误的多方责任认定

近年来，随着 AI 技术在医疗领域的应用越来越广泛，AI 辅助诊疗系统的误诊问题引发了广泛的关注和讨论。

AI 相关厂商若因算法设计缺陷或训练数据偏差导致系统性错误（如对深色皮肤患者皮肤病识别率过低），厂商可能需要承担产品责任。医疗机构如未按规定验证 AI 适用场景（如将儿童专用算法用于成人诊疗），或未及时更新失效算法版本，则可能构成管理过错。然而，AI 只是临床工作的辅助工具，医患关系中的医疗机构及医务人员仍然是明确的责任主体。《民法典》第 1223 条规定，因药品、消毒产品、医疗器械的缺陷，或者输入不合格的血液造成患者损害的，患者可以向药品上市许可持有人、生产者、血液提供机构请求赔偿，也可以向医疗机构请求赔偿。患者向医疗机构请求赔偿的，医疗机构赔偿后，有权向负有责任的药品上市许可持有人、生产者、血液提供机构追偿。因此，即便是 AI 诊断错误存在多方责任的情形下，患者也可以首先归责于医方，无论合作开发者有何责任，均不影响医方对患方损害后果的先行担责。

然而，针对患方在 AI 诊断错误维权方面尚无相关明确的规定和指引，建议尽快完善和明确 AI 应用在医疗纠纷中的证据效力，规定其只能作为辅助参考，不能直接作为认定医疗行为过错的依据。《网络安全法》第 9 条规定，网络运营者开展经营和服务活动，必须遵守法律、行政法规，尊重社会公德，遵守商业道德，诚实信用，履行网络安全保护义务，接受政府和社会的监督，承担社会责任。《互联网信息服务算法推荐管理规定》第 5 条规定，鼓励相关行业组织加强行业自律，建立健全行业标准、行业准则和自律管理制度，督促指导算法推荐服务提供者制定完善服务规范、依法提供服务并接受社会监督。建议医疗行业管理部门积极督促人工智能算法服务经营者依法、依规提供服务，同时从专业和科学的角度对于容易误导患者或引起负面影响的情形予以纠正。

三、伦理审查特别机制

（一）算法偏见检测与消除的合规义务

AI 算法的决策质量直接影响诊疗结果，而算法偏见可能导致医疗资源分配不公、误诊漏诊等严重后果。医疗机构应将算法偏见检测纳入常态化审查流程，定期对 AI 辅助诊疗系统进行评估，分析数据来源是否存在偏差，算法设计是否存在不合理的权重设置。一旦发现算法存在对特定人群的歧视性倾向，如对少数民族、女性等群体的诊断准确率偏低，必须立即启动消除机制，通过优化算法模型、补充完善数据等方式，确保 AI 系统的公平性和可靠性。同时，医疗机构需建立算法审查档案，详细记录检测与修正过程，以备监管部门查验，切实履行算法公平性的合规义务。

【典型案例 15-05】肺功能医学测试的种族算法偏见[①]

据中国日报网报道，"美国新闻和世界报道网"称，马萨诸塞州总医院的研究发现，基于种族假设的肺功能诊断辅助计算机软件，提高了黑人患者病情诊断的门槛，可能造成他们吃药不及时、无法接受更深层次的医疗检查，甚至无法进行肺移植。研究表明，如果改变目前的诊断软件，研究中多达

---

① 王晔、韩鹤：《最新研究：美国肺功能医学测试存在种族偏见部分黑人患者或被误诊》，载"中国日报网"，https://cn.chinadaily.com.cn/a/202306/02/WS6479a766a31064684b0544b0.html，最后访问日期：2025 年 6 月 1 日。

40%的黑人男性患者可能被诊断出患有呼吸问题。

(二)知情同意书中的 AI 使用特别告知

患者的知情权是医疗伦理的重要基石。在 AI 辅助诊疗过程中,医疗机构应在知情同意书中对 AI 的使用进行特别告知,明确说明 AI 系统的功能、局限性、可能存在的风险以及数据使用方式等信息。告知内容需采用通俗易懂的语言,避免专业术语堆砌,确保患者真正理解 AI 在诊疗中的作用。此外,应设置专门的沟通环节,由医师向患者解释 AI 辅助诊疗方案与传统方案的差异,并解答患者疑问,保障患者在基于充分了解的情况下,自主、自愿地作出医疗决策,避免因信息不对称导致患者权益受损。

(三)弱势群体保护的特殊考量

老年人、儿童、残障人士等弱势群体在 AI 辅助诊疗中需特殊关注。对老年人,应评估 AI 交互界面的易用性;针对儿童,需确保诊疗方案契合其生长发育特点;对于残障人士,要审查 AI 系统的无障碍适配性。同时,医疗机构应建立伦理审查咨询机制,邀请多领域专家评估诊疗方案对弱势群体的影响。AI 辅助诊疗合规管理需平衡机器理性与人类伦理。医疗机构应构建"技术—法律—伦理"三重过滤机制,建立 AI 事件案例库,以"案例反哺规则"完善风险防控,在技术创新中坚守伦理与法律底线。

第三节 国际医疗合作与高端医疗的合规边界

随着全球化与医疗技术的发展,国际医疗合作与高端医疗成为行业新增长点,但复杂业务、多元法律环境与特殊服务属性,使合规管理至关重要。国际医疗合作涉及跨境医疗服务、品牌授权等业务,面临不同国家法律与监管冲突;高端医疗聚焦特需服务、会员制,对定价和资金监管要求严苛。若合规不当,易引发法律纠纷、损害声誉。因此,构建完善的合规管理体系,是医疗机构规避风险、维护患者权益的关键,也是推动行业高质量发展、提升国际竞争力的保障。本节将从跨境服务法律适用、特许经营合规等维度,剖析该领域合规要点,为行业健康发展提供参考。

一、跨境医疗服务的法律适用

(一) 外国患者来华就医的合同特殊条款

外国患者来华就医，合同条款设置关乎诊疗权益与纠纷处理。因患者存在国籍、文化及法律认知差异，合同要细致表述诊疗服务，用专业与通俗语言解释关键医疗信息。还应明确医患权利义务，医疗机构做好病情告知、获取知情同意，患者配合治疗。同时，合同需包含争议解决条款，明确适用法律与解决方式，降低跨境医疗纠纷成本。

(二) 国际医疗保险支付的合规路径

国际医疗保险支付涉及多方主体与复杂法律关系。医疗机构与保险机构合作时，需保证协议合规，明确权利义务条款，遵守服务限制条件。支付流程上，要建立审核机制，避免过度医疗、重复收费，数据传输遵循法规保护患者隐私。此外，还应依据不同国家地区的监管政策，及时调整支付策略，确保运营合规。

(三) 涉外医疗纠纷的管辖权确定原则

涉外医疗纠纷管辖权的确定是处理纠纷的关键。依据国际私法原则，属地管辖原则下，医疗行为发生地法院可行使管辖权；我国《民事诉讼法》第二十四章对此有相关规定，外国患者来华就医发生纠纷的，我国法院常因医疗行为发生在境内而具备管辖权；协议管辖原则中，医患合同约定且不违反强制性规定的管辖法院可以生效。此外，国际条约与互惠原则也影响管辖判定。确定管辖后，还需依最密切联系原则明确实体法，以保障纠纷公正解决。

二、特许经营与品牌授权合规

(一) 国际医疗品牌授权中的限制性条款

国际医疗品牌授权中，授权方为维护利益常设限制性条款。地域上明确服务区域，业务上规定服务项目，品牌使用上规范标识宣传。这些条款虽保障了品牌形象，但会限制被授权方发展。因此，双方在授权协议谈判签订时，需充分沟通协商，寻求利益平衡，保障合作的可持续性。

(二) 技术转让与知识产权保护平衡

国际医疗合作的技术转让伴随着复杂的知识产权问题，转让方与受让方诉求存在分歧。为实现平衡，双方需在转让协议中明晰知识产权归属、使用范围与保密义务。针对专利技术，应明确许可方式、期限与地域；非专利技术则依靠保密协议保护。受让方技术改进创新产生的知识产权，也需约定归属与利益分配。此外，还需考量不同国家知识产权法律差异，以保障技术转让顺利推进。

（三）利润汇出的外汇管制合规

在国际医疗合作中，利润汇出受外汇管制影响，不同国家政策各异，医疗机构需严守规定确保合规。在我国，企业要办理外汇登记审批，提供财务报表、税务证明等合法交易凭证。汇出时，需警惕汇率波动风险，可借助金融衍生工具管理汇率；同时，应根据不同国家税收政策，合理规划税务。此外，鉴于国际经济形势与外汇政策多变，医疗机构需密切关注政策动态，及时调整利润汇出策略，保障资金流动合规顺畅。

三、高端医疗的定价合规

（一）特需医疗服务价格备案要求

高端医疗的特需医疗服务定价有严格备案要求。在我国，医疗机构提供该服务前，需向价格与卫生健康部门备案服务项目、内容、标准及收费价格等信息。价格主管部门审核备案价，避免价格虚高。定价时，医疗机构要综合考量设备、人力等成本，参考市场需求和同业价格，兼顾患者承受力，遵循公平合理公开原则，并在服务场所公示价格，保障患者权益。

【典型案例15-06】青岛某医院未规范特需医疗服务备案[①]

某市医疗保障局公布，某医院于2021年5月至7月，存在未按医疗保障相关规定规范签署特需医疗服务知情同意书等违规违约行为。医保部门作出追回医保基金209803.64元、暂停该单位新增住院医保业务6个月等处理。

（二）打包收费项目的拆分风险

高端医疗的打包收费模式存在项目拆分风险。医疗机构若不合理拆分服务项目，将打包内服务单独收费，或未明确服务内容与价格引发患者误解，

---

① 《青岛某医院违规违约案》，载"青岛市医疗保障局网"，http://ybj.qingdao.gov.cn/cxyb/dxal/202308/t20230822_7421641.shtml，最后访问日期：2025年6月1日。

易涉嫌违规收费，引发纠纷与监管处罚。为规避风险，医疗机构制定打包收费项目时，需列明具体服务及对应价值，签订协议时向患者详细解释收费构成。同时，监管部门也应强化监督检查，规范市场秩序，保障患者权益。

（三）会员制医疗的预付资金监管

会员制医疗作为高端医疗常见模式，预付资金监管至关重要。因存在医疗机构挪用资金、倒闭等风险，易损害患者利益，需健全监管机制。监管部门应要求医疗机构专户管理预付资金，专款专用，并按比例提取风险准备金；同时强化财务审计与信息披露，定期向监管方和患者报告资金使用情况。此外，可引入第三方机构监管，保障患者资金安全，推动会员制医疗健康发展。

国际医疗合作与高端医疗发展机遇与挑战并存，合规管理是关键保障。从跨境医疗法律适用、特许经营规范，到高端医疗定价监管，各环节都需严守合规边界。以合规为基础，化解法律冲突、平衡利益，方能规避风险、保障患者权益。未来，随着市场拓展，持续完善合规体系，将驱动该领域高质量发展。

第四节　基因编辑与细胞治疗技术的法律边界

基因编辑与细胞治疗技术作为生命科学领域的前沿突破，为攻克疑难病症带来希望，却也引发了法律与伦理难题。其应用涉及个体健康、基因安全、社会伦理等多个方面，临床研究、应用与推广中易触碰法律红线，引发争议风险。因此，明晰技术法律边界，构建合规管理体系，是保障技术安全发展、维护人类尊严与生物安全的关键。本节将从临床研究监管、技术应用限制、商业化合规等方面，剖析基因编辑与细胞治疗技术的法律规范与伦理准则，助力医疗机构合规管理。

一、临床研究双轨制监管

（一）干细胞临床研究备案制要点

干细胞临床研究备案制是我国规范干细胞研究的重要制度。开展研究的机构需为具备药物临床试验资质的三级甲等医院，拥有适配的诊疗科目、人员设备，以及完善的质量和风控体系。备案时，机构需向省级卫生健康和药监部门提交研究方案等资料，管理部门将审核科学性、伦理合理性与风险防控措施。研究必须在备案机构按方案实施，不得擅自变更，同时通过信息管理系统向监管部门报送进展与不良事件等信息，确保研究全程处于监管之下。

(二) 基因治疗产品的 IND① 审批流程

基因治疗产品的 IND 审批是研发应用关键。企业或机构开展临床试验前，需向国家药品监督管理局提交含研发背景等内容的申请。国家药品监督管理局组织多领域专家审评，聚焦安全性、有效性和质量可控性。审评通过才可试验，未通过需补正。试验期间，申请方要定期汇报进展，遇严重不良事件须立即暂停并上报。

(三) 研究者发起的临床试验 (IIT) 特殊要求

研究者发起的临床试验 (IIT) 在基因编辑和细胞治疗领域意义重大，但需满足特殊要求。IIT 由临床医生或研究人员发起，以探索疗法、验证假设为目的，虽非为产品注册，仍要遵循严格监管。伦理审查上，项目需经机构伦理委员会审核，重点考量受试者风险与受益比，保障知情同意权，并定期汇报进展。此外，IIT 需向相关监管部门备案或审批，尤其涉及基因编辑和细胞治疗的项目，技术安全性与伦理合理性会被严格审查。同时，研究数据要真实完整，结果发布和应用也须符合规定。

二、基因编辑技术应用的禁止红线

(一) 生殖系基因编辑的绝对禁止

生殖系基因编辑针对生殖细胞或胚胎基因进行操作，编辑后的基因会遗传给后代。因其存在极大风险与伦理争议，全球普遍严禁。一方面，现有基因编辑技术存在脱靶效应等不确定性，易引发非预期基因突变，严重威胁后代健康；另一方面，这一技术可能催生"设计婴儿"，破坏人类自然遗传与基因多样性，冲击人类的尊严和价值观。

我国明确禁止生殖系基因编辑。《民法典》第1009条规定，相关医学和

---

① IND (Investigational New Drug Application) 即新药临床试验申请。

科研活动不得危害健康、违背伦理、损害公益。2003年，原卫生部《人类辅助生殖技术规范》规定，禁止以生殖为目的对配子、合子和胚胎进行基因操作。同年，科技部和原卫生部制定的《人胚胎干细胞研究伦理指导原则》规定，以研究为目的的基因编辑需遵循"14天法则"。2024年7月，科技部《人类基因组编辑研究伦理指引》规定，严禁将编辑后的生殖细胞、受精卵或人胚用于妊娠生育。

（二）增强性基因改造的伦理限制

增强性基因改造是指通过基因编辑技术进行非治疗性特征提升（如智力、体力等），虽具技术可行性，但面临严格的伦理限制。从伦理层面上看，其可能加剧社会不平等，强化资源优势群体特权，导致阶层分化；还可能模糊人类自然属性与社会属性，引发身份认同危机。从法律层面上看，我国及多数国家对其持谨慎态度，政策与伦理指南明确要求基因编辑技术优先用于疾病治疗，严格限制非治疗性增强应用。涉及增强性改造的研究需经更严格的伦理审查与社会讨论，确保符合人类整体利益与伦理规范。

（三）嵌合体研究的监管特殊规定

嵌合体研究将不同细胞或组织组合，在基因编辑与细胞治疗领域意义重大，但因潜在风险和伦理争议受特殊监管。涉及人类细胞的研究，要严控人类细胞占比与分布，规避产生具有人类意识或生殖能力的嵌合体。研究需经严格伦理审查，遵循实验动物管理规定。成果应用与发布前，应充分评估社会和伦理影响，防止引发公众恐慌与误解。

三、商业化应用的合规路径

（一）CAR-T[①]细胞治疗的适应证拓展限制

CAR-T细胞治疗在血液肿瘤治疗中成果显著，但适应证拓展受限。新适应证需开展大量遵循严格设计与伦理要求的临床试验，以验证其安全有效性。监管部门需谨慎审批，综合考量疾病特征、现有疗法、潜在风险收益等因素。同时，随着适应证拓展，其生产工艺与质量控制标准也需调整验证，保障产品稳定。

---

① CAR-T（Chimeric Antigen Receptor T-Cell Immunotherapy）即嵌合抗原受体T细胞免疫疗法。

（二）基因治疗产品的医保准入障碍

基因治疗产品因价格高昂、技术复杂，医保准入困难重重。研发与生产成本高，会加重医保基金支付压力；疗效与安全性数据有限，让医保部门纳入目录时十分谨慎。为此，企业应提升产品性价比、提供更多临床数据；政府可探索多元支付机制、完善医保目录动态调整，以提升患者用药可及性。

（三）生物样本跨境运输的合规通道

在基因编辑与细胞治疗研究中，生物样本跨境运输需求常见却监管严格。生物样本跨境运输需遵循《生物安全法》《人类遗传资源管理条例》等法律法规，办理审批或备案，提交样本信息，经监管部门评估其安全性与必要性。样本包装运输要符合标准，涉及人类遗传资源的，还需遵守相关管理规定。国际合作时，应与合作方签订协议，明确责任义务，保障运输合规安全。

基因编辑与细胞治疗技术的发展为医疗领域带来无限可能，但其背后的法律与伦理问题不容忽视。从临床研究监管，到应用限制、商业化合规，各环节都影响人类健康与社会秩序。需以法律和伦理为指引，平衡创新与合规，释放技术潜力。未来，更需完善监管体系，凝聚共识，推动技术安全合规发展。

第五节　远程手术与医疗机器人的责任分配

我国远程医疗发展历程悠长，自 20 世纪 80 年代末开启研究性试验探索，20 世纪 90 年代中期推进实用性系统建设应用，形成"多点开花、专域应用"的格局，21 世纪更是加速发展，两期区域性远程医疗试点项目覆盖广泛。随着 5G、人工智能技术进步，远程手术与医疗机器人从概念迈向临床实践。2019 年，解放军总医院完成全国首例基于 5G 的远程人体手术；2024 年，再次借助 5G 远程国产手术机器人开展腹腔镜手术，彰显技术稳定性。但这些技术在打破时空限制、提升医疗效率的同时，也带来责任分配难题。网络延迟、设备故障等问题涉及多方主体，医疗机器人的应用也存在机械与软件风险，保险在该领域也亟待创新完善。本节将围绕这些核心问题，探究责任分配与风险防控策略。

一、远程手术的资质特许

（一）5G 远程手术的准入审批流程

对于 5G 远程手术这一新兴且复杂的应用，省级卫生健康主管部门依据《网络安全法》等法规，制定严格的 5G 远程手术准入审批流程。医疗机构提交的申请材料需涵盖手术方案、技术保障、应急预案等内容。审批时，重点评估 5G 网络稳定性、数据安全性与设备合规性，要求建立专用 5G 网络保障指令传输低延迟，完善数据加密防泄密，并提供手术设备资质证明。主管部门组织医疗、通信、信息安全等领域专家，经现场考察、技术验证，全面评估申请机构的技术与管理水平，通过审核方可获资质。

（二）医生异地执业的许可例外

远程手术场景中，医生异地执业存在许可例外政策。传统模式下需严格注册备案，而远程手术可基于多点执业备案、紧急救治义务等政策放宽限制，条件是手术机构具备远程资质，医生与机构签合作协议。但例外非无限制：医生需有丰富临床经验、远程手术能力及专项培训考核记录；执业注册地与手术地监管部门建立信息共享机制，实时监管；医生须遵守手术地医疗规定，接受当地监督，若出现纠纷或违规，按相关法规处理。

（三）医疗机器人操作人员的专项培训要求

医疗机器人操作专业性强，操作人员需接受严格专项培训。培训包含基础理论，如机器人工作原理、机械结构等，助其掌握设备性能；实际操作训练则要求在模拟环境中熟练操作流程，掌握器械使用与团队配合技巧。同时，着重培养安全意识与应急能力，使其能应对设备故障、系统崩溃等突发状况。培训结束后，通过理论与实操考核的人员方可获资质证书。此外，为紧跟技术发展，操作人员还需定期参与继续教育与复训，持续提升技能水平。

二、责任划分的多维模型

（一）网络延迟导致医疗损害的责任认定

远程手术中，网络延迟引发医疗损害的责任认定需综合考量多方因素。《网络安全法》明确规定，建设、运营网络或者通过网络提供服务，应当依照法律、行政法规的规定和国家标准的强制性要求，采取技术措施保障网络安全、稳定运行，有效应对网络安全事件，维护网络数据的完整性、保密性和可用性。① 若通信运营商提供的网络服务不达标，如带宽不足、信号不稳，违反合同约定或《网络安全法》要求，应承担责任；医疗机构与运营商签订的服务合同，明确了网络质量标准和违约责任，是追责重要依据。若因医疗机构自身网络设备故障、管理不善，未及时维护升级设备导致延迟，医疗机构需担责。此外，医生若术前未充分检测网络环境，或延迟发生时未采取合理应急措施，也需承担相应责任。责任认定需通过专业技术鉴定和事故调查，结合具体情况明确各方过错，合理划分责任。

（二）机器人机械故障的归责原则

医疗机器人出现机械故障导致的责任认定遵循过错责任原则与产品责任原则。若经调查认定机械故障是由于机器人制造商在设计、生产过程中存在缺陷，如零部件质量不合格、机械结构设计不合理等，生产者需承担产品责任。根据《产品质量法》② 等相关法律法规，制造商需对因产品缺陷造成的患者人身伤害、财产损失进行赔偿。若机械故障是由于医疗机构使用不当、维护保养不到位造成的，如未按照设备使用说明书进行操作、未定期对机器人进行检修维护等，医疗机构需承担过错责任。此外，若操作人员在操作过程中违反操作规程，导致机械故障引发事故，操作人员也需承担相应责任。在责任划分过程中，需通过专业的技术鉴定机构对机械故障原因进行分析，保障受害者合法权益。

（三）系统软件缺陷的追偿路径

远程手术或医疗机器人因系统软件缺陷引发医疗责任损害时，受害者有多种追偿途径。若软件开发商存在代码编写错误、功能设计缺陷等过错，需担责；受害者可依医疗服务合同向医疗机构追责，医疗机构再向开发商追偿。若缺陷源于第三方供应商的组件问题，其亦需负责。追偿可通过协商、调解、仲裁或诉讼解决。为保障追偿效率，各方合作时应签订详尽合同，明确软件质量标准、违约责任与争议解决方式，为纠纷处理提供依据。

---

① 《网络安全法》第 10 条。
② 《产品质量法》第 4 条、第 44 条。

三、保险创新与风险分担

（一）远程手术专项责任险设计

远程手术专项责任险是针对远程手术风险设计的专业保险产品。该保险需涵盖多种风险保障范围，包括因网络延迟、设备故障、医生操作失误等原因导致的医疗事故赔偿责任。保险金额的确定需综合考虑手术类型、风险程度、可能造成的损失等因素，对于高风险的远程手术项目，设置较高的赔偿限额。在保险费率制定方面，需建立科学的风险评估模型，对开展远程手术的医疗机构进行全面评估，评估指标包括医疗机构资质等级、技术水平、医疗团队实力、风险管理能力等。根据评估结果确定不同的保险费率，风险越高，费率越高。此外，保险条款需明确责任免除范围，如因不可抗力、患者自身特殊体质等原因导致的事故，保险公司可免除赔偿责任，确保保险合同的公平性与合理性。

（二）技术提供商与医疗机构的保险衔接

在远程手术与医疗机器人应用中，技术提供商与医疗机构需做好保险衔接以分担风险，前者买产品责任险，后者买医疗责任险。双方应在合同中明确保险责任范围与赔偿顺序，如因设备或软件缺陷致纠纷，先由产品责任险赔付，不足部分再由医疗责任险补充。同时，应建立信息共享机制，还可探索联合购险，降低成本、提升保障水平。

（三）跨国远程手术的保险覆盖方案

跨国远程手术保险覆盖需综合考量多方因素。应选具备国际业务资质、分支机构广泛的保险公司，明确合同适用法律与争议解决方式。覆盖范围要涵盖跨国运输、医疗标准差异等风险，依各国赔偿标准确定保额，约定汇率计算方式。同时，保险公司与跨国医疗机构、救援机构合作，以便事故发生时快速提供救援、评估与理赔服务，保障手术顺利。

远程手术与医疗机器人的发展，是医疗领域迈向智能化、数字化的重要标志，但责任分配和风险防控至关重要。从严格把控资质特许，到多维界定责任、协同保险创新，各环节都需多方合作完善合规体系。随着技术发展和应用拓展，应持续优化责任机制，强化跨行业、跨国界协同治理，保障医疗安全与患者权益，释放技术创新活力。

第六节　中医药传承创新的合规边界

中医药作为中华民族的瑰宝，在传承与创新的进程中，面临着传统与现代融合、本土与国际接轨的双重挑战。随着国家对中医药发展的重视，经典名方开发、中药创新等领域不断突破，但也伴随诸多合规问题。药材基原把控、工艺变更管理、创新产品审批等环节，都需在法律与政策的框架下精准定位。而特殊传承模式中的法律风险，更要求从业者在追求创新发展的同时，严守合规底线。明确中医药传承创新的合规边界，既是保障中医药产业健康发展的基石，也是推动其走向世界、实现现代化转型的关键。

一、经典名方开发的制度突破

（一）豁免临床试验的药材基原要求

经典名方是中医药传承的瑰宝，为加快其开发应用，我国对符合条件的经典名方制剂实施豁免临床试验政策。《药品注册管理办法》第19条规定，支持中药传承和创新，建立和完善符合中药特点的注册管理制度和技术评价体系，鼓励运用现代科学技术和传统研究方法研制中药，加强中药质量控制，提高中药临床试验水平。但这一政策的适用对药材基原有着严格要求。药材基原必须与古代医籍记载保持一致，包括品种、产地、药用部位等。只有保证药材的地道性和一致性，才能让经典名方在现代临床应用中发挥出应有的疗效。

（二）传统工艺变更的备案管理

经典名方制剂开发中，传统工艺变更需严格备案。依据《中医药法》，传统工艺配制的中药制剂备案后即可配制，不需要取得制剂批准文号。[①] 因传统工艺关乎疗效，变更提取、炮制等工艺时，需向药监部门提交含变更原因、内容及质量影响评估的申请。备案机构可在平台更新信息，变更完成获

---

① 《中医药法》第32条。

得新备案号。监管部门经专家审核确保变更不影响质量疗效，实现中医药传承与创新平衡。

（三）真实世界研究替代 RCT 的适用条件

国家药品监督管理局在 2020 年 1 月 3 日发布的《真实世界证据支持药物研发与审评的指导原则（试行）》针对我国特有的名老中医经验方、中药医疗机构制剂的人用经验总结与临床研发，提出了采用真实世界研究与随机临床试验相结合的研发策略。在经典名方制剂研发中，真实世界研究（RWS）逐渐成为替代随机对照试验（RCT）的重要手段，但有明确的适用条件（见图 15-1）。首先，经典名方需有长期的临床应用历史，积累了丰富的临床使用数据和经验。其次，研究设计必须科学合理，能够有效收集和分析真实世界中的临床数据，确保数据的真实性、完整性和可靠性。

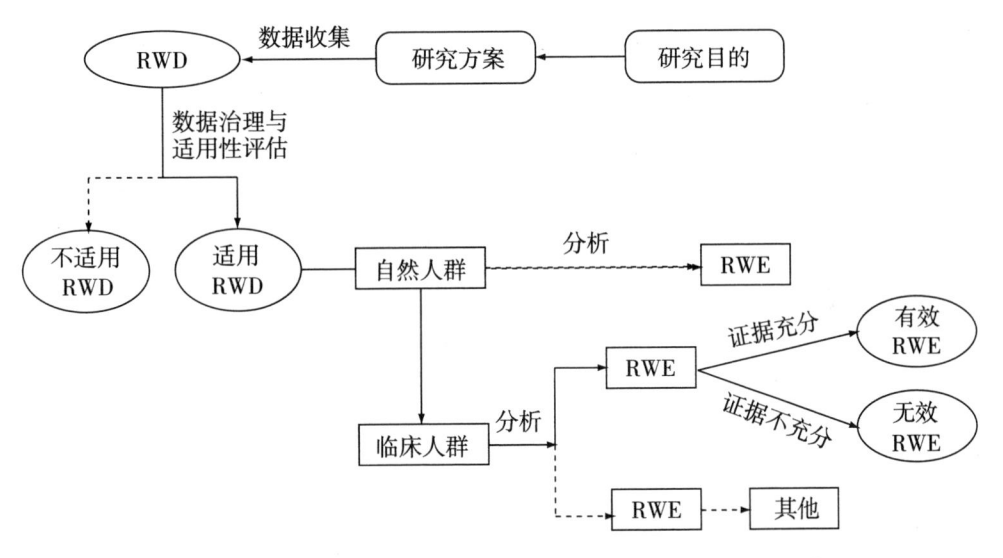

图 15-1 支持药物监管决策的真实世界研究路径（实线所示）[①]

---

① 《真实世界证据支持药物研发与审评的指导原则（试行）》（国家药监局通告 2020 年第 1 号，2020 年 1 月 3 日发布并施行）。RWE（Real World Evidence）即真实世界证据；RWD（Real World Data）即真实世界数据。

二、中药创新的双重标准

(一) 中医理论指导的证据要求

中药创新产品研发需遵循中医理论指导并提供证据支持。应在中医理论框架下阐释组方、作用机制，证据既要契合中医药理论逻辑与临床经验，也要有现代科学研究数据。比如，在创新中药申报时，既需用中医理论解释治病原理，又要通过药理、临床试验等提供药效与安全方面的科学依据。

(二) 组分中药的化药审批路径选择

组分中药作为中药的重要创新方向，可选择化药审批路径。选择该路径时，需按化药标准提供药学、药理毒理及临床试验资料，如用现代医学方法明确作用机制与毒性。此路径利于提升质量可控性与临床有效性、评价科学性，但存在中药特色与化药审批标准融合的难题。

(三) 中药饮片质量追溯的合规要点

中药饮片质量追溯是保障中药安全的关键。《中医药法》鼓励建立追溯体系，并从多环节予以规范。[1] 北京、陕西、浙江等地也出台了实施管理办法，细化了要求。生产企业需构建完善追溯体系，全程记录种植、加工、销售信息，借助信息化做到来源可查、去向可追、责任可究，定期自查完善。医疗机构炮制自用饮片，应向市级药监部门备案并确保质量。[2]

三、中药创新的合规建议

中药创新产品研发，需以中医理论为指导并提供证据支撑。产品应在中医理论框架下阐释组方与作用机制，证据既要契合中医药理论逻辑和临床经验，又需有现代科学研究数据。申报时既要用中医理论解释治病原理，也要借助药理、临床试验，提供药效与安全的科学依据，实现传统理论与现代科学的有机结合。

中医药传承创新之路，既是文化赓续的征程，也是产业革新的探索。合规为中医药发展筑牢根基，在经典名方开发、中药创新等领域，严守合规边

---

[1] 《中医药法》第24条。
[2] 《中医药法》第28条。

界，平衡传统与现代标准，方能焕发新生。未来，随着政策技术发展，中医药行业需凝聚共识，以合规与创新为驱动，推动中医药走向国际舞台，让这一古老智慧在新时代持续为人类健康贡献力量。

第七节 其他前沿领域

医疗行业正以前所未有的速度与科技深度融合，不断涌现出创新的技术与模式。从医疗区块链的去中心化应用，到微生物组干预的精准医疗实践，再到抗衰老医学对生命极限的探索，这些前沿领域在为人类健康带来新希望的同时，也带来了诸多法律与合规方面的挑战。医学科技发展日新月异，前沿的领域还有很多，本章讨论的内容可能非常有限，未来还有大量与前沿医疗技术相关的法律合规问题亟待深入探讨与研究。

一、医疗区块链应用

（一）电子病历上链的法律效力

医疗区块链技术凭借其去中心化、不可篡改等特性，为电子病历的存储与管理提供了新途径。但电子病历上链后的法律效力认定至关重要。区块链技术以分布式账本和加密算法，保障电子病历数据真实完整，操作留痕可追溯。不过，当前法律未明确其证据效力，在诉讼等场景下，仍需明晰其法律地位，使其在医疗纠纷处理等工作中充分发挥作用。

（二）智能合约自动理赔的监管态度

智能合约在医疗健康保险领域的应用，实现了自动理赔的高效模式，但也引发了监管担忧。其代码逻辑或存在漏洞，自动执行特性也让监管干预审查困难。当前，监管部门持谨慎观察态度，既肯定其效率价值，也积极探索监管框架，要求保险机构确保合约条款合法透明，并建立应急机制，防范潜在风险。

（三）Token 激励的健康管理合规性

Token 激励机制应用于健康管理，意在鼓励用户参与健康行为，但合规性挑战显著。其发行交易或触碰虚拟货币法规红线，且易演变为金融投资，滋生非法集资风险。健康管理平台采用该模式时，需严守法规，明确 Token 作为健康行为奖励的性质，规避与金融投资混淆，积极与监管部门沟通，探索合规运营之道。

二、微生物组干预

（一）粪菌移植的临床应用规范

粪菌移植作为一种新兴的治疗手段，在肠道疾病等领域展现出一定疗效，但也存在诸多风险。为保障安全有效，其临床应用需严格规范。供体筛选要严格排除传染性、遗传性疾病等风险因素，移植操作流程、粪菌制备需统一标准，还要建立长期随访机制。目前，各国正完善临床指南与监管政策，推动该技术在可控范围内发展。

（二）益生菌产品的功效宣称限制

益生菌产品市场日益繁荣，但部分企业存在夸大功效宣传的现象。为保护消费者权益，监管部门对益生菌产品的功效宣称实施严格限制。企业不能随意宣称益生菌产品能够治疗某种疾病，只能基于科学研究数据，在一定范围内宣传其对肠道菌群调节、消化功能改善等的保健作用。此外，产品标签和广告宣传内容必须真实、准确，禁止使用误导性语言。这要求企业在研发和宣传过程中，注重科学依据，加强与科研机构的合作，确保功效宣称经得起验证。

（三）人体微生物专利的授权标准

人体微生物相关研究不断取得突破，涉及人体微生物的专利申请数量也在增加。但人体微生物专利的授权标准存在诸多争议。一方面，需要明确哪些人体微生物相关发明创造符合专利授权条件，如微生物的分离纯化方法、基于微生物的诊断或治疗技术等；另一方面，要避免对人体微生物资源的过度垄断，保障科学研究和公众健康利益。目前，专利审查机构在判断人体微生物专利时，会综合考虑发明的创新性、实用性以及是否违背伦理道德等因素，不断完善授权标准，以平衡创新激励与公共利益。

三、抗衰老医学

(一) 衰老干预的疾病认定争议

抗衰老医学旨在延缓衰老、改善健康状况，但对于衰老是否应被认定为一种疾病存在争议。从医学角度看，衰老伴随着身体机能下降和多种慢性疾病发生风险的增加。然而，将衰老定义为疾病可能引发过度医疗等问题。在法律和保险等领域，疾病认定直接影响到治疗费用报销、药物审批等政策。目前，尚未形成统一的衰老疾病认定标准，这使得抗衰老干预措施在临床应用和推广过程中面临不确定性，也给相关法律和政策的制定带来挑战。

(二) 长寿技术的广告宣传禁区

长寿技术相关产品和服务的广告宣传存在诸多禁区。由于目前许多长寿技术仍处于研究阶段，其有效性和安全性尚未得到充分验证，广告宣传中禁止进行虚假或夸大的功效宣称，如宣称能够"实现永生""彻底治愈衰老"等。监管部门要求企业在广告宣传中必须以科学研究为依据，如实介绍技术的现状和局限性，避免误导消费者。同时，对于未经证实的长寿技术，禁止进行商业推广，以保护消费者的健康和财产权益，维护市场秩序。

医疗领域的前沿技术创新永无止境，本节所探讨的医疗区块链、微生物组干预、抗衰老医学等领域，仅仅是众多前沿方向的冰山一角。随着基因编辑、脑机接口、量子医疗等更多新兴技术的不断涌现，未来还将产生海量的法律合规问题等待我们去深入研究和解决。这些问题不仅关乎医疗行业的健康发展，更与每一个人的生命健康和社会公共利益息息相关。只有持续关注前沿技术动态，加强法律与医学、科技等领域的交叉研究，才能构建起完善的法律合规体系，并保证法律合规体系的适用性，为前沿医疗技术的创新与应用保驾护航，推动医疗行业朝着更加安全、规范、可持续的方向稳健发展。

后 记

医疗机构的合规性至关重要，它不仅是保障患者安全与健康的基石，更是维护医疗行业良好声誉和可持续发展的关键。在医疗实践中，严格遵循法律法规、行业规范以及伦理道德准则，能够确保医疗服务的质量与安全，避免因违规操作而导致医疗事故和纠纷。合规的医疗机构能够为患者提供准确的诊断、合理的治疗方案以及优质的护理服务，从而赢得患者的信任和社会的认可。同时，合规运营也有助于医疗机构内部管理的规范化，优化资源配置，提高工作效率，降低运营风险。在当前医疗市场竞争激烈且监管日益严格的环境下，合规是医疗机构的立足之本，是实现高质量医疗服务和可持续发展的必由之路。

本书的编委们均来自医疗机构合规实践的一线。在完成2024年北京市卫生健康委员会有关医疗机构合规课题的过程中，我们逐步形成共识，希望将自己的日常工作总结成书，供更多医疗机构在合规实践中参考使用。然而，作为上有老下有小的中年群体，日常繁杂的工作让我们对出书这件事心存畏惧，踌躇不前。2025年春节过后，在刘鑫老师的鼓励和推动下，我们才形成目录、分工合作，最终完成本书的编写。在此，特别感谢刘鑫老师对我们的大力支持。

医疗机构的合规工作离不开从业者的共同努力。从机构管理层到一线医护人员，从行政辅助人员到后勤保障团队，每一个岗位都肩负着合规的责任。医疗机构的全体成员对合规理念的尊重和对合规要求的执行，才让我们能够形成一套成功有效的、可以分享的经验。为此，编委们对所有来自团队成员的支持和帮助表示深深的感谢。

本书的完成得到了来自北京市卫生健康委法规处、中国政法大学、北京大学国际医院、北京协和医院、北京阜外医院、北京佑安医院、北京大学口腔医院、清华长庚医院、中国医学科学院整形外科医院、武汉人民医院、厦门大学附属第一医院、北京积水潭医院、中国中医科学院广安门医院、北京天坛医院等单位的大力支持。

  我们衷心感谢所有为本书提供支持和帮助的专家、同行以及医疗机构的工作人员。你们的经验分享、专业建议和无私支持是我们完成这本书的重要动力。

  合规实务并非一成不变。随着法律法规的更新、监管环境的变化以及医疗技术的发展等，合规要求也会不断演进。我们希望本书能够成为一个新的起点，成为所有医疗机构合规从业人员学习和交流的桥梁。同时，我们也欢迎读者朋友们提出宝贵的意见和建议，帮助我们不断完善本书的内容，使其能够更好地服务于医疗机构的合规工作。

  让我们携手共进，以合规为基石，为医疗行业的健康发展贡献力量，为患者提供更加安全、高效、优质的医疗服务。

全体编委

2025 年 7 月

图书在版编目（CIP）数据

医疗机构合规管理实务：问题·案例·指引／娄丹，龚楠，刘鑫主编． -- 北京：中国法治出版社，2025.8.
ISBN 978-7-5216-5521-6

Ⅰ.D922.16

中国国家版本馆CIP数据核字第20258Q3W68号

责任编辑：陈晓冉　　　　　　　　　　　　　封面设计：李宁

医疗机构合规管理实务：问题·案例·指引
YILIAO JIGOU HEGUI GUANLI SHIWU：WENTI·ANLI·ZHIYIN

主编／娄丹，龚楠，刘鑫
经销／新华书店
印刷／三河市国英印务有限公司
开本／710毫米×1000毫米　16开　　　　　印张／28.25　字数／364千
版次／2025年8月第1版　　　　　　　　　2025年8月第1次印刷

中国法治出版社出版
书号 ISBN 978-7-5216-5521-6　　　　　　　　　　　定价：98.00元

北京市西城区西便门西里甲16号西便门办公区
邮政编码：100053　　　　　　　　　　　　传真：010-63141600
网址／http：//www.zgfzs.com　　　　　　　编辑部电话：010-63141835
市场营销部电话：010-63141612　　　　　　印务部电话：010-63141606

（如有印装质量问题，请与本社印务部联系。）